21世纪学前教师教育系列教材
总主编　朱家雄

儿童戏剧

方先义　编著

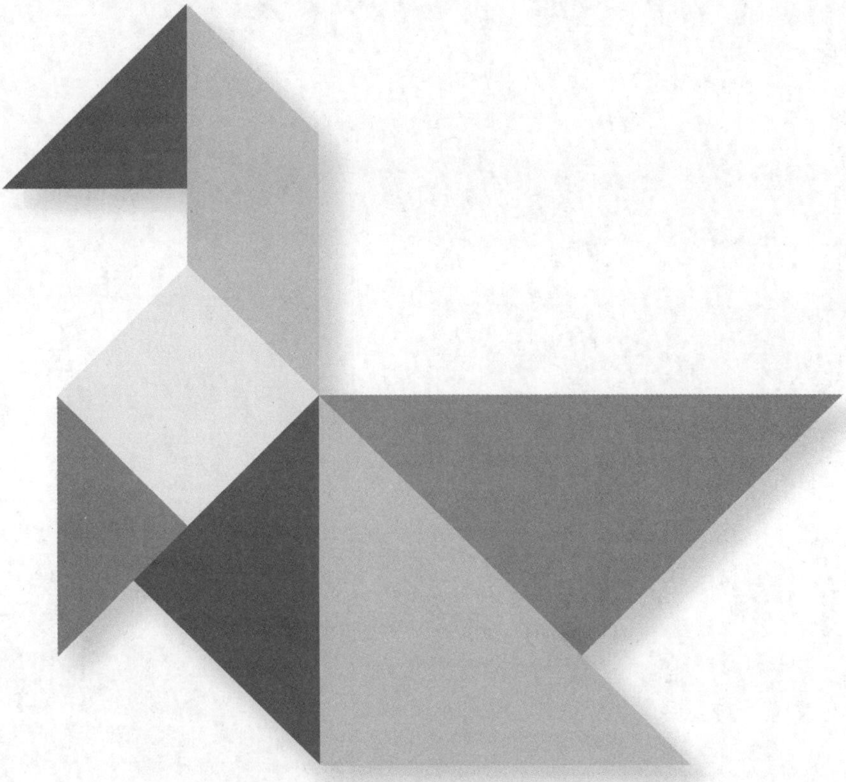

中国人民大学出版社
·北京·

序

儿童剧从创编到导演，再到舞台表演，中间跨了太多的领域，操作难度大，所以一向比较“冷门”。国内的一些小学教师和幼师六一儿童节排节目，偶尔会编排一出儿童剧，玩一把，但少有这方面的理论研究，进行系统研究的学者更少。在我离休后所带的非学历研究生班中，有一个叫方先义的学员，居然愿意去啃这块硬骨头，这种精神值得鼓励。

在湖南岳阳这块土地上，方先义同志怀着范仲淹的“忧乐”使命，进行了多年的艺术跋涉。他在大学校园创立了安徒生童话剧团，利用“六一”、元旦等节假日，多年来坚持在湖南一些城市巡回演出，践行丹麦童话大师安徒生为儿童终身服务的精神，将快乐作为礼物带给中国的下一代。剧团的努力为他所在的湖南民族职业学院赢得了很大的社会声誉，该学院还获得了教育部高校校园文化建设优秀成果评选优秀奖。最近听说方先义同志为了腾出更多的时间投入儿童戏剧创作，主动辞去了学校宣传部门的行政职务。所幸在我们这个时代，像这样痴迷于儿童戏剧创作、演出的老师在基层还有很多，他们是民间播撒儿童戏剧火种的普罗米修斯，推动中国儿童戏剧事业不断前进。

中国拥有世界上最大的少年儿童群体。儿童戏剧对孩子们世界观的形成起着潜移默化的作用。儿童戏剧亲切生动、活泼有趣，最易为孩子们所接受。孩子们参与戏剧活动，有助于其情绪的疏导与自我的展现，可以舒缓其积存的心理压力，可以促其进行平常被禁止的童趣行为，实现天马行空的梦想，由此使其获得心理上的平衡，逐渐学会认识自我。儿童戏剧表演活动还有助于群体生活与默契的培养。儿童必须学着与人协调、相互尊重，并准确地进行表达，以使戏剧活动圆满完成。此外，儿童戏剧教育对儿童的认知、社会适应性和情感等心理的健康发展有着难以替代的教育作用。许多孩子通过观看儿童戏剧懂得了善良、友爱、进取、爱祖国、爱家乡、爱科学等。

少年儿童是国家和民族的未来，保证少年儿童健康成长是儿童戏剧工作者应尽的责任。因此，提升理论修养和创作水平，迎接挑战，继往开来，是中国广大儿童艺术院团和基层儿童戏剧工作者面临的紧迫而重要的任务。

中国近代虽然很早就开始了儿童戏剧创作演出，但留下的资料并不完整。尤其是抗战时期大量儿童剧团演出的作品，其剧本和剧照多已散佚。当代虽然涌现了很多有影响力的儿童戏剧作品，但专业剧团为了保证票房，维系剧团生存，将剧本、舞台美术设计等资料视为商业机密，加之国内一些期刊对于儿童戏剧剧本的发表重视也不够，儿童戏剧研究的难度很大。尽管如此，本书作者还是借鉴司马迁修《史记》的方式，通过八部不同时期的作品分析，完成了对中国儿童戏剧史轮廓的勾勒。

本书是国内第一部全面研究儿童戏剧创编与表演的理论专著，共分八章，主要从编剧、导演、表演、舞台美术以及儿童戏剧教学方法等多个角度阐释了作者对儿童戏剧的思考与认识。作者在吸取成人戏剧已取得的成果的同时，针对儿童戏剧的特异性以及儿童戏剧最新发展趋势，在多方面进行了系统归纳和总结，并对儿童游戏在剧本情节设计中的应用做了有益探讨，由此可看出作者对儿童本位的尊重。

本书编选了孙毅等国内同行的多个课本剧，还编选了作者本人经过演出市场检阅的多部较成熟的剧本。本书适合学前教育专业学生做教材使用，也可以作为小学、幼儿园教师的参考用书。撰写时，作者特别注意理论联系实际的学习模式，尤其重视实践性。在对剧本写作进行阐释时，借鉴了好莱坞电影的剧本写作原理，在阐释导演的舞台调度策略与细节上引入了具体舞台戏剧作品进行实证分析，以感性认识来巩固理性认识，而且每个章节都配备了相应的实践训练来强化学习效果。

总之，本书在体系建构和体例安排上着力体现系统性和科学性的统一，在知识内容的安排上着力体现实用性和时代性的统一，在方法上着力体现理论性与实践性的统一，以利于一线儿童戏剧工作者创作水平的提升。

当然，本书有些理论见解还没有说透，有些领域的研究还没能深入，剧种的实践与探讨偏重于儿童话剧，对中国台湾和香港地区丰富的儿童戏剧教育实践的介绍也显得单薄。不过作者毕竟在理论研究上迈出了可喜的第一步。其余不足之处，有待国内同行进一步深入研究。

蒋　风

于中国儿童文学研究中心

目 录

第一章

儿童戏剧概述

第一节　儿童戏剧的概念

戏剧是人类一种高度成熟、顶峰式的艺术，是人类生命的仪式。人类的诞生、成长、发展、死亡乃至新生命的不断生长，都和戏剧一脉相承。戏剧，无论是在中国还是在外国，其源流变化都是相同的。儿童戏剧是主要以儿童为接受对象的戏剧，是戏剧的一个分支。要了解儿童戏剧，就必须先了解戏剧的起源。

一、早期的儿童戏剧活动

(一) 戏剧的起源——酒神节的狂欢

在古希腊，每当春季葡萄藤长出新叶或冬季葡萄丰收后，人们就要举行群众性的化装歌舞会，向酒神狄俄尼索斯祈祷和祝福。春季祭典，有人会化装成酒神的伴侣羊人萨提洛斯，众人载歌载舞、颂赞酒神的功绩。冬季祭典，人们化装成鸟兽，狂欢游行。节庆为戏剧的起源提供了土壤。古希腊人从酒神节中发展出戏剧节，进行戏剧比赛，并在酒神颂歌《山羊之歌》中孕育出悲剧，而《狂欢之歌》的民间歌舞则孕育出喜剧，并培育了古希腊著名悲剧家埃斯库罗斯和喜剧诗人基奥尼得斯，他们都为酒神节献出了最伟大的戏剧作品。其他的民族也在自己特有的宗教祭祀活动中孕育了自己特有的戏剧形式。

相较于成人，儿童更喜爱扮演和幻想。据许多跨文化研究资料的综合分析，儿童在1岁半到2岁开始玩装扮游戏。他们在不需要睡觉时，歪倒在地板上假装睡觉；在不需要喝水的情况下，拿着空杯做喝水动作，有时嘴里还念念有词。可见儿童天生是剧作家、导演和演员的结合体。儿童富于游戏性的戏剧活动，与古希腊戏剧的发生有很多的相似性。

(二)《百子杂剧图》：中国古代的儿童戏剧活动

戏剧在中国起源也很早。原始初民诗歌、音乐、舞蹈三位一体的狩猎巫术仪式，可算是戏剧的雏形。正所谓“搬演故事曰戏”。戏剧不仅是中国古代成人的娱乐方式，也是儿童娱乐的主要方式之一。在中国宋代画作《百子杂剧图》（见图 1－1）上，可以找到古代儿童进行杂剧表演活动的确凿证据：在热烈欢腾的戏场上，孩子们戴着假胡子，扮演大模大样的官员。在另一些表演中，孩子们系着小箍带，耍弄着各式花样，或骑着竹马。

图 1－1 《百子杂剧图》

二、儿童戏剧的概念

儿童戏剧是以舞台表演为中心，融汇了文学、音乐、美术、舞蹈、建筑等多种艺术成分，并适合儿童接受和欣赏的戏剧。要了解这一概念，就首先要区分儿童戏剧与儿童戏剧活动，二者最容易混为一谈。在世界各国，儿童戏剧常常是成人表演给儿童看的，是由专业儿童剧团负责演出的。专业儿童剧团经过长时间反复不断的排练，才能使儿童戏剧达到相当的制作水准，并适应市场的需要，有一定的演出场次。

儿童表演的戏剧通常归入儿童戏剧活动，包括学校组织的各种和儿童戏剧有关的教学、游戏活动。戏剧活动中儿童可以自编、自导、自演，老师、家长则在一旁指导。儿童自己扮演角色，可以通过儿童戏剧活动获得成就感，得到自我满足。在儿童剧场的活动中，儿童表演得好或不好根本没有关系，因为这种活动并不售票，而是学校里的一种表演活动，儿童是表演给自己看、给家长看、给老师看的，家长、老师也不会要求儿童表演得多么专业，只要他们快乐就好。儿童的学习过程是很重要的，儿童戏剧活动注重的是儿童的参与，关注的是他们在活动中快不快乐，有没有投入精力，以及和老师、家长在活动中的互动关系。所以，儿童戏剧活动在意的是学习的过程，而不是表演的结果。即使表演得很差也无所谓，因为这是儿童戏剧活动。

不过，如果艺术、戏剧类学校专业培养的儿童演员，其排练的儿童戏剧作品也达到了成人剧团水准，从创作到演出都是针对市场需要的，那么这一类戏剧作品便具有儿童戏剧与儿童戏剧活动的双重性质。

中国台湾学者陈信茂对儿童戏剧做了更细致的阐释：所谓儿童戏剧，就是应用儿童的思想、儿童的想象、儿童的语言、儿童的情感、儿童的经验，通过戏剧的手法，表现大宇宙间动植物的生活、人和物的关系、社会的现象、人生的意义，用以增进儿童的知识、陶冶儿童的美感、坚定儿童的意志、充实儿童的生活、诱导儿童向上的艺术活动。陈信茂为儿童戏剧下的定义较为宽泛。在他看来，只要合乎上述要求，不管内容是涉及古代还是涉及近代，事件是发生在国内还是发生在国外，表现方式是舞台、电视、电影还是卡通、皮影戏、木偶戏，扮演人不论是成人还是小孩，只要内容切合儿童发展需要，都可称为儿童戏剧。

儿童戏剧文学是儿童戏剧的重要组成部分，是专门为儿童戏剧演出创作的文本，简称剧本。它是儿童文学的一种重要体裁，同时是一种可阅读的文学体裁。

三、儿童戏剧的分类

儿童戏剧的分类方式很多，主要有以下几种：

（一）依儿童戏剧的题材划分

依儿童戏剧的题材划分，儿童戏剧可分为儿童历史剧、儿童现代剧。

1. *儿童历史剧*

儿童历史剧是指以反映历史题材为主要内容的戏剧作品。根据剧情发生的时间，儿童历史剧又可分为古代历史剧和现代历史剧。有代表性的古代历史剧有《花木兰替父从军》《司马光砸缸》等，现代历史剧有《报童》（见图1－2）、《宋庆龄和孩子们》、《少年周恩来》等。儿童历史剧以表演的方式来再现历史，有利于儿童对历史事件的了解。

图1－2《报童》剧照

2. 儿童现代剧

儿童现代剧是指以现实生活为题材的戏剧作品，通常反映当代儿童的学习和生活，因贴近儿童、富有时代气息而易于为儿童所接受。如《小雁齐飞》《宝贝儿》《春雨沙沙》等。

(二) 依戏剧场次容量划分

依戏剧场次容量划分，儿童戏剧可分为独幕剧和多幕剧。

1. 独幕剧

独幕剧是指用一幕戏来讲述一个完整的故事，中间没有暗场，剧情简单集中，故事完整，人物一般偏少的戏剧作品。独幕剧一般作为教学实习性汇报来进行表演，商业演出中很少出现。独幕剧如任大霖创作的独幕剧《桃子熟了》、宋捷文创作的《甘罗十二为使臣》等。

2. 多幕剧

多幕剧是指分成若干幕演出的大型戏剧，情节复杂，人物多。如六幕儿童歌剧《青蛙骑手》、四幕科学幻想童话剧《明天飞》等。市场上的商业演出大都是多幕剧。

(三) 依儿童戏剧的表现方式划分

依儿童戏剧的表现方式划分，儿童戏剧可分为儿童话剧、儿童歌舞剧、儿童戏曲、儿童哑剧、儿童假面剧、儿童木偶剧、儿童皮影戏、儿童广播剧、课本剧等。

1. 儿童话剧

儿童话剧是指以角色的对话、动作、表情等为主要艺术表现手段来发展剧情的儿童戏剧。演员的无伴奏对白或独白是演绎情节、表达内容的主要方式。儿童话剧冲突单纯，内容和语言适合儿童接受和欣赏。其中，以人物形象为角色、表现儿童现实生活的是儿童生活话剧，短的儿童生活话剧如日本作家坪内逍遥的《回声》，长的儿童生活话剧如《报童》，它们均是通过人物形象反映儿童生活事件的；以拟人形象为主要角色、用幻想形式表现情节的是童话剧，如柯岩的《小熊拔牙》、孙毅的《一只小黑猫》和《五彩小小鸡》、张天翼的《大灰狼》等作品。儿童的思维具有泛灵性的特点。在他们看来，大自然的万事万物都有生命，和人一样有感觉和意识，各种动物、花草和儿童生活中常见的东西都能言能语、富有感情。童话剧是一种非写实性文学，其基本特征是幻想性，这一特征和儿童的思维有着天然的一致性，所以深受儿童喜爱。因此，童话剧在儿童戏剧中占有举足轻重的地位，也成为儿童戏剧中最常见的一类。除了对话，童话剧中也可以插入一些歌唱和舞蹈。如台湾杯子剧团的《叮叮当当历险记》。

2. 儿童歌舞剧

儿童歌舞剧是指运用音乐、舞蹈、歌唱等多种艺术表现手法表现戏剧主题，用舞蹈语言和音乐语言来表现剧情、塑造舞台形象的戏剧形式。儿童歌舞剧将声乐、器乐、文学、舞蹈、舞台美术等艺术元素融为一体，有的完全没有对话，有的插入简单对话。这一类儿童剧最容易受到儿童的欢迎。依形式的简短或繁复，儿童歌舞剧可分为简单歌剧与大型歌剧。简单歌剧如黎锦晖的《葡萄仙子》，大型歌剧如纸风车剧团的《猫捉老鼠》。一般来说，戏剧中的歌曲和舞蹈较为短小，注重用儿童能理解和欣赏的音乐、舞蹈动作刻画人物形象、演绎情节、表达主题、烘托艺术氛围。载歌载舞的表现形式常使舞台氛围欢快热烈，因此深受儿童喜爱。例如，我国儿童歌舞剧的创始人黎锦晖创作的《麻雀与小孩》

《三蝴蝶》《葡萄仙子》《月明之夜》等 13 部儿童歌舞剧，乔羽的《果园姐妹》《森林里的宴会》《湖》《宇宙的骏马》和《鲤鱼妈妈》，金近的《兔妈妈种萝卜》，柯岩的《照镜子》，等等，都是我国儿童歌舞剧的经典之作。

3. 儿童戏曲

儿童戏曲是指运用地方戏曲的曲调、唱腔和身段，通过演员的唱、念、做、打，即剧中人的歌唱和带有节奏感的道白，以及富有民族特色的舞蹈动作来表现故事情节、展现现实生活的戏剧形式。把传统的京剧和现代歌舞剧、音乐剧、儿童剧的舞台表现形式有机地结合起来，创演富有时代特征和现实主题意义的现代少儿京剧，是一项非常有意义的艺术探索行为。它推动了京剧艺术的发展，使古老的国粹通过全新的结构和包装走进现代青少年观众的视野，特别是能让年青一代从小对京剧艺术拥有感知上的认识。如儿童京剧《寒号鸟》（见图 1－3）、《金童》以及豫剧《早霞》等。

图 1－3　《寒号鸟》海报

4. 儿童哑剧

儿童哑剧是指不用台词而凭借形体动作和表情表达剧情的戏剧形式。“哑剧”一词源于希腊语，意思是“模仿者”。哑剧形体动作是哑剧的基本手段，它的准确性和节奏性不仅具有模仿性，还具有内心的表现力和诗的意蕴。公元前 3 世纪，罗马已有哑剧演出。在古代英国和法国，丑角的无声表演多在大型戏剧演出之前进行。哑剧艺术家被称为“无言的诗人”，不仅要有话剧表演的基础、舞蹈的功底，还要有较高的文学修养。今天，哑剧仍然在变化发展着，许多演出中已出现歌曲、笑话或影视中的人物。著名的儿童哑剧有《凳子上的钉子》等。

5. 儿童假面剧

儿童假面剧是指演员戴面具表演的戏剧，是一种集歌唱、舞蹈、诗歌以及赛会等于一体的综合艺术。假面剧在 1600 年至 1800 年非常流行，专门用来招待王公贵族。它取材于历史或神话故事，是以音乐为主，朗诵调代替对白，同时伴随着众人合跳的假面舞场面，并穿插有哑剧或闹剧的戏剧形式。宋代流行的《跳鲍老》就是民间最受儿童欢迎的假面剧。在儿童戏剧中，借助面具，一个演员可以扮演几个不同的角色，这样可以解决演员人数不够的问题。同时，面具的运用是为了克服剧场条件的限制，使观众能在容纳上万人的露天剧场中清楚地辨认出演员的形象，这与我国戏曲中的脸谱有相似之处。如扬州木偶剧团创作的《新白雪公主》（见图1－4）中，王后、宫女、猎人、女巫，以及森林里的狮、豹、猪、熊等都使用了假面演出，唯独白雪公主和王子没有戴面具，颇有隐喻意味。

图1－4 《新白雪公主》剧照

6. 儿童木偶剧

儿童木偶剧是指演员操纵木偶进行表演的戏剧形式，是一种最富儿童色彩的传统戏剧形式。木偶用木料、石膏、橡胶、塑料、海绵和银丝关节器制成。演员控制特制的木偶表演各种动作，并有对白和歌唱。木偶剧具有独特的木偶情趣，可以表现人在舞台上做不到或难以做到的动作，因无法惟妙惟肖地模仿真人的动作而产生滑稽、夸张的木偶效果，这使善于幻想和“物我不分”的幼儿特别喜欢。随着科学技术的发展，为了丰富木偶面部的表情变化，木偶制作一改传统木偶的整木雕刻形式，代之以泥塑造型、石膏翻模、纸质脱胎、整理化妆等十多套工序，使得木偶不仅能表演面部的口张合、眉上挑、眼顾盼等，还能模仿真人戏的“水袖表演”“鸢子翻身”等传统动作，更能表演上天入地、飞檐走壁、变脸喷火、舞扇耍碟等高难度动作。

儿童木偶剧对演出条件的要求不太高，不需要动用很多的人力物力，只需少数会操作木偶的人和木偶道具就能演出，可以使幼儿得到思想品德教育以及语言、知识和艺术美的熏陶，这类演出在小学、幼儿园艺术教育中得到了广泛的运用。在木偶剧剧本中，需要对木偶造型、操纵方式、配乐等做专门说明。这类剧一般短而精，人物对白简单明了，线索清晰，剧情紧张明快。演出时，演员在幕后一边操纵木偶，一边说白，并配以音乐。木偶剧最适合表现童话剧。孙毅的《五彩小小鸟》、沈慕垠的《老公公种红薯》等都是儿童木偶剧。另外，有的儿童剧团还会结合多种元素，如九歌的《金银岛》，便结合了木偶剧与舞台剧，同时穿插一些歌舞形式。

根据木偶制作方式和操作技术的不同，木偶可以分为布袋木偶、提线木偶、杖头木偶等。

布袋木偶（见图1－5）是指用布做的木偶，表演者将其套在手上在幕后进行表演，表演者通过操纵手或手指来表达戏剧形象的肢体动作，同时配以音乐和语言。布袋木偶戏的表演主要是用手指活动来完成，所以又被称为“掌中戏”。正所谓“十指能做天上人，掌上可出千古事”。布袋木偶以简单的布袋为服饰，运用手指技巧来操纵，材料易找，制作简单，表演时操作难度小，因而被广泛用于校园教学活动和文艺活动。

图1－5 布袋木偶

提线木偶（见图1－6）是指演员从上空手握木棍操纵细线进行表演的一种木偶。木偶的腿、手、肩、耳以及脊骨底部等部位各缀以线，分别拴在不同的小棍上，演员手握小棍，通过提拉细线，掌握提拉力度等技巧进行木偶动作表演。它与布袋木偶、杖头木偶不同的是全身均可出现。提线木偶的制作和操作较为复杂、难度大，因此多由专业演员进行表演。

图1－6 提线木偶

杖头木偶（见图 1－7）以木棍作为躯干主体，上面装有暗线和活动关节以操纵动作。表演者用手操纵一根命杆和两根手杆来完成动作进行表演，故杖头木偶又称“举偶”。木偶颈部下面接的一节木棒或竹竿称为命杆，与木偶双手相连的木棒或竹竿称为手杆。杖头木偶一般内部空虚，眼、嘴可以活动，高二尺左右。表演时，杖头木偶由于形态大，动作夸张，因而具有很强的艺术表现力。如杖头木偶戏《孙悟空三打白骨精》中，孙悟空因“三打”，遭到唐僧的怒斥，被遣回花果山。当洒泪拜别师父时，孙悟空和着低沉的音乐节奏，一步步地走向唐僧虔诚拜别，遭唐僧拒绝。悟空左拜右拜不能如愿，无奈运用分身术，立时化为几个悟空四面参拜；接着和八戒、沙僧拥抱惜别后，才猛一跺脚，缓缓腾空而去。在这段戏中，运用木偶角色的走、拜、拭泪、拥抱、抽泣、跺脚、腾空等一系列动作，把悟空含冤负屈的情绪和师徒、兄弟之情表现得淋漓尽致。观众深受感染，为孙悟空洒下同情之泪。“此处无声胜有声”，杖头木偶具有动人心魄的艺术魅力。由于杖头木偶的制作和表演要求专业化程度高，因而它多由专业剧团表演，较少在学校范围内由老师完成。

图 1－7　杖头木偶

7. 儿童皮影戏

儿童皮影戏（见图 1－8），又称“影子戏”或“灯影戏”，是我国特有的一种戏剧艺术，也是一种图案艺术。它是指用纸、羊皮、牛皮、铁皮等材料，通过绘画、剪制和雕刻，制作成各具形象的皮影人物，利用灯光把这些人物的造型照在纱幔（屏幕）上映出影子，再给它配上音乐与对白，表演出各种戏剧情节的艺术。它最大的特色是其侧面影像（五分脸或者七分脸）有影无形，像雾里看花，似有还无，具有一种朦胧美。皮影人物是影戏主体，它的结构颇具巧思。为了动作灵活无碍，一个完整皮影人物的形体，从头到脚通常有头部、胸部、腹部、双腿、双臂、双肘、双手，共计 11 个部件。头部包括颜面、帽、须及颈部，下端为楔子，演出时插入胸上部的卡口内，不用时则卸下保管。胸部装置卡口，以备插皮影人头用。与胸上侧同点相钉结的有两臂，各分为上下臂两节，小臂下与手相连。一个皮影，通常要用五根竹棍操纵，艺人手指灵活，常常令观众眼花缭乱。不仅手上功夫绝妙高超，嘴上还要唱念，脚下还要制动锣鼓。演皮影的屏幕，是用一块1平方米大小的白纱布做成的。白纱布经过鱼油打磨后，变得挺括透亮。演出时，皮影紧贴屏幕活动，镂空的人影和五彩缤纷的颜色真切动人。在白色幕布后面，演员一边操纵戏曲人物，一边用当地流行的曲调唱述故事，同时配以打击乐和弦乐，有浓厚的乡土气息。在河南、山西、陕西、甘肃等地农村，这种拙朴的汉族民间艺术形式老少皆宜，尤其受儿童的喜欢。儿童皮影戏有《龟与鹤》《狐假虎威》等。

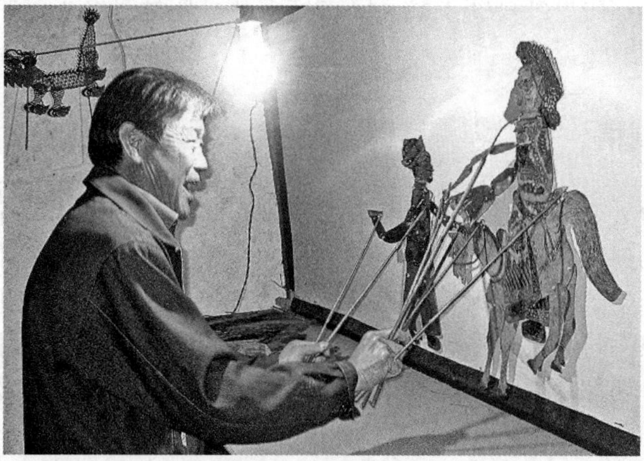

图1-8 皮影戏表演

8. 儿童广播剧

儿童广播剧是指利用广播送听，以语言声音及音乐、音响等为表现手段来塑造形象、展示剧情的儿童剧本。语言声音是主要表现手段，因而剧本对人物语言和叙述语言有严格要求。儿童广播剧要求具有鲜明的性格色彩，有生活的真实感，有音乐感；音乐与语言和谐地、有机地统一起来，有助于烘托环境气氛，激发儿童想象。由于儿童广播剧最后诉诸儿童的听觉，可以不受戏剧舞台限制，也不受时空限制，因此它在内容和表现形式上比其他各种儿童文学作品更自由和灵活。它的对象也很广，包括城镇山乡广大的识字或不识字的儿童，因而它具有普及性。20世纪80年代优秀的儿童广播剧有《蘑菇的故事》《我们的小傻蛋》《起飞的小鹤》《大侦探小卡莱和小不点儿》等。

1996年冬，中国广播电视学会（今中国广播电视社会组织联合会）在青岛举办了中国儿童广播剧评奖，共有四个作品荣获一等奖。其中一等奖第一名作品《海滨的铜铃》（青岛电台文艺中心选送），通过小主人公艾鹏鹏及其伙伴王娇娇在海爷爷的帮助下，精心医护一只受伤的海鸥并使它重返碧海蓝天的故事，告诉儿童要热爱大自然，更要保护大自然。作品借助优美的抒情、新奇的想象、曲折的故事情节，表现了儿童兴趣和新时代儿童的风采。

9. 课本剧

20世纪80年代后期到90年代中期，全国各地兴起了“课本剧”热。课本剧就是将中小学课本内容改编成剧本进行演出的戏剧。课本剧是立体、形象、艺术化教学的教材，是为教学服务的戏剧。它既能提高学生的学习兴趣，促进他们对课本内容内涵的理解，又能培养锻炼学生的艺术欣赏能力、口语表达能力、人物塑造能力等多方面的艺术技能，提高他们的文学素质和艺术修养。这一形式逐渐受到专业戏剧团体的重视，逐渐成为专业儿童剧团以及一些话剧团下基层为中小学生们演出的主要剧目。一些儿童剧作家如上海的孙毅，就写了《美丽的大公鸡》《骆驼和羊》等数量可观的课本剧，供中小学生排演。

第二节　儿童戏剧的艺术特征

戏剧强调故事性。儿童戏剧除了具有故事性之外，还具有以下一些适应儿童心理状态和理解能力的艺术特征：

一、富于童趣的剧情

童趣是儿童剧的灵魂。一部童趣盎然的儿童剧，必然受到少年儿童的喜爱，他们在受到教化的同时，能感到轻松和好玩，体会到愉悦和快乐。儿童走进人生与世界不久，阅历短浅，知识不足，希望了解一切，对什么都感到新奇。他们有自己的想象和幻想，对大自然和社会有自己的想法与看法，虽然比大人幼稚，但是纯真可爱。儿童单纯、善良、同情弱者，希望世界上一切都是美好的、和谐的。正因为儿童的思维方法比较简单，所以他们不能适应戏剧中复杂的故事情节和冗长的心理描写，要求看到事实和行动，看到立体的活灵活现的形象，要求明辨是非、真假、美丑、善恶。中国台湾学者林文宝认为，“儿童看戏是基于好玩的心理，但成人为儿童编剧时，往往会站在成人的立场，希望儿童能有所收益，而非纯娱乐。但为了要吸引儿童，必然要将故事趣味化，将戏剧的主题包装妥当，才能让儿童从接纳、喜欢到认同，最后才能达到真正戏剧教育的目标”。

以《猪八戒学本领》（编剧：包蕾、孙毅）部分台词为例：

沙僧　师父，（避开八戒）想那八戒前去化斋，后有大师兄跟去，为何他一个人在蒸笼里面呢？

猪八戒　（偷听到最后一句，便解释着）哦！那是因为我老猪化斋跑累了，半路上找到这个大蒸笼，秋凉天气，睡在里面不会伤风！（说得得意忘形，竟将半裸的身子露了出来）

【唐僧与沙僧见八戒一身肥肉，大红兜肚，掩口而笑。

沙僧　咦——既然怕冷，为何又将衣裳脱了个精光呢？

猪八戒　（连忙将身子缩回，只露出个头，支吾地）呃……那是……因为蒸笼里太热了！……

沙僧　衣裳呢？

猪八戒　呃……放在哪儿？我……也记不起了！

沙僧　（举起宝杖）既是自己睡在里面，为何又被反绑了起来？真是一派胡言！招打！（要打）

唐僧　（拉沙僧）嗳……不可，不可……

猪八戒　嗳……不能打，不能打！这一杖打下来，我老猪不成肉饼了吗？

唐僧　（对八戒）你快快从实讲来呀！

沙僧　（举杖）从实招来！

猪八戒　我说，我说！（旁白）看样子不说实话是不行了！（掩饰地）师父，八戒是老实人，我就向您说老实话吧！（数板）化斋遇二妖，将我捉住了，剥去我的袍，要拿我开刀。一个说油炒，一个要红烧，吓得我心惊，急得我肉跳；一刀一刀割，痛苦实难熬。不如蒸了好，免受千万刀。我说："大小妖，俺皮粗肉老，不蒸上三天，休想动口嚼！如不听忠告，狗牙要崩掉！"命令这一下，妖怪照办了。我在蒸笼里，睡了一大觉。（眉飞色舞起来）哈……要照他们办，这个苦难熬，老猪计谋好，叫他不要吵；红烧和油炒，吃来味不好，不如上蒸笼，味道呱呱叫。

沙僧　原来你是怕零切碎刮，才叫他们把你清蒸的。

《猪八戒学本领》一剧，八戒被妖擒住清蒸，幸亏为悟空暗暗所救。在师傅面前，为了保全面子而撒谎，不料谎言处处被戳穿，最后只得说实话。说实话时，又忍不住添油加醋，说到"老猪计谋好"不禁得意扬扬。那种谎言被戳穿进退两难的尴尬，那种死要面子的心性，极富儿童情趣。这样的设计，是小孩子们最能理解也是最爱看的。

二、单纯的戏剧冲突

戏剧有冲突及危机两个本质。相对于成人戏剧中常见的尖锐复杂的矛盾冲突，儿童戏剧的冲突往往表现得较为单纯，往往是由善与恶、美与丑、真与假、勤快与懒惰等一对对主要矛盾构成的。富有个性的人物形象的塑造，也是在戏剧冲突中展开并逐步完成的。如《马兰花》中，大兰的性格塑造就是置于争夺马兰花的冲突中完成的。剧本在大兰和小兰谁嫁给马郎的问题上两度形成冲突。第一次，大兰抢先从父亲手中抢到马兰花，但一听马郎没有高楼和仆人，当即扔掉了马兰花；第二次，大兰看到小兰和马郎过上了幸福生活，嫉妒和羡慕妹妹，于是陷入了老猫和大家争夺马兰花的矛盾冲突中。两番冲突，展示了大兰嫌贫爱富、贪图享乐、贪婪懒惰的性格。她不念姐妹手足之情，和老猫合谋，为得到马兰花而害死妹妹的恶行，只有在矛盾冲突中才得到了充分的表现。

在以幼儿为观赏对象的儿童戏剧中，不需要表现太过对立或一些大善大恶的事情。戏剧冲突能直接影响儿童。儿童的心理容易冲动，不容易辨别舞台演出的真与假，极容易被过度尖锐的矛盾冲突吓住。如在儿童戏剧《猪猪侠之魔幻森林》中，编导为了增强互动感，让演员戴着凶恶的大灰狼造型头套出现在舞台前区，先是撒糖，接着说谁吃了陌生人给的糖就把他抓走，张牙舞爪，吓哭了一群幼儿，这是不应该的。又如儿童戏剧《三只小猪盖新房》中，羊妹妹独自一人睡在卧室，因为没有听羊妈妈的话修好窗户，大灰狼半夜撬开窗户，进来把羊妹妹装进布袋扛走了。现场的表演吓哭了不少小观众。估计不少孩子回去以后，都不敢独自睡了。这样的戏剧冲突设计是失败的。

适合儿童心性的戏剧冲突可以定义为"不安定的情绪"和"平衡的破坏"。例如：下课钟声响起，孩子们会坐立不安、喧闹；或是从不生气的老师，突然生气了，使原本的平衡遭到破坏；或是一个高大但不凶恶的恐龙的出现，在音乐声中让舞台呈现一种不安定的情绪。这些都是幼儿熟悉又不会使幼儿受到太大惊扰的冲突设计，符合幼儿的心理承受能力。

三、动作化和韵文化的语言

戏剧语言包括角色对话、独白、旁白、提示语等。儿童戏剧主要通过角色对话塑造戏剧形象、演绎情节、表达主题。因为儿童戏剧的服务对象主要是儿童，所以，儿童戏剧角色之间的对话要浅近易懂、富有儿童情趣和动作性，要符合儿童口语习惯。作为编剧，要擅长写儿童看得懂的语言，不要过度美化。儿童期的思维形象、具体，对事物的感知以感性经验为主。语言往往要求朴实、浅显、口语化、生活化，同时要生动活泼、动作感强、充满童趣，通过动作性语言使人物与人物之间的矛盾冲突有形化。因此，在儿童戏剧文学中，不应该有大段抒情性或叙事性的内心独白，也不应该有大段的纯理性对白。如柯岩的童话剧《小熊拔牙》中，熊妈妈和小熊有这样一段对话：

妈妈 我是狗熊妈妈。

小熊 我是狗熊娃娃。

妈妈 我长得又胖又大。

小熊 我就像我妈妈。

妈妈 妈妈要去上班。

小熊 小熊在家玩耍。

妈妈 不对，你要先洗脸……

小熊 嗯嗯……好吧，洗一下。

妈妈 不对，你还要刷牙……

小熊 嗯嗯，好吧，刷一下。

妈妈 不对，要好好刷。还有……

小熊 还有，还有……什么也没有啦！

妈妈 不对，想想吧！……不自己拿饼干，不自己拿……

小熊 好啦，好啦，都知道了！不许拿饼干，不许吃甜瓜，不许抓糖球，还不许打架……

从这段对话看，熊妈妈和小熊的对话全是生活化、儿童化了的语言。“妈”“娃”“大”“耍”“下”“牙”“啦”“拿”“架”等是押“*a*”韵。另外，人物台词句式简短，表达浅白。通过对话，一个贪吃甜食、不爱洗脸刷牙的小熊形象就呈现在小观众面前，这也为后面小熊吃多了甜食牙疼而去拔牙的剧情做了铺垫。

鲜明的动作性也是儿童戏剧语言的一大特点。儿童通过能产生舞台视觉感的动作性语言，了解人物的心理活动、情感变化、人物经历、命运以及人物之间的矛盾冲突。如小熊刷牙这一段的台词：

小熊 先唱个小熊歌：1234，哇呀呀呀，呀。再跳个小熊舞：5432，蹦蹦蹦，哒。哎呀，答应过妈妈洗脸呀。先洗洗小熊眼，再擦擦熊嘴巴；熊鼻子抹一抹，熊耳朵拉两拉；熊头发梳三下，嗯，就不爱刷牙。那——那就不刷吧！

小熊的这段台词就具有高度动作化的特点，通过“唱”“跳”“洗”“擦”“抹”“拉”

“梳”“刷”等动词的连用，把小熊活泼、顽皮、马虎、任性等性格特点刻画得淋漓尽致，符合儿童通过感性经验认识事物的思维特点。

四、简单紧凑的情节结构

儿童戏剧的观众是儿童，所以儿童戏剧的结构主线要简单，不能像成人剧那样有主线、复线、明线、暗线。当然，线索简单并不是说可以单调，儿童戏剧的各个环节要紧凑，层次要清晰，悬念不宜过多，以便让小观众一看就懂，一听就明白。如荣曜编剧的独幕儿童戏剧《妈妈在你身边》的结构比较典型。全剧只有一条线索、一个悬念，即一个擦皮鞋男孩被抓，一个女孩实施营救，从始至终，一贯到底，层次清楚，一目了然。但是从幕起到幕终，小观众始终都沉浸在戏剧特定的情境中，和剧中人物一同悲喜。情节张弛有度，有密有疏，安排得非常恰当、巧妙。正是该剧的巧妙结构，使这出戏获得了成功。岳阳甜橙儿童剧团的童话剧《丑小鸭与靴猫侠》，始终围绕着丑小鸭寻亲的主线向前运动，先后遇到稻草人、野猫群、猎人和天鹅群。这些人物中，即使是猎人，也不是绝对的坏人。寻亲的过程，其实是认识和结交新朋友的过程。丑小鸭结交每一位朋友的方式都不同，其中与稻草人是一见如故，与野猫群是不打不相识，与胖瘦猎人是化敌为友。因为主线简单，该剧虽然长达 70 分钟，但即使是两岁多的孩童也能一口气看下来。

紧凑的情节对于儿童戏剧文学来说，也是至关重要的。儿童看戏，首先是引人入胜的故事吸引他们，然后才在欣赏这有趣故事的过程中，逐渐地去认识一个一个的人物。这里所说的紧凑，主要是指剧本里核心事件的发生、发展、结束的整个过程一气呵成。这个核心事件，可以是一个人，也可以是一件物。比如，任德耀的儿童剧《马兰花》里的“马兰花”、马启厚的儿童话剧《小侦察》里的“白金轴”，这些物品不仅仅是道具，而且是联系全剧情节发展、人物性格、主题表现的纽带和核心。剧本沿着这条纽带、围绕这个核心去写，就容易写得集中、紧凑，从而故事性强。编剧仇英俊在改编《白雪公主》（见图 1-9）这个耳熟能详的故事时，将原作中白雪公主的三次被骗改为两次被骗，使得故事的矛盾更为集中，剧情更加紧凑。

图 1-9 《白雪公主》剧照

第三节 儿童戏剧的功能和意义

一、中国儿童戏剧的现状

中国是世界上人口最多的国家，同时拥有世界上最大的少年儿童群体。当前，中国儿童戏剧的现状并不乐观。全国约有 3.8 亿少年儿童，而专业的儿童剧团仅有 30 家左右。济南市儿童艺术剧院副院长张大海说："这样一个比例意味着，即便排除客观条件限制，我们每天都演，一天 4 场，起码也要演上 50 年才能保证每个孩子一生看上一部儿童剧。"相比之下，日本有 330 个儿童戏剧表演团体，而仅仅莫斯科一个城市就有 200 个儿童戏剧团体。据相关资料，在丹麦，按照法律规定，政府每年在戏剧方面支出的 25%必须用在青少年儿童戏剧方面。丹麦人口不多（500 多万），却有上百家专业儿童剧团，每年演出 2 000余场。瑞典是世界上儿童戏剧最普及、发展水平最高的国家之一。瑞典的孩子从 6 个月大就开始观看儿童戏剧，瑞典儿童戏剧根据不同年龄层观众的交流需要进行创作，不同年龄段的孩子看不同的儿童戏剧，堪称儿童戏剧王国。

二、儿童戏剧的功能

儿童戏剧对孩子世界观的形成起着潜移默化的作用，其功能绝不可低估。儿童戏剧亲切生动、活泼有趣的方式易于为儿童所接受，戏剧活动的进行有助于儿童疏导情绪与展现自我，舒缓儿童积存的内外压力，实现儿童平常被禁止的童趣行为或天马行空的梦想，进而使儿童获得心理上的平衡，逐渐肯定自我。儿童戏剧表演活动本身具有群体性，有助于群体生活与默契的培养。儿童必须学着与人协调、相互尊重，并且适时地表达自己，具备合作精神，以使活动圆满完成。作为促进儿童发展的手段，儿童戏剧教育对儿童的认知、社会适应性和情感等的健康发展有着难以替代的教育作用。许多孩子通过观看儿童剧懂得了善良、友爱、进取、爱祖国、爱家乡、爱科学等。

国外之所以如此重视儿童戏剧，是因为它具有幻想、恢复、逃避、慰藉等多种重要功能。舞台上演的戏剧故事，能带动儿童参与幻想。儿童经历幻想之后能更清楚地明白事理，重新恢复"清晰视野"。观摩戏剧的过程，是儿童作为一个被禁锢者对现实的逃避过程，这种逃避有助于真正的恢复。当儿童从幻想中的巨大危险中逃避出来时，心情激动，含泪欲哭，一些潜在的基本愿望得到了满足，因而也就能获得有益的心理慰藉。

少年儿童是国家和民族的未来，保证少年儿童健康成长是儿童戏剧工作者应尽的责任。因此，迎接挑战，继往开来，是中国广大儿童艺术院团和儿童戏剧工作者面临的紧迫而重要的任务。

三、儿童戏剧的意义

具体来说，儿童戏剧的意义表现在以下几方面：

（一）儿童戏剧能解放儿童的身体与心灵

儿童的一切运动与游戏，以及儿童对外部世界的感知和认识，都通过身体和器官来直接表现。快感与伤感、奖励与惩罚、学习与教育，都依附于身体与器官的作用来表现和完成。但儿童由于身体能力不及成人，以及生理欠缺而引发的自卑感，需要情感来超越和补偿。中国的孩子在儿童期的精神压抑是显著的。在长期的课堂生活中，儿童的身体、感官、器官等受到禁忌和压制，比如针对儿童的手、脚、嘴巴、眼睛等器官的课堂礼仪要求有不许动、不许去、不许讲、不许看等禁忌性内容。而儿童戏剧活动充满了原生性动作和被压抑心理能量的爆发，诸如追击、喊叫、舞蹈、歌唱等肢体的运动使儿童获得了身体和心灵得到释放的快感。

（二）儿童戏剧具有很强的娱乐功能

儿童的娱乐就是游戏，儿童戏剧对儿童而言，就是一种游戏。这种游戏是经过设计、安排而与教学活动合而为一的。在欣赏过程中，儿童可以完全融入剧情，台上人物的对话、表情、动作都牵动着他们的心，儿童会跟着剧中的主角一起紧张、一起欢笑，会跟着剧中的主角一起去冒险。公演时，台上台下互动频繁，经常会听到儿童的欢呼声、惊叫声、催促声，此起彼伏。休息时，也会有一些儿童跑到舞台窥视，希望一睹演员的风采。结束后，儿童更会涌向台前与演员们打招呼、握手、拥抱；回家后，儿童不但会大谈剧情，还会表演剧情。儿童的情感流露是真实的、奔放的，只要给予美好的、正面的学习，儿童就能收获更多。

（三）儿童戏剧能开阔儿童视野

儿童期是学习的关键期，许多的学习只有通过知觉，即在看见、听见后，才能留下深刻印象。儿童戏剧的取材是多方面的。在儿童文学中，凡是具有故事性的作品，都可以入选。如：神话、寓言、历史故事等世界文化遗产改成戏剧后，不但可以传播文化，还可以拓宽儿童视野；童话、科幻作品，都具有想象的空间；生活故事、小说、传记等改编成戏剧后，儿童观看了故事发展的前因后果，了解故事叙述的内容，无形中将发生在别人身上的种种事情变成自己的生活经验。儿童文学给他们提供了丰富的知识，拓宽了他们的视野，还可以让更多不爱翻阅书本的小朋友接受文化熏陶，爱上阅读。

（四）儿童戏剧能在语言、人格等层面教育影响儿童

从语言教育方面来看，参与戏剧表演可以训练儿童的表达和胆识。练台词就是一种语言训练，剧本中的对话都是经过设计安排的，在修辞、用字、造句上，均较精练，儿童可以从中学习对话的方式、态度、语气及感情的表达。从人格影响方面来看，儿童戏剧是健康的，是真与善的呈现，不像电影会有暴力、色情的镜头。儿童的社会经验较缺乏，儿童剧场有互动的特质，会把生活中许多事件、各种不同的角色和性格搬上舞台做一个真实而完整的呈现，丰富儿童的生活经验。儿童戏剧宣扬仁爱、强调善良、明辨是非、鼓励勇敢、赞美积极、乐观向上，儿童在扮演的过程中，可以学习从别人的角度看事情，进而学会关怀和体谅。儿童剧场还可以帮助儿童探讨生活中的行为问题、情绪困扰，并提供解决问题的策略，导正偏差行为。儿童戏剧强调温馨，讲求好人有好报，引导儿童趋善避恶，使儿童在潜移默化中懂得见贤思齐，有利于儿童形成正确的人生观。

（五）儿童戏剧是创意想象的展现场所

儿童戏剧是讲求“创意”的，舞台的布景、道具的设计、演员的妆容、情节的突变、矛盾的解决都需要创意。如中国台湾九歌儿童剧团的《东郭、猎人、狼》一剧中，最后有一段互动设计：大野狼被捉到了怎么办？直接杀掉吗？不行。这要跟小朋友讨论，询问小朋友：要怎么处置大野狼？是送到动物园养乖了再放回山林吗？儿童天生地就有创作戏剧的才能，只要一指点，他们的创意就会如同泉水一般涌出。美国的“创造性儿童戏剧”，非常关注儿童在剧中面临各种矛盾、冲突、问题时的应变能力。通过儿童在戏剧扮演中尝试各种解决办法，促使儿童在演戏中思考人与人、人与社会、人与自然的各种关系和问题，以此丰富儿童的各种经验。

（六）儿童戏剧能为儿童提供美感教育

儿童戏剧的艺术包装，如布景、服装、道具、灯光、肢体动作、音乐等，能使文学的故事从平面化走向立体化、生活化。儿童戏剧夸张的设计、夸张的表演艺术、唯美的表现手法更能吸引儿童进入艺术的殿堂，接受艺术的熏陶。艺术是诉诸感觉的，儿童的喜怒哀乐都受剧情变化而上下起伏。这种经验，是通过感官刺激来获得的。对儿童而言，它就是一种体验，更是一种潜移默化的艺术熏陶教育。总之，儿童剧场可以满足儿童美感的需求，培养儿童欣赏艺术的兴趣、态度与鉴赏能力；儿童戏剧在教育方面提供了最好的方式，寓教于乐，对孩子的情绪、语言发展以及学习了解他人、解决问题的方法都有很大的帮助。

第四节　中国儿童戏剧发展概述

一、中国古代的儿童戏剧

中国远古产生歌舞后，儿童歌舞也就随之产生了。商周时期的“歌舞事神”就有儿童参与其中。至于民间儿童的“扮家家酒”、念唱“游戏歌”等，都可以算是戏剧的滥觞。

隋唐以降，歌舞百戏繁盛。儿童歌舞戏也达到鼎盛时期。当时民间广为流传的三大歌舞戏《踏谣娘》《大面》和《钵头》，都是专为儿童演出的。《大面》也称《兰陵王入阵曲》，是中国最早的面具戏之一。宋代以后，出现了专门由儿童扮演的歌舞剧，如《村田乐》《跳鲍老》等。宋代的《百子杂剧图》所描画的是全部由儿童参与演出的戏剧盛况。这些儿童歌舞戏虽然以成人为观众，但也能让儿童受到教育，使他们从小深受当地文化、风俗和伦理的熏陶。此外，北宋初年出现了专为儿童娱乐的戏剧。据宋代孟元老《东京梦华录》记载，每逢元宵节，“诸门皆有官中乐棚。万街千巷，尽皆繁盛浩闹。每一坊巷口，无乐棚去处，多设小影观棚子，以防本坊游人小儿相失，以引聚之”，明言当时的皮影戏是为了吸引走失的儿童而专设的，具有儿童娱乐的功能。南宋以后，发展迅速的傀儡戏备受儿童喜爱。清代的“肩担戏”（傀儡戏的一种）如《高老庄》《王小儿打虎》等，演遍大街小巷，演到哪里，都会吸引一群孩子。

中国古代儿童戏剧剧目以历史剧和神话剧为多，如《哪吒闹海》《除三害》《中山狼》《闹天宫》《牛郎织女》《武松打虎》《大闹学堂》等。直到民国年间，儿童戏剧仍是儿童潜移默化受教育的重要文化娱乐项目之一。

二、五四运动前后的儿童戏剧

19 世纪末 20 世纪初，民族民主运动如火如荼，冲击着一切旧意识形态领域，先进的中国人把眼睛转向西方寻求救国的真理。1899 年，上海圣约翰书院学生演出“时事新剧”《官场丑史》，为中国话剧和中国儿童剧开辟了新的道路。

一场声势浩大的五四运动，使得一些先进的知识分子开始意识到儿童对于民族命运的重要性，于是开始著文编剧，以儿童戏剧的形式教育和影响儿童。最先尝试的是诗人郭沫若。他赴日留学期间，受比利时作家梅特林克童话剧《青鸟》和德国作家霍普特曼童话剧《沉钟》的影响，创作了独幕童话剧《黎明》。1922 年，他又创作了独幕童话剧《广寒宫》。这是在中国儿童剧的发展史上最早诞生的两部剧作。

中国儿童戏剧作为一种特定的艺术样式真正固定下来，归功于黎锦晖。黎锦晖(1891—1967)，字均荃，湖南湘潭人。1920 年，他创作了儿童戏剧处女作《老虎叫门》。此作一经问世，即家喻户晓。《麻雀与小孩》(1921)是中国儿童歌舞剧的开山之作。抒情歌舞剧《葡萄仙子》(1922)成为中国现代儿童戏剧史上的第一座里程碑。1926 年，黎锦晖创作的儿童歌舞剧《葡萄仙子》唱片在美国费城世博会摘得丁等银奖章。《月明之夜》(1923)、《神仙妹妹》(1925)和《小小画家》(1927)等作品广泛流传于全国，甚至传播到美国、日本等国。黎锦晖开拓了少年儿童德育、智育、美育的新天地，从而使儿童戏剧作为一个独立的艺术品类发挥着无可替代的作用。他成为中国第一所歌舞学校的创办人，并成立了中国最早的专业化歌舞表演团体“中华歌舞团”，他带团演出，剧团的儿童歌舞剧表演获得了巨大成功。

三、战火中的儿童戏剧

20 世纪三四十年代，日本侵华战争给中国儿童的生活笼罩了沉重的阴霾，也催生了中国戏剧史上的一个特异现象，即由少年儿童组成的儿童剧团的活跃。新安旅行团、孩子剧团、重庆育才学校戏剧组、昆明儿童剧团、厦门儿童剧团、中国模范儿童剧团等也应时而生，它们辗转各地演出大量的儿童剧目。其中，昆明儿童剧团董林肯的代表作《小主人》在人物个性、艺术结构、手法技巧，以及儿童性和戏剧性的结合上都显得与众不同。一批优秀的剧作家开始关心儿童戏剧事业，创作了一批讲究艺术的儿童剧，如于伶的《蹄下》、许幸之的《古庙钟声》、石凌鹤的《乐园进行曲》、包蕾的《巨人的花园》、张石流的《小小马戏班》等。这些剧作选择的内容题材多为战争中孩子的苦难生活，以高度的现实性逼真地反映当时儿童的物质生活与精神世界，艺术风格上更为沉稳、厚实，有力地推进了儿童戏剧艺术的发展。

四、新中国成立后的儿童戏剧

新中国成立以来，儿童戏剧出现了前所未有的繁荣。1947 年，宋庆龄创办了中国福利会儿童艺术剧院。北京、上海、武汉、乌鲁木齐、西安、石家庄、鞍山等地区相继成立了20多个儿童戏剧院团。儿童戏剧的发展大致经历了三个重要发展时期。

第一个时期是在20世纪五六十年代，标志性事件是1956年中国儿童艺术剧院的成立。它隶属于中央文化部，标志着中国最有影响力的儿童剧团的诞生。此后，在它和宋庆龄创办的中国福利会儿童艺术剧院的带动下，儿童剧团在全国遍地开花。代表剧目有乔羽的歌舞剧《果园姐妹》、张天翼的童话剧《大灰狼》、任德耀的童话剧《马兰花》、老舍的童话剧《宝船》和《青蛙骑手》等。《马兰花》自1956年6月1日首演后常演不衰，已伴随新中国三代观众走过了60余个春秋，堪称中国儿童戏剧的经典之作。

第二个时期是20世纪80年代，标志性事件是1982年文化部举办的首届儿童剧观摩演出。这一时期涌现了一大批优秀剧目，如历史剧《报童》、现代剧《奇怪的101》、历史歌舞剧《花木兰替父从军》、童话剧《人参娃娃》《魔鬼面壳》等。其中《报童》以1941年的皖南事变为背景，描写了重庆《新华日报》的一群小报童在周恩来的关怀、引导下，与国民党当局斗争的故事。1978年3月，《报童》首演，该剧获得第二次全国少年儿童文艺创作一等奖。这一时期的另一件大事是1982年12月2日在文化部少年儿童文艺司以及中国戏剧家协会书记处的倡导与积极筹备下，中国儿童戏剧研究会正式成立，任德耀担任理事长。

第三个时期是20世纪90年代至今，标志性事件是1990年上海儿童戏剧展演。此次展演展示了大量试验性、示范性儿童剧创作，代表剧目有《特殊夏令营》《宝贝儿》《红领巾》《西游记三部曲》等。其中，儿童剧《宝贝儿》自1997年上演以来，至今演出2 000余场。作品讲述了中学生丁放等人训练一只名叫“宝贝儿”的小狗，帮助一位盲人老爷爷的故事，展现了孩子们在长辈的亲情和关爱下，在挫折和错误中成长的历程。该剧曾荣获文化部2005—2006年度国家舞台艺术精品工程“十大精品剧目”等20余项国家级奖励。北京儿童艺术剧院创作的儿童剧《红领巾》属于激情、怀旧、形象化的红色题材，首演于2001年9月，曾先后获得文化部“文华大奖”和2004—2005年度国家舞台艺术精品工程“十大精品剧目”殊荣。

进入21世纪，儿童戏剧的生存环境和生存状态发生了急剧的变化。为了适应市场，儿童剧的创作从题材、主题思路到表现方法等都有了新的变化。儿童剧舞台对青少年问题非常关注，留下了不少优秀之作。武汉市儿童艺术剧院的《春雨沙沙》曾获得全国优秀儿童剧展演“优秀剧目奖”，这部儿童话剧塑造了众多的少年儿童及老师家长等艺术形象，具有深刻的思想内涵和浓郁的诗意。江苏苏州市滑稽剧团的《一二三，起步走》讲的是老王老师在小打工妹安小花的协助下，促使几个城市小学生改掉毛病，和安小花在人生的旅程上扎扎实实地“起步走”的故事，展示了编剧深厚的生活积累和深刻的人生感悟。2005年，江苏苏州市滑稽剧团打造的滑稽剧《青春跑道》和武汉人民艺术剧院的青春剧《柠檬黄的味道》同获第五届全国优秀儿童剧展演一等奖，因为触碰了中学生的情感世界，透视了敏感的中学生早恋等问题，所以备受欢迎。

近年来，儿童音乐剧和儿童戏剧的歌舞化形式正在悄然代替儿童话剧的主导地位。2011年7月，首届中国儿童戏剧节在北京启动，这一时期涌现了《十二生肖》、《蔬菜总动员》、《西游记》、《东海人鱼》（见图1-10）、《成语魔方》、《时间森林》等一批原创优秀剧目，形成了以北京为主场、多省市联动的办节模式，扩展了戏剧节的规模效应。历届展演剧目题材广泛、艺术品种多样，包括童话剧、神话剧、音乐剧、动漫剧、人偶剧、歌舞剧、互动剧、校园剧、木偶、皮影、沙画、情景马戏及奇趣音乐会等，充分展现了中外儿童戏剧的艺术特色。

图 1-10 《东海人鱼》剧照

中国的儿童戏剧正在走向世界。1994 年中国加入国际儿童剧组织后，文化交流也更加频繁。中国的儿童戏剧有了更多剧目应邀出访国外，获得了很高的国际声誉。

探究与实践

一、除故事性外，儿童戏剧还有哪些特征？

二、依表现方式划分，儿童戏剧可分为哪几种？

三、儿童戏剧有哪些功能和意义？

四、简述黎锦晖对中国儿童戏剧的贡献。

第二章

儿童戏剧的创编

第一节　儿童戏剧的改编与创作

儿童戏剧的剧本，具有演出脚本的戏剧性和作为儿童阅读欣赏对象的文学性。剧本为一剧之本。没有剧本，排练和演出往往没有依据。儿童戏剧的编写，除了要依靠对戏剧本身的认识外，最重要的是要有对儿童的了解。因此儿童戏剧可以从实际生活中取材，为儿童说出他们的心声。

一、儿童戏剧改编创作的原则

在为儿童编写剧本时，应注意以下原则：

（一）戏剧内容要富于游戏性和童趣

游戏是儿童的天性，也是儿童主要的活动形式和探索世界的桥梁。苏联教育家马卡连柯曾说："游戏在儿童生活中具有极重要的意义，具有与成人活动、工作和劳动同样重要的意义。"正视游戏在儿童成长过程中的作用，是每一个教育工作者对儿童本位的回归。儿童喜欢戏剧，是因为戏剧迎合了儿童的心理特点。儿童爱模仿、爱表演、爱幻想、爱创造。"过家家""警察抓小偷""医生看病"等孩子们百玩不厌的游戏都带有戏剧成分，孩子们在假定的角色扮演过程中体验着表演与模仿的乐趣。包蕾在谈到《小熊请客》的创作体会时曾说："小熊请客的素材主要的来源是幼儿常常自发玩的'过家家'游戏。"儿童戏剧契合了儿童游戏的天性。中国第一部儿童游戏剧《寻宝》于1989年诞生，小观众最大程度地"参与"到剧情中，戏剧性与游戏性做到了紧密结合。

从儿童审美认知心理的发展过程可知，儿童渴望在剧情和形象中找到能置换的角色，找到想象的互动性，找到能引发思考的各种元素。好的儿童剧目比如《马兰花》《十二个月》《乞丐与王子》等，其共同点从剧情来看都是为孩子们提供了一个主要角色置换的无穷想象空间。尤其是《乞丐与王子》，通过一个偶然的剧情安排，把王子和乞丐的身份互换，然后推演出一系列出乎意料的故事情节。剧情充分满足了孩子们的角色置换心理。除了传统的童话、神话题材剧外，儿童戏剧剧情也可大量采用符合儿童年龄认知的现实题材。比如，青少年的烦恼、教育问题，通过剧情和他们对话，引发他们的感受、思考。

童趣是儿童剧的灵魂，一部童趣盎然的儿童剧必然受到少年儿童的喜爱，他们在受到教化的同时，能感到轻松和好玩，体会到愉悦和快乐，使情感得到释放。如瑞典儿童剧《豆蔻镇的居民和强盗》（编剧：托比扬·埃格纳）把三个强盗写成既懒得做饭又不愿洗澡、理发、换衣服的大孩子，他们半夜趁人睡着之际，悄悄抬了一个胖大婶来，想让她替他们料理家务，不料胖大婶凶悍得很，既给他们做了饭，又勒令他们经常洗澡、理发、换衣服，结果三个强盗烦得只想求她赶快离开。全剧将三个强盗的坏习惯夸张地表现出来，趣味盎然。童趣的另一个重要表现是“新奇”。如杭州市木偶剧团创作的木偶剧《三个和尚新传》，就是思想内容和表现手法都很新奇的儿童剧。过去是“三个和尚没水喝”，现在和尚们已经变得团结，可是地震发生后，井里没水了。三个和尚念经没有念出水来，只好去找水。飞淌的山泉、山崩地裂都被表现了出来，连“变脸”这一戏曲表演的特殊技巧也出现在木偶身上，还有艺术家操纵木偶当众展示流利、熟练的毛笔书法……新奇的故事、高超的表演形式让这部木偶剧做到了思想性和艺术性的完美统一。

（二）戏剧冲突要单纯，主题要鲜明、浅显

戏剧冲突是戏剧的核心。儿童戏剧也是如此。但是儿童的年龄特征、接受能力、审美趣味和成人大不相同，因此，儿童戏剧的很多冲突要紧紧围绕儿童生活展开，真实地再现儿童的生活事件。这样，儿童在欣赏儿童戏剧时，才能想到自己或身边的人和事，才能受到深刻的教育。如 2004 年王子与付军凯合作的大型少儿话剧《英雄王二小》，为了赋予王二小生命力，他们把王二小塑造成一个普普通通的孩子，他顽皮好斗、爱打抱不平、聪明智慧、乐于助人。他化解了孩子们因为抓蝈蝈而产生的矛盾；地主家四少爷欺负小伙伴，也被他解了围；日本鬼子在河里洗澡，他大胆地把鬼子衣服偷走，让鬼子出尽了洋相；日本鬼子进村抢粮食，二小和伙伴们用弹弓打鬼子的手和屁股，使鬼子如临大敌……这些生动的生活细节，吸引了孩子们的注意力，使他们随着剧情往下走，切切实实受到了爱国主义教育，所以当结尾王二小被日本鬼子杀害时，善与恶的交锋达到顶点，随着荡气回肠的无伴奏歌唱“牛儿还在山坡吃草”开始，孩子们无不震撼落泪。

主题是剧作者在创作时非常重要的方向和指标，和剧本标题有一定的关联性。主题是剧作家选择题材的重要依据。儿童戏剧的主题选择要求鲜明、浅显，要以儿童能够理解为主。如剧本《妈妈好讨厌》，强调的是妈妈对孩子的好，却被孩子认为唠叨和讨厌，这是很多家庭共同的心声。主题必须能导引儿童走向乐观、积极等正面方向。儿童戏剧虽然有教育的功能，却不能以说教的方式进行，必须注意寓教于乐的原则，要以趣味、夸张的表演方式来推动剧情。最好是简单的剧情，配上活泼的动作、表情及对白，使儿童了解并产生兴趣。

（三）戏剧语言要动作化和口语化

戏剧是通过舞台艺术形象，给观众以直观感染和形象教育。因此，要为剧中人设计一系列鲜明、深刻、夸张、强烈的戏剧动作，这样才能吸引儿童。戏是要演给人看的，所以在舞台动作设计上要夸大一点，这样台下的观众才能看清楚。如果“动作”一栏中，没有注明那些“动作”该怎么夸大，演员便无法演出，效果就大打折扣。因此创作剧本时，要把“动作”明显地标出来。通过能产生视觉感受的动作性语言使人物的心理活动、情感变化、人物经历及人物之间的矛盾冲突有形化。如儿童京剧《老鼠娶亲》中“猫总管”的“一整夜，没吃饭，饥饿难耐。看见了，老鼠群，多么开怀。等我来，将它们，全部抓来。给我的，儿孙们，加菜加菜!”一段唱词就具有明显的口语化和动作化的特点。通过“饥饿”“开怀”“抓来”“加菜”等词的连用，将猫抓老鼠的心理动机和手到擒来的自信刻画得淋漓尽致，符合儿童的心理特点。

（四）冲突不宜过多，剧本不宜太长

戏剧以冲突、危机为骨干，但在儿童戏剧中，冲突是不宜过多的，以免造成儿童过度紧张，影响儿童心理发展。因此在童话故事中，永远没有解决不了的事，剧中必定会有仙子、仙女或强者来协助解决，目的就在于减少心理威胁。因为冲突直接影响儿童，加上儿童的心理容易冲动，如果是现场表演，要更加小心注意。此外，儿童戏剧的剧本不宜太长。儿童戏剧在于精简、清楚、紧凑、活泼，若是冗长、琐碎，儿童是不容易耐心看下去的。通常演出的时间为半小时到一小时，以约 40 分钟最为恰当。

此外，剧中每个人物的对话不宜冗长，一来小演员不易记得牢，造成演出的困难，二来容易形成沉闷感。所以，人物对话只有分段来讲，才能生动，才能吸引儿童。

二、儿童戏剧的故事题材来源

（一）对艺术作品的直接改编

艺术欣赏常常会推动艺术创作的发生，以剧作家、导演和演员为例，他们的艺术创作往往就是以文学作品的欣赏为前提的。有趣的故事童话、生动的动画片，还有幽默的漫画作品，都能成为儿童戏剧创作的素材。如：童话《小红帽》可以改编为童话剧；中国古代著名的神话故事《后羿射日》可以改编为儿童神话剧；民间故事《聪明的阿凡提》可以改编成木偶戏、皮影戏、儿童戏曲等；寓言故事《龟兔赛跑》可以改编成儿童话剧；动画片《三个和尚》可以改编成哑剧；绘本《活了一百万次的猫》可以改编成舞剧；漫画《父与子》系列可以改编成儿童话剧；古典音乐和流行音乐可以改编成相应的儿童音乐剧，如《狮王进行曲》《春之歌》等通过联想和想象，也可以改编成动物王国题材和春天题材的儿童音乐剧；儿歌《蜗牛与黄鹂鸟》可以改编成儿童歌舞剧；等等。

（二）自编自创的儿童戏剧

自编自创的儿童戏剧，以历史题材、伟人童年、少年英雄以及身边典型的儿童生活故事题材为主。这类作品往往是从个人生活的遭遇、学校的课程教育引发思考，表达编剧对社会的观察、对大自然神奇的探索等。凡是儿童生活中具有冲突性质的素材，都可作为儿童戏剧的题材。曾获得第七届上海优秀儿童剧展演“特殊贡献奖”“最佳剧目奖”的儿童剧《古丢丢》（见图 2-1），以一个经常被人忽视的孩子古丢丢渴望得到周围人的关爱和理

图 2-1 《古丢丢》剧照

解，故意折断老师的一盒粉笔，以引起大家对她的关注为主线，描述了几个发生在小学生身上的小故事，反映了当今小学生的精神面貌和现实生活状态。编导深入“长得不好看，脑子笨，学习成绩不好”的古丢丢的内心，烛照出她独特的心灵动态，挖掘出她那长时间被人忽视的黄金般的蕴藏，创作出了这一深受中小学生喜爱的人物形象。安徽省话剧院创作的《山里的泥鳅》（见图 2-2）生动描绘了以山里娃泥鳅为代表的农民工孩子到城里上学引发的一连串故事，体现了儿童剧选材的重大突破。该剧编导说：“关注现实、关注社会问题、关注泥鳅和他的小伙伴们，这便是我们创作这部剧作的根本初衷。”广东省木偶艺术剧院有限公司的《八层半》，则面对当今社会的生态环境这一人类生存发展的重大问题，将童话与现实生活相结合，通过小主人公进入科学馆“八层半”的奇遇，以孩子的眼光反映了人类共同面临的环境问题，展示了人与人、人与自然、人与动物之间的交流与互动，表达了重建和谐生态环境的美好愿望。

图 2-2 《山里的泥鳅》剧照

著名儿童戏剧家孙毅在《娃娃剧场开演啦——孙爷爷教你写儿童剧》一书中，以一群街道的孩子和自己办剧团的故事形式，讲述了儿童戏剧创编的一些入门理论。尤其谈到了将发生在儿童身边的矛盾冲突改编成戏剧的一些操作要领，如《大家来跳“扫帚舞”》《小胖墩告状》等，值得大家借鉴。

（三）素材的创新

在素材的选择上，虽然许多戏剧材料已被广泛使用，但可以运用细腻的冲突概念去不断创新素材。当前的流行语言也是吸引儿童的素材之一。创新素材的方式常见的有移植、嫁接、创新等。

1. 移植

其原意是将秧苗或树木移走并栽种在另一个地方，比喻引进别处的经验、长处、做法等。此处移植指引用原有的优质的儿童戏剧剧本，直接将其排演成儿童喜欢的戏剧形式。比如《小熊拔牙》《小兔乖乖》《小熊请客》《苹果树医生》，作品内容比较完善，题材也很受儿童欢迎，只需要在服装、化妆、道具上加以更新，使其更贴近时代。在学校开展这样的戏剧活动非常合适，对于低年龄段的儿童具有较好的引导作用。题材的来源可以是原有的戏剧作品，或者是已在社会上广泛流传的故事内容，或者是对话精彩的其他儿童文学作家的创作，如图画书《我的名字克丽桑丝美美菊花》等。

2. 嫁接

其原意是把要繁殖的植物的枝或芽接到另一种植物体上，使它们结合在一起，成为一个独立生长的植株。此处嫁接指有选择性地摘录一些好的剧本素材，进行新的拼凑组合，使之变成一部适合指定群体的剧本作品，主要根据导演的能力和排演经验，在戏剧活动开展的中期阶段运用，从而形成有特色的儿童戏剧活动内容。比如《小红帽》中，大野狼为了取得小红帽的信任，披上羊皮化作奶奶家的小绵羊来接小红帽。这一情节便是从寓言《披着羊皮的狼》中嫁接而来的。其他如《我不要被吃掉》中以卡门和佐拉讲故事的形式形成“戏中戏”结构，《丑小鸭与靴猫侠》中嫁接了《绿野仙踪》里的“稻草人”角色，这些都是不错的设计。

3. 创新

其原意是以新思维、新发明和新描述为特征的一种概念化过程。此处创新指根据原有的一些经典剧本和影视素材进行改编、创新，形成新颖独特的儿童戏剧活动内容。在后期要不断在校园推动这些独具特色的戏剧活动的形成。比如《拔萝卜》《三个和尚新传》《聪明的阿凡提》《嬉游记》等。还可以将《灰姑娘》改编成《灰王子》，将角色进行置换。在《拔萝卜》的演绎过程中，可将流行元素“水果蹲”游戏添加进去，以展示萝卜的鲜活立体形象。

三、近年来儿童戏剧创作存在的问题

为了吸引眼球，近几年儿童戏剧市场上出现了不少好“大”喜功的大制作，请来知名大编剧写剧本。大编剧的名头是很响，但对儿童戏剧的创作却未必是福音。北京儿童艺术剧院编剧吴玉中说，儿童戏剧创作其实非常难，大编剧也未必能写好小戏，“玩票”心态就是看轻了儿童戏剧，绝对写不出好戏来。做一名儿童戏剧编剧是非常难的，一般的话剧编剧写影视剧没问题，却写不好儿童戏剧。吴玉中认为，大编剧写不好儿童剧和能力没有关系，而是和经验有关，“孩子的思维特别自由跳跃，而戏剧要求结构严谨，这种矛盾如果没有丰富经验很难把握”。因此儿童戏剧编剧不仅需要过硬的戏剧基本功，还要有儿童的思维，人物个性、逻辑也得符合孩子的欣赏习惯，“只要你有几分钟不吸引人，他们就会走神”。

儿童剧的主要观众——儿童、少年和青少年正处于生理、心理迅速发育却未完全成熟的特殊人生阶段，因此，他们独特的审美心理就对戏剧演出提出了许多“苛刻”的要求，使儿童剧成为一种极其矛盾的戏剧样式，如剧中表达的意义要让毫无生活阅历的孩子来理解和思考，严肃枯燥的哲理须表达得有趣，在保有严谨的演出形式的同时最好带有浓重的游戏色彩，既要讨孩子喜欢又要让成人感兴趣，等等。正是在以上种种矛盾的交织、逼迫下，儿童剧形成了自己独特的艺术格局，其创作的难度和特有的魅力都来自这种格局。

1956 年 6 月 1 日，著名作家、时任文化部部长沈雁冰（茅盾）在中国儿童艺术剧院成立大会上感慨地说：“儿童剧是一门高深的艰难的学问。从事儿童戏剧要有丰富的学识、崇高的品德，要像教育家那样懂得各式各样的孩子的心灵，而且，还必须是艺术家。”“儿童文艺比任何种类的文艺更要求艺术性和技巧，因为，儿童是不容忍丝毫枯燥无味的概念化以及无聊的做作和虚伪的。要把丰富的生活内容和深刻的道理通过最浅显易懂的有趣形式表现出来，这是多么难！如果没有敏锐的艺术感觉，没有纯真的童心，就不能做到这一点！”可见，儿童剧编剧对待孩子的心态会直接影响他们的创作。《马兰花》的编剧任德耀就是一位慈祥可爱的老人。他非常有童心，总是用心去观察孩子，喜欢蹲下来和孩子说话，平等地与他们交流。《马兰花》的执行导演刘晓明指出：“现在热爱儿童剧创作的人很少，没有人会去基层体验生活，还说儿童剧不好做，你的作品不了解孩子当然没人看……”中国儿童艺术剧院编剧陈传敏坦言：“儿童剧与 30 年前相比，变化不是特别大。不能说这 30 年没有向前进步，但与日新月异的社会发展相比远远不够。今天的孩子，尤其是互联网时代的孩子，他们和我们当初接触的玩弹球的孩子是完全不一样的。”浙江儿童艺术剧院的儿童剧编剧吴燕琳说，自己写出的剧作，12 岁的儿子从来都不看，嫌落伍。在儿童剧舞台上红了 50 多年的明星演员、新中国第一部儿童剧《马兰花》主演连德枝则表示：“是我们把孩子看小了，也看浅了，是我们的脚步没追上孩子。”

中国观众习惯消费故事。一个好故事是戏剧的灵魂，对于儿童戏剧更是如此。刘晓明说，时代感特别强的故事往往生命短暂，“有时与其生编硬造漏洞百出的新故事，不如好好开掘中国传统文化的宝库，从中寻找经过时间锤炼，又适合孩子们的题材”。已演出 60 余年的《马兰花》改编自中国民间传说，2008 年 7 月中国儿童艺术剧院上演的神话剧《西游记》(一)、2011 年“六一”中国木偶剧院上演的《精卫传奇》、邵泽辉执导的大型神话儿童剧《妈妈我爱你之宝莲灯传奇》也都取材于中国传统文化宝库。

经典故事往往有一个经典的主题，无论时代怎样变迁，人们的态度都不会改变，更适合长期保留演出。因此，儿童剧创作要想出经典，传统题材是一个重要方向。

第二节　剧本的基本写作格式

一般儿童戏剧剧本写作的基本格式包括故事大纲、人物介绍、时空介绍、舞台指示、分幕与分场、语言的形式等几个部分。以下结合多个公演过的儿童戏剧剧本进行分析，给大家做创作参考。

一、故事大纲

写剧本之前就要拟写故事大纲，故事大纲是剧本形成的第一步。所谓故事大纲，就是阐述戏剧所要表达的故事。描述故事的主线的文本，就是故事大纲。根据剧情的复杂程度，一般以几百字或1 000多字的篇幅为宜。

对于尝试撰写剧本的人而言，应先拟定一个大纲，然后逐步加入细节，如果有新的想法与观念，也可以试着融入故事，慢慢发展出一个完整的剧本。善与恶的斗争在成人戏剧里可以铺排出很多错综复杂、惊心动魄的情节，而儿童剧《马兰花》的故事大纲却是这样来表达的：

> 花神马郎与人间勤劳善良的姑娘小兰相爱，但是小兰的姐姐——又懒又贪的大兰，受了一只凶恶的老猫的挑唆，与之联手害死了小兰，企图冒名顶替与马郎一起生活。在马兰花和众多小动物的帮助下，善良终于战胜了邪恶，有情人终成眷属。

二、人物介绍

按照剧本格式，戏剧的人物介绍主要是给演员、导演等人研读的，不要有冗长的叙述，以清晰明白为主。提供以下三种类型作为参考：

（一）介绍人名、年龄、职业、人物关系

如中国台湾纸风车剧团《武松打虎》的剧本，举其中两个人物介绍为例：

> 马员外：以下简称马。富商，因老虎出现造成经济不景气而苦无对策。
> 武松：以下简称武。一个好人，唯一缺点就是受不了别人奉承。

（二）仅仅介绍人名，细节在剧本中呈现

如王友辉《会笑的星星》剧本中的人物介绍：

> 宏宏
> 露露
> 星星王子
> 青青
> 大雁

（三）用代号或职业名称来为剧中人物命名

如中国台湾鞋子剧团《年兽来了》剧本的人物介绍：

> 说书人
> 年兽
> 老婆婆
> 老先生

村民
书生

三、时空介绍

一般戏剧的时空介绍，不用过于详细，只要能提供一个轮廓，让阅读剧本者有想象的空间即可。如丁宏哲《龙宫传奇》剧本的时空介绍：

【时间：中国古代。
【地点：1. 荒岛渔村
2. 幻想中东海龙王的宫廷

又如《报童》剧本的时空介绍：

【时间：一九四一年一月十六日至十八日。
【地点：重庆。

四、舞台指示

舞台指示一般都以括号表示。有关导演及演员的注意事项，都可以适度地附在剧本中，而在儿童剧中常常使用的互动技巧也要在剧本中特别注明。

舞台指示是剧本的主要部分，是台词及其所表现的戏剧情境的补充与说明，是剧本中不要求在演出时说出的文字说明部分。舞台指示的范围包括舞台空间装置与布景安排的说明，灯光、音效的变化，麦克风设置，道具及人员上下场的注记，演员讲话时的情绪基调、肢体动作、服装更换及身体移动位置的具体描述，等等。这些都牵涉实际演出与导演创作的范围，剧作者创作剧本为未来的演出贡献出最初的蓝图，对于这些舞台效果的运用必须事前就有所了解，并在剧本创作阶段做出必要的提示。中国传统戏曲剧本中的“科”或“介”也属于舞台指示。

在剧本创作中，舞台指示的使用一般以有助于人物形象的刻画和导演、演员等进行艺术创造为原则。好的舞台指示不仅能给剧本增添文学价值，而且能够营造浓郁的戏剧气氛，为舞台体现提供广阔的天地。西方现代戏剧趋向使用比较详尽的舞台指示。英国戏剧家萧伯纳在这方面是一个突出的例子，他的舞台指示常常长达数页，不仅包括大量精心描绘的布景说明，而且包括极其详尽的人物说话时心理活动的解释与分析，甚至包括作者对人物所说台词的看法。

在文字与排版格式上，舞台指示通常加注特殊记号（如△），或放在括号内，并用不同的字体，以便和人物的对白加以区别。具体表现为：

（1）人物说话的情绪基调提示，放在括号内紧跟在人物名称之后、人物对白内容之前。如《年兽来了》的舞台指示：

说书人 （神秘状）各位，大家好！你们知道我是谁吗？对了，我是说书人，你们知道说书人是什么吗？（笑）……他可以让故事里面的人物说哭就哭，说笑就笑，

(后台不时有声音传入，呼应或干扰说书说人说话) 翻筋斗就翻筋斗，哈哈哈！今天啊！(后台声音静止，神秘状) ……

(2) 较短的人物的动作提示可用括号括起来放在对白中间，上下场的注记放在对白之后。较长的动作提示排版时可加以缩排。如孙毅木偶剧《五彩小小鸡》(见图2-3) 的舞台指示。

图2-3 《五彩小小鸡》剧照

母鸡 要是有谁来偷蛋，请你们喊“鸡妈妈……”我就来了，谢谢你们，再见了……(奔下)

【一会儿，草窝里突然钻出一只灰鼠，它嗅了嗅蛋，又推了推，因为四只蛋捆在一起，它推不动。

观众 (喊) 鸡妈妈……

【灰鼠一听小观众的喊声，马上逃了。过了一会儿，灰鼠带着棕鼠又来了。

(3) 人物上下场、复杂的人物动作组合、灯光道具等的舞台指示，往往用单鱼尾号“【”注记之后另起一行，以提示剧场工作者台上又是一个新的人物组合。如汪天云、刘培生的儿童剧《金色的大门向谁开》中的舞台说明：

报幕员 同学们！未来的世界是美好的，可是要到达这个理想境界并不容易啊！只有德、智、体、美全面发展的人才能打开这金色的大门，不然就会像他们一样——

【第一光区灯亮，小健将机械地走动着。

【第二光区灯亮，小智慧扛着大哑铃在喘气。

【第一光区灯亮，小机灵趴在钟前，无可奈何地望着时钟前进。

【报幕员转身对他们三人拍了三下手。

【三个人一下都清醒过来了！他们亲亲热热地挽着手，走向台口。

剧本中附带舞台指示的说明，是出于演出的实际考量，如服装道具必须连戏，演员移动的位置与上下场的方向与次序必须安排得合理而顺畅，不能让观众产生疑虑。照惯例除了特殊情形外，演员都是由右舞台上（观众面对舞台的左手边。这种写法以演员的方位为主），由左舞台下。舞台不同的区位往往具有不同的气氛。如将演员安排在舞台中央的位置，往往带有高度强调的意义，右舞台是温馨而具有亲和力的空间，而左舞台则显示人物间关系紧张或具有张力等（但实际演出时，还是以导演的安排为主）。舞台上焦点的处理，可利用灯光的亮区形成暂时性的空间焦点，或是利用重要人物的迟出场，再加上场上其他人物视觉焦点的汇聚来凸显某位剧中人物的重要性。演员脸部面对观众席的角度，也能形成不同的强调效果。通常脸部正面面对观众席的演员得到最高的强调，背对观众席者最小，侧面居次，而呈 45 度侧角的演员又胜过完全侧面的演员。

剧作者运用舞台指示的说明，犹如一位雕塑师或百货公司橱窗设计师，让舞台上总是出现一幅幅美丽的人物装置画；又像一位作曲家，而演员就是他的乐器，不同风格的对白就是它独特的音色与旋律，人物上下场不同的组合就是不同的乐章，而音效、灯光的加入，以及种种打岔、停顿的设计，都是为了临时增强戏剧性的效果，让整场戏看起来更活泼、生动及更有说服力。舞台指示的说明在艺术创作层次上的运用，最忌讳像套公式那样缺乏整体的考量与用心。剧作者必须平时勤看戏，尤其是多观摩国内外具有悠久历史的经典剧目的演出处理，体会导演及灯光、舞台设计师的用心。

五、分幕与分场

剧本写作跟小说写作不同，必须注意分幕与分场的部分，可以是多幕剧也可以是独幕剧，主要靠剧作家的安排。

独幕剧，顾名思义，是用一幕戏来讲述一个完整的故事，中间没有暗场，人物一般偏少。

舞台口的大幕启闭一次为一幕。在全剧演出过程中，大幕启闭两次以上者，即称多幕剧。多幕剧篇幅长，容量大，人物多，剧情复杂，宜于反映丰富的社会生活。剧情发展的一个段落，称为“幕”。一幕之内又可分为若干场。常用“第×幕”或“第×幕第×场”注记并另起一行，有的剧作每一幕会有小标题。幕与幕、场与场之间必须连贯，使全剧成为统一的艺术整体。有的戏剧不分幕，只分场。幕与场的区别在于：一幕标志着剧情发展的一个大段落，而一场则表示大段落中时间的间隔或场景的变换。在多幕（或场）剧中，幕（或场）间歇往往表示或长或短的时间跨度或场景的变换转移，而分幕分场则成为戏剧处理时间和空间问题的特殊方式。在现代戏剧中，幕与场的界限已不很明显，有很多剧目并不分幕，在多场景、无场次的剧目中，时间的变化和场景的转换显得更为自由。

中国古典戏曲剧目分本、分折或分出而不分幕，古希腊戏剧及莎士比亚时期的戏剧演出分场而不分幕。欧洲戏剧在 17 世纪以后开始分幕。

六、语言的形式

戏剧语言的形式包括对白、独白、旁白、画外音等。

对白是指在戏剧中所有人物相互之间对话所说出的台词，亦称“对话”。对白作为人类思想交流的媒介，既有表意功能，又能创造出艺术美感。

独白是指戏剧中角色独自抒发感情或表达个人愿望的话，一般由演员独自念出，以表现此时此刻的心理、感情等。戏剧常常通过独白来揭示人物隐秘的内心世界，能充分地展示人物的思想、性格，使观众更深刻地了解人物的思想感情和精神面貌。

旁白是指戏剧中人物在一旁评价对手言行、表述本人内心活动或直接说给观众听（假设不被同台其他人物听见）的台词。中国戏曲中称之为“打背供”（通常平举一手，以衣袖从旁遮住脸部，面向观众进行表述，假设同台其他人物未曾听见）。通过旁白，演员可以传递更丰富的信息，表达特定的情感，启发观众思考。

画外音是指不是由画面中（舞台上）的人或物体直接发出的，而是来自画面外（舞台后）解说人的声音，以介绍和解释演出内容、阐述剧作家思想观点为主要内容。画外音在剧情展开之前就已传出，有时往往是剧情发展的一种补充，从而使观众产生一种幻觉，似乎剧情只是解说人讲述的事情的扩展。此外，音响的画外运用也是画外音的重要形式。

以岳阳甜橙儿童剧团的童话剧《丑小鸭与靴猫侠》为例，我们来看看作品的语言形式。

【旁白　天鹅湖边，走来了一胖一瘦两个猎人。这两个坏蛋，一直在追杀美丽的白天鹅。

【胖猎人、瘦猎人上。

瘦猎人　（催促）胖子，快点！（拖胖猎人，害他摔跤）别磨磨蹭蹭的，快点走！马上就能追上那群天鹅了！

胖猎人　（从地上爬起，生气状）我说过，别毛手毛脚的，别毛手毛脚的！还有，我最讨厌别人叫我胖子，（摆酷）请叫我——“天下无双超级猎人王！”

瘦猎人　（嘲笑）哈哈哈！我说胖子，你真逗！还“猎人王”！还“超级”！（笑得上气不接下气）还……还……还“天下无双”！我看叫“天下无双超级吹牛王”还差不多！

胖猎人　（严肃状）请你不要侮辱一个伟大的猎人！（挑衅）你敢和我玩“威廉·退尔”的游戏吗？

瘦猎人　（鄙视）哈哈，当年我玩“威廉·退尔”的游戏时，你还在乡下养猪呢！

胖猎人　（挑衅）那你敢不敢和我比？

瘦猎人　（不服气）比就比！拿出你的苹果来！

胖猎人　咱们各后退10步，（退10步，头上放一个苹果）我数123，然后同时开枪。

瘦猎人　好！谁能打落对方头上的红苹果，又不伤害对方，就算谁赢！（退10步，头上放一个苹果）

【两人后退，举枪，突然又害怕起来。

胖猎人　（颤抖地举枪，又放下，独白）我的老天！我的脑袋发烧了吧——我怎么会答应这么个愚蠢的比武，这不是拿我的小命开玩笑吗？

瘦猎人　（颤抖地举枪，又放下，独白）我的上帝，我的脑袋烧坏了吧——我怎么会答应这么个愚蠢的比武，这不是拿我的小命开玩笑吗?

胖猎人（喊）哎——我说对面的，你把枪拿稳点好不好?别苹果没打着，倒把我打成一面筛子!

瘦猎人（喊）哎——我也正要说你呢，你的手抽鸡爪疯了吗?别苹果没打中，我的脑袋多个洞!

胖、瘦猎人（举起右手作发抖状，旁白）哎哟!我的手怎么了?好像抽鸡爪疯了!（同时走向台中）哈哈，对不起，今天不能比赛了!

胖猎人（试探）我说，我们改天再比怎么样?

瘦猎人（附和）好嘞!那就改天再比!

在这段台词中，就出现了对白、独白、旁白等多种形式。胖猎人爱说大话、要面子又胆小的性格在一出场就得到展现。作品中瘦猎人同样胆小，但是伶牙俐齿，逮住机会就要嘲笑捉弄胖猎人，结果造成两人冲突升级，变成了一场闹剧式的比武，互相射击对方头顶的苹果，又因为深知对方枪法不怎么样，“这不是拿我的小命开玩笑吗?”两人生出相同的畏惧心理，于是一拍即合，取消了比武，达成了和解。

值得注意的是，儿童剧作家作品中的语言，应该有严格的要求。然而如果片面地追求儿童口语，想用浓厚的趣味来吸引小读者，正像波列伏依在《苏联的少年儿童文学》报告中所说的“诗人姑姑或者诗人叔叔蹲下来，尽力在自己的诗中学小娃娃的话：叽叽叽”那种情况，看来满篇是“老天真”，显得生硬、做作。这种强求“儿童化”的矫揉造作的态度，以及认为必须用一种特别的简单化的语言来和儿童对话的观点，都是不可取的。

第三节　剧本的主旨呈现

关于主旨与全篇的关系，清代大诗人袁枚曾形象地描述为“万千枝花，一本所系”，意思是文章的万千个句子好比一棵花树的万千枝条，要靠一个句子（树根）来统领。也就是刘熙载在其《艺概·文概》中所说：“凡作一篇文，其用意俱要可以一言蔽之。扩之则为千万言，约之则为一言，所谓主脑者是也。”善于概括出准确的主旨，无论是对戏剧家还是对观众都是十分重要的。

一、儿童戏剧的主旨

主旨是一部儿童戏剧要讨论的中心话题。戏剧界人士会用各种词语来指称同一东西：主题、主旨、意、意旨、论题、基本思想、中心思想、目标、对象、驱动力、话题、基本情感等。我们使用“主旨”一词，因为它包含了以上绝大多数词语想要表达的因素，且不易被混淆。

今天一些儿童剧作家在创作时容易犯两种毛病：一种是把戏剧当作“刻板的平面镜”，把生活写得黯淡而毫无光彩；另一种刚好相反，喜欢粉饰现实，无论写什么题材和内容，都要生硬地加上不少“亮色”，起码也要加个“光明”的尾巴。儿童戏剧的主旨需要巧妙地呈现。如果儿童戏剧里彻头彻尾满是成人的说教口吻，每一件事情、每一个场合都堆积着浓重的道德教训的压力，那么它会叫人透不过气来。道德教训必须从整个作品中得出来。正如杜勃罗留波夫在评论伊西莫娃所写的中篇小说中所说的：“它给儿童的易于感受的心灵带来了多少新颖的知识，在儿童的心灵里激起和培养了多少崇高的感情。”“这一切都不是借助于任何叫喊和说教的句子，而是全凭才能的力量。”

儿童戏剧自身不必抛头露面地向读者大声说“这个好，那个坏”。只需借助人物的对白和行动来表演给儿童看，使儿童从思想感情上产生爱和憎，这样也就达到了传达主旨的目的。儿童剧《春雨沙沙》的编剧在这一点上很大胆，他们写山区的贫困和山区人们的落后与愚昧，但他们更写出了处于困境中的山区人民渴望学习文化、渴望改变现状的精神和情感，这正是生活中光明的所在、希望的所在。这无疑会使广大农村孩子产生共鸣，也会给身处优越环境中的城市孩子强烈的震撼和启示。

二、对儿童戏剧主旨的要求

在儿童戏剧的创作过程中，对主旨有以下一些要求：

(1) 每一部好的儿童戏剧都必须有一个精心构思的主旨。表述主旨的方式不止一种，但不管如何表述，其中的思想必须一贯到底。你必须有一个清晰的主旨，它如北斗星一般，将指引你准确无误地走向你的剧本所希望达到的目标。如《马兰花》的主旨借助这样一句口诀来呈现：“马兰花，马兰花，风吹雨打都不怕，勤劳的人在说话，请你现在就开花!”通过整部话剧的剧情将“勤劳是因，幸福是果”的主旨阐释得异常清晰，观众深受启迪。《海的女儿》的导演林荫宇在主题开掘上，强调主人公与生存环境、与自我的冲突，将全剧分为“祈望变人”“裂变为人”“坚持做人”三个层次。“变成人，获得像人一样不灭的灵魂”是小人鱼追求的目标，为了获得她就要付出，就要经历痛苦的煎熬。于是，主旨融入剧情，二者密不可分。

(2) 有一个含混的主旨和没有主旨一样糟糕。主旨的确立是一项戏剧活动开展的前提、起点和开端。主旨是一粒种子，种瓜得瓜，种豆得豆。虽然生活中剧作家常会得到一个想法，或者受到某种不同寻常的情境的激发，自认为获得了灵感，于是想要创作一部与之有关的戏，但缺少了形态清晰的主旨，任何想法和情境都不足以将你带向一个逻辑上的结论。着手搜寻一个主旨是愚蠢的行为，因为主旨必须是你的一个信念。你必须了解自己的信念，并反复地审视它们，直到得到一个闪光的句子。就像《青鸟》这部儿童剧的寓言：两个孩子为了寻找幸福的青鸟而走遍天下，回家后才发现它一直就在家里。没有必要为了寻找一个主旨让自己筋疲力尽，因为它们俯拾即是，任何人都有一些强烈的信念。

(3) 主旨在儿童戏剧里不能太显眼，否则它会把人变成木偶，让冲突变得矫揉造作。抗战初期的儿童剧团，出现过不少艺术制作粗糙的儿童戏剧，主要是因为剧作者为了追求主题传达的速效而仓促上阵，主旨过于政治化、概念化、口号化、公式化。在一个建构得当的戏剧或故事里，你是无法区分主旨与故事、人物之间界限的。以《马兰花》中那朵神奇的“马兰花”为例，它既是这部剧的一个重要角色，也成为剧情的驱动力，还是作品中“幸福”的象征。观众在逐渐融入剧情的过程中，会在“马兰花”与其他人物的关系中体会到更丰富的内涵。儿童戏剧的主旨在故事大纲的写作过程中要明确列出。

三、主旨的提炼

写剧本时进行故事主旨的提炼，把想呈现的想法做个清晰的阐述，有助于检核故事发展是否合乎中心主题，避免产生离题的情形。

例一：《三只小猪》的剧本构思

（一）原作分析

《三只小猪》（见图 2－4）是英国童话故事，它宣扬智慧战胜邪恶的永恒主旨，深受各地儿童喜爱。美国儿童心理学家贝托海姆从儿童心理层面深入分析了童话《三只小猪》流传久远的原因，他认为：首先，三只小猪的“小”代表不成熟，像儿童那样。前两只小猪使儿童看到了自己“热衷玩耍，不关心未来”，第三只小猪让儿童看到了自己的进步——“从享乐原则到现实原则的进步的可能性”，而象征着自私贪婪暴力的大灰狼最终得到了应有的惩罚。欣赏这个故事时与故事主角融为一体的儿童不仅不会绝望，反而懂得了：通过发展智慧，他能战胜强大得多的敌人。其次，儿童听《三只小猪》的故事，就好像经历了一次有趣的、充满生命危险的打斗游戏，游戏的结局总是好人战胜坏人。最后，《三只小猪》具有极强的戏剧表现力。大灰狼在小猪门前“吼叫”“使劲地吹”“用力推”及“爬进烟囱”“掉进热锅里”等一系列戏剧性动作特别吸引儿童，能激发儿童展现肢体动作。

图 2－4 《三只小猪》剧照

因此，在改编过程中，《三只小猪》的故事大纲可以与原来的故事脉络大体一致，并且智慧战胜邪恶的主旨不可背离。也就是说，代表“智慧”的小猪最后不能被代表“邪恶”的大灰狼吃掉。在这个前提下，可以大胆地加入丰富的细节。

（二）故事主旨

只要多动脑筋，运用智慧，再邪恶狡猾的大灰狼也不是小猪的对手。

（三）故事大纲

三只小猪各自盖好了自己的稻草房、木头房和砖头房。大灰狼想吃三只小猪，分别吹倒了稻草房和木头房，前两只小猪只好逃到砖头房避难。大灰狼吹不倒砖头房，先后扮成小羊、老太太、小姑娘，想骗开房门，却先后被小猪识破，最后中了小猪的圈套，被打得落荒而逃。

例二：台湾九歌剧团《东郭、猎人、狼》的剧本构思

（一）原作分析

台湾九歌剧团编排的儿童剧《东郭、猎人、狼》（见图2－5）的故事出自中国明代马中锡的《中山狼传》，讲述的是东郭先生救助中山狼，却几乎为狼所害的故事。故事告诉我们不要怜悯坏人，是对“仁陷于愚”之人的批评，亦是对那些忘恩负义之人的讽刺。故事一开始，狼是以赵简子狩猎下的受害者身份出场的，身为墨家一员的东郭先生是在狼身受重伤且后有追兵的情况下和它相遇的。由于墨家思想主张“兼爱、非攻”，即使狼没有苦苦相求，东郭先生救狼也顺理成章。赵简子打猎引发了狼和人之间的矛盾。在狼看来，狼和人之间的矛盾就是一种你死我活的生存斗争，赵简子可以射杀自己，那眼前的东郭先生未必不会，正如狼遇到丈人之后所说，东郭先生把它装入袋中时也企图谋害它。这可以理解成一种狡辩，但也可以理解为受害者对人的世界抱有的不信任态度，正是这种不信任和仇视的态度使其产生了扭曲的报复心理，只不过它选择了无辜、善良的东郭先生作为报复对象。在找人评理时，老树、老牛一开始都是不约而同地回忆和诉说了自己年轻时对主人的忠心耿耿，可谓劳苦功高，而最后面临的却是“斧钺之诛”和“砺刃以待”，言语中透出一股怨气。表面上是支持狼吃东郭先生，实际上却是对自己遭遇不公的控诉，是对像狼一样忘恩负义的主人的不满，只是东郭先生无辜地成为两者发泄不满的牺牲品。故事结尾，丈人协助东郭先生设局将狼诱入袋中杀死，终于惩罚了这只忘恩负义的狼。故事曲折，赵简子、狼、东郭先生、老树、老牛、丈人六人的对话都极富个性。非常适合改编成舞台剧。

图2－5 《东郭、猎人、狼》剧照

（二）故事主旨

由于人类不断破坏大自然，野生动物的生存空间越来越小。剧中的野狼就是因为找不到食物才想吃人的。剧中连人种的树、养的牛都没有受到人类的爱护。人类应该尽万物之灵的责任，成为大自然的守护者。

（三）故事大纲

书生东郭某天救了一只被人追赶的野狼，野狼却想吃掉东郭。经过东郭的再三请求，野狼答应找三个老者评理。第一次，遇见老树，老树因为主人要把它砍了当柴烧，于是要野狼把身为人类的东郭吃掉。第二次，他们遇到老牛，老牛也因为主人忘恩负义而同意野狼吃掉东郭。最后幸赖乔装成丈人的猎人协助抓到野狼，并将野狼送到动物园去收养。

例三：岳阳甜橙儿童剧团《丑小鸭与靴猫侠》的剧本构思

（一）原作分析

《丑小鸭》是丹麦作家安徒生的著名童话。这篇童话收在《新的童话》里，被认为是安徒生的一篇自传，描写他童年和青年时代所遭受的苦难，表达他对美的追求和向往，以及他历经重重苦难后所得到的艺术创作上的成就和精神上的安慰。故事内容大致为：一只小鸭由于长得丑，除了鸭妈妈，谁都欺负她。丑小鸭感到孤独，就钻出篱笆，离开了家。丑小鸭经受了各种生活的磨难，但一直没有放弃生活。冬天过去后，她最终蜕变为美丽的白天鹅。这篇童话是安徒生心情不佳时写的。当时他的剧本《梨树上的雀子》正在上演，像他创作的其他作品一样，他受到了不公正的批评。他在日记上说："写这个故事多少可以使我的心情好转一点。"这个故事的主人公丑小鸭事实上是一只美丽的天鹅，但因为生在养鸭场，鸭子觉得她与自己不同，就认为她很"丑"，说："你真丑得厉害，不过只要你不跟我们族里任何鸭子结婚，对我们倒也没有什么大的关系。"其他的动物，如鸡、狗、猫也随声附和，都鄙视她。它们认为自己门第高贵，了不起，其实庸俗不堪。相反，丑小鸭却是非常谦虚，"根本没有想到什么结婚"。她觉得"我还是走到广大的世界上去好"。后来，她遇到了天鹅，天鹅发现丑小鸭是它们的同类，就"向她游来……用嘴来亲她"。原来丑小鸭也是一只美丽的天鹅，即使她"生在养鸭场里也没有什么关系"。

由于丑小鸭的成长在原著中显得内心化，并不利于舞台呈现，岳阳甜橙儿童剧团《丑小鸭与靴猫侠》在剧本中使用独白、旁白加上叙述，来做补充交代。丑小鸭在历险的沿途不断结交新伙伴，让故事显得比较热闹的同时凸显了友情的主旨。

（二）故事主旨

由于出生在鸡棚，这只小天鹅迷失了自己的身份。她勇敢地离开这个熟悉的环境，走进一片陌生的天地。在成长旅途中，她不断了解自我、认同自我，善良和真诚使她交到了很多新朋友。在母爱和友情的双重温暖下，丑小鸭最终蜕变为勇敢而自信的白天鹅。

（三）故事大纲

鸡棚里，一只天鹅蛋被鸡妈妈孵出来。由于外貌不同，小天鹅受尽小鸡的嘲笑，得到了"丑小鸭"的外号。丑小鸭感到孤独，决定去天鹅湖找妈妈。路上，她结识了稻草人，还和四只想当绿林大盗的小猫——靴猫侠、调皮猫、笨笨猫和小萌猫成了好朋友。他们一起战胜并感化了胖、瘦猎人。在历险中，丑小鸭成长为一只勇敢自信的天鹅，得到了天鹅们的拥戴。

总之，主旨的拟订不是要限定想法，而是要给剧本故事大纲一面旗帜，使剧本在创作中不至于杂乱无章。在写作和编排的实践过程中，出于表达主旨的需要，可能有关注转移或角色重心改变的现象产生，那么，故事大纲要重新撰写。

第四节　剧本的人物形象设计

美国导演、剧作家拉约什·埃格里在他的《编剧的艺术》中讲述了这样一个故事：在希腊的古典时期，一座神庙里发生了一件可怕的事。宙斯的雕像在一天夜里被人打碎并亵渎了。居民们因为害怕遭到神的报复而极为恐慌。城市的传令官们上街号令罪犯立刻现身面见长老，以接受应得的惩罚。犯罪者当然不愿自首。一周之后，又一座雕像被毁掉了。人们怀疑是疯子所为，便派出卫兵值哨。终于，警惕换来了回报，罪犯落网了。“你可知道自己会有什么下场?”人们问他。“知道，”他几乎是兴奋地答道，“死亡。”“你难道不怕死吗?”“是的，我怕。”“明知会被处死，为何还犯下如此罪孽?”那人踌躇良久，答道：“我是个无名之辈，一生庸庸碌碌，从未有出众之举。我想做些什么让人们注意我，记得我。”沉默片刻后，他又道：“只有被忘却的人才会消逝。我觉得死亡不过是成为不朽的微小代价。”

一、引人注目的人物

关于戏剧人物的创作设计，拉约什·埃格里通过这个故事强调了两个字：不朽。

是的，谁都需要关切，谁都想引人注目，乃至永垂不朽，这种人类的本能又被称为“木乃伊情结”。

人物是我们在儿童戏剧舞台上不得不面对的基础素材。要创作出引人注目的不朽人物，我们就首先必须尽可能透彻地了解笔下的人物。亨利·易卜生在谈到他的写作方式时这样说道：“当写作时，我必须独自一人。如果戏里有八个人物，那么我已经有了整整一个社会，他们就能让我忙碌不已。我必须学着了解他们，而这个熟悉的过程漫长而痛苦。”易卜生为自己的写作定了一个规矩，戏里每个人物的性格都要和其他的有显著的区别。开始整理素材时，对人物的了解应如同和他乘火车长途旅行，从泛泛之交到建立友谊，再到无所不谈。到动笔的时候，好像已经和这些人在矿泉疗养地相处了一个月似的。无论是他们最突出的特征还是他们最微小的习性，都要了如指掌。

当前，不少儿童剧编剧，缺乏对生活的深刻而独特的认识和理解，这使得优秀剧本非常缺乏。儿童剧《春雨沙沙》的编剧正因为熟悉山区人民的生活，对贫困山区人民的生活有深刻的感受和独特的理解，才产生了石头、换儿、腊月、锁柱、二愣子等一批山区孩子以及他们的家长和老师等艺术形象。他们每个人的言语和行动都具有独特的个性，绝不雷同。尤其是王老师这一长大了的山区“孩子”，他在小的时候因不识字而“丢脸”，错把“家畜兴旺”贴到自家屋里，而把“福寿满堂”贴到猪圈上。为此李货郎等人瞧不起他，而他自己却从此立志“发狠一定要认字、学文化”，“悄悄攒钱”买一本字典，“把所有带字的纸都学了一遍”。他当了民办教师后主动要求到穷山沟教书，立志“一定要把给山区丢的那份脸找回来”，要“亲手教那些孩子认字，然后把他们一个个送出山沟”，“一定让他们换个活法”。这一形象是近年来儿童剧舞台上崭新的教师形象，性格鲜明，栩栩如生。

从《春雨沙沙》中，我们可以感受到什么是人物的突出特征——不是所有人物共有，而是一个人物独有的特征。每个人都会产生一些独有的特征，关键看编剧如何从人物的维度中解读破译。

二、人物的三个维度

人物有三个维度：生理、社会、心理。其中，心理是生理和社会这两个维度的产物。

它们互相作用，便产生了志向、脾性、态度和情结。如果你觉得一部儿童剧乏味、没有说服力、人物陈腐、描写糟糕、情境似曾相识、无聊等，那都是因为一个错误：人物缺乏这三个维度。摆脱“似曾相识”的毛病，不是要极力去追求奇巧的情境，而是要努力让你笔下的人物具备这三个维度，这样一来你会发现，他们不仅能令剧场为之兴奋，而且将是新颖独到的。

科学家告诉我们，一棵蓟需要总长250米的根来支撑它那70～120厘米的茎。你可以想象，一个剧作家为了支撑起一个人物，又该需要多少隐性的资料。以下是人物三个维度的基本结构提纲：

（一）生理

1. 性别
2. 年龄
3. 身高和体重
4. 头发、眼睛、肤色深浅
5. 仪态
6. 外表：是否漂亮，是否过胖或过瘦，是否干净整洁、讨人喜欢，头部、面孔和四肢的形态
7. 缺陷：反常、畸形、胎记、疾病
8. 遗传特征

（二）社会

1. 父母所在社会阶层：下层、中层、上层
2. 教育：学历、学校类型、分数、喜欢的科目、不擅长的科目、天赋
3. 父母职业：工作类型、工作时间、收入、工作条件、对工作的适应程度
4. 家庭生活：父母在世与否、谋生来源、是否孤儿、是否留守儿童、父母是否离异、父母的习惯、父母的心智程度、父母的缺点、父母是否疏于照顾子女、祖父母是否溺爱孩子
5. 宗教
6. 民族、省份、城乡、国籍
7. 社交场所、主要的朋友（含网友）、社团、运动项目
8. 消遣、爱好：阅读的书籍、报纸、杂志等，是否沉迷电视、网络游戏，课外有无兴趣特长班

（三）心理

1. 道德标准
2. 个人志向、信条、座右铭
3. 挫折、主要的失望之处
4. 性格：暴躁、随和、悲观、乐观等
5. 对生活的态度：逆来顺受、桀骜不驯、自甘堕落
6. 情结：痴迷、拘谨、多疑、恐惧

这便是常见的人物基本结构，作者必须透彻地了解它，并以此进行建构。以上的基本情况，无须在剧中一一呈现，但剧作家必须对这些心中有数。它们将通过人物的行为表现出来，而不是通过表面的素材。关注这三个维度，不会限制你对素材的观察，相反，会给予你前所未有的视角，并开启一个等待你去探索和发现的新世界。

以下是笔者在童话剧《丑小鸭与靴猫侠》（见图 2－6）创作中对生活在猫森林（亦称黑森林）的一群野猫的人物设计：

靴猫侠的角色，诞生于大型励志童话剧《丑小鸭与靴猫侠》，笔者在进行创作时，关注了各种以猫为题材的童话作品，对夏尔·贝洛的著名童话《穿靴子的猫》尤其喜欢。在早期创作《活了一百万次的猫》这个舞台剧时，笔者就尝试过用舞蹈塑造虎斑猫的形象。在《丑小鸭》改编过程中，为了解答舞台上“丑小鸭如何成长为一只出色的白天鹅”这一难题，笔者融入了《穿靴子的猫》《绿野仙踪》《罗宾汉》等故事元素，将原著中一只无足轻重的猫塑造为丑小鸭成长路上的重要伙伴，成为英雄与侠者的化身，即靴猫侠。为了增强舞台的闹剧感，笔者还塑造了三只可爱的绿林猫（调皮猫、笨笨猫、小萌猫）来衬托靴猫侠，通过护送丑小鸭寻亲，勇斗猎人，展示了侠义友情的主题。在第二部童话剧《靴猫侠与白雪公主》中，靴猫侠以超群的智慧和独特的猫魔法，团结群猫，战胜了恶毒的王后，保护了白雪公主。而在第三部童话剧《靴猫侠勇斗食人魔》中，靴猫侠隐秘的过去将被揭示出来，靴猫侠由弱小者变为报恩者、抗暴者，靴猫侠的形象再一次得到了丰富。

图 2－6 《丑小鸭与靴猫侠》剧照

从人物性格定位来看，靴猫侠在成为猫森林的老大之前，是一个富有的公爵家庭的宠物，长年陪公爵练剑、读书使得他剑术高超、学识渊博，他喜欢悠闲、舒适的生活，但面对美食的诱惑永远没有抵抗力。有一点很重要，靴猫侠内心极其渴望自由，希望做真实的自己。在来到猫森林之前，它有着传奇般的过去；来到猫森林后，他很快就成为猫森林里所有流浪猫的老大。这个罗宾汉式的绿林大盗，用从人类世界学到的善良、正直、侠义以及猫的童心，率领猫森林的其他绿林好汉猫，全力帮助落难的童话主人公

（如丑小鸭、白雪公主等）赢得幸福，勇斗坏蛋，因而赢得了所有孩子的喜欢。靴猫侠的形象有很深的社会意义：他是在弱势群体对侠义英雄的呼唤中诞生的，符合儿童心中的英雄形象。儿童在成长的过程中常常会缺乏安全感，而靴猫侠无意中会成为儿童的保护神，非常符合儿童心理。他帅气的造型装扮，也会成为孩子争相学习和模仿的对象。

一个好汉三个帮，靴猫侠也有三个忠实的部下，即受大仲马的“三剑客”启发而创作出的靴猫三剑客（见图 2－7）。

图 2－7　《丑小鸭与靴猫侠》中靴猫三剑客的造型

靴猫三剑客之一：调皮猫，看家本领是“无敌猫跳蚤”。调皮猫淘气、叛逆，渴望被关注，于是经常用一些破坏性的行为达到此目的。它活泼开朗，以捉弄他人为最大乐趣，盲目自信又充满热情，永远不会有挫败感，活在自己臆想的英雄世界，就像现实生活中那些不屑于用学习证明自己的孩子一样。调皮猫这种行为的根源在于它现在还没找到自己的追求目标，觉得自己的聪明才智无处发挥，但它一旦找到目标就会不断努力，直到成功。

靴猫三剑客之一：笨笨猫，看家本领是“大力肥猫爪”。可爱的笨笨猫做事总是粗心大意，说话比其他猫咪总要慢半拍，而且习惯性地把每句话的最后两个字重复一遍，做事非常努力，却常常好心办坏事。在猫森林里，笨笨猫老是被伙伴们捉弄，但是生性温驯宽厚的他从不计较，有很强的团队归属感，愿意追随有能力的人。

靴猫三剑客之一：小萌猫，看家本领是“迷人的微笑”。小萌猫就像一朵从温室里培养出的花朵，很胆小，非常爱美，但不知如何追求美，像洋娃娃般需要人照顾与呵护，在父母面前乖巧，遇到困难就会哭鼻子，但他内心崇拜英雄，幻想自己有一天也能成为英雄。

靴猫三剑客拥有无限的潜力，成为靴猫侠最亲密的战友，他们的武功绝技还具备升级的可能，他们每次出场都会让孩子们兴奋不已。在神奇的猫森林里，还有预言猫、水手猫、疯疯癫癫猫、瘸腿猫、保姆猫等，它们各有自己的生存之道，甚至还有一只害怕老鼠的偷蛋猫。总之，猫森林是一个奇幻的第二世界，几乎拥有孩子们向往的一切。

为了让孩子们更好地辨认调皮猫、笨笨猫、小萌猫这三只猫，舞台上三只猫除了服装造型以及兵器各异外，还各有一段自报家门的台词：

调皮猫 （得意地）啊哈！我们是黑森林恶名远扬、人见人怕的——

三猫 （造型）靴猫三剑客！

调皮猫 （跳出来）我是他们的老大调皮猫——（假装阴森状笑）啊哈哈哈……我是森林所有小动物的噩梦传说！喵——

小萌猫 （萌萌地跳出来，作可爱状）我是可爱的小萌猫，我的梦想是：抢走全世界的沙丁鱼罐头！喵——

笨笨猫 （笨笨地出场，抓脑袋）我是笨笨猫，嗯——笨猫——我要是生气（作回忆状）……嗯，生气，就会让森林变成，（做回忆状）嗯，变成……

调皮猫、小萌猫 （不耐烦地，合）沙——漠！——笨蛋！

笨笨猫 （恍然大悟）是的，就会让森林变成——笨蛋！喵——

调皮猫、小萌猫 （掩面，合）噢……

三、主使人物与对立人物

儿童戏剧中，我们通常很容易辨认出主使人物。主使人物又被称为主角，是在一出戏的运动或起因中居于主导地位的人。

没有主使人物就没有戏剧。主使人物创造冲突，推动戏剧向前发展。没有他，就没有故事可言。童话剧《丑小鸭与靴猫侠》中，丑小鸭就是一个主使人物，她擅长用行动改变命运。在鸡棚一出生，她就被“鉴定”为一只丑小鸭。从她走出鸡棚冒险的那一刻起，戏剧就向前发展，丑小鸭对自我的认识也在一步步加深。离开鸡棚时，鸡妈妈鼓励她：“孩子，如果你真是一只天鹅，一辈子待在鸡棚是不会有什么出息的！”她救助过的稻草人称她为“漂亮鸭”，并强调：“我听农夫们常说，如果一个人心地善良，那她就不会是丑的。”见闻广博的靴猫侠鉴定出她是一只血统纯正的天鹅，告诫道：“你不要模仿鸭子叫，要叫出你原始的声音——最欢畅最开心最嘹亮的声音！大自然赋予你的天籁之声！”就这样，随着丑小鸭的身世疑团一步步被揭开，她开始重新认识自己，一步步地成长为一只出色的白天鹅。戏剧结尾，在感化猎人救助天鹅群之后，她欣喜地道出：“谢谢大家的信任，现在，我觉得自己变得又勇敢，又自信，再也不是一只丑小鸭了！”舞台上的丑小鸭，向观众展示了一串清晰的成长脚印。

在儿童戏剧中，一个主使人物不仅要渴望某种东西，而且他的愿望必须迫切到足以使他在实现目标的努力中摧毁什么或者使自己被摧毁。一个人物要成为好的主使人物，一定会格外需要生活中的某些东西，如复仇、荣誉、野心等。好的主使人物必须有某种意义非凡或者生死攸关的东西。并不是所有人物都能成为主使人物，恐惧大于欲望的人、没有炽烈激情的人、虽有毅力却不去抗争的人，都不能成为主使人物。一个主使人物必然是好斗的、不肯妥协甚至是冷酷的。在童话剧《三只小猪》中，大灰狼就是这样一个主使人物，试图摧毁所有阻碍他行动的房子，正是由于他对三只小猪步步紧逼，故事才有了强劲的驱动力。

主使人物是戏剧的一股驱动力，某种内在和外在的必然性驱使他如此行动，某种意义非凡的东西，诸如荣誉、健康、金钱、保护、复仇或者是强烈的冲动促使他如此行动。《马兰花》中的老猫渴望得到那朵神奇的马兰花，它利用大兰对妹妹小兰幸福生活的羡慕，想得到马兰花的心理，借刀杀人，终于将马兰花骗到手中。这种贪婪而不择手段的个性力量对任何类型的写作来说都是绝佳素材。

一部儿童剧中，与主使人物对立的人物就是对手或称对立人物。对立人物会阻止一往无前的主使人物，而后者则以其全部的力量、计谋和创造力与之对抗。《三只小猪》中，住在砖头房的第三只小猪成为阻碍大灰狼行动的对立人物。《丑小鸭与靴猫侠》中的胖、瘦猎人是丑小鸭的对立人物。同样，马兰山的花神马郎，就是老猫的对立人物。任何戏剧里的对立人物都必须和主使人物同样有力（无情）。只有实力相当，斗争才会有趣。比如童话剧《白雪公主》中白雪公主与王后的对立斗争，神话剧《妈妈我爱你之宝莲灯传奇》中沉香和二郎神的对立斗争，动画片中喜羊羊与灰太狼的对立斗争、格格巫和蓝爸爸的对立斗争等都是这样的设计。

人物之间的对立，往往是各自观念上的对立。如科学与迷信、宗教与无神论、专制与民主等，如果展示这些对立引发的冲突，人物就会被紧密地联系在一起，并且只有在一方或双方被耗尽、被击败或者最终被消灭时方能解开这个死结。

不过，儿童因为心智发育不成熟，在儿童戏剧的剧情设计上可以让反面人物略显弱势，以减轻儿童在剧场的心理压力。

第五节　戏剧冲突

冷和热的冲突，创造了风的运动。

原始穴居人觅食的冲突，创造了狩猎运动。

各种体能比赛的冲突，创造了体育运动。

冲突是一切写作的心脏。作为一名优秀的剧作者，不仅必须确切地知道每个人物应当归于哪个阵营，还应知道在剧情发展过程中每个人物确切的状态，对人物的心理变动要做及时而恰当的编排。美国戏剧家乔治·贝克说过：“一个剧本的永久价值终究在于其中的性格描写。性格描写能吸引人的注意力。它是在观众中使剧本的主题和人物产生同情的主要手段。”然而，人物性格只有在丰富的冲突中才能立体化地呈现。戏剧中的人物必须随着剧情而发展，如果人物性格发展缺失或停滞不前，那么归根结底是因为缺乏冲突。

在个人生活中随时随地都能发现冲突。从你的家庭成员、亲戚、朋友、伙伴身上往往可以发现这些品性：关怀、冷漠、自负、贪婪、精确、笨拙、无耻、自夸、狡猾、阴险、狂妄、傲慢、聪明、好奇、懦弱、残酷、尊贵、浪费、羡慕、热诚、自我中心、奢侈、浮躁、尽职尽责、节俭、快乐、豪侠、慷慨、善良、忠诚、富于洞察、病态、恶毒、神秘主义、冲动、懒惰、虚弱、轻率、循规蹈矩、谦逊、顽固、虚伪、耐心、顺从、尖刻、质朴、野蛮、严肃、多疑、淡薄、势利、敏感、温柔、邋遢、圆滑、粗俗、狂热等。这些品性都是孕育冲突的土壤。让对立的事物狭路相逢，冲突便会发生。

冲突虽有更多复杂的形式，但都从一个简单的基础开始：攻击与反击。如果对手之间势均力敌，冲突就会持续升级。反之，冲突很快就会出现结局。关于儿童戏剧冲突的设计，要避免出现以下两种情况：

一、切忌过久地陷入静态

所谓绝对静态的情形在大自然中是没有的，儿童戏剧中的静态场景也暗含着运动，只是这种运动太过缓慢，看上去像静止状态，时间一长，观众就会昏昏欲睡。如果戏剧冲突是静态的，那多半是缘于剧中人物不能做出决定。一个没有需求或者不知道自己需求的人物是难以将戏剧冲突升级的。

例如，在《丑小鸭与靴猫侠》中，如果丑小鸭在鸡棚感到生活太苦闷，虽然暗自落泪，在鸡棚走来走去，却不采取任何积极行动，那么她就是一个静态人物，即使妙语频出，她也仍然是无能的、静态的。静态的忧愁不足以创造冲突，冲突需要的是一个自觉去解决问题的意愿。所以当她下定决心离开鸡棚的一瞬，静态的冲突才得以打破。

以安徒生童话剧团的童话剧《我不要被吃掉》（见图 2-8）中的冲突为例，我们来区分一下静态的冲突和发展中的冲突有什么不同。在第三幕《小公鸡被抓》中，有一些富于童趣的冲突。

图 2-8 《我不要被吃掉》排练照

小六子 你以为你个头大就很拽吗？

小胖墩 这你也许管不着！

小六子 哼，我就管得着！

小胖墩 好，那你就管管看。

小六子 要是你再啰唆，我就管给你看。

小胖墩　啰唆——啰唆——偏要啰唆，看你能怎么样？

小六子　哎，你认为你自己很了不起，是不是？如果我想打倒你的话，一只翅膀背在后面都能打过你。

小胖墩　好啊，你说你能打过我，那你为什么不动手啊？

小六子　如果你老是这么嘴硬的话，我就打给你看。

小胖墩　嘿——你这种鸡我见得多了，尽吹大话下不了台！

小六子　你！……

小胖墩　你什么你！没见过帅哥啊！

小六子　你从这儿滚吧！

小胖墩　你自己滚吧！

小六子　我不滚。

小胖墩　那我也不滚。

【两只鸡停，怒目而视。

在这段对白中，两只小公鸡因为自忖没有胜算而有些心虚，争吵一直徘徊在一个水平线上，并没有上升为打架。这种冲突表面上没有出现实质性的变化，似乎是静态的，实际上是一场危机前的过渡，是发展中的冲突。因为小六子在不断攻击："你以为你个头大就很拽吗?"这是一记左勾拳。而对手小胖墩一直在反击："这你也许管不着!"这是右勾拳。"哼，我就管得着!"这是刺拳，击中鼻子。"好，那你就管管看"这是左勾拳，还在对方脸上。两人拳来拳往，不断攻击、反击。倘若在"你以为你个头大就很拽吗?"这句之后，小胖墩逃避地说"对不起，我错了!"服软，不敢接受挑战，那这戏就变成了静态的。事实上，这种"山雨欲来风满楼"的危机发展几分钟后，终于爆发为舞台上两组小公鸡剧烈的纷争（高潮）：

【小刺头用脚爪在地上划了一道线。

小刺头　你们要是敢跨过这道线，我就把你们打趴在地上，站不起来。谁敢，谁就吃不了兜着走。

【卡梅利多一组毫不犹豫地跨过那道线。

卡梅利多　你说你敢打我们，现在来看看你怎么打法。

小刺头　你不要逼我！你最好还是当心点。要知道，被我的铁爪抓伤了的那几只小鸡仔儿，至今还躺在医院里！

卡梅利多　（合）哎，真啰唆，你不是说要打我们吗？我们都跨过来了，你为什么不动手啊？

小刺头　得了，你们要是给两块钱，请我们揍你，我们就动手！

【旁白　卡梅利多他们果真掏出两块硬币，嘲弄地摊开手掌。小刺头、小胖墩和小赖皮受不了这种羞辱，一把将钱打翻在地。六只小公鸡你啄我的鸡冠，我扯你的羽毛，开始了激烈的争斗。最后，卡梅利多一组终于占了上风。

如果人物停留在争吵的第一步或者第二步，并长时间徘徊不前，戏剧就会滑入静态的深渊。通常，造成静态的原因是缺乏驱动力即主旨。

二、要有过渡，切忌跳跃太大

过渡是戏剧的一种要素，它能保证戏剧在不中断、不跳跃、不破裂的情况下向前运动。过渡能把看似毫无关联的要素联系在一起，比如冬和夏、爱和恨、小溪和大海、出生和死亡。

以数字为例，一、二、三、四、五、六、七、八、九、十，这是一个完美的升级冲突，而跳跃状态的冲突是飘忽不定的：一、二、六、九、十。在大自然的进化中没有跳跃冲突这样的情况，就好像诚实的孩子不会一夜之间变成小偷，小偷也不会同样迅速地变得诚实守信。强盗不会一边谋划着抢劫，一边就将其付诸行动。没有心理动机，任何暴力行为都不会发生。

如一个人由善良到邪恶的变化，往往会经历以下过渡：

善良（单纯、富于同情心）

↓

挫折（遭遇欺骗，失去品行）

↓

错误（犯下过错，自责）

↓

大错（底线失守，崩溃）

↓

混乱（束手无策，麻木）

↓

变坏（被歧视，开始恶行）

↓

邪恶（声名狼藉，享受恶行）

善良与邪恶这两极之间存在一段距离。这段距离的空白，需要人物用行动去填补。戏剧应该将这一行动的过程呈现在舞台上。在弃善从恶之间还有彼此相连的许多步骤，每一步都不能少。

儿童戏剧每一幕的冲突设计都应是自然升级，不能突兀地跳跃。比如丑小鸭由自卑变为自信，是从一极发展到另一极，如果省略了中间步骤，没有任何过渡，这就是跳跃的冲突，这出戏就会受害。以《丑小鸭与靴猫侠》（见图 2－9、图 2－10）这个剧本为例，第一幕要呈现的主旨是“个体受到群体的全面否定会变得自卑”。在序曲《春天在哪里》的音乐中就隐伏了戏剧冲突。春天是万物萌动的季节，“红的花”“绿的草”“会唱歌的小黄鹂”，争奇斗艳。所以全剧中“鸡哥哥”第一句台词就揭示了这场冲突的主题——“比美”：“我说小鸡们，论羽毛，我最漂亮!”在四只小鸡的比美声中，话题转移到迟迟不出壳的小鸡身上。围绕比自己迟“15 天”还是“16 天”，又引发了一场争执。在“大懒虫”“小妖怪”“丑八怪”的猜测声里，这只小家伙还未出生，围绕它的冲突已经历两次过渡，并预示出一场新的危机。

鸡妈妈 （招手，慈爱地）孩子，快来见过你的哥哥姐姐。

图 2-9　《丑小鸭与靴猫侠》剧照

图 2-10　《丑小鸭与靴猫侠》剧照

丑小鸭　（兴奋，行礼）哥哥好，姐姐好！

鸡哥哥　（惊呼）天啊，她真丑！

众小鸡　（夸张地）是啊，真丑！

鸡哥哥　（指）你看她的嘴，扁扁的，怎么啄虫子吃呀？

众小鸡　（惊奇地）是呀，扁扁的，怎么啄虫子呀？

丑小鸭　（奇怪）是呀，我的嘴怎么和他们的不一样！

小鸡甲　（指）你看她，个头这么大，怎么钻过篱笆缝，去偷菜叶吃啊？

众小鸡　（惊奇地）是呀，怎么钻篱笆缝呀？

小鸡乙　（鄙夷地）你看她的羽毛，稀稀拉拉的，怎么飞过小水沟呀？

众小鸡　（惊奇地）是呀，怎么飞过小水沟呀？

丑小鸭　（有些慌乱）是啊，我的小翅膀怎么也和他们的不一样！

小鸡丙　（疑惑地）你看她的脚丫子，也是扁扁的，怎么在沙地里刨虫子吃呀？

众小鸡　（惊奇地）是呀，怎么刨虫子吃呀？

丑小鸭　（惶惑地）天啊，我的脚也和他们的不一样！

小鸡甲　（嘲笑）我看她不是鸡，倒像鸭。

鸡哥哥　（得意地）是鸭子，而且是一只——

众小鸡　（会意，大喊，大笑）丑——小——鸭——哈哈哈！

【丑小鸭惊恐地捂住脸，躲进鸡妈妈的怀抱。

【音乐起。

众小鸭　（舞蹈，齐唱）她是一只，她是一只，丑小鸭，丑小鸭！

鸡哥哥　（出列，念）扁扁的嘴巴，没有门牙，太丑了，太丑啦！（归队）

众小鸭　（舞蹈，齐唱）她是一只，她是一只，丑小鸭，丑小鸭！

小鸡甲　（出列，念）黑黑的羽毛，稀稀拉拉，太丑了，太丑啦！（归队）

众小鸭　（舞蹈，齐唱）她是一只，她是一只，丑小鸭，丑小鸭！

小鸡丙　（出列，念）肥肥的个头，跳不过水沟，太丑了，太丑啦！（归队）

众小鸭　（舞蹈，齐唱）从头到脚，全身上下，都很丑，都很丑！

小鸡乙　（出列，唱）抓不到虫子，偷不到菜叶。（归队）

众小鸡　（笑喊）丑小鸭！丑小鸭！

鸡妈妈　（劝慰）孩子们，陪你们新出生的妹妹一块儿玩吧。

众小鸡　（齐摇手）不！妈妈，我们才不和一只丑小鸭玩儿！她是一只，她是一只，丑小鸭，丑小鸭。抓不到虫子，偷不到菜叶，丑小鸭，丑小鸭……（边唱边左侧跑下）

从这段剧本中可以看出：因为外貌不像鸡，丑小鸭在小鸡们七嘴八舌的嘲笑声中，内心的冲突一步步被强化。四只小鸡的进攻是密集强劲的，在他们眼里，丑小鸭“从头到脚全身上下都很丑”。丑小鸭的反击却是脆弱无力的，刚出生就被嘲笑、被孤立、被否定，“新生的喜悦”经历“奇怪”“慌乱”“惶惑”和“惊恐”等情绪过渡后，终于转为内心的自我否定，转为深重的自卑感。一场危机在鸡棚酝酿，并在以“我是一只丑小鸭”为主旨的舞蹈中达到高潮，继而以丑小鸭得知身世真相（新的危机）离开鸡棚（新的高潮）赴天鹅湖寻亲为第一幕的结局。

危机是戏剧的转折点，是即将到来的对事物状态的决定性的改变。童话剧《丑小鸭与靴猫侠》的每一幕中都有危机、高潮和结局，一个接一个，如同夜晚连接着白天，直到戏剧的主旨得到充分的呈现，才在“猎人”一方势力的消解和丑小鸭成长为天鹅新首领中奔向大结局。

主旨可以显示出目标，而目标驱动人物，通过毫不妥协、奋斗到死的人物不断创造出冲突，戏剧能获得足够的张力。迫使两股意志坚定、毫不妥协的力量彼此争斗，会创造出更强劲的、升级的冲突。主使人物和对立人物之间不可分割的关系不仅能确保冲突的升级，也能确保危机和高潮。

在优秀的戏剧中，开场并不是冲突的起点，而是另一个冲突的顶点。只有这样才能创造出观众注意力的焦点，唤起观众最大限度的期待。当人物做出决定时，就经历了一个内在的高潮。当他把决定付诸行动，便开启了另一个冲突。冲突经由过渡升级变化，便有了危机和高潮。如此，周而复始。

在戏剧里，对话是证明主旨、揭示人物、执行冲突的主要方式。对观众而言，对话是一部戏里最明显的部分，因此写好对话是极为关键的。然而，只有升级的冲突才能制造出健康的对话。漫长和乏味的戏剧，往往使作品陷入静态冲突之中。人物只好坐在台上无休止地谈话，试图填补一个冲突和下一个冲突之间的空隙。如果作者提供了必要的过渡，就不用这种闲聊来搭桥了。

对话必须预示出即将到来的事件。它必须来源于人物和冲突，又反过来揭示人物、推进行动。剧作家要舍得为人物牺牲自己的“才智”，所创造出的人物不应为名言警句而死。在不损失任何人物发展的前提下，你依然可以写出生动、巧妙、感人的对话来。在莎士比亚的剧中，哲思段落，他的句式简洁而有力；爱情场景，他的台词抒情而流畅。随着冲突的加剧，他的句式也越来越短促、越来越简单。这种写对话的能力，是值得我们学习的。

第六节 剧本中的游戏元素

美国的一些戏剧理论家提出，在儿童戏剧中引入游戏，能极大地满足演员和观众的“4E体验”，即娱乐（entertainment）体验、教育（education）体验、逃避（escape）现实体验和审美（esthetics）体验。在校园儿童戏剧教学中，大胆、合理地设计游戏环节，不但能满足儿童的游戏体验需要，更是对儿童成长的强力介入。在家庭生活中，父母与孩子共同扮演角色，在富于游戏感的剧情设计中进行亲子互动，是灌注品格的良好机会。

不过，很多教育者想在儿童戏剧中加入适当的游戏设计，但由于缺乏游戏体验，总觉得缺乏创意和灵感，而缺乏游戏感的剧本，往往很难调动演员和观众的积极性，会将剧场变成“一潭沉闷的死水”。事实上，游戏设计在戏剧创作中还是有章可循的。剧本创作中常见实用的游戏设计主要有如下几种：

一、文学作品情节的游戏化处理

大量经典的儿童文学作品，其实隐藏了很多游戏元素。儿童在阅读的过程中，已经在脑中玩了一遍，在儿童戏剧的改编过程中，如能对经典作品进行重新解读，并强化其中的游戏感，那么一定能让儿童获得惊喜感。如《金银岛》这部儿童文学经典，在将其改编成儿童戏剧时，可以有意识地加入寻找藏宝图、宝藏守护人的任务、真假海盗、勇斗海盗等多个游戏设计。这些游戏情节紧扣文学作品的主要情节，可以让文字的阅读变得立体。剧中，孩子们通过搜索现场，寻找到隐藏的藏宝图碎片，拼接出藏宝图。仔细对比辨认，鉴定真伪，继而循着真图的指引，找到传说中的“宝藏”（一罐有香味的橡皮擦或其他）。他们在队长的领导下分着“宝藏”，沉浸在游戏的喜悦里。而在《丑小鸭与靴猫侠》这一剧中，当台上演员不慎落入猎人的“陷阱”时，剧情游戏就开始了。在“拔萝卜”的音乐中，现场观众喊“加油”，四名小观众上台，齐心协力把掉入“陷阱”的演员一一救出，之后现场举行隆重的颁奖典礼，表扬见义勇为的小观众。这样的游戏设计，让坐在台下的小观众也有机会上台扮演英雄，增强了戏剧的现场融入感。

二、网络游戏剧本元素的引入

网络游戏通过虚拟现实技术生成一个非常逼真的虚拟世界，游戏者利用视觉、听觉来感受游戏虚拟世界中所发生的一切。以网络游戏《天下2》为例，其所建构的是一个多元化的模拟社区，食品、酒楼、客栈、钱庄、当铺等样样齐全，游戏者所操控的虚拟角色就是虚拟社区里活生生的人，要吃穿住行，可以随意地选择喜欢的食物、逛喜欢的城镇，在剧情人物（游戏NPC）那里接任务。网络游戏对现实生活的这种高度仿真性，使游戏者沉浸在虚拟世界之中，并积极地参与这个虚拟世界里的一切事务。为了增强儿童戏剧的游戏体验感，笔者尝试引入了网络游戏的诸多元素。如在《三只小猪》剧中，可加入网络游戏的称号系统。每一位小演员在猪猪村都要完成泥瓦匠初级、中级、高级证书的考试，以获得建造稻草房、木头房、砖头房的资格。在剧情演进过程中，孩子们一旦拿到初级证书，就抑制不住对更高一级证书的向往，直到完成所有剧情。而在儿童游戏情景剧《给加西亚的一封信》（见图2－11）中，小演员要扮演美国陆军中尉罗文，完成陆军总参谋部的送信任务。在冒险游历中，小罗文会遭遇多个网络游戏NPC这样的演员，从而引发剧情对白，并完成忠诚、坚强、勇敢、正直、纪律、机智六项军人品质的考验任务。剧本排演过程中，儿童演员个个“玩”得很疯，甚至忘记了是在排戏。通过这类角色扮演游戏，儿童能扮演英雄角色，去体验成功的快乐，这有助于其情商的培养。

图2－11 《给加西亚的一封信》活动照

三、对儿童常玩的生活游戏进行升级改版

在中国民间，流传着大量有趣的儿童游戏，如捉迷藏、猜谜语、老鹰抓小鸡等。这些游戏规则简单、富于童趣，儿童百玩不厌。事实上，现实生活中很多孩子因忙于学习和发展特长，鲜有机会去接触这种传统游戏。而在儿童戏剧中，适当引入生活游戏，尤其是亲子互动游戏，能让家长回味自己的童年，从而更认同孩子的游戏权利。在笔者策划的《印第安小勇士》（见图 2-12）这一大型户外情景剧中，加入了童年常玩的制作弓箭、比赛射箭环节，激发了孩子们的极大兴趣。《我不要被吃掉》是法国畅销书“不一样的卡梅拉”系列中的一个故事，在剧本创作中加入了传统的“猜谜语”这个游戏环节，仿效音乐电影《刘三姐》中的“赛歌会”场景，通过小母鸡和小公鸡的一问一答来完成游戏，形式生动活泼，孩子们非常喜欢这一剧情。

图 2-12 《印第安小勇士》剧照

母鸡 （问）什么鸡有腿家中坐？
什么鸡没腿游九州？
什么鸡白？什么鸡黑？
什么鸡胡子一大堆？

公鸡 （答）抱窝鸡有腿家中坐，
叫花鸡没腿游九州。
江山鸡白，乌骨鸡黑。
北京油鸡胡子一大堆！

为了给儿童带来更新奇的体验，在儿童戏剧剧情设计中，尽量不要照搬生活游戏，而是做相应的改良升级。剧本是一种文学形式，与剧情相关的咒语、游戏指令等如能以新童谣体创作，则会让游戏更有趣、更富于文学性。

四、糅合多部文学作品的情节以增强游戏感

孩童的思维是天马行空的。在戏剧的排练过程中遇到熟悉的段落，他们会下意识地想到阅读过的其他同类作品，所以在剧情设计上巧妙地引入其他文学作品能让儿童体验到游戏的“穿越”感。如在《丑小鸭与靴猫侠》这个剧中，胖猎人和瘦猎人出场时，引入了《豆蔻镇的居民和强盗》中的《强盗之歌》，以一段轻松搞笑的说唱乐（RAP），完成了对胖、瘦猎人的性格塑造。小观众能在剧中体会到两部作品交织在一起时的美感。在《三只小猪》中，猪猪村泥瓦匠鉴定委员会的委员长“猪猪侠”爱听《小红帽》的故事，所以他出的考题中就有《小红帽》的故事情节。在《蛇和蜥蜴开店》中，蛇和蜥蜴开店帮助他人，在帮助对象中，除了原来故事中的兔子、乌龟和鹌鹑外，还有《刺猬拉特与水之石》中的小刺猬拉特，他想知道怎么解除森林旱情；《狐狸和乌鸦》中的乌鸦太太，她想知道怎么报狐狸的“骗肉”之仇；等等。这些情节的糅合，能增强儿童的知识迁移能力和儿童在戏剧欣赏过程中的游戏感。

五、亲子游戏的设计

亲子游戏是父母与孩子之间增进感情、促进交往的娱乐游戏活动。在儿童戏剧的剧本创作中，亲子游戏的形式既可以是身体与心理的互动，也可以是语言与非语言的互动。如在前面提到的《金银岛》剧本创作中，特意增加的“宝藏守护人的三个任务”实则是一个亲子游戏，分别考验“小水手”是否忠诚、孝顺和团结。“小水手”的扮演者可以邀请爸爸妈妈到舞台上互动，通过“按摩”“捶背”等方式来完成“孝顺的小水手”这一任务。通过语言和肢体等多种形式的游戏互动，可以实现肌体运动与精神娱乐的交织、孩子愉悦与家长愉悦的互染，扩增亲子玩家身体的互动与心理的互动，增加家庭凝聚力。

六、新颖的道具设计增强游戏感

道具设计是以剧本为前提、以人物行动为根本、以帮助表演为归宿的一种通盘考虑的技术，是观念、材料与现实的综合体现。道具装饰着舞台空间，为导演组织舞台行动提供支点，能帮助演员完成角色的塑造。随着当下舞台艺术的蓬勃发展，儿童戏剧舞台的道具设计与制作应该主动创新，以应对变化。在《丑小鸭与靴猫侠》中，新增加了四只野猫的角色：靴猫侠、调皮猫、笨笨猫和小萌猫。他们崇拜英雄、向往自由、珍惜友情、渴望冒险。在道具上，设计了海盗旗、玩具弓箭、西洋玩具佩剑等来强化这一主题，引起了台下小观众的强烈兴趣。在《三只小猪》中，狡猾的大灰狼吹不倒砖头房，于是决定骗小猪们开门。他先后装成卖棒棒糖的推销员、戴头巾的老奶奶、戴着假发的采蘑菇的小姑娘。剧中，手工作品纸质“大棒棒糖”、头巾、假发、篮子、“狼尾巴”等道具极大地增强了戏剧的游戏感。小观众看着善于易容的“千面狼”总因为拖着“大尾巴”而被小猪们识破，感觉到滑稽可笑，体验到了坏人被惩戒的快感。精心设计的舞台道具，还可以成为儿童戏剧

最好的衍生产品，为剧团增加盈利的同时能更好地增强戏剧的影响力。

此外，利用口令的吟诵设计来增强魔幻感，巧妙利用现场环境设计来增强异域感，借鉴好莱坞动画电影歌舞场面设计来增强现场的狂欢气氛，以及塑造人物时将可怕的坏蛋可爱化，等等，都是在增强儿童戏剧剧本游戏性方面出奇制胜的武器。

济南市儿童艺术剧院院长丁小秋认为："一部真正的儿童剧，至少要有'三好'：好看、好听、好玩。只有让青少年观众坐得住，剧目才可能打得响。"为了让游戏设计更好地服务于儿童戏剧，真正做到"好看、好听、好玩"，剧本创作必须遵守以下原则：

第一，剧本创作必须始终关注儿童，充分考虑游戏的难易度、娱乐性、适龄性。在儿童戏剧剧本创作阶段，游戏设计要以儿童为中心，富于童趣，不能太成人化。有些游戏是为了引导儿童认知成人世界，这类游戏也要符合儿童生理、心理特点。儿童语言、视觉的发展，大小肌肉的发育，不同的特质、能力，各年龄的发展进程，以及游戏能否引起儿童的兴趣，都是游戏设计应衡量的要素。游戏设计不可流于低级趣味，同时还应防止游戏滑向暴力、色情等不健康层面。

第二，剧本创作必须围绕儿童戏剧的主题来设计游戏情节，寓教于乐，寓善于美，不能为游戏而游戏。将多部文学作品的情节糅合在一起时，也要注意处理好主线与支线的关系。可以根据幼儿在现实生活中出现的不良习惯、错误的人生观等，植入成功、责任、梦想、英雄崇拜等主题，有针对性地设计游戏情节、剧本台词。

第三，游戏设计不能照搬简单的生活经验，要有距离感。游戏可以帮助儿童逃避现实压力，使儿童"从日常生活的直接制约和沉闷中解脱出来"。如果剧本中的游戏设计直接照搬生活经验，儿童潜在的逃离需要就得不到满足。如儿童在剧中用树叶做"菜"玩"过家家"，肯定比把厨房搬上舞台直接炒白菜更快乐。

第四，剧本要处于灵活变动的状态，不要限定死。在游戏的过程中，当儿童表现出预期外的行为时，不妨鼓励孩子发挥创意、潜力，及时修改调整剧本，加入新的创意方式，跟儿童一起创造新的游戏方式，或是让游戏方式更加完美等，不要限制儿童创意及想象的空间。在演出场地以及观众群体发生改变时，还可以即兴修改游戏内容，甚至可以针对同一情节设计至少三种游戏变体，以防小演员因为审美疲劳而产生"职业倦怠"。

此外，游戏设计还要考虑儿童在排练演出过程中的安全问题，根据实际参演的小演员的性别来修改游戏内容等。

杨火虫在《从"高"向"低"攀登》一书中说："儿童们真正需要的、喜欢的其实是'模拟童式幻想'带来的虚拟体验。当代少年儿童正醉心于电脑网络与电子游戏，正如他们曾经醉心于童话中一样，其实是一个道理。"儿童戏剧新颖的游戏设计，能有效满足儿童的"模拟童式幻想"。然而，具体到每一个剧本的写作，游戏设计又不尽相同。写作者必须结合自身情况加以改造和创新。实事求是地创新，才是一件事物永葆活力的根源所在。

单元教学与练习

绘本《我的名字克丽桑丝美美菊花》改编

这个孩子出生的那一天，是她的父母一生中最快乐的一天。

"她好完美。"妈妈说。

"绝对完美!"爸爸说。

真的，她是绝对的完美。

"她的名字应当代表她的全部。"妈妈说。

"她的名字应当绝对的完美!"爸爸说。

真的，Chrysanthemum。她的父母给她起名叫克丽桑丝美美。

克丽桑丝美美长啊，长啊，长啊，长到她懂得欣赏自己名字的时候，克丽桑丝美美爱上了自己的名字。

妈妈叫她起床，她爱听这个名字的声音。爸爸叫她吃饭，她爱听这个名字的声音。在浴室里照着镜子呼唤自己，她也爱听这个名字的声音。Chrysanthemum，克丽桑丝美美，克丽桑丝美美菊花。

用墨水把名字写在信封上，克丽桑丝美美喜爱这个名字写下来的样子；用糖浆把名字写在蛋糕上，克丽桑丝美美喜爱这个名字写下来的样子；用胖胖的橙色蜡笔写自己的名字，她也喜爱这个名字写下来的样子。Chrysanthemum，克丽桑丝美美，克丽桑丝美美菊花。

克丽桑丝美美认为她的名字是绝对完美的。于是，她开始上学了。

开学的第一天，克丽桑丝美美穿上最亮丽的裙子，带着最灿烂的笑容，一路跑着去学校。"好耶!"克丽桑丝美美说，"学校!"

可是，楚德老师点名的时候，大家一听到克丽桑丝美美的名字，就咯咯地笑了起来。

"她的名字真长啊。"吉儿说。

"她的名字很难写进名牌。"丽塔指出。

"我的名字是照着我祖母的名字取的。"维多利亚说。

"你的名字却是照着一朵花取的!"

克丽桑丝美美菊花枯萎了。她不再认为自己的名字完美无缺。她认为这个名字真是糟透了。

接下来的一整天都不怎么样。午睡的时候，维多利亚举手告诉楚德老师："Chrysanthemum，克丽桑丝美美的名字是用十三个字母拼写起来的，恰好是所有英文字母的一半!""谢谢你告诉我们这些，维多利亚。"楚德老师说，"现在你躺下来睡觉。"

放学回家排队的时候，维多利亚又说："要是我的名字像你那样，我就要改掉它。"

但愿我能改名，克丽桑丝美美好难过地想着。

"你回来啦!"妈妈说。

"你回来啦!"爸爸说。

"我不上学了!"克丽桑丝美美说，"我的名字太长，我的名字名牌都快写不下了，还有我的名字是照着一朵花取的。"

"哦，什么呀!"妈妈说，"你的名字很美。"

"而且很珍奇，而且很贵重，而且很迷人，而且很有魔力。"爸爸说。

"你的名字就是你。"妈妈说。

"完美无缺!"爸爸说。

克丽桑丝美美吃了最爱的晚餐：乳酪意面加番茄酱，过了一个充满拥抱、亲吻加棋盘游戏的晚上，她觉得好多了。

那天夜里，克丽桑丝美美梦到自己的名字叫珍妮。那是一个非常愉快的梦。

第二天早晨，克丽桑丝美美穿上她最舒服的背心裙，慢慢地走着去学校。她拖着脚在地上写字：Chrysanthemum，克丽桑丝美美，克丽桑丝美美菊花。

克丽桑丝美美走进活动场地的时候，维多利亚说："她看起来就像一朵花。"

"我们来采她。"丽塔指着她说。

"我们来闻她。"吉儿说。

克丽桑丝美美菊花枯萎了。她不再认为自己的名字完美无缺。她认为这个名字真是糟透了。

接下来的一整天都不怎么样。午睡的时候，维多利亚又举手说："克丽桑丝美美是一朵花，这种花和虫子还有其他脏东西一起住在花园里。""谢谢你告诉我们这些，维多利亚。"楚德老师说，"现在你躺下来睡觉。"

放学回家排队的时候，维多利亚又说："我真不敢相信你会叫这个名字！"

我也不敢相信了，克丽桑丝美美好难过地想着。

"你回来啦！"妈妈说。

"你回来啦！"爸爸说。

"我不上学了！"克丽桑丝美美说，"他们说我看起来就像是一朵花，他们都假装要来摘我、闻我。"

"哦，什么呀！"妈妈说，"他们只是嫉妒你。"

"而且羡慕，而且小气，而且不满，而且偏见。"爸爸说。

"有你这样的名字，谁不忌妒呢？"她妈妈说。

"总之，这个名字完美无缺！"爸爸说。

克丽桑丝美美吃了她最喜欢的甜点：奶油糖霜巧克力蛋糕，又过了一个充满拥抱、亲吻加棋盘游戏的晚上，她觉得稍微好了一点点。

那天夜里，克丽桑丝美美梦到自己真的是一朵菊花，她长出了叶子和花瓣。维多利亚来采她了，一片又一片地摘采叶子和花瓣，最后她只剩下一根瘦瘦的茎。那真是她做过的最可怕的噩梦。

第二天早晨，克丽桑丝美美穿上了一件有七个口袋的衣服，口袋里装满了她最珍贵的东西，还有她的幸运符。克丽桑丝美美走了最长的一条路去上学。她时时停下来，盯着每一朵花儿看。"Chrysanthemum，克丽桑丝美美，克丽桑丝美美菊花。"那些花好像在叫她。

那天早晨，同学们见到了新来教音乐的廷柯老师。她的声音和她的一切都好像来自梦境。同学们一个一个都呆掉了。他们觉得廷柯老师真是奇妙极了，大家都使劲地想要给她留下好印象。

廷柯老师带领同学们练习音阶。接着又给大家分配角色演音乐剧。维多利亚扮演优雅的仙后，丽塔扮演漂亮的蝴蝶公主，吉儿扮演最重要的精灵使者，克丽桑丝美美扮演一朵雏菊。

“克丽桑丝美美是一朵雏菊！克丽桑丝美美是一朵雏菊！”吉儿、丽塔和维多利亚同声念唱，他们觉得好可笑。

克丽桑丝美美菊花枯萎了。她不再认为自己的名字完美无缺。她认为这个名字真是糟透了。

“什么事情这么好笑？”廷柯老师问。

“克丽桑丝美美。”他们回答。

“她的名字太长。”吉儿说。

“连名牌都写不下。”丽塔指出。

“我的名字是照着我祖母的名字取的。”维多利亚说，“而她的名字是照着一朵花取的！”

“我的名字也很长。”廷柯老师说。

“是吗？”吉儿说。

“我的名字也很难写进名牌。”廷柯老师说。

“会吗？”丽塔说。

“而且，”廷柯老师说，“我的名字也是照着花取的！”

“你呀？”维多利亚说。

“对呀。”廷柯老师说，“我姓廷柯，名字叫 Delphinium，德而芬尼尔梅是一种叫飞燕草的花。如果我生女儿，我考虑要选克丽桑丝美美做她的名字。我认为这个名字完美无缺。”

克丽桑丝美美简直不敢相信自己的耳朵。她的脸颊红了起来，她的眼睛亮了起来，她笑得像一朵盛开的花。Chrysanthemum，克丽桑丝美美，克丽桑丝美美菊花。

吉儿、丽塔和维多利亚用羡慕的眼神看着克丽桑丝美美。

“叫我金盏花吧。”吉儿说。

“我是康乃馨。”丽塔指着自己说。

“我的名字是山谷百合！”维多利亚也说。

克丽桑丝美美不用想啦，她知道了，她的名字完美无缺。

【后记】

班级音乐剧的演出完全成功。克丽桑丝美美扮演的雏菊绝对完美。维多利亚只犯了一个错误：她把自己演的优雅仙后的台词全忘了。克丽桑丝美美觉得太有趣了，在整场花之舞的演出中，她从头笑到尾。

后来呢，廷柯老师生了一个健康的小宝宝，是小姑娘。当然，克丽桑丝美美就是她的名字啦。

《我的名字克丽桑丝美美菊花》是美国作家凯文·汉克斯创作的绘本故事，请将其改编成 15 分钟左右的儿童话剧。具体要求如下：

1. 按剧本的基本写作格式进行写作。故事大纲、人物介绍、时空介绍、舞台指示、语言的形式等几个部分要清晰明了。

2. 人物设计要符合儿童戏剧的要求。

3. 戏剧冲突的设计要符合儿童戏剧的要求。

4. 在剧情中尝试加入游戏元素。

探究与实践

一、儿童戏剧创作要注意哪些原则？

二、儿童戏剧创作过程中确立主使人物与对立人物有何意义？

三、有人认为，为了与剧场小观众的心理承受力相适应，儿童戏剧的冲突应多设置为静态，请你联系实际创作谈一谈。

四、儿童戏剧剧本创作中常见的实用游戏设计主要有哪几种？

第三章

儿童戏剧的导演

第一节　导演前期的案头工作

儿童戏剧导演是儿童戏剧艺术创作的领导人和舞台演出的总负责人。他团结和组织各种不同专业的创作人员和技术人员，共同为生产高质量的儿童戏剧而努力。他是集体创作的核心。导演的任务是：组织主要创作人员，研究有关资料，分析剧本，选演员，选剧院，进行案头工作，写出导演阐述，统一创作意图，然后按照时间表，领导儿童戏剧的初排、细排和合成。

一、导演与编剧

编剧是戏剧剧本作者的泛称，有专业与非专业之分。他们用文字为戏剧舞台演出规定了主旨、人物形象、故事情节、剧作结构和表现形式。编剧首先应考虑到剧本在舞台演出的实际情况，用舞台说明和对白来呈现戏剧未来的演出格局。

如果没有十分必要，导演切勿修改编剧的剧本，应该尽量保存编剧的意图。

不少导演喜欢分析研究和修改编剧的剧本，结果剧本搬上舞台时，原编剧都快认不出自己的作品了。但这不一定是艺术。如果原作真的需要做重大修改，那它就还不是成品，导演可以不接受。如果编剧的剧本已经写出，已经做过彻底的修改，导演也同意搬上戏剧舞台，那么导演在对它做分析研究时，其责任就是最大限度地把编剧所构思的一切保存下来。这主要是指作品的剧作结构。至于编剧舞台说明部分，那些限于条件难以在舞台上呈现的部分，导演需要做出特别的分析研究，以丰富的想象力和创造力来做合理的修改，但是应该保存编剧的意图，这仍是确定不移的条件。

导演常常会对儿童戏剧剧本中某些叫座的地方，或是某一场精彩的戏，或是某一个有趣的次要人物产生莫大的兴趣，于是将自己大部分的注意力贯注在这一单位或这些单位上，开始“精耕细作”，给它“油刷”各种颜色。导演没有意识到，过度热衷于这些工作，就会忽略分寸感，忘记剧情的比例，从而使整个剧情的剧作结构遭到破坏。也就是说，弄错了剧情发展的途径，改变了作品的基本任务。导演应该好好理解编剧的原文，然后用一切力量和所能利用的一切手段，将编剧的意图通过演员的表演加以阐释、表达和体现。

当然，有些导演会亲自为自己写剧本。一般来说，导演和编剧是两种不同的业务。多数情况下，两种工作集于一身是一件困难的事。当导演研究分析剧本时，他的全部创作精力都集中在如何深入地使编剧的意图在舞台上表现出来，一旦导演要为自己写作，他的创作精力就会分散，最终造成两项工作都因为精力不济而做不好。

因此，导演可以和编剧保持紧密的创作合作，不一定非得创作剧本不可。不过，他应该掌握完善剧本的技巧，直到学会把儿童文学作品或儿童文学作品中的片段改编成剧本。因为文学作品改编成剧本时，不仅要保持作品的剧作结构，而且要传达出作者的风格、对人物形象的刻画以及语言特色等。这恰恰是一个导演的基本功——揭示和阐释编剧的意图，并通过自己的艺术处理在舞台上体现出编剧的思想。儿童文学作品的改编，是培养导演从事这一工作的好学校。

导演在分析研究剧本的过程中，要分析研究当初编剧在写作剧本时依据的原始材料。在这方面，导演不能比编剧做得差。剧本中发生的事件，都有一定的行动时间和地点，凡是能帮助导演了解未来舞台上发生事件的时间与地点的材料都要仔细研究。只有研究剧本所叙述的那一时代的人，才能把那一时代的人的典型特征移植到舞台人物的身上。要努力在想象中完成人物的形象，竭力把掌握到的关于人物的材料"翻译"成细节性的动作。导演应该意识到，在处理细节、处理一些细小的单位时，也是在处理总的任务。此外，导演还应该阅读和剧本主旨相近的其他文艺作品、科学文献、回忆录、报刊等，研究与主旨有关的插图、绘画、雕刻、建筑艺术等作品，看看与主旨接近的电影、动画片、儿童剧演出，听音乐会、民间音乐和民间戏曲，观看文艺晚会、节日活动等，留意儿童富有表征意义的聊天，发现他们身上具有性格特征的动作。

二、导演与副导演

副导演是导演在艺术创作方面的主要助手，在筹备阶段，导演要明确安排给副导演的任务，安排其去图书馆、博物馆和小学幼儿园或利用互联网搜集与剧本主旨有关的书籍、参考资料、图画、照片、音乐素材、乐谱等，有机会还要走访某方面的专家，要善于利用学者和顾问的帮助。

副导演要协助导演物色演员，并将最合适的演员人选提名给导演，以减轻导演的工作压力。

副导演应该为导演安排跟已经预选上的演员会面和交谈。

副导演参加第一次会谈或根据导演的指示和演员进行第一次会谈。

副导演参加以后的导演跟演员的各次会谈。

副导演协助导演进行演员的试镜、排演，甚至在个别情况下，根据导演的指示独立主持这一工作。

副导演指导服装师和化妆师的工作，和他们共同按照导演或美工师的指示，为试镜选择服装和决定化妆设计。

副导演和导演一起或是独自主持试拍呆照的工作。

副导演和导演一起主持试镜的拍摄工作。

副导演在没有场记的时候担任场记工作，主要是在排演现场记录导演和主要创作人员的艺术处理以及填写场记单，详细记录每一场演员台词的变化，保证演员演出的情绪、动作、服装、道具和发型的连接。后期根据现场记录整理，为导演提供准确的数据和详尽的资料。

三、导演阐述

研究了材料之后，导演要撰写导演阐述，即用文字来提出自己对剧本的理解。苏联导演爱森斯坦认为，导演阐述是理解整个剧本，理解剧本的时代和行动环境、人物形象的相互联系以及导演处理剧本的统一线索的一把金钥匙。导演阐述不仅对于导演本人是必要的，而且对于剧本的演员、作曲、美工、灯光、音响乃至整个剧组也是必要的。导演阐述由以下部分组成：

（1）阐释剧本的主旨（最高任务）。最高任务的名称可以是一个短句或几个字眼。

（2）阐释剧本统一的贯串动作。贯串动作线像一根串联零散的珠粒的线，把一切元素串联起来，导向最高任务。导演应该确定整个作品以及各个角色的贯串动作，并使它们相互联系起来。

（3）对剧中主要人物形象的分析：对主要人物的阐述、对配角的阐述、对群众的阐述。

（4）对故事的时代背景、社会环境、地点的阐述，并应包括下列必要的说明：布景的造型设计、道具的造型设计、服装的造型设计。

（5）说明剧本中音乐、录音等各创作部门的提示和要求。

（6）说明舞台灯光的提示和要求。

（7）剧本的节奏示意图（在矛盾冲突发展过程中紧张气氛的增强与减弱）。

导演根据与剧本主旨相适应的意图，写出阐述的这些部分。导演阐述没有固定的写作格式和表达方式。由于剧本的内容和题材不同，导演的素质和风格各异，所以导演阐述的写法也不一样。导演阐述力求明确、生动、具体，富有吸引力和说服力，能鼓舞剧组的创作热情，启发创作想象，提高剧组的创作积极性。导演以此带领整个剧组富有成效地开展工作，将每一个人的创作纳入导演阐述的统一轨道。

由此看来，设计一部剧本，并不比设计一座桥梁或飞机来得容易，导演的前期准备工作，也不比为数千名听众做一场报告来得容易——因为戏剧是要给千百万观众看的。

四、导演和演员

导演为剧本挑选演员应该以什么为准绳呢？

爱森斯坦认为，应该以导演对人物形象的阐述为挑选演员的指南。因为演员将体现出编剧所构思的以及导演所分析研究出来的形象，所以不论是外形还是内心，都应该具备与导演对形象的处理相适应的条件。演员也不应该产生一种心理定式，觉得自己只适合演某一类角色。事实上，演员应该尝试扮演各种不同的角色，以拓宽自己的戏路。导演要成为真正的艺术家，而不是手艺匠，就应该善于发掘演员身上潜伏的创作能力，不要让他永远只戴着同一张面具出现在不同的戏剧中。演员的内在条件、外在条件及创作能力，决定着他所能驾驭的领域，这就是为什么某些演员能够扮演很多角色，某些演员的戏路却有限。要注意的是，选择演员时不要太在意某个演员的形体条件，因为巧手的化妆师可以在舞台上改变一个演员看似不变的形体，只要这个演员的主要方面（情绪、演技、嗓音等条件）适合角色，就不会影响其扮演某一角色的质量。如果导演仍拿不定主意，那么可以多考虑几个备用演员来试镜。

在预选上某一个演员时，导演应该和他会面，做初步的交谈。交谈时的主要工作是给演员讲述剧本，讲述导演处理整个作品的想法，并把邀请他担任的角色的内容和导演对这个角色的处理告诉他，问问演员对所述有什么初步意见，然后把剧本交给他，约定第二次见面的时间。第二次会面，导演要听取演员对于剧本和其所担任角色的详细意见。导演要更精确地阐述创作意图和角色在整个作品中的地位。之后可以安排试镜。

演员试镜是导演工作中一个责任重大的阶段。试镜主要从三个方面来进行：

（1）通过能展示角色本质和性格的一段习作排演来检验演员演技的多样性，也就是他的戏路宽度。习作选多长，主要看演员在剧中扮演角色的大小和繁简。

（2）美工师、化妆师要根据演员的外在条件商议初步的服装设计和化妆设计方案，并通过拍摄呆照，在电脑上直接设计效果图，以便定出最准确的化妆设计。通常，化妆的成分越少，演员在舞台上的形象就越真实。

（3）演员穿上初步拟订的服装，化妆师为其化好初定的妆，在精心选择的习作段落中演员完成第二次试镜，以备导演确定最终的人选。

演员选定后，导演要主动帮助演员，使他们对剧本和导演阐述有充分的理解。因为只有全面研究了剧本和导演阐述后，演员才能开始进行创造形象的活动。导演要学会引起演员对角色的兴趣，使其全力以赴，使其生活在角色中，从而感到这个角色非常有趣，用心从事创造角色的工作。有些演员生活中散漫成性，排练经常迟到，不习惯于刻苦钻研，导演要善于对付这种人——逼着他们埋头于自己的工作。导演应该让演员尽早了解自己的创作风格。

在排演过程中，导演切忌把演员当傀儡。如果导演和演员在角色处理上发生分歧，双方都应该以作品为根据来进行排演。那种一举一动都由导演想好，由导演命令演员照做的排演路线是错误的。有些导演在说戏过程中，喜欢跳上台去搬演一遍，让演员模仿。这样的编排如果是在中小学和幼儿园，就只会造成一个结果，就是台上的小演员在正式演出时每做一个动作都会拿眼睛看台下的导演。

最理想的导演是一个循循善诱，并能指导演员、启发演员的良师，不独裁，不武断，刺激演员的想象力，让演员自己发挥、自己创造。

导演正确的表达应该是："你不妨这样试试看！"或者"你看这样如何？""你再想想看，还可以怎样表达？"这可以增强演员的信心，并可激发演员的创造潜能。切忌这样表达："你给我这样演！"或者"错了！我不是叫你这样演吗？"甚至"你有没有带脑子！"这样只会伤了演员的自尊心，把他训练成一个不能自立的藤萝似的生物。建议把通往舞台的楼梯或台阶拆掉，以防导演随时跳上台去搬演一番。

第二节　舞台调度

场面调度，就是演员在舞台上根据当时的体验、行为而产生的相互位置和移动路线。场面调度要在排演开始时由导演画出来。在布景配置图上，导演要绘出演员们移动的全部路线，为了看得清楚，每一个演员的路线都应该用不同的线条区分开。

儿童戏剧的导演是在运用最不利的工具做一个最艰难的工作。画家是在二维空间上作画，其图画的组合是空间的关系；导演的画面却是立体的，其组合不仅是空间的，而且是时间的。大多数时候，导演仰仗的单位——人体都处在平面的地板上，很少能半空悬挂，人物的尺度和形状没法自由捏塑，颜色只能靠服装和灯光来帮忙，但是伟大的艺术在窘乡绝境中更容易产生。

著名戏剧教育家张骏祥在《导演术基础》一书中详细介绍了导演可以依靠的五种基本技术：组合、节奏、动作、绘意、做工。在他看来，只要凭借这些，导演就可以捏塑出一场精彩的戏。

这五项基本技术像导演的五个手指，凭借对它们的灵活运用，导演可以表现出原戏的情感和理智价值。情感价值是指戏剧的种类、格体、情调与气氛。理智价值包括戏的技巧成分，如悬置、高潮、顿挫和戏的主题成分，即亚里士多德的六个因素：情节、人物、意识、语言、节奏与场面。导演在运用这五项基本技术时，应该像一位烹饪大师运用烹饪的五味，在它们的种类、分量上斟酌行事、挑剔拣选、抑此扬彼，求得理想的配合。这五项基本技术的运用，最终必须使全剧在格体上一致，好比甜菜是甜菜，辣菜是辣菜，不能混乱。

画面的组合简称组合，是导演必须掌握的第一项基本技术。组合的精神是秩序。组合是借助变化、强调、稳重等技巧对线条、积体和形状进行灵活运用，从而使观众的视觉获得快感。

一、变化

变化是一出戏的躯干，指的是演员扮演的人物在舞台上走动的路线，就是说演员由某一区位至另一区位的变化。为剧场中彼此谈话的便利，舞台通常被分成八个区位。有的时候因为布景形状的不一，有一两个区位会被省去，或者前后共划成三份，每份三区一共九区（左右以演员为据），如下表所示：

上右区（弱）	上中区	上左区（最弱）
中右区	中心区（强）	中左区
下右区	下中区（最强）	下左区

通常五个演员在台上，就可以产生不下千种的区位变化。一个导演如果重复应用舞台上一两个区位，就会使观众看得厌烦。今天的小观众喜欢热热闹闹的儿童剧，而不容易接受传统京剧表演，也跟舞台上区位变化的多寡有关。京剧中的老旦，可以在一个区位上咿咿呀呀唱上老半天，这极容易使人产生视觉疲劳。而儿童剧的区位变化就很灵动，这也是儿童剧导演必须重视的一点。

舞台上的区位，吸引小观众的力量有高有低。我们可以断定一个强弱的次序：下中（最强）→中心→上中→中右→中左→下右→下左→上右→上左（最弱）。

这里的左右以演员在舞台的方位为据，演员的左台实际上是观众的右台。为什么"右"比"左"的力道要强？这和我们的用眼习惯有关，我们阅读时习惯从左往右看，所以视觉上会优先关注舞台左侧的变化（演员的右区）。不过这种强弱之分，是就一个演员立在一个区位不动而言的。如果演员由一个区走入另一区，强弱的关系就又会产生变化。因为运动的人体比静止的人体更具吸引力，会得到强调。

上右、上左两个区位通常被本场不重要的人物占领，就是因为它们太弱，太不吸引人的注意。一些剧本中的小天鹅、小猴小妖、路过的学生、宫廷的护卫、官府的衙役、围观的人群等通常就安排在这两个区位，他们是为了渲染气氛而设置的，他们戏份很少，甚至没有一句台词。但如果导演把一出戏的关键场次放在那两个区位演，除非有其他组合的手法来强调，否则就大错特错了。我们通常看到，有些写实性强的剧因为舞台太过宽大，所以会摆设一些家具。如果导演错将大沙发、书桌放在很弱的区位，那演员也只好在那个远离观众的区位进行表演，如果演员径直走到台口表演，又会和道具脱离关系，使舞台显得荒谬。

除了强弱性质的差异之外，每个区位又有其特殊的性格。我们可以说每一区位有每一区位的情调，有些戏只有用某一区位最为合宜。比如说：一对甜蜜蜜的情人约会，常会用下右区或下左区，罗密欧与朱丽叶花园夜会不好在上右区或上左区——那些区位太冷，又不便在上中区或下中区——那些区位太刚。反之，一幕滑稽的小儿斗嘴不妨在下中区演。一场凶杀也应该在上中区或下中区。舞台不能像银幕那样，把一部分不愿观众见到的镜头避开，所以这些情节只好放到上右区或上左区去，顺便利用下区演员的身体遮挡观众的视线。神灵或其他假托的超自然势力总是放在上场三个区位，因为它们离观众较远。

应用区位的时候，导演要考虑到区位和角色个性的关系。譬如说：这个角色是个隐晦的自卑的人，或是个偷鸡摸狗的朋友，导演就不应该把他放到下中区来。假如这个角色是个轰轰烈烈的英雄或是个气焰熏天的恶魔，你又不便把他塞在一个角落里。借助区位的应用，你可以更好地表现角色的性格和你所给予这个角色的分量。在安徒生童话剧团表演的童话剧《活了一百万次的猫》中，一开场国王、卫兵、魔术师、水手、小女孩、老太婆、小偷等角色背对观众，分别做雕塑造型于不同的区位。按照区位和角色个性的关系，国王和卫兵适宜上中区，魔术师适合中右区，水手适合中左区，小女孩适合上右区，老太婆适合上左区，小偷藏在老太婆后。轮到某个区的人物表演时，其运动轨迹都是在原地转身后，由本区位走向对应的下区位进行剧情表演，如小女孩由上右区走向下右区；老太婆由上左区走向下左区；小偷可先快速横向移动至上中区，即国王所在区位，再绕过卫兵雕塑径直朝向下中区。

同样地，区位可以影响对话中的含义。重要的对话，绝不要放在上场演，这是显而易见的事。如《丑小鸭与靴猫侠》一剧中，重要的对话有这样几句：

鸡妈妈 孩子，如果你真是一只天鹅，一辈子待在鸡棚是不会有什么出息的。你去寻找你的妈妈，去找你的部落，去找属于你的未来吧！（见第一幕）

丑小鸭 原来有了朋友，生活会变得这样美好！（见第二幕）

靴猫侠 你不要模仿鸭子叫，要叫出你原始的声音——最欢畅最开心最嘹亮的声音！大自然赋予你的天籁之声！（见第四幕）

丑小鸭 不能因为人类残暴，我们也跟着变得残暴。我们和他们不一样！（见第七幕）

丑小鸭 谢谢大家的信任，现在，我觉得自己变得又勇敢，又自信，再也不是一只丑小鸭了！（见第九幕）

这些和主旨有关的台词，是演员完成最高任务的关键台词。导演安排演员都在下中区说出，声音富有力量，这样才能给观众留下深刻的印象。

每一区位有其特殊的象征作用，区位间的变化更是导演必须重视的表现手法。从强到弱、由暗至显，都有助于人物性格和戏剧情节的发展。其实，即使在一个区位之中，组合也可以有无数的变化。演员可以在一个区位走动，可以在一个区位坐、卧、俯、仰，改变身体的姿态，而使画面生出形状的变化。同区位变换是一样的道理，两个或两个以上的演员颠倒轮流地卧、蹲、坐、立、俯、仰、曲和直等就可以生出无穷的组合。当某个剧中，在某一两个区位有一大段戏，导演没有任何理由让演员走出那些区位。这时候，为了打破单调，导演必须依靠演员的走动和身体姿态的改变来打破视觉的沉闷，在导演学里面，这个技术叫“化开”。如《丑小鸭与靴猫侠》的第二幕，因为台上人物少（只有丑小鸭与稻草人），矛盾冲突较小，所以是最容易陷入沉闷的一幕。稻草人一开始被竹竿固定在田野里，无法移动。导演安排了一段丑小鸭的哑剧来打破这种沉闷。通过丑小鸭捉弄稻草人，又被它突然的歌唱吓退，之后发现稻草人不能移动，大胆地靠近并模仿稻草人站在田野来打破沉闷。这些动作设计既展示了丑小鸭离开狭窄的鸡棚后对大千世界物种的好奇，以及孩童般的顽皮，又从画面视觉上强化了戏剧感。困住稻草人的竹竿被丑小鸭抽掉后，原来演员的形体设计是伸一个长长的懒腰，导演为了让画面感更强，改为稻草人向后倒地再坐起，惊喜地看着自己的胳膊和腿，站起来开心地舞蹈，以此来表现一个人长期僵直地站立，解除束缚后的不适应，以及自由终于到来的欣喜。这一幕的后段，导演安排了合理的区间走位，即用《稻草人自由之歌》的一段舞蹈来进行强化。导演通过这种“化开”设计，终于顺利完成了剧情过渡，为全剧的成功打好了基础。

二、强调

一张图画必有其兴趣中心，一个舞台上必有一个或一个以上的角色是组合的中心。导演应该选择出那个或那些角色。他根据剧中每场人物的重要程度和对话的多寡决定何人应该着重强调，何人应该是其次，因而按这个次序来成比例地强调。聚橙网编排的寓言剧《龟兔赛跑》在剧场演出时，导演似乎不明白强调的作用，比如“灰狼和小羊羔”这个六分钟的短剧，有台词的小羊羔扮演者始终咬着奶嘴龟缩在桌下，区位是最弱的上左区，扮演灰狼的演员玩着左轮手枪在右中区，而拉·封丹的扮演者在上中区，本应该引人同情的小羊羔因为处在观众很难注意到的位置，几乎没有办法把观众的目光引到它的身上，所以无法成为观众视线焦点的人物，而拉·封丹在这场戏里反倒无足轻重，成为一个失败的处理。

要观众听见台词就一定得让他们看见那个说话的人物。19 世纪的欧洲“明星政策”盛行的年代，主角演员永远站在下中区，而且常常是全面向观众，这样使得观众的目光不得不集中在他身上，他的台词也能深入人心。不过，还有很多巧妙的强调手法。

可以用区位、高低、姿态、焦点、空间、重复等方法中的任何一种或多种来强调。

（1）区位。如果别的因素全相等，在强区的角色就能得到强调。这一点前面已经阐释过了。

（2）高低。一个有效力的强调方法是把要着重强调的演员放在一个高一些的地方，使其类似于城市的雕塑或寺庙供奉的菩萨造像。

（3）姿态。所谓身体姿态，不只是就整个身体的立坐或俯仰的角度而言的，演员的面孔的方向于组合也有很重要的影响。观众的注意力总是集中在那些面孔对着观众的演员，因为这时候角色与观众的情感接触最多。演员的身体慢慢转开，情感的接触愈来愈少，关系愈来愈弱。如下所示：

全面向观众→3/4 面向观众→半面向观众→全背向观众→3/4 背向观众。

如果两人在对戏，转身又包含了谁左谁右的问题。在右方的人通常比在左方的人占强一点（台上的左右在观众眼中是右左，眼睛的习惯是由左往右，所以在右方的占强）。就跟区位及高低的强弱一样，身体姿态的强弱也可以通过对比来体现。譬如全台的人都是全面向观众，只有一个人是背向观众，那么观众一定由于好奇而注意这个人。

（4）焦点。观众在看过台上众人后最后会将目光停留在某个人物上，这个人物就是戏剧舞台的焦点。导演在处理上得法，观众的目光就可以被引到某一角色身上。焦点有直接焦点、间接焦点和反焦点三种。所谓直接焦点，就是指观众的目光直接趋向的地方。这可以是由于有形的线的指引，如排成一列长队身着同样军装的演员中，队首那位举着红旗的人就是舞台的焦点，再如处于雁形阵尖端被拱卫的那个人物也是舞台的焦点。焦点也可以是由于无形的视线，如街角上站了个人痴痴地望着天，路过的人不由得也抬头望望。通常一个皇帝或是大将军登场不会不引起人的注意，因为在场的人为了剧情不得不注视着他。

（5）空间。一个角色在台上所占空间的大小体现出他的重要程度，他可以从占的面积比别人大这一点上得到强调，或者是由于同一群密集的人隔开而得到强调，像阅兵式上，一个军官与队伍分开。

（6）重复。在舞台上，导演无法临时增加演员的尺度，但是他可以用人数的多寡来造成积体的大小。所以在舞台上，一个角色后面立上另一个人，这个角色立刻得到强调。他后面的人越多，他越显得重要。威风凛凛的大将军背后没有两个卫兵总不大像样，一个风头十足的女人后面簇拥着一群捧场的总很惹人注意。有的时候不必用人，就凭舞台上的家具也可以得到同样的效果。

强调方法之千变万化不一而足。可举例来证明：一个儿童角色的登场，可以用多少不同的法子来唤起注意呢？

从一个高楼梯上跳下来。
登场前配上幕后的声音，如沉重的脚步声或汽车喇叭声之类。
登场前先听见说话声。
台上本来人声鼎沸，他一走进来立即寂静无声。
台上人全体注目。
上场前先看见他在窗前过。
台上有人听见他走来，说是他来了，然后向门看。
先有一个仆人模样的进来，开了门等着他。
在一群人走进后略顿片刻独自走进。
走到门边时略停片刻。
声音比台上人高，动作比台上人大而多。
上场前先看见他的影子。
特殊上场方法，如打了一把伞遮住脸上场等。
台上灯光的变化。

事实上，在舞台表演中，这些强调的方法常常会合并使用，并且在合并使用后会产生一些奇特的效果，如弱区位的演员用别的方式强调后，反倒可以成为全场的中心。无论使用何种方式强调，必须恰如其分，做到自然而不做作。因为过分的强调会破坏真实感。就像一个人为了获得回头率，在大街上画着京剧脸谱，趿着拖鞋施施然前行，会被视为精神不正常。

三、稳重

舞台的每个画面，因为要符合观众视觉的习惯，所以必须得像有根链子牢牢系住，不能有摇摇欲坠的感觉。当舞台上人物很多的时候，就容易出现重心不稳的问题。如果台上仅有两三人，只用到一两个区位，观众就会自然而然地用自己的眼睛取景，“割去”其余的空白区位，所以很少会出现重心不稳的问题。在《我不要被吃掉》这个剧中，第二幕“小鸡的游戏”开篇是一场赛歌会，因为演员众多，所以舞台很明显按公鸡和母鸡分成两个对立的阵营。在中左区和中右区形成对峙。这个还算是容易处理的。在《丑小鸭与靴猫侠》（见图 3－1、图 3－2）的第八幕中，丑小鸭等六名主使人物阵营与两名猎人对峙，极容易造成重心不稳。首演时，两名猎人站在下右区 3/4 背向观众，众人站在丑小鸭身后横向排开，虽然对猎人形成了压迫感，也衬托了丑小鸭，但是舞台重心还是不稳，个别角色表达时被丑小鸭挡住，不能得到应有的关注，舞台审判和控诉的刚性不强。所以后来巡演时导演主动修改为两个猎人哈腰站在下中区，3/4 背向观众。丑小鸭等六人雁形排开挺立在中心区，从右至左分别为：稻草人、靴猫侠、丑小鸭、调皮猫、小萌猫、笨笨猫。六人全部面向观众说台词。这样，这支团结的正义之师就得到了强调。两个人类体态瑟缩，跪着接受动物们的审判，力量对比强烈，舞台构图变得稳重，主旨由此得到凸显。

图 3－1　《丑小鸭与靴猫侠》剧照

图 3－2　《丑小鸭与靴猫侠》剧照

组合的精神是秩序。但是舞台上死板的秩序不能引发观众的兴趣，有趣的秩序常常有这样一些通性：和谐、有层次和平衡。

（1）和谐。和谐并不是找出高矮胖瘦以及服装清一色的演员在台上以同样姿势造型，那样只会得到滑稽的效果。演员只要在姿态、区位、高低、大小（团队的大小、集中或分散）、空间等因素中有一两点一致，就可以得到和谐。通常，古典戏会更强调整齐，而形式化的戏剧不怕造作，自然主义的戏则寓和谐于杂乱之中，不可显出导演的斧凿痕迹。

（2）有层次。层次是组合的节拍。舞台时间的划分上要有层次，如五人先后登场，乙在甲后一秒出现，丙在乙后二秒出现，丁在丙后三秒出现，戊在丁之后四秒出现，这一场戏就愈走愈迟缓。反过来，如果由四秒三秒二秒一秒，戏则愈走愈紧张。

（3）平衡。平衡有两种：一种是以轴线为主的平衡，一种是以中心为主的平衡。对称的平衡是天平式的平衡，非对称的平衡是秤盘与秤锤式的平衡。导演要注意的是，不仅人物构图要有平衡感，布景和家具的布置也要自有其平衡。此外，还要注意心理的平衡。

第三节　舞台节奏的把握

一切物体和事物在运动中都有一定的节奏。生活中如此，儿童戏剧艺术更是如此。节奏给予戏剧生命。速度和节奏成为在情绪上感染儿童、在情感上引起儿童共鸣的重要艺术手段。一般来说，在戏剧演出中速度与节奏主要通过以下几方面呈现出来：

（1）剧情的发展变化是决定儿童戏剧的速度与节奏的主要因素。一般来说，矛盾冲突尖锐，行动性强，情节发展起伏变化大，节奏上就会大起大落，高潮与低潮落差明显。如一些冒险、魔幻、战斗题材的戏剧就给人一种速度快、节奏鲜明的感觉；在淡化情节的散文式结构的戏剧中，速度往往较为缓慢，节奏比较平稳，没有大的起伏。

（2）戏剧演出中，导演对于舞台调度的处理方式也会对速度和节奏产生影响。导演美学风格的追求，比如背景音乐风格的选择往往会直接影响速度和节奏。

（3）剧本的风格、体裁是决定儿童戏剧的速度和节奏的因素之一。剧作家的创作风格对戏剧的速度和节奏会产生重大影响。此外，从体裁上看，喜剧的速度一般较快，节奏较为轻快；悲剧的速度则缓慢一些，节奏较为凝重。

（4）演员在表演中对于人物的情感起伏变化的把握会影响儿童戏剧的速度和节奏。演员在表现人物的情感发展时，运用内外部技巧使之有起有伏、有层次和变化、有积累和爆发，也会呈现出一定的速度和节奏。

（5）儿童戏剧演出时，布景、灯光、音响、效果、化妆、服装都可以创造出速度和节奏上的变化。如布景和灯光的变换，音响效果的强弱、远近、快慢、隐显和情绪色彩的变化，化妆和服装上色调的变化、冷暖明暗的对比等，都可以造成速度与节奏上的变化，形成一种情绪的氛围，起到感染观众的作用。

总之，导演要明确认识到上述这些都是影响戏剧演出中的速度与节奏的因素，应顺应剧本、演员、舞台美术诸方面的要求，综合利用上述各种因素来创造出戏剧所应有的速度与节奏。

首先，导演应该在充分研读剧本的基础上，构思出一部戏剧的总体速度与节奏。导演可根据剧本所提供的规定情境、事件、事实、人物性格与人物关系等，找到戏剧速度与节奏发展变化的层次，哪儿该强，哪儿该弱，哪儿要快，哪儿要慢，哪里是张，哪里是弛，哪里需起，哪里需落，要了然在心，并引导演员在个人速度与节奏上和全剧的总体速度与节奏保持一致。因为总体的速度与节奏决定着全剧的基调。导演要善于调度和启发，引导演员大胆渲染情绪上的反差，该压抑时须压抑，该爆发时要爆发，使整部戏的速度与节奏得到增强。如果某个演员排练时，在速度与节奏上出现了偏差，那么全剧的基调就会受到影响。

以儿童剧《上屋抽梯》为例，在第三幕中，诸葛亮中了刘琦的上屋抽梯之计，进退两难，只好为刘琦指点迷津，讲述了骊姬迫害晋国公子的故事。随着他们二人的动作突然停滞，旋即舞台上出现了一个新的时空，故事场景由东汉末年推到了春秋时期，这时骊姬和优施上台，以一段宫廷舞蹈拉开了宫斗的序幕。此处的速度与节奏应该明显区别于之前。导演先以鲜艳的服饰、浓艳的妆容、金色的头饰、轻慢的音乐风格，区别于高台之上的东汉布衣素颜。扮演骊姬的小演员在语调和语速上也略轻略慢于诸葛亮和刘琦，展示了一个宫廷政治斗争中渐趋成熟、狠毒的女子形象。舞台的追光让不熟悉这个典故的小观众也能明白这是大故事中套的小故事，是一段速度和节奏全然不同的时空。随着骊姬和优施下台，诸葛亮接着为刘琦讲述，速度和节奏重新回到东汉场景。这些变化都只有靠导演对总体速度与节奏的明确认识才能实现。

其次，导演在调控演员行动的速度和节奏时，在技法上应该切忌一个“平”字。“平”主要表现在速度与节奏缺少变化。有的导演以为，既然观众是儿童，就应该让剧始终保持一种快速高昂的节奏，以为这样才会牢牢吸引小观众，有感染力。实际上如果总是高，在真正的高潮到来时戏剧的感染力就会出不来。还有的导演以为，和真实生活一样甚至更慢的节奏，才符合小观众的理解能力，因此故意放慢戏剧的速度与节奏。这样会使得戏剧表现过“平”。我国的戏曲表演家总结出一句话：“逢强必弱，逢快必慢，逢高必低，逢张必弛。”这可以成为导演掌控速度与节奏的不二法门。没有强就显不出弱，没有低就显不出高。导演要善于在对比中表现速度与节奏的变化发展，引导演员在表演中用弱衬托强、用低衬托高。《丑小鸭与靴猫侠》在第八幕高潮来临之前，导演借助第七幕“天鹅湖”的一段优美的芭蕾舞蹈来有意放慢戏剧节奏，以松弛观众神经。随着“一声可怕的枪响”，天鹅四散奔逃。胖、瘦猎人旋即冲上舞台，观众顿时变得紧张起来。但随着两个猎人一无所获，累得睡着，观众的情绪再次放松。猎人遭到调皮猫的戏弄，醒来后胡乱开枪，拼命追赶“受伤”的丑小鸭，主使人物和对立人物的斗争达到白热化，节奏越来越快，小观众的紧张情绪也达到高潮。随着猎人弄丢了枪，又被靴猫侠、稻草人等包围，胆怯地求饶，小观众的情绪在笑声中得到稍微放松。该怎么处置两个猎人？这引发了台上的争辩，争辩其实是在引发观众思考，这一段所有台词的语句都很简短，尤其是三只猫（调皮猫、笨笨猫、小萌猫）一直在附和，使剧情充满喜剧色彩，节奏一直较快。丑小鸭力排众议、以德报怨，感化了猎人，使得他们决定改行做渔夫，发誓再也不伤害天鹅。观众意外之余，感受到了动物世界的善良与宽容，从而加深了对作品主题的认识。

丑小鸭 （生气状）你们这两个坏蛋，天鹅美丽善良，你们也忍心开枪！今天我要替大伙出口气！

三只猫 （附和）是的，出口气！

笨笨猫 （补充）——嗯，口气！

靴猫侠、稻草人 （合，愤怒地）为天鹅报仇！

三只猫 （附和）是的，报仇！

笨笨猫 （补充）——嗯，报仇！

【调皮猫、小萌猫白了笨笨猫一眼，笨笨猫挠挠脑袋，意识到了什么。

胖、瘦猎人 （合，求饶）各位大侠，放过我们吧！

胖猎人 我们的枪法其实很差。

瘦猎人 上帝可以做证，我们从没打到过一只天鹅。

胖、瘦猎人 （拱手求饶，跪地，合）猫大侠，放过我们吧！

靴猫侠 我才不会上你们的当！

三只猫 是的，别上当！

稻草人 人类最狡猾，信不过！

三只猫 是的，信不过！

丑小鸭 算了，尽管你们干了不少坏事，我还是不愿意伤害任何人。你们走吧！

三只猫 是的，你们走！

调皮猫 （惊愕）——啊，放他们走？

丑小鸭 是的。不能因为人类残暴，我们也跟着变得残暴。我们和他们不一样！

四猫、稻草人 （赞赏地，合）是啊，我们和他们，不一样！

胖猎人 （站起，感动）没想到天鹅是这么善良的鸟类！

瘦猎人 （站起，醒悟）胖子，我们再也不做这伤天害理的事了，好不好？

胖猎人 好，我们再也不做猎人了，我们还是继续做渔夫吧！

瘦猎人 好，做渔夫！

胖、瘦猎人 （合）再见，美丽的天鹅！（两个猎人左下）

丑小鸭 （挥手）再见，渔夫！（疑惑地）美丽——他们是在说我吗？

靴猫侠、稻草人 （合）是啊！怎么啦？

丑小鸭 可是我还是觉得自己不漂亮！

稻草人 记住，漂亮鸭，如果一个人心地善良……

靴猫侠 那她就不会是丑的！

三只猫 是的，不会是丑的！

由此看来，速度与节奏在儿童戏剧创作中具有重要作用，导演若能很好地运用与把握它们，就能创造出具有很高观赏价值的情绪、情感、意境来。导演应该努力调动多种元素，努力创造出与剧本的基调相吻合的，在演员行动中有层次、有变化的速度与节奏来。

为了保持一部剧的节奏，导演要注意以下事项：

第一，小心过渡的场面发生松懈的现象而破坏节奏。一部剧，主要的场面容易排，难的反而是零碎的过渡部分。

第二，留意演员所有的上场下场的时机是否恰当。这是一个场面的开始，要是时机起错了，全场的节奏就都会紊乱。

第三，留意顿逗起讫的时机与长短。

第四，留意对话的节奏与速度。

第五，在利用加速度的对话与动作来造成紧张场面时，注意这种加速度是否合乎节奏。

第六，留意摇椅、钟摆以及幕后效果等的节奏。

此外，注意剧中音乐歌唱或舞蹈的穿插，这种穿插必须自然，不令观众觉得这是戏外的特殊节目。要做到这一层，张骏祥认为必须遵守一些必要的规则：

(1) 歌唱与舞蹈的伴奏应该在穿插之前起，即在对话中起始，伴奏歌舞之后不即刻停止，仍然要等候对话又开始后止。起讫都要采取电影中“化”的办法，渐高及渐低而不陡起陡止。如果后台有音乐，不能等导演提醒，应该早起，并渐渐提高。

(2) 歌舞的起讫，也要采取电影中“化”的办法，初时低唱微舞，逐渐抬高放开，将终时又渐转低微。舞蹈的穿插应由舞台的弱区起，舞将终时又回弱区止。

(3) 不要用一个停在顶点的音乐或舞蹈，这种穿插无法接入下面的对话，如果不得不用这种音乐，在达到顶点后再重复开头数节一遍。

(4) 切忌过于着重强调这种穿插，如果台上有人劝舞命歌，亦不可过于着重，以免使其形成一个独立的节目。

(5) 在穿插未完全终了时就张口说话，如不可能时可令其他在场角色说话，声音需略高以吸引观众注意。

(6) 唱者或舞者应该保持在剧中的身份地位，唱或舞是对台上的其他角色的，不是对台下观众的。

(7) 伴奏的音乐的来源应该设法找出剧情方面的理由，不可忽然空中笙笛嘹亮。

(8) 穿插不可过长。

(9) 除非为了特殊效果，否则忌用观众熟悉的音乐。

(10) 音乐舞蹈的节奏，不可与戏的基本节奏抵触。其起讫时间应合乎节奏。

不管使用何种音乐，全剧的基本节奏应该保持一贯，不能被破坏。这是导演要注意的。但不是说一出戏的节奏不可以有变化。变化和破坏是两码事，不过这种变化只限于需要强调的时间与角色，或情绪转变时才能使用，而且需谨慎。

随着观摩的时间延长，观众的身体会越来越疲乏，为了始终维持观众的注意力，戏的情绪必须一步比一步紧张，所以戏剧必须有进展，必须引人入胜。以《丑小鸭与靴猫侠》为例，作品保持张力的方式是从第二幕开始不断有新角色加入故事，场上人物增加，让贯串动作越来越明朗：第二幕新出现了稻草人这个角色；第三幕出现了靴猫三剑客；第四幕靴猫侠登场，并率众加入去天鹅湖的行列；第五幕，胖、瘦猎人登场，成为反贯串动作，增加了戏剧冲突的张力；第六幕，通过两个互动细节的设计，让台下的小观众也加入剧情中来；第七幕，一下子涌现了 13 个全新的人物（天鹅家族）；第八幕，主使人物与对立人物相遇，冲突到了顶点。之后，猎人被感化，丑小鸭成长为白天鹅，并华丽谢幕。这就是这个全场约 80 分钟的剧能牢牢吸引小观众的原因。据悉，现场最小的观众才两岁，居然也能保持注意力看到剧终。这就是戏剧保持了合理节奏后产生的效果。

第四节　舞台的静止与流变

一、绘意

绘意，是导演依靠演员的姿态和位置来对某一瞬间的剧情做视觉的解释。在一个优秀的导演手中，绘意与布景、灯光、服装等条件的配合关联不大，是靠前面提到的区位、距离、高低、焦点、层次，以及姿态等的运用来达成视觉的解释的。比如一开幕，不等演员开口，观众便知道舞台上两人在吵架，而且是一对新婚不久的夫妇在吵架。

这不仅限于开幕的第一个画面，全剧的每一秒钟、每一个画面都能通过绘意来呈现，这样的剧就是精品。绘意的成功，源自舞台上的演员和舞台下的观众都有共同的人性和共同的社会经验，当导演设计的画面是根据人性和经验绘出的时，观众自然就能了解和接受。

绘意与做工是有区别的。绘意是不包含动作的，绘意只是就每个静止的画面而言的。绘意依赖组合的形式和演员情感的表达，导演决定演员在台上的位置，不只是为了画面的美观与剧情的需要，更重要的是表达各角色彼此的情感关系；这种关系告诉导演某人应该在某处，某人应与某人相近或相远，某人身体的曲直姿态应该如何……导演要获得这些经验，就必须多观察生活。

值得注意的是，导演和演员对生活的描绘是不同的。演员的描绘，永远局限于个人；导演却是顾大局，他不只是注意某个人如何表现其情感、反应，更要注意许多角色彼此相互的情感和反应。导演是一次演出中把各部各节团结在一起使其获得整个生命的一股力量，他先见大体，再顾细节。优秀的演员不一定是优秀的导演，叫他排戏，他可以把每个角色都做得很精彩，但常常因小失大，全盘松懈，戏显得有一段没一段的。原因很简单，就是演员不是导演，各人的出发点不同。

二、做工

俗语说："百闻不如一见。"做工，作为导演的基本技术，能使一出戏逼真。这种生活的幻觉的造成，主要依靠根据导演与演员的想象而完成的做工。

做工，是指许多演员在舞台上连续的动作，或者说是一整套的动作。注意，它不是指某个演员的全套表演动作（演技），而是指许多演员在一个舞台上连续的动作。这属于导演的技术。张骏祥认为，一出戏单是走走区位是不行的，只有演员在区位的移动，没有演员的做工，就好比没有服饰没有肌肉的一具骷髅，缺少鲜活的气氛。人在某种环境、某种心境之下，必然做出某种举动，反过来，演员做出某种举动也就可以暗示他四周的气氛。如某家客厅中一些亲戚朋友在垂头叹息或啜泣或拭泪，那么这一家必定有人患了重病或死亡或者遭遇其他不幸。气氛最好在一开场就能迅速地确定，而且应该顾及全体演员的做工。每个演员对事变的关系与反应要不一样，这样才能更加真实。仅凭一两个主角来确定氛围是不妥当的。在《我不要被吃掉》这一童话剧的第八幕，舞台下右区，“鸡羊特工队”焦急地商量着救援对策；舞台中心区，狐狸兄弟捏臂捶腿服侍老狐狸，准备杀鸡庆贺生日；舞台中右区，被俘的公鸡不再争吵，做临死前的诀别。15 名演员的做工，营造了紧张的场上氛围，让台下的小观众目不暇接。导演在演员的做工方面要注意以下几点：

(1) 人物、背景、气氛是依赖做工显示出来的，做工也必须与这三者相合。导演如果墨守成规的话，舞台上就会出现“凡老头必看报，凡老太必做针线”这样的情形，这些做工与其人、其时、其地不合，技术上叫作不恰当，是导演的大忌。

(2) 做工需要具备充实的内容、丰富的材料、有趣味的渲染。一个优秀的演员能凭借一把扇子或者一根手杖做出无数的戏（行话叫“润饰”）。所以，做工时必须使用真实的道具，最好不用代用品，这可以帮助演员找到生活的真实感。

(3) 做工和对话必须打成一片。切不可说归说、做归做。演员若只为演戏而动，说一句台词找一个动作，说第二句台词又找一个动作，动作之间毫无联系，那么这种舞台缺乏做工。如果把台词取消，则没有人看得懂台上发生的事情。所以，导演要想检查自己的做工，只需在整幕排完之后，让演员低声说话把做工重复一遍，就可以发现自己疏忽的地方。

(4) 导演真正要关注的是整个戏剧的流。全剧故事的讲述，依靠所有演员的做工来延续。做工须一场紧接一场，不要间断。在每个场面，做工又应该完整，有首有尾成为一个段落。如果导演只关注组合、绘意和动作，就会断章取义。因为观众看剧不会单独抽出一个画面或者一个动作来看。做工要连续不断、承前启后、川流不息，这样气氛才能贯通，节奏之流才不会受阻。

(5) 越是平行的场面和过渡的场面越需要大量的做工——并且是丰富且有趣味的做工——来润饰、保持节奏、维持现场的注意力。导演必须始终抓住观众的兴趣。至于高潮的场面、冲突的场面，本已有戏，反倒不必有过多过细的做工，太多了反而会分散原戏的力量。

(6) 戏的格体不同，做工的种类和数量也不同。如：在浪漫主义的戏中，需要长弧形的轻缓飘逸的动作；在自然主义的戏中需要琐碎的急促的多棱角的动作；笑剧多跌打、翻滚；高级喜剧对话俏皮，动作减少；等等。

总而言之，做工要具备恰当、自然、清晰、合乎节奏、丰富且有趣味等“美德”。不过，做工只是一种润饰，是排演中较靠后的一件事，是逐渐加上去的，不是戏的主体，导演在着手一次演出时，应该先注意大处——整个剧的情调、主要的行动，切不可一开头就一句一句地推敲做工，以至于喧宾夺主。

三、动作

动作也是导演必须掌握的基本技术之一。和做工是一连串的行为举止不同，动作是单独的行为举止。对演员来说，做工要有延续性，单就每个动作来说仍必须清晰。所谓清晰，一是指每个动作的作用或意义必须明确。舞台上既不可有为动作而动作的动作，也不可有使人不明原因的动作。二是指动作必须轮廓显明。每个动作的起讫应该清楚，不可把好几个动作零零碎碎地纠缠在一起，弄得一片模糊。导演要注意不要使舞台动作被演员自己的身体或其他演员的身体挡住而不为观众所见。舞台上除了故意挡起不令台下看见之外，一切动作必须得让观众看得清清楚楚。

（一）动作清晰的原则

动作清晰的原则是“不相干的动作要取缔”，主要要求有：

（1）无用的或无价值的动作须取缔。

（2）足以损毁台词力量的动作须取缔。

（3）足以分散观众注意力、妨碍别人的台词的动作须取缔。

（4）属于演员个人的习惯病，如抖腿、挤眼、吐舌头、弄头发之类，必须取缔。

总之，只有取缔无所谓的动作和破坏性的动作，才能使余下的动作明朗化。这需要演员和导演在观察和想象力方面下功夫。

（二）动作的分类

动作根据其动机可分为：剧情支配的动作、角色个性的动作、气氛与背景的动作和技术条件的动作。

1. 剧情支配的动作

这种动作指的是演员为推进剧情必须有的动作，如拥抱、跳舞、打架、出门、上楼、过桥、爬山、打电话等。虽然在剧本中，剧作家已经通过舞台说明写出了一些角色的动作，但实际演出过程中，导演要考虑这些动作的前踪后迹，为了画面的组合，为了绘意，导演必须让演员加进大量的动作。

2. 角色个性的动作

这种动作可以与剧情无关，而是用于表现某个角色的个性，如爱时髦的少年不时打理他的头发，一个疑心病很重的守财奴门关好后都要再试一试是否关牢，毛手毛脚的孩子必然东张西望、左抓右挠，等等。导演与演员都应该努力发掘这种动作，如《丑小鸭与靴猫侠》中的笨笨猫思考问题总会挠挠脑袋。要注意一点：任何动作都不可惹人厌烦或分散观众的注意力。

3. 气氛与背景的动作

这种动作的设计是为了介绍本剧的地点、气候或是营造场中的气氛、传达剧中的情调。如为表示天气闷热上场的演员拭汗摇扇，为表示门外下雨进门抖去雨衣上的水等，多用于一开幕或一开场，待到印象深入观众心里，就不必频繁地重复了。气氛和情调还与节奏和速度有关，动作节拍的快与慢、紧张与迟缓、繁复与简单是营造戏的情调的主要因素。悲哀沉着的场面用迟缓的动作，轻松愉快的场面用活泼的步伐，已经是共识。

4. 技术条件的动作

这种动作包括为了组合画面的动作、为了绘意的动作（如展示心中的疑虑而慢慢远离某个角色）、为了打破场面的沉闷不得不穿插“化开”的动作、为了强调某人的动作、为了位置的方便而做的动作——这些动作都必须有合理的心理动因。如《丑小鸭与靴猫侠》第六幕中，为了让四只猫掉进猎人的陷阱（上左区），导演安排四只猫去打雪仗，为了给舞台留足救援人手，安排稻草人陪走累了的丑小鸭说话。总之，在舞台上动作要自然，不能刻意为之。

（三）动作的强与弱

舞台的动作可以有强弱之分。强弱是就吸引观众注意力的力量而言的。在舞台上，一个演员单独在台上从一个区位走向其余的区位，会在观众视线里产生不同的强弱。导演要记住的是：

（1）由弱区到强区的动作最强，而由强区到弱区的动作最弱。由弱区到强区比让一个演员永远不变地留在强区还有效力。所以导演要做的是，想办法把要强调的角色调到弱区，等到该说有力的对话时再把他调回强区。如《丑小鸭与靴猫侠》（见图3-3）最后一幕中，在丑小鸭接受天鹅们赠送的礼物一节，丑小鸭被调到舞台上中区，并被旗帜遮掩换装，在节奏越来越激昂的音乐声中，众多天鹅由中心区两边分开，丑小鸭着洁白的裙装挥舞着一对银色的大翅膀由上中区直奔下中区，观众莫不发出“啊”的惊呼。这就是动作被强调之后的效应。

图3-3　《丑小鸭与靴猫侠》剧照

（2）身体姿态和动作的配合可以改变原来的强弱力量。

（3）高低可以影响强弱，由低处走向高处可以强调这个角色；反之，由高处到低处是个很弱的动作。

（4）走的路线过长，不论从何区到何区，总是会因引起观众的厌倦而变弱，所以若要维持其力量，导演就必须把这个动作分成数节。

（5）由台左走到台右，比由台右走到台左有力。这是因为读书从左至右习惯了，就觉得一个角色向左方（观众的右手）去时，便感觉到顺流而下之势；反之，就有上溯之意，比较强有力。汽车广告中车头多向着观众左手，也是因为与车头向右相比，视觉冲击力较强一些。某角色下场时预示肯定、希望、胜利，可以自左至右。如果预示忧虑、绝望、失败，就由右至左下场。死者魂归天堂，自然向右方去；丢盔弃甲而逃，就该向左方溜之大吉；凯旋进场应该自左向右行；铩羽而归则自右上向左行。

第五节　合作排演

排演（也称排练）是演员在导演的组织领导下，与舞台各部门工作人员合作，在经过剧本分析之后有了共同认识的基础上，较好地创作出真实、鲜明、生动的舞台人物形象，最终完成整个演出的总体构思的一个阶段。

这一阶段，对于导演和演员来说都是非常重要的。对演员来说，这一阶段将在导演总的构思指导下，进一步加深对角色的分析，完善自己的构思，使自己的角色从“心象”转化为“形象”，以便于最终在舞台上面对观众时能“化身为角色”，真正完成舞台人物的创造。对导演来说，可以借助这一阶段的工作，看到一出戏未来演出的总体轮廓，也为排演中出现的一些意想不到的难题及时寻找解决之道。排演阶段是导演与演员合作塑造人物形象、体现导演构思的重要一步。在排演中，导演一方面细致地向演员解释剧本，解释剧中生活和人物性格特征；另一方面充分发挥演员创造潜能，引导他们接近角色和完成角色形象创造。在排演中，导演要有丰富的想象力和充沛的热情，随时点燃演员的创造欲望，充分展露他们的创造个性。在排演场，需要导演与演员互相了解，但也要求导演善于耐心等待。人物形象塑造绝非易事，它需要导演精心启发。只有经过不断孕育、培植和积累，不断开发演员全部生活经验和内外部技术才能，方能塑造好人物形象。

儿童剧的排演，一般可以分为初排、细排和合成三个阶段。

一、初排阶段

初排，也称“粗排”，俗称“搭架子”，即先树立起一幕戏或全剧情节行动的初步轮廓，让演员对它有个完整印象。导演要和演员认真研究和感受剧作的规定情境，导演还要观察演员的形体动作，明确演员的形体任务，引导演员与同演者建立起真实的交流，观察演员的行动是否有效。

正如苏联著名导演和戏剧艺术教育家查哈瓦所说：“真正的交流是和演员达到真正的舞台注意力的才能密不可分的。单单看同台者是不够的，必须看见同台者，必须是活的眼睛活的瞳孔看到同台者表情中最细微的变化。单是听同台者是不够的，必须听见，必须使耳朵觉察出同台者语气中最细微的色调。单单看见和听见还不够，还必须了解同台者，不自觉地在自己的头脑中觉察出同台者最细微的思想活动。单单了解同台者还不够，还须感觉同台者，用自己的心灵觉察出他的情感中最细微的变化。”当然，即使这样做了，有时也不一定能适应得准确无误。需要反复选择新的适应和不断改进，以求演员间的相互行动更加准确。

以岳阳甜橙儿童剧团《丑小鸭与靴猫侠》为例。第二幕当稻草人答应做丑小鸭的朋友时，有这样两句台词：

丑小鸭　（兴奋地）太好了！我有朋友啦！我有朋友啦！

稻草人　（兴奋地）我也有朋友了！

初排时，饰演丑小鸭和稻草人的演员是原地雀跃着鼓掌，以表达自己的兴奋。在研读剧本后，两人觉得与规定情境不合。因为丑小鸭和稻草人都是平生第一次交到朋友，这种兴奋非比寻常。尤其是丑小鸭在前面场景中一直被整个鸡棚的小伙伴排斥，此刻是兴奋中带着喜悦和感动。而稻草人长年寂寞地守在田里，连个说话的人也没有，现在丑小鸭不仅让他获得了自由，还成了他无话不说的朋友，这种感激和欣喜也是难于言表的。所以两人决定用拥抱来表达这种复杂的情感。导演遵从最高任务的指导，认为此处还呈现了全剧最重要的“友情”主旨，因此小幅动作的拥抱，还不能充分诠释最高任务，最后改成两人在舞台上手拉着手，对视着在舞台上跳着，快速旋转一圈，在旋转的同时将台词喊出，让这种幸福的眩晕感充满两个人物的心灵。在正式演出时，这一表演果然给观众带来了强烈的情感冲击。

一般来说，一部儿童剧全部完成初排之后，会有一个连排。在连排中，导演要检查自己对这部剧的整体构思和全剧轮廓的把握是否合适。演员也应该通过连排总体感觉自己是否理顺了角色的行动线，是否把握住了人物最基本的感觉。导演可以和演员及创作集体的其他成员共同发表修改意见，为细排阶段做好准备。

二、细排阶段

对整个剧组来说，细排阶段是在初排的基础上，进一步在各方面细致地加工排练，逐场、逐段地帮助演员深入理解剧本，同时精雕细刻，以便完成整体和部分的完整创造，尽可能地开掘出蕴藏在剧本深处的丰富内涵，修改、丰富与完善导演原来的构思，更进一步寻找与创造出适合这一剧本的演出样式。这一阶段任务较多，也较复杂，导演要把剧本中没有写出来的而实际蕴含的内容尽力挖掘出来。另外，这一阶段还需做个别排练和重点抽排的工作。这是最易于出成果的排练阶段。

细排由于导演的工作方法的不同会有不同的方式，有的导演会一个段落一个段落非常细致地反复进行排练，有的导演则在细排阶段反复地进行连排，然后抽出重点进行细致的排练。不论导演用什么样的方式进行排练，演员在细排阶段都应该着重注意解决三个问题：

（1）运用行动来进行角色的性格刻画；

（2）重视“此时、此地”，完成角色的情绪体验的创造；

（3）运用形体和语言从外部表现角色。

演员在表现角色时，应该努力运用形体动作创造出人物在特定的情境中内在的思想与情感。

在演员表现角色时，手势是形体动作中不容忽视的一种重要手段。哥格兰指出，手势在演员表演中具有重要作用，认为演员绝不要把自己的双手插在裤兜里。细排阶段，导演要提醒演员，一定要尽可能探索与寻找出最有表现力的手势，并利用它来更好地体现角色。必要时，导演要做好示范，或者将要达成的目的阐述清楚。

导演要在观众席做好监控和观察，留意演员的手势是否到位。演员在设计手势时应该做到精心选择，与同演者相互配合，与言语和角色的心理活动有机地结合在一起。演员手势运用得当，往往具有鲜明的表现力，能有效揭示出人物的性格，展现出人物在某个特定情境中的思想情感。俄罗斯著名戏剧教育家沃尔康斯基曾经指出：“如果正确的手势能加强语言的作用，那错误的手势就会削弱它了，可见，任何手势没有也比错误的手势要好——精读一遍剧本，胜过拙劣的演出。”因此，在运用手势来辅助言语行动时，他认为：“手势在表达思想时总是先于语言，正如闪电先于雷鸣那样，视觉总是先于听觉。”

尽管手势可以起到一定的描绘、辅助作用，但也不应该只是作为语言的图解。不少演员说到天就手指向天空，说到地就手指向地面，这样的手势是毫无意义的。手势应该和言语表达一样充满行动性，如夫妻吵嘴，妻子得理不饶人，哭个没完。丈夫说：“你别哭了。”如果此处丈夫的扮演者仅仅用摇手来表示“别哭”不一定准确，双手作揖的手势可能更能诠释此刻的无奈告饶状。童话剧《丑小鸭与靴猫侠》（见图3-4、图3-5）中有这样一段闹剧，调皮猫因为听到稻草人把他们“靴猫三剑客”的名字说成“掉皮猫”“笨蛋猫”“小鱼猫”而非常生气。

图3-4 《丑小鸭与靴猫侠》剧照

图3-5 《丑小鸭与靴猫侠》剧照

调皮猫 （生气地）什么，他竟敢嘲笑我们！不要拦住我，我要把他砍成三截！不，三千截！

此处，演员应该借助怎样的手势来展示行动？调皮猫如果拔出道具剑来，挥剑相向，则是常见的描绘动作。事实上，精读剧本就可以发现，三只猫此刻只是闲得无聊在玩扮演游戏——扮演绿林好汉，抓所谓的“混进猫森林的奸细”。三只猫骨子里并不坏，也并不想伤害稻草人，但是既然尊严被冒犯了，总要表现一下，所以调皮猫假装生气拔剑（台词：什么，他竟敢嘲笑我们!），形体动作极为夸张，一看到笨笨猫、小萌猫来劝，立刻将拔了一半的剑收回剑鞘，转为想要前冲用脚踹（台词：不要拦住我，我要把它砍成三截!）。当然，调皮猫还是会被两名同伴拉住，这也在他的意料之中，所以顺势伸出三根指头“恶狠狠”地说出：“不，三千截!”这些手势语，将调皮猫爱面子、假装凶巴巴的心理活动细腻地表现出来，展示了一种调皮又不失可爱的猫咪性格特征。

除手势外，导演要注意演员在声音的运用、说话的习惯等方面对创造角色的语言特征的影响。在考虑角色的声音时，要尽量从角色的性格特征出发，尽可能地利用声音的特点来展现出角色的性格。这就需要提醒演员在音色、音质、音量、音域以及声音的力度等方面细致地加以考虑。一般来说，导演在考虑演员的声音特点时，要根据规定情境，从角色的外形特征、气质、年龄、职业、经历等诸多方面去考虑。如《丑小鸭与靴猫侠》中的四只猫的声音设计：调皮猫的声音高而尖锐，语速快，它富于激情，似乎永远精力充沛，如一只生活在旷野街巷的小野猫；笨笨猫的声音则低沉，鼻音重，语速较慢，它像没有睡醒的样子，如一只胖乎乎、性格温驯的小懒猫；小萌猫的声音娇嫩清脆，小萌猫有好听的鼻音，这展示了其单纯可爱、不谙世事的性格，它如一只可爱的波斯猫；靴猫侠的声音高而明亮，语调在抑扬顿挫中饱含力度，它在陌生人面前带一点傲气，在好朋友面前则是热情有加，是一个喜好美食和冒险生活的猫首领。演员在这方面若处理得当，就能给观众一种声音与形象相一致的感觉；反之，则会让观众觉得很不舒服。

除此之外，导演还要注意在剧情发展中人物思想感情发生变化时演员声音的变化。一般说来，人在心情沉重时，语速会放慢一些，节奏也会比较沉滞，语调上显得凝重；人在兴高采烈时，语速就会快一些，节奏也会变得轻快。

三、合成阶段

儿童剧在合成之前，应在排演场中进行连排，把已排的戏连起来，做几次连贯性的检查；然后进入剧场，上台合成。

合成阶段也被称为彩排阶段。它是在剧场中进行的，把演出中的一切结构因素都结合在一起，把演员的表演和舞台各个艺术部门的创作融合在一个和谐的整体之中，创造出一个完整的艺术作品演出。也即把一出戏中许多片段、场景和各幕衔接起来塑捏成一个富于艺术完整性的演出。合成会给演员带来许多新鲜的刺激，使之能更进一步感觉到人物，并由于布景、灯光等方面营造出的舞台氛围而激起一些新的创作想象与新的感受。导演随时以观众或批评家的身份严格审查自己的一切处理，并要求演员在调度上做一些变动和调整。这一过程有时需要反复许多遍，甚至为了布景的迁换，也会折腾很多回，在此期间，导演均是以中心指导者的身份工作，有绝对的权威，应尽量做到重大体、尽精微，务必使各项因素都能融合、和谐、统一、优美，同时防止演员和各部门工作人员出现焦躁、不耐烦心理。对于初次登台的演员，导演要多多鼓励，及时调整其表演状态，解决存在的问题，确保演出的成功。

合成阶段结束后，面向观众的演出就开始了。这是一个集体创作阶段的结束，又是另一个阶段的开始。在儿童戏剧演出过程中，导演要体察小观众复杂而微妙的感受反应，检查并调整自己的艺术构思和舞台处理，虚心听取观众的意见，不断丰富自己的导演理论，发挥自己的创造才能，把演出推向更高的水平。

单元教学与练习

撰写剧本《我不要被吃掉》的导演阐述

童话剧《我不要被吃掉》改编自“不一样的卡梅拉”系列的第八册，主要分为八幕，全剧时长80分钟，以“友情”和“冒险”为主题，它具有丰富鲜明的戏剧冲突，非常适合2～99岁的“儿童”观看。欢快剧情，隐含了亲情、友情、团结、冒险等主题。因为领略过“不一样的卡梅拉”系列书籍的独特魅力，所以观众很容易接受这部童话剧。绵羊贝里奥的胆小和重友情、小母鸡卡门的智慧和勇于担当、牛头人科尼的鲁莽和可爱、狐狸佐拉的好胜和天真单纯、小公鸡卡梅利多的好斗和爱面子，在剧中都有生动的呈现。

童话剧《我不要被吃掉》剧情简介：

全剧分八幕，时长约80分钟。

第一幕：小鸡的游戏

夏天的傍晚，母鸡卡梅拉的两个孩子——卡梅利多和卡门各带领着一群小公鸡和小母鸡，正在举行一年一度的赛歌会。公鸡输了耍赖皮。大家开始玩第二个游戏：牧羊人数绵羊。

第二幕：打猎的狐狸

就在小鸡们玩游戏的同时，森林的另一边，狐狸多拉、米拉、索拉三兄弟偷偷摸摸地离开森林，前往鸡棚。原来今天是狐狸爸爸的生日，狐狸三兄弟准备抓几只公鸡，给爸爸做礼物。他们的商议被狐狸妹妹佐拉听见。为了阻止妹妹去鸡棚，大家争吵起来，不欢而散。

第三幕：小公鸡被抓

卡梅利多等六只小公鸡为争夺藏身之地打起架来，被三只狐狸全部俘虏。狐狸得意地跳起《洗刷刷》舞蹈。

第四幕：鸡羊特工队

狐狸兄弟抓走公鸡的一幕，被在山坡上吃草的绵羊贝里奥全部看在眼里，他慌慌张张地赶下山坡，跑向鸡棚，向好朋友卡门报告这个坏消息。卡门率领小母鸡和绵羊组成一支“鸡羊特工队”，大家高唱《母鸡不好惹》主题曲。

第五幕：将计就计

狐狸妹妹佐拉骑着她心爱的小木马卡罗从森林里跳出来，遭遇“鸡羊特工队”。为了顺利进入迷宫，卡门和其他三只母鸡将计就计，做了佐拉的俘虏。

第六幕：患难见真情

狐狸妹妹佐拉在迷宫弄丢了心爱的小木马卡罗，还差点掉进深渊，幸亏卡门等母鸡搭救，双方成了好朋友。

第七幕：牛头人科尼

迷宫里住着一只孤独的牛头人，他长着牛的脑袋、人的身子，可怕极了！但卡门善良的行为和精彩的故事，感化了牛头人，大家成了好朋友。

第八幕：勇救小公鸡

斗鸡成瘾的狐狸老爸听不进女儿佐拉的劝告，执意要吃掉小公鸡们。危急关头，卡门等赶到，喊来牛头人，吓跑了狐狸，成功搭救了小公鸡。卡梅利多真诚地向母鸡们道歉。

如果你是该剧导演，请在这个剧本排练演出过程中完成以下任务：

1. 完成 1 000 字左右的导演阐述。
2. 如果在第七幕要在舞台上强调牛头人科尼这一角色，有哪些方式可以达成目的？
3. 试着画出第七幕的舞台运动路线草图。
4. 试分析第七幕的戏剧节奏变化。

探究与实践

一、导演阐述由哪些部分组成？

二、舞台的区位除具有强弱性质的差异之外，还有各自特殊的气氛。请结合作品说说你的理解。

三、哪些方面的因素影响着戏剧演出中的速度与节奏？

四、儿童剧的排练通常分哪几个阶段？请结合《丑小鸭与靴猫侠》这部童话剧来谈谈。

第四章

儿童戏剧的表演

第一节　儿童戏剧演员的创作素质

戏剧表演艺术是演员在剧作家所创造出来的文学形象的基础上，再创造出有血有肉的舞台人物形象的艺术。这种舞台人物形象，是由演员在扮演角色时创造舞台行动、表现角色性格的过程中完成的。

一、儿童戏剧演员创造出的人物形象要有审美价值

图 4-1　《报童》中方掬芬饰演的蛐蛐

在国外，专业剧团里的儿童戏剧演员通常由成人演员来担任，因为小孩没有那么丰富的生活和艺术经验，只能演与自己相近的角色。很多儿童戏剧演员演到头发花白，还在台上扮演小孩。比如中国儿童艺术剧院的“四小名旦”——方掬芬、覃琨、李若君和连德枝（见图 4-1、图 4-2）。作为中国儿童艺术剧院的第一代演员，方掬芬 48 岁扮演《报童》中十来岁的小报童蛐蛐，成为几代少年儿童的偶像。52 岁高龄谢幕登台，出演儿童戏剧《十二个月》的主角——花季少女“大妞”，获得巨大成功，4 年连续公演 450 场，成为中国儿童艺术剧院的一段传奇。儿童戏剧女演员覃琨 65 岁了，还可以从 1 米多的高台悄无声息地落地，神态活像一个小男孩，生活中很难判断她的实际年龄。

图 4-2 李若君(左 2)、覃琨（左 3）在《报童》中的剧照

儿童戏剧演员创造出的人物形象必须真实。我国戏曲表演艺术中有一句艺诀：“装龙像龙，装虎像虎；装农像农，装贾像贾。”这个“像”，要求的实际是一个“真”字。也就是说，演员创造出的舞台人物形象要反映生活的真实，经得起生活的检验，并给观众带来似曾相识的感觉。这种似曾相识的感觉，源于因演员创造的人物形象的真实性而获得的一种生活的真实感。扮演的无论是现实的还是怪异或者荒诞的人物，无论是人、是神、是妖、是鬼、是女巫、是外国人，还是小动物，甚至一棵树，只要演员能够赋予形象真实性，都会给观众似曾相识的感觉，从而赢得观众的信任，并最终打动观众。如同生活中我们不会信任一个骗子，剧场里的小观众也不会信任演员创作的不真实的形象。虚假的形象一旦被洞察，小观众就会走神、闲谈，或者离开座位在剧场跑来跑去，或者干脆离开剧场。由此可见，在表演艺术中，真实是艺术的生命。

儿童戏剧演员所塑造出来的人物不仅要真实，还要美。在表演艺术中，这种美就表现在真实的体验与鲜明的体现的统一之中。只有内容与形式相统一、体验与体现相统一，这样的人物形象才是美的。观众在欣赏儿童戏剧表演时，总是通过视觉和听觉来欣赏演员的创造。因为演员所创造的人物形象只能通过演员的形体动作、声音和语言诉诸观众，把对于角色的心灵的体察与感受通过准确、鲜明、富有表现力的能够给人美的享受的外部形式揭示出来。梅兰芳在《贵妃醉酒》中，着重刻画杨玉环这个宫闱深处的妃子在听说皇帝临幸别的后妃时内心的失落与痛苦等复杂、细腻的心理活动，展现出自己对于人性的思索，使杨玉环这一人物有了深刻的内涵，成为一个闪烁着光彩、具有审美价值的艺术形象。儿童戏剧《我不要被吃掉》中的小狐狸佐拉，在骑着心爱的小木马卡罗时，她还是一个性格单纯的孩子。在她把小木马赠送给身世可怜的牛头人科尼时，她的身上呈现出一种全新的美。那是懂得了友情和分享之后所呈现出的人格之美。

此外，在创造反面人物时，艺术形式上也应该讲究一个“美”字。在戏曲舞台上，即便表现生活中不美甚至丑恶的现象时，也竭力避免引起人们观感和生理上的厌恶和刺激，力求按照美的规律给予艺术加工。如梅兰芳的《贵妃醉酒》表演，一个喝醉酒的人实际上是呕吐狼藉、东倒西歪、令人厌恶而不美观的，舞台上的“醉人”就不能做得让人讨厌。应该着重姿态的曼妙、歌舞的合拍，使观众能够得到美感。而反面形象如《十五贯》的娄阿鼠等，就其性格刻画的深度来说具有深刻的批判力量，在艺术上是精雕细琢的，在进行道德评价的同时，充分满足观众对美的欣赏要求。我国戏曲表演艺术家在谈到丑角的表演时有这样一句话："丑而不丑，不丑而丑。"也就是说，演员演坏人，也不能以丑陋的方式去表演，而应该同样以艺术的手法精雕细琢，既要使观众认识到这个人物的丑恶面目，又要使观众得到艺术上的欣赏、美的享受。方掬芬在扮演儿童音乐剧《岳云》中的金邦小将金弹子时说："尽管好多人不理解为何我愿意自毁形象去塑造一个'三花脸'的角色，可我认为演员在舞台上不能只顾忌自己的美丑，而要充分体现出角色的美感。角色的美就是演员的美。"金弹子出场也就几分钟的戏，很快为岳云所杀。虽是敌方，但是观众看了她的演出都觉得金弹子死得很可惜，很多同行还跑到台前来看她的妆是怎么化的，大家纳闷这么矮小的姑娘（方掬芬身高不到 1.5 米）怎么变得那么威武。可见，形式上追求美的要求，不只适用于正面人物。反面人物在表演艺术中也是"有美无丑"。

二、儿童戏剧演员的总体素质要求

因为人物形象创造的需要，儿童戏剧对演员的素质有着严格的要求。一个演员的总体素质，既包括演员先天的形体与声音条件、长期生活经历所形成的风度和气质，还包括演员本人的生活素养、思想水平、文化艺术修养、专业技巧，以及职业道德水准等诸多方面。

（一）儿童戏剧演员要有深厚的生活素养

生活是艺术创作的源泉，生活给予艺术作品真正的生命。丰富的人生经历是一笔宝贵的财富。但是，一个演员无论其经历如何丰富，也不可能体验人生的百态，在艺术创作中，往往有演员从未经历的生活，因此演员必须不断地向生活学习。那么，如果演外国人、历史上的人物、神仙、妖魔、动物是否需要生活经历呢？当然同样需要。可是，作为演员又应该从哪里去观察、了解呢？除了直接的生活体验之外，还应该从间接生活中去了解。饥则食，渴则饮。演员不仅要从自己直接的生活体验中找到与古人相似之处，从中国人身上找到与外国人相通之处，以人类的感情赋予剧本中的动物甚至是鬼怪相似的思想和情感，还要利用间接的生活来帮助自己进行创作。如历史资料、人物传记、民俗风情介绍以及那些真实反映某种特定生活的小说、诗歌、绘画、摄影、音乐、戏剧、电影、电视等间接的、第二手的生活素材虽然不如第一手的生活素材那样直接和易于感知，但是它的重要性却是绝对不可忽视的。

（二）儿童戏剧演员要融入生活，提升思想修养和精神境界

儿童戏剧演员必须随时随地观察和体验生活，并对所观察和体验到的生活有自己的感悟。也就是说，演员要努力提升自己的思想修养与精神境界。一个演员要想在舞台上创造出一个火热的艺术形象来感染观众，在生活中就要有激情，不能是一个冷漠的人。凡是对生活玩世不恭、漠不关心的人，都不可能做一个优秀的儿童戏剧演员。演员应该努力提升文化艺术修养。完全依靠临阵磨枪，最终欺骗不了观众，也不可能使自己创造的人物有审

美价值。前面说到的儿童戏剧表演艺术家方掬芬就是一位观察生活的有心人，她平时走在街上，只要看到一个引起她兴趣的孩子，就会跟着一路走去，留心观察这个孩子的行为举止，有时甚至跟着这个孩子走几个街区。她还经常和孩子们聊天，和他们一起玩耍，从这些活动中去观察孩子们的外部特点和心理特征。长期对孩子的观察，使她具有了非常敏锐的观察力，常常能很快把握住所观察孩子的内部性格特征，从而为自己的创作积累了丰富的素材。

（三）儿童戏剧演员要重视自己专业技巧上的锻炼

天才和机遇，可能使一个演员一夜之间成为明星，但是如果没有刻苦的技巧上的磨炼，那他一辈子也不可能成为一个真正的表演艺术家。中国儿童艺术剧院《马兰花》剧组中，在舞台上扮演轻盈可爱、能歌善舞的小鸟的王羊老师已经55岁了。生活中的她依然显得十分年轻美丽，尤其一双清澈的大眼睛还带有童真的光芒，格外动人。当初学舞蹈的她被招进中国儿童艺术剧院，就是因为剧组一下子就相中她来扮演小鸟这个角色。所以从进入剧院的第二天，她就和“小鸟”结下了不解之缘，一演就是30多年，几乎无人能够取代。“直到今天，我演这个角色都是用真心去体验，而不是靠经验去重复。所以这一点上，我都非常佩服我自己！”湖南民族职业学院的安徒生童话剧团的每一个演员都要参加晨读晨练，周末还要分小组到新华书店为孩子讲故事和演出，目的就是培养所有演员为儿童服务的意识，提升自己的专业技巧。

（四）儿童戏剧演员要提升自己的敬业精神和职业道德

在儿童戏剧演员的总体素质中，重要的是演员的敬业精神和职业道德。敬业精神是一个演员在事业上能够获得成功的主要保证，它来自演员对自己所从事的事业的执着和热爱。中国儿童艺术剧院著名演员覃琨在扮演新戏《当心你的鼻子》中的角色时已经54岁，为了表演得真实，她在铺着薄毯的砖地上蹦跳爬滚，有时根据剧情需要，还要直挺挺摔在地上，让人看着都觉得疼，可是她说：“我不忍心在孩子们面前作假。”这种敬业精神是一个专业演员必须具备的。敬业精神的一个表现是服从大局的需要，演好分配给自己的哪怕最不起眼的小角色。《马兰花》剧组资深演员王瑶二十几岁刚进剧组时扮演群众演员中的“水仙”；1991年开始在第四版《马兰花》中担纲主演，扮演大兰；十多年后为了给年轻人更多机会，而甘愿演剧中的小动物；现在又演起了大兰、小兰的妈妈王老妈。她说：“演什么角色其实并不重要。就像那句话所说：‘没有小角色，只有小演员。’这个剧组里，有不少和我同龄的演员，演了一辈子小动物，默默无闻，但是在舞台上，无论是演哪个角色，大家都是全心全意、全力以赴。”

职业道德对一个演员来说也很重要，儿童戏剧演出是一种集体的创作，一个具有职业道德的演员应该自觉地遵守集体所规定的纪律，在创作中尊重别人、互相帮助、相互学习、不沽名钓誉等，要“爱自己心中的艺术，而不要爱艺术中的自己”（斯坦尼斯拉夫斯基语）。一个只爱艺术中的自己的演员，拖着一双“肮脏的脚”走进一个戏剧的创作集体，为的只是金钱，争的只是自己的名誉和地位，动不动以罢演来胁迫剧组，根本不懂得尊重艺术、尊重别人，这样的人也得不到别人的尊重，这种不严肃的态度只会受到观众唾弃，最终毁了自己。

此外，由于儿童戏剧演员的表演创作总是在虚构的情境中进行的，所以演员应该具有真挚的信念与适度的真实感；因为需要创作出各种各样、性格不同的人物形象，所以演员应该具有善于捕捉人物特征的形象感；由于在剧中难免遇到喜剧的情境，所以演员要具有幽默感；表演时“平”“温”“拖”，都会给观众一种无精打采的感觉，因此演员还应该具有适应行动所需要的节奏感；对于不同风格体裁的剧本，演员在表演时必须找准体裁感；在创造一个人物时，要有整体感；演员应该具有审美感。国家话剧院导演张奇虹在重排童话剧《十二个月》时，曾经观察到一个小朋友，在北京的第一场雪后突然坐在雪里傻呆呆地看，这情景给了他很大启发。他认为，一切真善美都要从孩子开始培养。他加入了大自然和人的和谐主题的揭示，并请作曲家邹野重新创作了整体的音乐。《十二个月》追求一种淡雅的美学，给孩子们的幼小心灵注入了一种宁静淡雅的艺术滋润。

第二节　台词及其表达的技巧训练

时代的发展，给儿童剧的演员表演提出了新的课题。为了使孩子们认可自己的表演，演员必须加强台词表达的技巧训练。

一、生活语言与戏剧台词

儿童戏剧台词，是经过艺术加工的语言，是典型化、艺术化的，是具有表现力和音乐性的优美的语言。它以生活语言为基础，但绝不等于生活语言。它与生活语言相比，在表达上有三种本质上的不同。

（1）生活语言说的是自己的话，是生活中为了交流等目的，根据自己的所见、所闻、所思、所感而说出的话。儿童戏剧台词说的是人物（角色）的话，是剧作家所写的人物在特定时空背景下说出经过艺术加工的语言。

（2）生活语言是随意的，表达自由而随意，对方不明白时还可以一再重复，没讲完还可以明天接着讲。而儿童戏剧台词是受制约的，剧作家一旦定稿，演员就不能随意更改，既受时间制约，在规定的时间里要说完全部的台词，又受空间制约，只能在舞台上与同台演出的演员交流进而影响和感染现场观众，同时必须使全场都听得见、听得清。

（3）生活语言处在自然状态中，随心所欲，只要能表情达意就可以了。而儿童戏剧台词因为是一种经过戏剧加工的语言，在表演中，演员的最终目的是创造艺术形象，他的语言必须是优美的。具有强烈的艺术感染力的语言，有对白、独白、旁白等多种丰富的形式和对形式的具体要求。

二、演员台词的训练要求

戏是演给小观众看的，作为儿童戏剧演员的台词必须达到松、纯、清、远、美、耐、深、趣八个字。

松：指儿童戏剧演员的声音、形体都必须处于松弛状态，不能产生不必要的紧张。紧张往往使演员手足无措、气息短促、思维停滞、注意力分散、无法正常表演。演员只有学会在舞台上正常地呼吸，使自己松弛下来，才能进行创造。

纯：指语音纯正。汉语普通话是我国的官方语言。由于方言对普通话干扰很大，作为以语言为主要表现手段之一的儿童戏剧表演，还担负着示范引导儿童学习普通话的重任，因而必须要求语言的规范化和语音的纯正性。

清：指语言清晰度。要使小观众听懂首先就要让他们听清。发音含糊是不行的。生活中没有听清，可以重复说，而戏剧中说过的台词就不能再重复了，小观众也不可能上台问演员。小观众听不清演员的台词，就看不懂戏，演员也达不到表演的目的。

远：声音要能够传远。演出是为全体观众服务的，必须让最后一排的小观众也听清楚台词。如果声音传不远，后排小观众听不清，台词说得再好也同样达不到预期的效果。但是传远不等于喊叫，我们绝不能在舞台上大喊大叫，这只能破坏戏剧的真实感，使观众难以接受。这就要求演员加强语言的穿透力，以达到传远的目的。

美：指语言优美动听。斯坦尼斯拉夫斯基曾说："演员应该给台词做出情感的乐谱，并学会用角色的话语把这种情感的乐谱唱出来。"这个"唱"字很能说明问题，台词只有富于音乐性才能打动儿童，使他们得到美的享受。从台词角度讲，符合人物情感的"乐谱"，用角色的话来"唱"才是美的。演员为求自我表现选择所谓"轻柔"或"豪放"的风格是不正确的。

耐：指声音的持久性。儿童戏剧演员是以自己的身体为媒介在舞台上向观众展示表演艺术的。演员的嗓子必须耐用，以完成创作任务。嗓子在戏剧演出中很容易疲劳，需要加以保护，因而演员要正确地运用呼吸发声方法，经常锻炼发声。

深：指语意深切。演员要把文字作品的内在含义揭示得清楚、准确、深刻、形象、生动感人。使小观众听得出"言外之意、弦外之音"，有回味的余地。

趣：指声音富于童趣。儿童很容易记住动画片中那些有趣的富于个性色彩的声音。董浩配音的米老鼠、李洋配音的唐老鸭、李韫慧配音的一休，轻松舒畅、充满活力，曾给电视机前的观众留下了深刻的印象。如果儿童戏剧舞台响起与动物角色性格表现相合的声音，定会给儿童带来别样的情趣。

三、台词表达的技巧训练

演员台词表达的基本功很重要。对于一个演员来说，掌握了呼吸发声方法，语音纯正，吐字归音到位，只能说明有了一个良好的开端。要想处理好台词，用语言表达人物的思想感情，还必须具备语言表现的基本技术与技巧，如语言速度节奏的快慢、音量的大小、音调的高低、语言力度的强弱等。它们是语气语调千变万化的最基本的物质条件。

演员的基本技能训练，起步可以从气、声、字的练习开始。气，指的是运用胸腹式呼吸法、气沉丹田、呼吸通畅等；声，指寻找正确的发声位置，使声音圆润动听并能传远；

字，指的是发音标准、吐字清晰等。

（一）语言速度节奏的快慢训练

对于刚开始接触表演的儿童剧演员来说，绕口令的练习有助于加快语速，但要注意，不要一味求快，气息、吐字、发声、情感表达也要符合表演的要求，也就是说发音要完整准确，要能够随心所欲地控制自己吐字的速度节奏，唇、舌、齿这些吐字器官要互相配合，在极短时间内准确完成自己的动作。除了说得快，演员还要有说得慢的本事。这个更难，因为语句说得慢，就需要一定的气息把韵母托住，同时不能把句子念破，不能让观众以为你在读单字，更不能把一个字拖得声母韵母分开变成两个字。快，要求清楚准确，快而不乱；慢，要求词句完整，慢而不断。训练快时，演员应控制气息，使唇、舌、齿、牙迅速到位，干净利索，不能拖泥带水。训练慢时，演员应依靠小腹的力量用较大的气流托住元音，使之尽可能慢地送出。同时要练习吐字由快到慢、由慢到快，均匀减速、均匀加速的技巧。

如绕口令《满天星》的训练：

天上看，满天星；地下看，有个坑；坑里看，有盘冰。

坑外长着一老松，松上落着一只鹰，鹰下坐着一老僧，僧前点着一盏灯，灯前搁着一部经，墙上钉着一根钉，钉上挂着一张弓。

说刮风，就刮风，刮的男女老少难把眼睛睁。

刮散了天上的星，刮平了地上的坑，刮化了坑里的冰，刮倒了坑外的松，刮飞了松上的鹰，刮走了鹰下的僧，刮灭了僧前的灯，刮乱了灯前的经，刮掉了墙上的钉，刮翻了钉上的弓。

只刮得：星散、坑平、冰化、松倒、鹰飞、僧走、灯灭、经乱、钉掉、弓翻还不停，请来了玉皇大帝孙悟空，制服了风婆天下宁。

大家听，听分明，我说的是个绕口令，我说的是个绕口令。

如安徒生童话剧团《我不要被吃掉》剧本中的台词节奏训练：

卡门　公鸡们，快躲好，母鸡们，跟我一起念！

母鸡　（边念边击掌）一二三四五六七，七六五四三二一，六五四，三二一，五四三二一，四三二一三二一，二一一，一个一。绵羊绵羊在哪里？牧羊人马上来找你！

又如音乐剧《月亮姐姐和嘟噜嘀嘟农场》中，公鸡的画外音训练：

公鸡　（画外音喊）月——亮——姐——姐——，我——回——来——了——

（二）音量大小的训练

音量大小主要由气息的流量和速度决定。气息流量大，速度快，则音量会放大。反之，气息流量小，速度慢，音量就会相应地减小。演员训练时要注意的是，放大音量时不要调高音调。要在训练中做到在各种音调上自如地放大或减小音量。演员的嗓音质量是先天决定的，有自身能力界限。因此对大音量的极限要有一个限制的标准：不能喊破声音。不顾自身嗓子条件拼命大叫，会破坏声音质量并使声带受伤。

小音量的训练主要是克服演员与观众之间的距离。如演员在舞台上表演说悄悄话，声音太大就会破坏戏剧的感觉，太小又会由于与观众之间的物理距离而使观众听不清，无法了解剧情的发展。因此演员要学会小音量传远的基本技能。首先，小音量必须是实声，不能出现虚声或气声，这是小音量的最低限制。因为发虚声时声带振动不完全，声音出来音质很差，声带也易受损害。发气声时声带不振动，完全靠气息和口腔摩擦发出声音。其次，小音量的吐字必须达到传远的目的，因此必须加快它的初速度。正如捏住水管口喷水，能使水喷得更远。演员小音量吐字时，唇、舌、齿的力量相对加强，就能增强每个字的字头喷吐力量，加快它的初速度，用力将字弹掷出去。还要注意推送韵母，因为信号在传向最后一排观众时会大大减弱，推送韵母有利于观众听清。

（三）音调的高低训练

演员音调的高低变化是靠声带的拉紧与放松来完成的。声带拉紧变薄，音调就会升高；声带放松变厚，音调就会降低。一个演员的音质好坏是先天决定的，因为这完全取决于声带的先天质量。最高音到最低音之间的音域是由先天决定的，音域宽的演员高音可以很高，低音可以很低。音域窄的演员高音上不去，低音下不来。演员只能通过科学的方法尽量将先天的条件发挥到极致，不能改造嗓子。

音调的高低训练是为了帮助演员了解自己的声带，即音域的最高限和最低限。通过正确的呼吸发声训练，演员能了解自己声带的潜力，并将其尽情发挥出来。高音以不出虚声、假声为限，同时不能压喉头硬来，损伤声带。在找到自己高低音极限后，演员接下来的训练任务要转到练习由高音到低音的阶梯式训练，即控制自己的音调在高低音的极限之间上下滑动，在有限的音域里尽可能多地分出一些阶梯。谁分的空间越多，谁的声音就越具有表现潜力，在塑造角色时，他的表现力就会越强。音域窄的演员控制音调的能力增强，他的表现手段与变化能力也会随之增强，甚至可以超过那些天生嗓子条件好的演员。

（四）语言力度的强弱训练

语言力度的强弱是指演员讲话时，心情、态度等心理变化反映在语言表达上的发音吐字力量的强弱变化。咬牙切齿、斩钉截铁、铿锵有力、掷地有声等文学作品中常见的词语，展示的就是在一种强烈的情绪笼罩下吐字发音力度非常强的情形。当人们遇到喜欢的事物和人的时候，说话会变得柔和，如和风细雨、春风拂面，比如好友之间的倾心交谈等。

演员对语言力度强弱的控制，主要是通过气息与吐字器官唇、舌、齿动作的配合实现的。力度强时，气流要有较强的冲击力和弹动力，唇、舌、齿在声母成阻时力量加重，除阻时形成的爆破音、摩擦音和爆破、摩擦现象相对被强化；韵母在气息的作用下，响亮但比较短促。力度弱时，唇、舌、齿的动作在字音不变的前提下尽量减轻动作的力量，轻柔地吐字，气息稳定而舒缓地托住韵母向前推送，韵母也要相对拉长一些，收韵尾时要注意采取减弱的方式，这样吐字的力度就会自然而然地减弱下来。

由以上可知，语言速度节奏快慢、音量大小、音调高低、语言力度强弱是语气语调的基本要素。演员在实际运用中要互相配合，幻化出丰富的语气语调来表达角色复杂多变的情绪情感。作为一名儿童戏剧演员，不管是速度节奏快慢、音量大小还是音调高低、语言力度强弱，都要在快慢、大小、高低、强弱的两极之间，分出尽可能多的层次和阶梯。从理论上来讲，两极之间的层次是无限可分的。分得越多，语言表达能力就越强。演员还要自如地控制层次和阶梯的变化，从一个阶梯匀速均量地滑向另一个阶梯。演员驾驭这四项基本要素的能力越强，其语言功力就越深厚。演员只要与气、声、字的练习组合起来，先完成单一训练，再将四项基本要素综合，进行大量艰苦的纯技术训练，就一定可以胜任更多角色的创作任务。

值得注意的是，演员在实际表演环节还要学会从剧中人物的角度与方向来看问题，先感受人物是以什么样的态度、什么样的情绪情感来说话，再决定四项基本技能的使用策略。上海戏剧学院的刘宁谈到对《满江红》中的“靖康耻，犹未雪；臣子恨，何时灭”的处理时认为，岳飞的“怒发冲冠”“壮怀激烈”情绪，是由金人入侵与南宋朝廷中投降势力的牵制，使他“恢复旧山河”的抱负难以实现而造成的。岳飞“激烈”“长啸”的原因，除了来自使国土沦丧的敌方阵营外，更多的还是来自皇帝的苟安、朝廷的腐败、投降势力的对敌妥协，也就是说，来自岳飞自身的阵营。这种愤怒与无奈的情绪交织在一起，形成了岳飞特有的情绪情感特征。“靖康耻，犹未雪；臣子恨”这几句为了表达岳飞心中的愤怒以及“莫等闲”的急迫感，我们可以逐渐地加大语言的力度，同时将语速加快，力度与音量在“恨”字上推到最强点。而“何时灭”的处理，就要特别注意体现岳飞的那种无奈、忍无可忍而又不得不忍的心情。在“何时灭”三个字上，要留意气息的变化，先在“靖康耻，犹未雪；臣子恨”这几句中逐渐地把大部分气用光，而“何时灭”三字不换气，在缺少气息支持的状态下强力推出“何时灭”。造成一种憋闷的感觉，表现出岳飞的那种愤怒到极点而又无处发泄的情绪情感。在童话剧《我不要被吃掉》中，狐狸妹妹佐拉听说了牛头人科尼的辛酸遭遇后，一时心软将自己心爱的小木马卡罗作为礼物送给了他，并说：“我也把卡罗……送给你吧。”此处，佐拉是在其他小母鸡的热情带动之下一时冲动做的决定，所以话说出一半就后悔了。因此，前面的半句“我也把卡罗”几乎是脱口而出，到说出“送”字时开始后悔，眼睛盯着小木马，有些割舍不开，因此“送”字念得声母和韵母有点脱节，显得犹豫不决，但在众人的目光中又没有退路，只好继续说“给你吧”三字，不过语气明显弱了很多。

法国著名演员哥格兰十分强调声音训练的重要性，以他为代表的表现派认为，演员对于形体、声音和语言的表现力都要给予特殊的关注，并要进行刻苦的训练。在他们看来，真正合乎分寸的音调变化具有不可估计的力量，一声音调高低恰合情境的喊叫，要比世界上所有那些漂亮的外部动作更能感动观众。因此，演员首先应当研究发音，并且要通过训练使声音达到“特别柔驯、富于表现力和音调变化。声音应该根据角色的要求而变化：温柔、圆滑、巴结、嘲讽、粗鲁、急切、仁慈、失望。你应当善于把握从洞箫到号角之间的一切变化”，甚至要达到“一个字仅靠发音的方式就能引来眼泪或笑声”。

第三节　话剧表演中语言的运用

人们对有声语言的研究数千年前就开始了。有声语言中的语词有比较明确的含义，并有规范的语法规则。人类的动作和有声语言一样，也是一个信息符号系统。不过，对动作的研究只是近百年的事情。动作的含义比较广泛，往往一个动作有很多解释，需要根据动作发出的时间、环境以及其他动作和有声语言的配合而定。

一、表演中的有声语言和无声语言

儿童戏剧表演要善于运用两大表现手段——有声语言、无声语言来完成。有声语言就是剧本台词。无声语言主要包括眼神、表情、手势、体态等。随着社会的高度发展，人们之间相互交流的思想感情日趋复杂，所以人们总是以口头语言和身体各部分器官多种动作的组合来完成比较复杂、精确的思想感情传达。演员的台词和动作作为组合信号的成员，都担负着各自不同的任务。其中一些成员是这个组合信号的主体，是主要信号，而其他成员则是辅助信号，它们的作用是对主要信号进行说明、限定、注解、修正。

例如，人们说“是”时，往往会加点头这个动作，这是表示肯定的意义。点头说“是”是这个组合信号的主体，同时人们会在组合信号的主体上附加许多其他的信息来限定、说明。

（1）语调加强向上，眼睛睁大，双眉向上挑，嘴角上翘，表示一种非常积极的肯定；

（2）语调轻柔平拉、眼睛睁大、双眉向上挑，但嘴角不动，表示虽然肯定，但还需要进一步了解；

（3）语调无力且上行，一条眉毛向上挑，表示表面肯定而心存怀疑；

（4）语调用力下行、嘴角上翘，而双眼无神，表示在保持风度的情况下极不情愿的肯定；

（5）语调无力且下行，面无表情，表示口服心不服，带有被迫肯定的意味。

通过上面的例子可以看到，两大表现手段在同时运用时，由于相互作用的影响会产生变化。这种影响是一种深度融合。如文学作品的朗诵中，重音的把握很重要。但在话剧表演中，如果继续选择逐词逐句精雕细琢，就会犯脱离生活、矫揉造作的毛病。原因在于：话剧表演是将台词和动作两套符号系统综合运用，形成一整套组合信号系统。这时重音、修饰方法等口头表达技巧，就被身体的动作、面部表情、眼神替代了。由于动作的介入，很多重音将会消失，许多朗诵中的修饰技巧也会为眼神、表情所替代，或者相对减少、减弱。为数不多被保留下来的重音、修饰在动作、面部表情、眼神等信号的帮助下得到了加强。

二、表演时的组合信号

在使用台词和动作两套符号系统进行组合信号表演的过程中，儿童剧演员要关注三个方面的问题：表演信号的短缺与过度、表演信号的力度与幅度、表演信号的真实度排序。

（一）表演信号的短缺与过度

当观众接到一组来自儿童剧演员的组合信息时，就会借助自己的生活经验标准来对这些信息的各种信号进行解读，并对演出的好坏形成一个判断。下面以“哭”为例。

哭，是一个复杂的组合信号，这个组合信号由人体的胸腹、声带、颈、嘴、鼻、眉、眼等许多器官发出的信号组合而成。当演员真正发自内心地哭泣时，各个器官会有机地配合以完成这个情感表达。如果演员的情绪不到位，该哭的时候，只是强迫自己哭，那就只会有身体的一部分器官发出哭的信号，而另一些器官不听指挥，并不参与哭的行动，就会出现信号的缺失。岳阳甜橙儿童剧团四名演小鸡的演员在《丑小鸭与靴猫侠》一剧中，在嘲笑丑小鸭时，笑声一开始总是干巴巴的，这是信号缺失的明证。

表演信号的过度现象，我们在社交场合经常可以看到。以那些违心的笑为例。当某个处于优势地位的人讲笑话时，尽管听过多次，那些善于逢迎的人仍会放声大笑。因为笑是装出来的，嘴的开合、身体的抖动、声音的大小等都会远远超过人们的正常反应，甚至还出现了不应有的手舞足蹈等动作，这种超越常规的动作就是信号过度。作为儿童戏剧演员，要熟知儿童心理，并按照儿童的经验标准在舞台上完成组合信号。

表演信号的短缺与过度，源于演员依赖于情感表情进行表演，而缺乏行动表情。行动表情是由意志产生的，可以受演员意志的支配，如演员可以用目光去责备人，或请求人，或命令人，也可以举起拳头做一个手势去威胁一个人，这些表情和手势都可以在意志的支配下做出，演员经过细心的观察和琢磨，完全可以运用这种体态语言去完成非常复杂的心理活动，而且会做得非常真实、非常有力。但是，如果这个演员投机取巧，不愿意观察生活，仅仅用脸部表情来表现生气、痛苦、绝望、高兴等，就会陷入表演情绪的泥淖之中，让观众觉得虚假。

（二）表演信号的力度与幅度

表演信号的力度与幅度，也是两个值得重视的参数。演员在舞台上呈现的组合信号的量的变化，会产生不同的意义。以儿童剧《我不要被吃掉》第三幕的“小公鸡打斗”的动作设计为例，它是明显区别于生活中的打斗的。生活中的打斗并不好看，处于强势的一方，每个动作都本着实效性的原则，减小幅度使对方没有准备时间而增加攻击的突然性，使效果达到最大。而弱势的一方为求自保，往往死抱住对方以减少强烈攻击的可能性，于是形成了抱在一起厮打的难看局面。舞台上小公鸡们的打斗设计，预先都有动作编排，更注重姿势的夸张搞笑，动作幅度大，节奏相对于真实的打斗缓慢得多，打斗前后小公鸡们还要在《男儿当自强》的音乐背景中亮一亮各种漂亮的架势等。这种表演信号在力度与幅度上的改变，符合小观众的审美期待。有些戏剧舞台的打斗甚至形成了一整套“暴力美学”。

表情是演员在舞台行动过程中所产生出来的内心体验的自然流露，表情是否丰富和具有表现力，与演员平时的形体训练（包括身体、面部、眼神等的训练）是否有素有着密切联系，当演员在舞台行动过程中产生了情绪体验时，与之相应的表情就自然产生了，仅靠表情表达情感，就会陷入匠艺和模式化表演的套子中去——这是表演艺术的死敌。人在真正的情绪体验中所表现出来的情感上的细腻变化往往是不能用人为的做作的表情来替代的。

（三）表演信号的真实度排序

事实上，演员各部分器官所发出的信号，在表达人们内心真实情感方面的可信度是不一样的，有一个真实度的排序。首先，脸部表情的可信度比较低，因为这一部分是最容易控制的。脸部表情在传达信息方面的功能仅次于口头语言，人们从小就开始对它进行大量的训练，几乎每个人都可以轻易做出喜、怒、哀、乐等各种表情。其次，手部的动作所发出的信号比脸部表情的可信度高一些。相对于脸部表情而言，它的可信程度要显得高一点。因为手的位置距离情感表达中心——脸部较远，人们对其控制也比较弱。再次，躯干部位用于支撑身体，本身的动作并不多，发出的信号的可信度比手部又要高一些。最后，距离面部最远的腿和脚相比之下我们对它的控制力最弱，所以腿和脚的动作可信度是相当高的。因为表演信号的真实度在观众心中有个排序，所以演员要提升戏剧表现力，就不能过度依赖台词和面部表情，而要让全身都参与到表演之中。法国表现派演员哥格兰非常重视表现的技巧，对于形体、声音和语言的表现力都给予了特殊的关注，并通过刻苦的训练来做到随心所欲地驾驭。他不仅对声音，而且对外形和表情都同样勤于钻研，在发现情感自然流露时的外部形式后，就借助训练有素的肌肉，学会机械地重复这种形式。

在表演中，儿童剧演员切不可将以上这些表现手段孤立起来，必须把它们看作一个整体来进行综合运用。只有这样才能做出正确的判断，进而准确地表现人物的内心世界。因此，演员要善于从生活中去观察，并在表演中努力去寻找与探索出能够十分鲜明地展现人物的心理活动的无声语言，进而表达人物的思想、目的和欲求。

三、人物欲望是演员行动的原动力

斯坦尼斯拉夫斯基明确指出："在舞台上需要行动。动作、活动——这是戏剧艺术、演员艺术的基础。"并且认为，任何行动都是心理—形体的活动，演员想要正确和真实地完成一系列形体行动，就必须使这些形体行动以充分的心理任务为依据。

演员要演好各种角色，首先就要了解所扮演角色的行动方向和行动方式。欲望是行动的原动力，这个原动力随着人类社会的进化变得异常复杂。每个人内心深处都存在许多欲望，这些欲望是不可能同时得到满足的，它们受到外部社会以及个人内心觉悟等多方面因素的限制。西方许多行为学家喜欢以马斯洛的金字塔式结构理论来给欲望排列顺序。他们在金字塔最宽大的底层首先排列着人类最基本的生存欲望，在这个欲望被满足之前，其他的一切欲望都会显得无足轻重。在生存欲望之上排列的是人们对食物与安全的欲望，之后是被社会承认的欲望、被人爱的欲望、对荣誉的欲望以及自我实现的欲望等。一般来说，越是底层的欲望，强度越大。

但在日常生活中，人们满足各种欲望的顺序会随着环境的变化而变化。在这种特定的规定情境中人们将依据"节约的原则"来决定自己的下一步行动。所谓"节约的原则"是指人们为了达到某一目的，在行动前进行选择、决定时所遵循的基本原则，即以最小的代价换取最大的利益。这是生物进化的必然结果。在"节约的原则"中，人的价值观念和道德观念决定了怎样做才是最节约的。道德观念负责判断某件事是否可做，价值观念负责衡量做这件事的利弊得失。戏剧矛盾、人物冲突的根本原因往往来自这两种观念的判断。如安徒生童话剧团《蛇和蜥蜴开店》一剧中，蛇和蜥蜴对于什么忙应该帮，什么忙帮不得，还是很清楚的。

【旁白：他们刚要吃，就见远处走来了一群羽毛不整的鹌鹑。蛇赶紧用身子把鹌鹑蛋盘住，假装在睡觉。

【鹌鹑右上。

鹌鹑 请问，你们是蛇先生、蜥蜴先生吗？

蛇、蜥蜴 （合）我们是！

鹌鹑 你们是在帮人解决问题吗？

蛇 小忙收费：一只苍蝇或甲虫；大忙收费：一枚鹌……一枚蛋！

鹌鹑 （焦急状）我们需要帮助！我们的蛋被抢了！你们能帮我们找回来吗？

蜥蜴 咳！咳！哎呀，真……真抱歉，真是很抱歉！我们要下班了，下次吧！

蛇 （附和）是的，下次吧！下次吧！

鹌鹑 呜呜呜，我的蛋，呜呜呜，我的蛋……（边哭边左下）

蛇 蜥蜴哥哥，我们这样做对吗？

蜥蜴 有什么不对，所有鹌鹑蛋都是我们的劳动所得，一没偷，二没抢，光明正大！

蛇 可是，我觉得鹌鹑们有点可怜。

蜥蜴 可是我们不吃也会饿死，鹌鹑们还可以继续生蛋，这次他们一定学会了怎么保护自己的蛋不被偷。这世界上有很多事情，大家都要学会面对！

按照道德观念，蛇和蜥蜴开的是“助人中心”，鹌鹑需要帮忙，他们就应该接这个业务。但是真要帮助鹌鹑，就得把整整一天的劳动所得——所有的鹌鹑蛋交出去，这不符合他们的价值观念。为了减轻道德观念带来的谴责压力，蜥蜴一方面朝欲望金字塔的底层——生存欲望投降，一方面给自己找了鹌鹑必须“学会面对”的借口。所以表演时，演蜥蜴的演员不能义正词严，而要调动各种信号，怀着心虚来说这段台词。

第四节 演员创作中的自我定位

儿童戏剧演员在角色扮演过程中常常会遇到一个自我定位的问题，也就是说，不管他饰演什么角色，首先都要搞清楚自己应以什么样的身份出现在观众面前，每一幕的基调应该怎样把握。这是演员在分析剧本时必须了解的基本问题。

一、三点定位法

儿童戏剧演员在创作过程中，可借助三点定位法来完成自我定位，即从三个方面来考察：演员与角色的融合、演员与其他演员的融合、演员与剧本的融合。

（一）演员与角色的融合

在舞台表演中，演员是一系列表演信号的发出者。虽然信号由演员身体发出，但不能认定“发出信号者”单指演员本人，因为演员在舞台上表演时，自始至终都存在两个自我，即第一自我（演员）与第二自我（角色）。在那一特定时刻，他过着一种双重生活，即演员在创作中既有演员本人的创作生活与创作感受（如演员创作时的心境），还必须过角色的生活，感受其所扮演的人物的心理生活。演员刚拿到剧本时，最大的困惑不是剧本的难易问题，而是表现作品时不知如何下手，也就是对分析人物的方法没有掌握。演员永远不能以自己的身份出现在戏剧中。演员应该根据剧本提供的文字来把握自己所扮演角色的年龄、经历、阶层、文化修养、道德观念、价值观念等，以确定人物基调在这一点上的要求。从前面的章节我们可以知道，戏剧中的人物是根据生理、社会、心理三个维度创作出来的，作为演员，就应当还原人物的这三个维度，尝试理解这个角色对世界的看法，并在可能的范围内改造自己以适应角色的要求，在表演时用角色对世界的“看法”待人处事，最终“化身成角色”。

儿童戏剧演员要想使自己的表演具有真实性、有机性，在完成任何一个行动时，就应该真正地去感知。演员一定要真听、真看、真闻、真摸，也就是说，要用自己的感觉器官真正去感知。在感知的基础上，演员才可能去判断，对剧本和同演者表演中提供出来的事实进行判断，这样就构成了演员所要创造的人物的心理活动。对这一时刻这一事件的思考与判断，最终形成了演员的内心独白。内心独白创造得是否丰富、生动、具体和具有感情色彩，往往可以反映出一个演员对于自身所扮演的角色理解得是否深刻、挖掘得是否深入，即兴的想象是否丰富、是否有着敏锐的感受力。儿童戏剧演员王昭懿曾在《小王子》和《迷宫》（见图 4－3、图 4－4）等多部童话剧里反串小男孩。他说：“反串对我来说，在把握小男孩外在的形体和动作方面并不算困难，主要的障碍是心理。内在的心理变化会出现一些问题，我必

图 4－3　《迷宫》海报

图 4－4　王昭懿在《迷宫》中饰演果冻（左）

须转换一下自己的思想，我觉得女孩子思考问题会有一些局限性，男孩子的想象力则更开放更丰富。为了对小男孩的心理把握得更好，我会去找一些小男孩聊天，问他们平时怎么开玩笑，问他们平时喜欢什么游戏，等等。有时候自己也会想出来一些动作和语言，再找一些朋友来评判，看看是不是符合小男孩的特点。只要能够找到心理上的感觉，其他方面就会好做一些。”令王昭懿颇为自豪的是，《迷宫》演出19场，她从来没有被人认出是女扮男装，有很多反串演员在唱歌和跳舞的过程中一下就露馅了，在这一点上王昭懿特别注意，无论是对声音的控制还是形体感觉，一定都要是男孩的样子。在她看来，这是最基本的要求，如果演员连角色的性别都没有抓到，就更谈不上性格的塑造。

（二）演员与其他演员的融合

儿童戏剧演员在舞台上说台词、做动作表达作品或者作品中人物的思想感情时，必须有一个对象，这个对象就是观众和其他同台演出的演员。在了解人物的三种维度后，接下来要分析舞台人物关系。舞台表演中人物之间存在“上、下、左、右、亲、疏、远、近”等不同关系。这些关系随着剧情推移因人不同、因时间不同、因地点不同而经常变化。因此，交流与适应成为演员在创作中要掌握的重要元素之一。

如岳阳甜橙儿童剧团《丑小鸭与靴猫侠》一剧中的调皮猫的角色定位。当靴猫侠不在场时，它就俨然成了笨笨猫和小萌猫的老大，在站位上，始终处于两只猫的拱卫衬托之中。丑小鸭和稻草人出现在猫森林时，成为调皮猫眼中的间谍。两组人物处于对峙关系，舞台站位、走位从不会融入对方阵营。但猫森林的“猫王”靴猫侠出场后，调皮猫就和他有了“上”与“下”的关系，始终在站位和台词语气上衬托、迎合、揣摩“领袖”心理。而在后面与丑小鸭、稻草人成为朋友后，在舞台走位上，两支队伍就完全融为了一体。先是随着号角，两支队伍阵形合二为一，列成一列纵队，向天鹅湖进发。接着通过《朋友之歌》这首乐曲，双方在舞蹈中相互交融，这时候的调皮猫已经成为丑小鸭寻亲护卫队的一员。

这种舞台变化，充分体现了“见什么人，说什么话”这一处理人际关系的要诀，有利于演员去设计角色在语气语调和由动作表情所体现出来的交流态度上的变化，并随着时空、事件的变化而发展，在自身多重身份之间灵活地转换个人立场。真实有机的交流与适应，应该建立在真实的感觉的基础上。演员在交流与适应中，无论是与自我的交流、与想象对象的交流、与同演者的交流还是无对象交流，形体与语言的表现力都是非常重要的。因为心灵的交流总是细微深刻的。在形体上，一个手势、一个姿态都应该饱含着语言，特别是眼睛和面部的表情，更应该能够真正地去传情达意；语言更应该受到应有的重视。

（三）演员与剧本的融合

表演者所做的任何表演，一个直接的依据是剧作家创作的剧本。儿童戏剧的剧本，通常都是从“生活”和“第二世界”两个角度来描写的。“生活”的角度指的是那些在生活中已经发生或正在发生的事情，而“第二世界”的角度是指存在于剧作家头脑中的那个世界。二者结合，成为人物形象创作中的规定情境。站在生活的角度，剧本的字面意义比较容易理解，但潜藏在文字背后的意义就不大容易理解了。演员在处理剧作家作品时，一个最重要的工作就是将潜台词表现出来。要注意的是，不能把“第二世界”与“真实”对立起来。话剧艺术一直都在追求真实感人，也就是说要贴近人物、模拟生活，要求演员的表演“像生活中那样”可信。每个观众都有各自美好的“梦想”或所谓的“内心世界”，这个世界对他们本人来说都是相当真实的。所以这就是他们触摸剧作家“第二世界”的心理基础。作为演员不能简单地以处理“生活真实”的表现手段来表现“第二世界”的真实，也不能仅仅依靠情节和画外音的交代，而要靠演员的创造，使观众感受到这种世界的存在。这就要求演员展开充分的想象，在心中真正地感受戏剧家和导演提供的规定情境，在行动的过程中使之处处都符合规定情境的要求，找到最准确、鲜明、生动的适应，最终把这种假定和虚构变成观众心目中“真实的存在”。

特定的内容应该有特定的表现形式。就语言的口头表达形式而言，“第二世界”的真实需要借助朗诵的形式来表现。比如岳阳甜橙儿童剧团《丑小鸭与靴猫侠》一剧开篇的旁白部分：

【旁白　春天到了！小麦金黄，燕麦绿油油。干草在绿色的牧场堆成垛，太阳照在鸡棚上，鸡妈妈在孵最后一个蛋。

这是将小观众引入剧作家的“第二世界”的第一句“导游词”。朗诵时，要求演员用明亮、纯净、富于活力的声音来描述这个世界的美好。“春天”“金黄”“绿油油”三个词要富于表现力，而“太阳”“鸡妈妈”要用温暖的语气，“鸡棚”因为是这一幕的空间背景，所以要用上扬的语调清晰地传达。

演员只有解读明白了自己所要扮演角色的三个维度，理顺了自己在舞台上的多重身份、多重关系，体味到了“第二世界”扑面而来的浓郁气息，才能在一出戏的表演中准确定位。

二、演员台词处理中的语势

儿童戏剧演员找准角色定位后，接下来的重任是学习处理台词中的语势。语势是指台词处理中有声语言上下起伏的走势。音量“由小变大、由大变小”的变化、音调“由低到高、由高到低”的变化、语速“由慢变快、由快变慢”的变化、吐字力度“由弱到强、由强到弱”的变化，其相互组合就形成了语势。

语势可分为上行语势、平行语势、下行语势和曲行语势四类。它们在表达情绪情感方面有着各不相同的基本含义。

上行语势表现疑问、设问、喜悦、兴奋、欢呼、自豪、愤怒、紧张、命令等。

平行语势表现比较厌恶、反感、麻木、冷淡、踌躇、思索、庄重、平和、安详等。

下行语势表现祝愿、祈使、庄重、感慨、赞叹、确信、沉痛、愤怒等。

曲行语势表示讽刺、幽默、威胁、暗示等。

如童话剧《我不要被吃掉》中使用了以上四种语势：

小胖墩　好啊，你说你能打过我，那你为什么不动手啊？（上行语势）

贝里奥　啊呀，你们知道的，刚才我在山坡上吃草，你们知道的，我最爱吃鲜嫩的紫花苜蓿，咩……（平行语势）

卡门　科尼，你真是世界上演技最棒的牛头人！（下行语势）

狐狸三兄弟 佐拉，你在说什么笑话呢？狐狸不吃鸡，难道要我们喝西北风去？（曲行语势）

当然这里只是就一般情况而言的。在实际工作中，语势还会有许多复杂的变化，因为人类的情绪情感本来就是复杂多变的，没有人能够把它们一一叙述出来。例如，人们有时也会用上行语势来表现某种轻蔑对方的情绪。然而，这些情绪无论怎样变化都是从语势的基本含义中演化而来的。四大基本要素（语言速度节奏的快慢、音量的大小、音调的高低、语言力度的强弱）以及因它们高低起伏的变化而形成的语势，是语气语调主要的物质构成。

演员在实际创作中是怎样运用这些表现手段的呢？他们应当遵循哪些基本原则来从事情绪情感表现的工作呢？

演员表演所发出的信号必须与观众的生活经验有某种程度上的相互契合，否则观众就无法看懂演员的表演，无从体会作家作品的内在含义。画家们利用线条与色块的各种组合来替代现实世界中的景物。各类艺术家在他们的艺术创作中无一不是利用这种替代、模拟的办法，在他们对世界的感悟（作品）与大众对世界的认识之间，构筑起一道相互沟通的桥梁。我们可以把这种替代的方法称为“类比法”。

上海戏剧学院的刘宁谈到“百灵鸟从蓝天飞过，我爱你中国”这句诗的朗诵时认为，百灵鸟是一种小型鸟类，它小巧灵活、动作迅速，演员可以从它的形象中抽象出“小”“轻”“快”的基本概念。因为它是一种儿童喜爱的鸟类，又可以抽象出“喜悦”“欢喜”这一类的概念。有了这些概念，就可以与语言表现技巧进行类比，用“音调的高”“吐字的轻”来类比“小”“轻”的概念，用较快的语速来表现“快”的概念，以上行语势来体现“欢喜”的概念。“从蓝天飞过”的处理稍微复杂一点，因为“蓝天”中的“蓝”字是一种视觉上的感受，很难用声音表达，这时就要从人对“蓝天”的感受入手。“蓝天”指晴朗的天气，相对于阴天来讲人们对它的感受是“舒展”“通透”。“舒展”“通透”就是演员在表现“蓝天”时可用的两个抽象概念。在处理时可拉长“蓝天”二字，以体现“舒展”，由“蓝”字到“天”字的过程中，利用上行语势，逐渐放大音量，逐渐升高音调，以表现出“通透”的感觉。“飞过”的表达也可以从日常生活的经验中找到答案，这里可以借助逆向思维，将“飞过”与“飞来”进行对比：飞过的视觉感受是越来越远、越来越小，飞来则是越来越近、越来越大。处理“飞过”这个词时，用平行语势，音量逐渐减弱，“过”字尽量不收，这样就可以用声音表现出一只小鸟从儿童眼前飞向无边的远方这一场景。由此可见，类比法是一个从具象到抽象再到具象的分析与表现的过程。

第五节　角色的心灵与情感

一、角色的创造

儿童戏剧演员的创作任务是在剧作家所创作出来的文学形象的基础上，再创造出活生生的、有血有肉的舞台人物形象，因此演员在人物形象创作过程中，不能离开剧本所描述的人物形象。演员只有在对剧本与角色进行认真分析的基础上，才有可能对剧本和角色获得正确的认识与理解。在排练中，对剧本和角色进行分析时，要关注以下两方面：

（一）剧本分析

剧本分析包括对时代背景、规定情境、中心事件、矛盾冲突、主旨、贯串行动、最高任务与风格体裁等的分析。

（二）角色分析

角色分析包括对角色行动发展的线索、角色的贯串行动与最高任务、角色的内外部性格特征、角色与其他人物之间的关系、角色在全剧中的地位与作用等的分析。

以《丑小鸭与靴猫侠》第一幕为例，研究剧本，会发现很多规定情境的事实：

春天里小鸡们因为比美发生了争吵；
小鸡们纷纷议论还赖在蛋里的小家伙；
鸡妈妈孵的最后一个蛋比其他小鸡晚出生了15天左右；
一只怪模怪样的小鸭很开心地从蛋壳里跳出来；
小鸡们不喜欢这个迟出生的妹妹，纷纷嘲笑她的丑陋；
被取名丑小鸭的小家伙发现自己和小鸡长得不同，惶惑不安；
小鸡们排斥丑小鸭，抛开她一边玩去了；
丑小鸭觉得孤独而自卑；
鸡妈妈疼爱丑小鸭，告诉了她身世的真相：她是天鹅的孩子；
天鹅爸爸为猎人所杀，天鹅妈妈将蛋委托给鸡妈妈照看；
丑小鸭决定离开鸡棚，去天鹅湖找妈妈；
丑小鸭依依不舍地告别鸡妈妈；
…………

经过演员的梳理，剧本中所提供的规定情境会逐渐变得明晰。演员只有将每一段戏中的规定情境理出来，才能把握人物在什么样的状态下生活，也才能把握人物的行动和心态、思想和性格等。

二、在矛盾冲突中开掘主题思想

在戏剧演出的创作过程中，导演起着阐述与把握全剧主旨的主要作用。但要真正地体现出一个剧本的主旨，则必须使剧本的主旨生根在剧组的每一个成员，特别是生根在演员的心里。

在剧本中，主旨和矛盾冲突的内容只有在行动中才能展现出来。这种表现主旨的行动，也就是全剧的贯串行动。斯坦尼斯拉夫斯基认为："贯串行动就是主要人物的基本意向。"比如儿童历史剧《上屋抽梯》中，小将刘琦在后母的迫害下寻求自保的基本意向就是全剧的贯串行动。童话剧《我不要被吃掉》的贯串行动是狐狸抓走小公鸡给爸爸祝寿和小母鸡们出发拯救被抓的小公鸡。

任何一个剧作家在写作一个剧本时都有自身的目的和任务。演员参与剧本的表演创作，就应该把剧作家所要达到的目的和所提出的任务表现出来。演出一部戏剧作品时所要追求的思想目的，被斯坦尼斯拉夫斯基称为“最高任务”。最高任务带有情绪和意志的色彩。主旨用来说明真理，而最高任务却要把这个真理从生活中鲜明地树立起来，它是艺术家内心中最深切的愿望。如儿童历史剧《上屋抽梯》（见图4－5），展示了古人恪守的“弟子规”与实际生存困境之间的矛盾，“三十六计”成为解决这一矛盾的全新智慧手册。而童话剧《我不要被吃掉》几乎是一场动物世界的女权运动，小母鸡卡门、小母狐狸佐拉为赢得女性在家族中的地位而战，终于用智慧赢得了男性世界的尊重。

图4－5 《上屋抽梯》剧照

由于角色的思想逻辑与其所处时代、出身、生活的环境、所受教育等有着密切的联系，因此在分析角色的思想逻辑时，演员应该根据剧本所提供的事实，利用自己的生活积累与想象，给自己所要扮演的角色编出一个生活小传，以便能够进一步感知角色。在分析剧本时，演员要搞清人物之间的关系，认清角色在剧本中的地位和作用，了解这个人物形象为什么要写到剧本里来；了解这个角色在戏剧结构中是起着推动行动发展的作用还是仅仅为了说明环境的特色、补充说明其他人物之间的关系；了解角色是贯串全剧的贯串性人物还是只参加某一个或者某几个段落的段落性人物，或者只是在剧本中的某一个瞬间里闪现一下的穿插性的人物。在《上屋抽梯》这个剧本中，小将刘琦和没有出场的蔡夫人都在推动着行动的发展，他们是贯串性人物。而赵、钱、孙、李四副将以及诸葛亮等人物主要是为了说明刘琦的生存环境，进一步展示刘琦的某些侧面性格，他们是段落性人物。而诸葛亮的书童、骊姬的宫女则是穿插性人物。至于一些剧本中的小天鹅、小猴小妖、小鸡小鸭、路过的学生、宫廷的护卫、开道的衙役、围观的人群等，是为了渲染气氛而设置的，他们戏份虽少，但在一个完整的演出中同样起着举足轻重的作用。

三、角色的心灵与情感

演员在进行角色创造时，应该在自己的心中先产生角色的人物形象，即汤显祖所言“为旦者常自作女想，为男者常欲如其人”。在古代，戏剧中的旦角多由男演员来扮演，所以要求戏里扮演旦角的男演员在舞台上甚至生活中“常自作女想”，也就是想象自己是一个女人在遇到生活中这件或那件事时将怎样对付、处理和适应。那些扮演生、末、净、丑等男性角色的演员，则要经常要求自己达到“如其人”，即像角色一样——不仅指外形的模拟，而是要想角色之所想、求角色之所求，和角色一样去行动和反应。焦菊隐先生把这种在创造舞台人物形象时首先在心中产生出来的形象称为“心象”。所谓心象，就是演员在理解和认识剧本和角色的基础上，经过对生活素材的筛选，通过想象的加工而在心中呈现出来的角色形象的蓝图。焦菊隐先生认为，“先有心象，才能够创造形象”。心象应该是演员心中具有心灵与外部特征的一个活生生的人。为此，演员必须增强对剧本和角色的生活体验，搜集更多能产生具有鲜明的内外部性格特征的角色的心象。在重视对角色的内心生活、思想感情进行深入感受与体验的同时，必须十分重视对角色的外部形象的观察与模拟。二者互为表里。

如果排演的是历史剧或者是童话剧之类的剧目，演员扮演的角色是历史人物或者是动物、神怪、精灵，那么演员一方面要从现实生活的体验中找到自己对于角色的构思与依据，另一方面要从历史的文献资料、文艺作品中获取素材。因为历史剧或者神话剧中的人物，在思想感情上总是与现实生活中的人物有着共同的和相似的地方，同时是特定历史时期、特定生活环境中的人物。其生存方式一定会与现实中的人有所区别。演员只有认真探寻这两方面的有机结合，才有可能进行角色的构思，从而创作出人物的心象来。

以童话剧《丑小鸭与靴猫侠》为例。第一幕中出现了段落性的四只小鸡角色，甜橙儿童剧团的四位演员在分析剧本创作心象的过程中，赋予了四只小鸡鲜明的性格和形象。第一只是霸道的鸡哥哥，类似儿童伙伴群中“小头目”的感觉，喜欢在刁难打击新人、排除异己的过程中确立自己在鸡群的地位；第二只是爱争吵的小鸡，性子急，遇上任何事都要参与意见，争吵一番；第三只是爱漂亮的小鸡，整天忙于梳洗羽毛，对别的鸡评头论足；第四只是爱提问的小鸡，心中装着对世界的无数疑惑，用批评和思考的眼神打量世界，容易被强势的鸡哥哥影响。在舞台上，四只鸡表演时同中有异，他们代表了整个鸡群中形态各异的鸡。他们恶意或半恶意的嘲笑，给刚出生的丑小鸭留下了心理阴影，成为丑小鸭离开鸡棚寻找亲情和温暖的导火线。而对于猫森林的靴猫三剑客——调皮猫、笨笨猫和小萌猫，三位演员仔细研读剧本后，在心象创作上也有出色的表现，不仅在形体动作以及台词处理上有较明显的区别，在猫脸谱上，也有较细腻的呈现。调皮猫右脸的四根胡须明显卷曲，调皮猫的饰演者在阐释角色时说：“这是生活中因为调皮，玩火将胡须烧成卷曲。”笨笨猫左脸三根胡须，右脸四根胡须，其中两根明显短一截，笨笨猫的饰演者阐释角色时说：“源于她太笨，与调皮猫打赌输掉，所以被拔掉一根猫胡须。弄断胡须也是因为它的粗心。”只有小萌猫的胡须是最漂亮的，左右脸的四根胡须完美对称，微微上翘。小萌猫的饰演者认为，这样能“突出它的萌与美”。即便是一群天鹅，作品中也分出了优雅的天鹅、尊贵的天鹅、可爱的天鹅和滑稽的天鹅四类角色。四只优雅的天鹅中，还有两只天鹅的身份是哨兵，另两只则与天鹅首领的关系密切。为了培养舞台的默契感，“鸡家族”“猫家族”“天鹅家族”的学生演员们生活中都在一起吃饭、交流、排练，争取更多的相处机会，以形成舞台上的小社会群。

《白马飞飞》中的主人公飞飞是一匹在抗日战争中具有高贵品质的中国战马。将白马搬上童话剧舞台，无论是从童话剧形式，还是从用一匹战马表现抗日战争题材的角度来说，这部剧作都是创举。然而对演员和创作班底来说，用人来演马，这是难度很大且没有先例的创造。导演陈薪伊决定，着力塑造白马的形象，表现白马和主人罗成的关系。服装设计师对飞飞的造型突出了马鬃和马尾两个重要的外形特征。飞飞的台词很少，为了追求神似，做到“拟马化”，演员夏志卿通过神态、感觉、形体、舞蹈和嘶鸣等出色的表演内容，传达出白马飞飞高傲、纯真、哀怨、深沉、成熟、坚贞、凛然等丰富的情感，并达到相当的艺术境界，受到戏剧专家和小观众的好评，获得了第十三届梅花奖。

心象的创作，与演员自身的世界观、文艺观、对生活的态度以及演员的艺术趣味等有着极为密切的联系。同时，它和演员对角色的理解以及想要通过角色与观众探求什么样的生活意义和哲理有着不可分割的关系。因此，演员要不断提高自己的总体素质，为自己进行角色的构思奠定一个坚实的基础。

当然，演员对自身的条件要有自知之明，不能离自身的条件太远。否则，心象虽美，却无法在自己身上落实，反而会变得面目全非、适得其反。这也激励着演员不断突破自身的极限。如中国福利会儿童艺术剧院的演员施炯，在饰演儿童游戏剧《小白兔》中的“红毛狐狸”时，已过不惑之年，演这个角色需要又唱又跳，贯串剧的始终。施炯凭着从小练就的基本功和坚强意志，紧紧抓住红毛狐狸的妖艳、妩媚等外在和内在的性格特点，受到同行、导演和广大观众的好评，并以此角逐白玉兰戏剧奖。

儿童戏剧事业是一项无限光荣的事业。许多艺术家终身热爱着这项事业，为孩子们塑造了栩栩如生的艺术角色，他们的心象在儿童戏剧的舞台上大放异彩。

单元教学与练习

剧本《上屋抽梯》的排练

儿童历史剧《上屋抽梯》的编剧出于对《三十六计》《弟子规》以及诗词楹联等古代传统文化的喜爱，特意熔这些素材于一炉，烹出了一道可口的国学菜肴。

剧本以一个说书人的讲述来串起三回本的故事。将《三国演义》中荆州牧刘表长子刘琦的故事放大补遗，别有风味。小将刘琦屡次被后母暗害，但在《弟子规》的训导下孝顺隐忍，不敢反击。为了荆州大局，他开始寻求自保，主动求助于刘备帐下的军师诸葛亮。刘备的仁厚、诸葛亮的机智、张飞的粗豪、关羽的城府、赵云的善学等，在剧中都有表现。全剧语句精练、朗朗上口，很适合作为戏剧表演初学者的语言练习材料。

本次剧本排练演出的主要训练内容：

1. 完成角色的台词表达训练。

2. 所有演员借助三点定位法，完成创作中的自我定位。

3. 阅读《上屋抽梯》全剧，试着写出刘琦的心象。

探究与实践

一、儿童戏剧对演员的总体素质要求有哪些？

二、生活语言与戏剧台词有何区别？演员台词的训练有哪些具体要求？

三、台词表达的技巧训练可以从哪些方面着手？

四、焦菊隐先生认为，演员表演时“先有心象，才能够创造形象”。说说你对这句话的理解。

第五章

舞台美术

第一节　舞台美术设计

舞台戏剧作为一门综合艺术，由文学导演、表演、音乐、舞台美术等艺术因素构成。而舞台美术又是由布景设计制作、服装服饰、化妆造型、道具设计制作、灯光照明艺术等组成的统一体。

在各剧种中，儿童戏剧的舞台美术设计恐怕是最复杂的。儿童戏剧舞台美术的复杂性，是由舞台美术特征和儿童审美的特殊性共同决定的。

一方面，舞台美术属于二度创作，任何舞台美术不可能脱离剧情本身，就舞台设计本身来说也必须为剧情服务。所以，舞台美术设计的自由度和音乐、文学、美术创作相比要小一些。儿童剧的内容无论是从戏剧创编方面看还是从演出方面看，都需要极其宽泛的儿童想象力以及对儿童世界的敏锐的感受力。

另一方面，舞台美术设计是一门综合艺术的运用。舞美美术设计的目的就是营造逼真的效果，不拘泥于某一种或某几种流派和风格。舞台形式虽然多变，但最终目的都是为戏剧本身服务，营造剧情本身的虚幻感。而儿童戏剧本身，尤其是各种童话、神话题材更要很好地体现这一点。正如瑞士舞台美术家阿道尔夫·阿庇亚所说："不要去创造森林的幻觉，而应当去创造处于森林气氛中人的幻觉。"

一、当代儿童戏剧舞台美术设计中常见的问题

随着经济、文化事业的发展，儿童戏剧在演出的规模和舞台设计的经费上今非昔比，但是我们能数得出来的深受儿童喜爱的剧目，除了传统经典的，还是不多。这其中，既有剧情设计本身的问题，也和舞台美术设计失败有关。主要表现在：

（1）不少作品的剧情缺少童趣，内容过于成人化、说教化；舞台美术设计没能针对儿童观众的观赏心理，没有体现出剧情本身的童趣特征。

(2) 不少儿童戏剧舞台背景设计只考虑了剧情的故事说明，没有营造出让儿童能产生联想的虚幻空间。舞台美术设计纯粹地模拟生活，滞后于当代儿童观众的观赏水准，无法使观众产生共鸣。这种使他们与生活真实“对号入座式”的美育是不足取的，也是艺术家缺乏艺术想象力的表现。

(3) 有些儿童剧目在灯光、色彩、道具运用上，设计者曲解了儿童的审美心理，导致舞台美术设计烦琐臃肿、色彩杂乱，或者过于模式化、幼稚化，折射出剧情、舞美和儿童观众三者在作品理解和感受上的脱节。

(4) 少数儿童戏剧舞台美术设计过分抽象，过分超前和成人化，让儿童观众费解，不能入戏，达不到应有的舞台效果。

(5) 有的儿童剧一味追求大手笔、大制作，“戏不够景来凑”，将戏剧舞台装点得非常华丽，而演员在舞台上却处于一个次要的地位，让人产生一种虚假的感觉，这是与戏剧相违背的。

二、不同年龄段儿童对舞台的审美需求

儿童戏剧的舞台美术设计流于成人化、平庸化、模式化和抽象化，主要缘于剧本创作者和舞台美术设计者对童心的认知淡化。

不同年龄阶段的儿童偏爱不同层次的儿童戏剧。处在儿童期（12 岁前）的孩子，其大脑还在发育期，知识积累不够，逻辑和抽象思维能力不强，审美心理处于萌芽时期。他们往往以形象思维的方式来认识客观世界，因而对形象简单、内容单纯、颜色丰富、富于情趣又不断变化的活动场面非常喜欢。在剧场，儿童借助直接感知和形象化认知来了解剧情，童话剧、神话剧、小幕台的情景互动剧目更适合其心理特征。

儿童进入少年期（12～15 岁）后，随着大脑的发育、知识的积累，其审美心理会发生很大变化。他们开始有了一些独立的见解，思维开始由形象思维向逻辑和抽象思维发展，能感知他人的内心活动，渴求更多的知识和新奇的感受，审美心理基本进入写实期，但还没脱离具象审美范畴，属于审美心理的逐渐成熟期和审美能力的提高期。他们在剧场学习知识和感知形象的同时，扩展自己的联想和想象。他们能够欣赏具有较高艺术性的作品和科幻、魔幻题材作品。在嬉戏、玩耍、游戏中推进情节、展开人物、表达主旨的现代儿童情景剧也深受他们的喜欢。

所以，儿童剧的舞台美术设计不能停留于习惯性地遵循舞台说明文字，追寻单一的布景组织，而应尽可能依据不同年龄段的儿童审美心理，根据不同的题材，从剧情的发展变化中创造出新奇的舞台，唤起孩子们对生活和世界的热爱，让孩子们感受到这个世界的多姿多彩。同时，创作中的想象力必须符合接受者的胃口，使之真正达到寓教于乐的目的。

三、儿童戏剧舞台美术设计的创作要求

舞台美术设计者力争从视觉形象上征服儿童。要让孩子们从视觉形象上得到快乐并对

戏剧产生喜爱之情，并不是那么容易的。一个合格的舞台美术设计者，必须遵守以下几条创作要求：

（一）寻找剧情、舞台美术设计和儿童观众之间的切入点

有了色彩斑斓的儿童舞台美术设计，有了较强叙事情节的剧目，还要寻找剧情、舞台美术设计和儿童观众之间的切入点，这来自戏剧工作者对儿童舞台剧创造自由度的把握利用以及对剧情互动性的认知水平。在创作儿童戏剧舞台美术时，不但要感受童心，还要怀着一颗童心去创作。要做好儿童戏剧的美术创作，就必须了解儿童的心理，考虑到他们的兴趣及喜欢的游戏，还要感受到他们渴望的心灵。通过舞台，搭建起角色融入和角色置换的想象空间。

因此，舞台美术设计应该从儿童心理和剧情出发，色彩要尽可能做到鲜明，形象设计要可爱，为舞台增添绚丽的色彩，充分彰显出舞台艺术的魅力。如中国儿童艺术剧院2008年推出的大型原创视觉舞台剧《十二生肖》（见图5-1），是一部弘扬中华民族文化魅力、表现关爱生命与环保题材的舞台剧。该剧以中华民族文化中的十二生肖为主题，真人表演与二维三维动画相结合，人偶同台演出。故事讲述的是一个小女孩在“十二生肖”的陪伴下长大，老鼠唤醒她，羊妈妈给她温暖，斑点狗跟她玩耍，兔子教她倾听，马儿领她过河……故事很简单，舞台画面却非常美丽且充满幻想，让孩子们在轻松的氛围中把自己融入十二生肖的角色，从而去深切地感受爱、感受美好的生活。舞台美术设计由澳大利亚舞台美术设计大师理查德·杰卓尼负责，他在剧中成功融入大量具有中国特色的象征和符号，将长城、皮影、剪纸、京剧、灯笼、风筝、书法、笔墨、二胡、锣鼓等中国文化特征一一展现出来。该剧受到了法国艺术节及多个国家文化艺术团体的瞩目，扩大了儿童戏剧在中国乃至世界的影响力。

图5-1 《十二生肖》剧照

现代社会信息量大，儿童戏剧的视觉形象不能仅停留在鲜花、远山、蘑菇、石头等景片的组织上，不要将舞台设计简单定位为一个剧情的展示和旁白的视觉补充，还应当从剧情中寻找适合的形象和舞台情景变化，组织起新奇的舞台。曾经荣获文化部“文华大奖”等多项大奖的大型神话木偶剧《琼花仙子》（见图5-2）是一部以扬州市市花的历史传说而创作的剧目，这部戏的布景与情节结合得非常紧密。在《琼花仙子》剧原稿中，扬州城、大运河、皇宫是三个主要场景，如果按照这样的场景，那么无形中会使演出仅仅成为对历史故事的真实叙述。主创人员数易其稿，在新本中删除了大运河和皇宫这两个场景，改为扬州城、扫垢山和虚拟的魔宫三个场景，增添了故事的神话色彩和童趣。该剧开场是美丽的扬州城，舞台后区是碧波荡漾的瘦西湖水，中区是红花绿草的堤岸，前场是杨柳垂枝，风景宜人。第二个场景是扫垢山，舞台布景设计为：舞台后区用软景表现众多的丘陵，前区（表演区）有一个醒目的“扫垢山”洞穴和小山坡，场景色调阴冷灰暗。为了夺回琼花仙子的甘露瓶，孩子们与麻胡子展开一番周旋，终于夺回能使扬州城变美丽的甘露瓶。第三个场景是金蟾大王所住的魔宫，舞台布景设计为：一只血口大张的癞蛤蟆头硬景置于表演区，场景华丽又阴冷。通过扬州城、扫垢山、魔宫这三个场景的交代，故事情节在人物不断激化的矛盾中向前发展。瘦西湖的美景、扫垢山的阴森、魔宫的恐怖对整个剧情的发展起到了很好的陪衬作用。

图 5-2　《琼花仙子》剧照

（二）儿童戏剧舞台美术设计要有想象力和创造力

富于想象力和创造力的剧情设计和安排是儿童戏剧的灵魂。儿童戏剧常常有扑朔迷离、起伏跌宕的情节以及惊心动魄或尖锐复杂的矛盾冲突，剧中的人物在剧场生动形象地向小观众们袒露他们内心的秘密。这些只有在剧场中才能获得的独特体验给小观众带来了强烈的感动和震慑，这是银幕、荧屏所不具备的优越性。小观众在欣赏儿童戏剧时，可以在与演员的交流中达到彼此之间心灵的共鸣，获得一种满足的审美快感。

为了配合剧情，儿童戏剧在舞台美术设计上也必须有想象力和创造力。儿童戏剧在舞台美术设计上的想象力和创造力是检验艺术家智慧的一个标尺。与成人戏剧相比，儿童戏剧舞台的创造要宽松得多，天上地下，人间魔界，都可以搬上舞台。在儿童戏剧创作中，舞台美术设计者除了要满足孩子们对色彩鲜明以及造型可爱的人物设计的要求外，还要尽可能地为儿童创设出丰富的想象空间，这对激发孩子们的想象力与创造力是有益的。如果能给孩子们创作出一台有创意且又具有生命力的儿童戏剧，就可以将儿童戏剧的教育作用与意义发挥得淋漓尽致。邱建秀担任儿童戏剧《春雨沙沙》的舞台美术设计师时，颠覆了传统的舞台设计模式。她以青瓦屋檐为立体背景，让观众如同身临其境，以俯视的角度看着故事的上演。首演时，幕布刚刚拉开，观众们就为这惊艳的舞台鼓掌尖叫。《春雨沙沙》也因此获得了全国儿童剧比赛一等奖。浙江儿童艺术剧团1998年创作的《白雪公主》的舞台美术设计师熊彦平选用了1 000多根白色透明塑料管编织成错落有致、层次分明的冰凌架构，并点缀上朵朵洁白的"雪花"，四台下雪机下出缤纷"大雪"，再加上灯光的配合，整个舞台呈现出晶莹而清纯的冰雪童话世界。七块倒A形的景片巧妙地组合成宫廷、大森林、小木屋，充满了童趣。

在舞台美术设计过程中，可以将传承与创新相结合，以丰富戏剧艺术的表现手段。以无锡文化艺术学校2010年创排的动漫舞台剧《少年英雄周处》（见图5-3）为例，该剧表现形式集音乐、戏剧、舞蹈、戏曲等于一体，人物塑造具有鲜明的中国特色，展示了传统民间故事的魅力。剧组还和广电集团广新动漫公司合作，设计制作了动漫风格的舞台布景、动漫人物形象，按动漫舞台剧的演出形式、叙事方式，对表现手法大胆构想，对舞台呈现精心打磨，增添了更多的动漫元素和喜剧效果，演员和观众间的互动贯穿始终；充分挖掘中国化、江南化的动漫元素，将中国戏曲中的表演程式、打斗效果引入剧中，将富有江南特色的舞蹈、场景有机地点缀在剧中，情节通过动漫动作、表情、音乐等形式来转换，将人物关系、剧情交代清楚，以多元的艺术手段，在舞台上展示了宏大而绚丽的艺术世界，实现了传统文化和多种艺术形式的成功结合，极大地丰富了剧目的审美情趣和文化内涵，增强了剧目的可看性。

图5-3 《少年英雄周处》剧照

（三）儿童戏剧舞台美术设计要有情趣性和互动性

在儿童戏剧舞台美术设计上，我们还需要更多借鉴西方儿童戏剧的一些演出和设计理念，充分发挥和营造儿童戏剧的情趣性和互动性。西方儿童戏剧的文本首先要进行修改以适应儿童参与的需要，增强互动的目的不是娱乐，而是鼓励儿童思考、感受各种情感。这时的剧场成为教育的空间，儿童既是观众又是演员等。他们不受限制约束，可随时给演员提建议，年龄愈小的儿童表演得愈自然。这时的孩子就成为演员、观众、导演、剧作家、舞台美术设计者、评论家等。他们会在一个虚构的世界里探索和检验自己的想法、同他人的各种关系，借用戏剧的表现形式积极地表达自己内心的想法。在这样一个有趣的领域，孩子能够感受到世界、体验到快乐，从而逐渐改变对周围事物的偏见。

从增强儿童剧互动性角度思考，儿童戏剧舞台美术设计本身固然是要从灯光、服装、道具、音响等各个方面考虑儿童审美本身的需要，但真正好的儿童舞台美术设计本身更要从儿童心理出发。这不是简单的一句空话，而是要真正从儿童的角度出发去思考、去感知、去了解。前人在这方面已做了不少的努力。比如《马兰花》剧情本身并没有角色互换情节，但优美的舞台设计，在展现每一个故事情节本身的同时构造了一个极富想象力的虚幻空间，让小观众很容易随剧情的延伸而置身其中。当代著名舞台美术设计师沈尧定认为，儿童需要的是故事性强、趣味性浓、形象鲜明、生动活泼的儿童戏剧。戏剧不可能出现电影、电视的宏伟场面和错综复杂的情节，也不可能和动画片那种千变万化的、令人眼花缭乱的神奇视效相比。儿童戏剧就应该发挥真人的长处，加强与儿童观众的交流，使他们真正成为戏剧的参与者。儿童戏剧能让儿童感到亲切、有趣，才能真正吸引住他们。例如，《豆蔻镇的居民和强盗》设计的“土转台”，布景是建在转台上的欧式木板建筑，有门、厅、阳台和阁楼，只要稍微转动一下，就会是一个崭新的舞台画面。只要导演运用得巧妙，舞台的节奏、调度和支点尽在那个转动之中凸显出来。这样设计，能让故事“闹”起来、欢快起来。

这里需要强调的是，儿童戏剧舞台美术设计不要过多考虑什么流派、什么风格问题，无论是现实主义还是构成主义或者象征主义等各种艺术风格，都应该从剧情和儿童审美心理需求出发，创造出一种烘托剧情和能引发无穷想象的舞台虚幻空间。

第二节　道具设计制作

道具是指表演时用的器物，通常可分为：大道具（如桌、椅、屏风等）、小道具（如杯、壶、文具等）、装饰道具（如镜框、书画、古玩等）、随身道具（如眼镜、烟盒、扇子等）。

道具在古代戏曲舞台上称砌末，包括台上大小用具和简单的布景，像文房四宝、灶台、马鞭、船桨，以及一桌二椅等。戏曲舞台上的道具，是工艺美术家从生活中提炼美化出来的，它不同于生活中的日常用品，也不同于电影、电视剧、话剧中的实景实物。戏曲道具经过历代艺术家的推进演化，大都有夸张性、象征性、代表性和抽象性等特点。20世纪初至三四十年代，西安、陕甘宁边区的文明戏、时装戏中出现了现代戏剧的道具。这些道具讲究真实，多仿照生活用品制作或以生活用品代替，特别新鲜。新中国成立以后，现代戏剧演出仍然以现代生活、生产用品为道具，如写字台、大衣柜、保温瓶、电话机、沙发以及镰刀、斧头、扫帚等，无所不有。新编历史剧仍仿照古代生活用品制作道具，如仿古桌、椅、羊樽、鼎等。20 世纪 60 年代后，随着橡胶、塑料、尼龙等材料的出现，道具制作更趋于现代化、讲究现实性。与此同时，一些古老小戏仍然坚持使用各自富有特色的道具，秧歌、二人台所用的“花扇”“金钱棒”，端公戏所用的“坛棒”，跳戏所用的大刀长戈，均沿旧制，保持着民间小戏的古老风貌。

道具在舞台上是为剧情和演员表演服务的，在演出中起着非常重要的作用。

一、戏剧道具的舞台功能

道具是为了适应演员各种各样的表演动作而设置的艺术元素，在整个戏剧表演中对剧中人物起到一个辅助作用。斯坦尼斯拉夫斯基说过：有些演员不仅在探索他所表演的人物的内心活动方面，而且在探索他所表演的人物的身体外形方面做过艰苦的努力，他们才能理解与这个生活在舞台上的人物有关的每个特征、细节和现象的意义——为了塑造这个人物形象而采用的服装和道具，对于扮演这个人物的演员来说，已经不单纯是物品，而是成了圣物。道具作为这种圣物的功能大致可分为三类：一喻人，即刻画人物性格，暗示人物身份；二喻情，即表现人物的情感变化；三喻境，即体现各种环境和意境。

首先，道具可喻人。不少道具的设计在物色材质时，就考虑到是否有利于舞台人物的性格展示，以及是否能暗示人物身份。以戏剧舞台常见的道具扇子为例，不同性格和身份的人物往往使用不同的扇子：媒婆拿蒲扇，平民拿竹扇，诸葛亮拿羽毛扇，小姐用小檀香扇（最小的只有 15 厘米宽），武将用大折扇。如三国时期的猛将张飞用的就是大折扇，扇面画有猛虎和雄鹰。《牡丹亭》中的杜丽娘和丫鬟春香，一个用的是折扇，一个用的是团扇，表现出二者的不同身份。儿童动漫舞台剧《少年英雄周处》中的周处，使用的是一把特大的折扇，通过演员的表演，衬托出周处横行乡里、飞扬跋扈、不可一世的恶少神态。

其次，道具可喻情。很多道具在表达人物情感上起到了极大的作用，如青春版《杨门女将》“寿堂”一场。为了祝贺杨宗保五十寿辰，侍女们捧上了 12 朵红花。此时，众女将及七娘、佘太君都高兴地将红花戴在头上，但得知宗保殉国真相的穆桂英、柴郡主此时已是悲痛万分，不愿戴花，又怕老太君看出破绽，影响祝寿。戴与不戴，形成了悬念。当老太君发现问题，催逼焦廷贵道出真相时，舞台上情势急变，老太君颤抖的手拿下喜庆的红头花，红头花滑落在寿台上，八位女将眼含泪水，拔下红头花，再回身时红头花已变为白色，复又悲痛地插在发鬓上。12 朵花由红变白，牵引着这场戏由喜转悲，强烈地表现了杨门女将感情的大起大落。小道具起到大作用，是戏剧舞台道具设计的神来之笔。在安徒生童话剧团的童话剧《我不要被吃掉》中，狐狸妹妹佐拉骑着小木马出场时，这个小木马暗示了佐拉还是幼童的心理状态，可是在后期故事中，佐拉获得了小母鸡卡门等人的友情，在迷宫历险中已经有所成长，导演借助佐拉把小木马送给孤独的牛头人科尼来暗示她的成长。

最后，道具可喻境。道具对戏剧的时间、地点、环境、气氛等有着明显的表现力和暗示作用。不少戏剧的表演是程式化、歌舞化了的，所以许多道具实际上也是舞蹈的辅助工具。演员可以运用船桨表现出江上行舟的许多优美形象，可以利用马鞭表演出许多驰骋的舞姿。刀枪把子则是舞蹈化战斗场面中必不可缺的辅助手段。不少道具的喻境功能是在数百年舞台实践中，经过无数艺术家和观众的反复交流、认可才形成的一定程式与规律。比如在生活中风是无形的，而在戏曲舞台上却让风变得有了形象，由此产生了大家认同的“风旗”，然后通过演员的动作让它活起来，变成节奏化的艺术形象和舞蹈，继而产生了“火旗”“云旗”“水旗”“车旗”等许多约定俗成的道具，使戏曲舞台上呈现出绚丽多彩的动人场面。又如折子戏《三岔口》中，任堂惠手握烛台在屋内巡视时，观众便会感受到房屋、墙壁的存在。随着任堂惠吹灭烛火，虽然明亮的舞台灯光不变，但观众却已感觉到了黑暗。烛火的明灭喻示着室内光线的变化，可见道具对舞台环境的烘托和呈现起着多么重要的作用。在儿童剧中，孩子们会相信自己愿意相信的场景和道具。在岳阳甜橙儿童剧团童话剧《丑小鸭与靴猫侠》中，四只野猫掉进猎人陷阱一节，道具“陷阱”只是一个可以用细绳束口收紧的黑布袋，但小观众们在上台救人时依然不折不扣，说明演员的入戏表演是让道具发挥魔力的关键。

二、舞台道具设计师的行业要求

戏剧艺术的发展，对舞台道具设计师提出了更高的行业要求。

（一）要有一定水准的艺术修养

道具不能照搬生活的自然形态，而是在生活的基础上运用戏剧的假定性原则，将其进行艺术的夸张和提炼，满足观众的审美需求，这就要求舞台道具设计师和制作者有一定的美术、建筑、雕塑功底和戏剧理论等各方面的艺术素质，这样在实际工作中就能很快与导演、舞台美术设计等各部门达成默契。

（二）要勤奋钻研，善于学习、吸纳他人经验

要勤奋钻研，善于学习，尤其是在大型儿童戏剧演出的现场去学习、吸纳他人的制作经验。舞台道具设计师要在设计的总意图下积极地进行再创造。因此，舞台道具设计和制作的工作，在分析剧本阶段就开始了，需要设计者深入生活，主动钻研，在生活中获得许多感性知识和生活素材。

（三）要熟悉市场各种材料

完成一件道具，除了设计和制作外，还可以常常以现场的道具替代，或是购买旧货改装，或是利用库存道具，或是向私人或公家借用。这要求设计者对市场非常熟悉，既应考虑戏剧艺术的整体效果，也应注意节约，做到既省钱又无损于演出的质量。有些道具容易破碎，如花瓶、瓦罐、玻璃器皿等，这些东西制一个假的有时可能比一个真的贵，然而这些东西经不起碰击，在紧张的舞台工作中，不小心就会碎，会影响下一场的演出。这就要设计者寻找合适的材料，以假代真，自己进行制作。

（四）要善于积累制作经验，不断创新

有些儿童戏剧舞台用的刀枪棍棒，有时要直接接触演员的肉体，必要时还要拍打出声响效果来，所以，这些道具尤其需要精心制作。从选料的地域、品种一直到最后一道工序，每一个细节都要认真履行，马虎不得。著名舞台道具设计师王广发善于摸索，总结了

很多道具的制作经验。20 世纪 50 年代初，他为中国国家京剧院二团做的刀枪把子随团访问苏联，在莫斯科演出《三岔口》一剧时，演员手中的木质单刀银光闪烁。演出结束后，斯大林等领导人和演职员见面，当他手握那把单刀时大为惊讶，没想到那把刀是那样轻、那样亮（因为苏联当时表演的刀都是由金属制成的），为此，斯大林对中国的道具制作大加赞赏，并要求他们的制作人员努力学习中国的精湛技艺。

三、儿童戏剧舞台道具设计与制作应遵循的原则

儿童话剧、歌剧、舞剧、音乐剧等不同的剧种和艺术形式，对舞台美术有着不同的要求，进而对道具也有不同的设计与制作要求。大体来说，儿童戏剧舞台的道具设计与制作要遵循以下原则：

（一）道具制作者要根据演出剧种和剧本确定设计与制作的风格与形式

道具必须同戏剧作品、人物所要表现的时代、环境相适应、相吻合，否则就会成为舞台演员的累赘和负担，破坏作品的主题和完整性。以中国歌剧舞剧院精心打造的大型歌剧《红河谷》为例，故事发生地在西藏，年代为清朝末年。道具设计师勾德秋通过查阅资料，对那个时期有代表性的西藏的祭祀用品，藏民抗击侵略英军所用的藏枪、藏刀、火药桶以及英军所用的大炮、洋枪等事先做了详细的研究，道具最终做到了还原真实的历史、展示敌我双方武力悬殊的作用，表现和弘扬了爱国藏民为保家卫国英勇杀敌的民族精神。

道具并不是越多越好。有时候，巧妙的构思能让一把折扇也生出无穷的戏来。如李渔的戏曲《风筝误》中第廿九出《诧美》：讲述韩琦仲（生）与詹淑娟（旦）拜堂成亲，韩误把新娘淑娟当成她的姐姐爱娟（丑小姐）。这场戏的舞台调度是："生、旦对坐。"要达到的效果是韩与詹对面坐着，却没有看清对方并非丑姐姐爱娟，通常的道具设计是"红盖头"，那样观众也看不见盖头下究竟是谁，那么喜剧效果就大大降低，而且旦角演员也无戏可做了。导演借助一把小小的扇子遮住詹的脸，一扇之隔，双方各有表情，观众一览无遗、尽收眼底，而舞台上的韩却不知情，"戏"就出在这里，与后面认明之后的"诧美"相呼应，强烈有力。加上韩下场以后，旦角还要偷偷挪动扇子偷觑，又给演员提供了很大的方便。若旦角演员偷揭"盖头"去看，人物端庄贤淑的形象就会被破坏，而且面部表情会被盖头挡住，妨碍表演。可见用扇远比用盖头高明。难怪当时一位观众评价说："从来舞剧未有如此好看者！"

孙毅的儿童剧《大家来演扫帚戏》，构思精巧，道具设计简单实用，仅仅靠生活中的一把扫帚和一柄拖把，就让舞台富于动感、充满生机。多个孩子的复杂心理在争夺劳动工具的过程中表现得活灵活现，是非常高明的设计。

（二）充分发挥自己的想象力和创造力，使道具设计成果成为一个个精美的艺术品

李渔曾说："此理此法，谁能穷究至此？然不如此，则是寻常应付之戏，非孤标特出之戏也。"如果导演要求自己创造出来的演出，不要成为"寻常应付之戏"，而志在排出"妙绝天下，使百千万亿人赞美"的"孤标特出之戏"，那就必须对每一次演出都有新颖独特的构思、道具设计和演出处理。以辽宁儿童艺术剧院打造的新型儿童剧《西游后

记》中孙悟空的道具金箍棒为例，为了追求逼真，该棒重达十多斤，里面还装了各种灯，以便让它可以发光。这样，美则美矣，但演员舞起来很沉，舞完以后一身汗。这种不为演员考虑的道具制作，不算是成功的道具作品。相反，舞台美术设计师苗培如在童话剧《神镐》开幕时做了这样的设计：舞台前纱幕上两个光点逐渐变大，直至变为斗大的“神镐”二字，又转换为一把闪闪发光、上下飞舞的镐头，最终飞向舞台上方消失。这个奇妙的景象一下子就把小观众带进了神话的世界。

与儿童话剧不同，儿童歌舞剧的道具设计惯用唯美的创作理念，从视觉上表现出华丽而鲜艳的艺术美感。演员中的彩绸，可用五至七种过渡颜色，以求在舞台上达到炫丽的艺术效果。而为充实舞台的这种艺术效果，可利用市场上的品种。北京缤纷无限儿童艺术剧团的道具设计成果成为一个个精美的艺术品，展现在观众面前。以北京缤纷无限儿童艺术剧团打造的大型魔幻童话剧《哥德堡号与魔法圣杯》为例，演出现场最值得期待的一个细节是演出结束时，整个舞台洒满温暖的红黄光，两万个经过特殊加工的五彩乒乓球从舞台上空降落。乒乓球本身具有极强的跳跃性，将舞台与观众席连成了一片，给小观众制造了一个视觉奇观。

（三）道具应按照导演和舞台美术总体设计师的要求，根据具体场景中的陈设道具、演员表演道具及特定要求设计与制作

儿童戏剧中的童话剧在道具设计方面，可以向一些以神话和民间传说为题材的古代戏曲舞台以及现代音乐剧舞台学习。李渔在《蜃中楼》一剧中，做过这样的导演提示：“预结精工奇巧蜃楼一座，暗置戏房，勿使场上人见，俟场上唱曲放烟时，忽然抬出。全以神速为主，使观者惊奇羡巧，莫知何来，斯有当于蜃楼之义，演者万勿草草！”

像海市蜃楼这样奇异的自然景观，是很难表现的。早在清代，李渔就想到在舞台上再现这一奇幻而美丽的场景。更可贵的是，他不仅停留于提出新颖的导演构思，还在演出处理的具体设计上使之利于操作：“精工奇巧”是对规格的原则性要求，给搬演人留有充分发挥艺术创作的余地；“暗置戏房”“忽然抬出”是时间当口、迁换速度，乃至预期的剧场效果，全都有明确具体的要求。为了使这座蜃楼在烟雾云气缥缈之间，渐渐由隐而显，李渔通过舞台视觉形象在观众眼前完成了“结蜃”的行动。他根据估计到的观众心理，先出现加以特殊打扮的鱼、虾、蟹、鳖的模样，并作“满场爬”的动作（舞蹈），然后“吐烟”结蜃。这一演出处理，是以当时人们对海市蜃楼成因的理解为依据的。在当时的观众看来，这不但觉得新奇有趣，而且认为合情合理，完全符合他们设想中的生活逻辑。李渔敢于运用砌末和善于运用砌末，是继承和发展了元、明杂剧和南戏演出中的传统。导演在为新的演出寻找外部表现形式时，敢于突破当时舞台的陈规旧套的创新精神也是突出的。他的创造，使得戏的内容获得了鲜明生动而又新颖奇特的演出形式。

由中国歌剧舞剧院打造的大型音乐剧《在那遥远的地方》（见图 5-4）以作曲家王洛宾的传奇经历为主线，其编排突破传统歌舞剧的模式，又融入现代高科技手段，多种艺术元素的巧妙交融不仅在观众中引起强烈共鸣，也得到了很多专业人士的肯定。剧中，道具设计师成功设计与制作了方便、安全、实用的马车和大型移动葡萄架，通过演员在马车上表演，鲜明再现了主人公一行人一路西行的旅途场景。道具制作者在演员手持小道具上要充分发挥想象力，利用市场上可提供的各种材料进行改造加工，通过二度创作达到使用意图。

图 5-4 《在那遥远的地方》剧照

空政文工团创作演出的音乐剧《茉莉花》是近年来我国原创音乐剧中创作特色鲜明、舞台呈现具有较强时代感和艺术感染力的剧目之一。《茉莉花》讲述的是民国时期盲人二胡演奏家阿泉收养了少女茉莉花，茉莉花成长为华美艺班演艺歌手，再现了旧社会女歌手在歌舞职场酸甜苦辣的命运际遇和演艺圈内诸多冷酷“潜规则”笼罩下人性之美丑善恶的对垒。值得称道的是作品的舞台呈现：随着剧情的展开，江南水乡美景纷至沓来。小桥流水、古镇老街、碧水柳丝、荷风飘香，令人目不暇接。一群少女轻歌曼舞，一曲吴语细软的丝竹小唱悠扬婉转，给观众带来了一场炫目多彩的视听盛宴。最让人惊羡的是演员手持的一朵朵花伞。在《茉莉花》剧中，道具师运用伞的原理，把张开的伞反向制作成了可手持的大荷花叶，演员穿梭其中，加之荷叶舞动，十里荷香的动感画面便呈现于舞台之上，给演出带来了极好的视觉效果，让观众有了新奇感。

由此可见，想让道具在儿童戏剧舞台发挥真正的作用，必须注意以下几点：

第一，道具制作要严格地掌握比例关系，掌握各种材料的性能并灵活运用，把握色彩的真实性。

第二，道具的构思和设计、应用和摆放，要与舞台上的布景、灯光相统一，与演员的服装相和谐，这些东西运用得好，处理得妙，也会使得观众感同身受、如临其境。

第三，中意合手的道具，会使演员快速进入角色、投入表演；反之则会使演员心里觉得别扭，入不了戏。

第四，机械原理合理运用到所要设计与制作的道具上，会让道具别具匠心，给观众带来惊奇，发挥出神奇功效。

把握好了上述要点，我们制作出的道具必然趋于完美，舞台上也必然呈现出意想不到的震撼效果。

第三节　演员化妆造型

化妆是美化和改变演员舞台形象的重要手段之一，是一门综合性的艺术。化妆从广义上讲，是指整个身体的修饰，包括服装的搭配、发型的设计、面部的修饰、饰品的搭配等。化妆师是儿童戏剧演出过程中重要的创作人员之一。其任务是：根据剧本主题思想、情节结构、演员形貌和舞台演出的总体造型要求，设计人物的化妆造型，指导制作各种化妆造型所需要的零配件，完成全剧人物的试妆和定型。演出过程中，负责保持人物造型的连贯性，随着人物性格、情绪、年龄等因素的发展变化，给予相应的、准确的描画。

儿童戏剧化妆的主要任务是帮助儿童戏剧演员塑造准确、生动、感人的角色。除了要表现角色的年龄、身份、民族、职业、个性、时代特征等，还要适应戏剧的主题、冲突、规定情境、艺术风格和舞台大小。舞台的大小和观众距离的远近都直接影响化妆的浓淡程度。

儿童戏剧的舞台化妆有本色化妆和角色塑造两种造型样式。本色化妆要求保留演员的原本形象，只进行一定的瑕疵遮盖和优点美化，这种造型样式相对来说简单。但舞台，尤其是戏剧舞台的化妆样式更多的是角色塑造，演员往往被要求塑造成与他本人外形差距很大的角色。例如一个青年要被塑造成一只猫，这就需要化妆师通过各种舞台化妆手段尽量缩小演员和角色之间的差距。因此前提是化妆师要对演员的身材、相貌有一定的了解，有时甚至要对演员的性格、表情习惯等进行深入的观察。

一、舞台化妆创作过程

（一）了解剧本

作为化妆师，首先要通读剧本，参照导演阐述了解故事发生的背景、年代，主要人物的年龄、身份、相貌特征、性格特征，以及人物之间的关系等。尤其是剧中的矛盾冲突和人物丰富的内心活动，往往能带给舞台化妆创作许多的灵感和帮助。

（二）绘制效果图

当化妆师基本把握了演出的整体风格，了解了演员的外部特征，并且和导演的创作意向达成一致时，就可以进行设计图的绘制了。绘制设计图是将设计的人物造型在平面图纸上展现出来，是形象化的第一步。在这一步应尽可能去表现妆面和服饰的细节，有时一粒纽扣的造型对人物形象的塑造都有很大的影响。完整的设计图还需要仔细绘制面料的颜色、材质，饰品的样式和材料，以及各部位细节的形态，并附上设计构思和说明。要绘制出理想的设计图，除了正确理解角色之外，还要求设计师具备扎实的绘画技法。

（三）试妆准备

设计图得到导演认可后，就可以进行试妆前的准备了。例如，需要准备演员的头套、假发片、胡须、头饰，还有一些试妆时会用到的化妆品、发夹、发蜡等。若无法买到合适的饰品或零件，就需要设计师自己动手进行材料的制作。试妆前的准备越充分，舞台人物的塑造越完美。

（四）试妆与演出

试妆是人物造型第一次立体地呈现。因为人的面部是立体的，平面表现时可以天马行空，但放到人物脸上就会受到许多限制。因为演员是活的，表情是生动的。化妆师可根据自己对演员面孔的熟悉和了解进行准备，直接在演员脸上造型、定妆，也可以利用演员照片，在照片上勾画设计，准备粘贴零件，然后进行试妆造型，最后定妆。演员在试妆时配合化妆师试妆，有时效果会比设计图还好。当然，在彩排时还是会发现许多试妆时没有发现的问题，因为试妆是在镜子前完成的，而彩排时舞台的灯光、背景、空间则大不一样。在彩排时，经常会发现的问题是妆面的色彩偏淡、头身比例不协调等。另外，在演出时还会遇到抢妆的情况，比如演员要经历年龄上的跨度，可能几分钟之前还是一个年轻貌美的少年，几分钟之后就要扮演一个老态龙钟的人物。所以化妆师要做好充足准备，根据自己的经验和技术在最短时间内去改变人物形象。

二、化妆颜料的种类和性能

化妆要在演员脸上作画，演员的肤色对化妆的色彩有直接影响。现代化妆观念追求造型真实自然，化妆颜料应具透明度，油彩涂层宜薄，应透出皮肤的质感和皮肤的色彩。演员的皮肤质地的好坏，是否适合剧中人物的要求，直接影响化妆的效果。比如，演员的肤色很深，就不适宜用很淡的化妆色彩。不然，就容易显现虚浮，给人不自然的感觉。演员的肤色白，就不适宜用含红色素多的油彩。黄皮肤的人不宜多用含青色素的油彩。黄种人的肤色一般为淡棕色，油彩的基本色调应以土黄（氧化铁黄）、土红（氧化铁红）、白（钛白粉白）、黑（氧化铁黑），有时略加一点朱红和青色调配而成。基本色调偏向棕黄系列，这种色调系列被认为是适合国人肤色和现代化妆造型观念的。

化妆使用的颜料有油彩、粉底霜、胭脂、眼影、粉、唇膏、眉笔、唇笔、睫毛液（膏）、眼线液等。化妆颜料的质量好坏，直接影响化妆的艺术效果。化妆颜料的质量标准大体有以下三个方面：一个是卫生标准，一个是理化标准，一个是艺术上的特殊要求。下面分别介绍各类颜料的性能和基本要求。

（一）油彩

油彩是化妆的基本颜料，从用途上区分有：底色油彩，是用于涂底色的，以便改变皮肤颜色；线条油彩，是用于画线条和涂阴影的，以及其他一些特殊效果；还有一种专门用于橡胶零件的称为塑形油彩。由于用途不同，对油彩的理化性能的要求也不同。底色油彩要求黏度低、黏性低，没有油腻感，涂展性能好，并具有较好的附着力。现代化妆观念在油彩方面，不强调遮盖力，而要求透明度，力求透出皮肤光泽，使皮肤具有自然的质感。

（二）粉底霜

粉底霜是另一种打底用的化妆颜料。它的基质不是纯油的，而是油和水加颜料经乳化而成的，或先配制成霜膏再添加颜料调制。用粉底霜打底，皮肤显得细腻、滋润。由于粉底霜含颜料较少、透明度好，用它打底的皮肤质感强。粉底霜的黏度、黏性都低，所以涂展性能好。由于粉底霜有这些优点，不仅女妆有时用它打底，男妆有时也用它打底，男妆用的粉底霜色调应调配得深些，这样便于与皮肤更好地结合。与油彩相比粉底霜的附着力差些，容易被汗水冲掉。在夏天使用时，容易花妆，应注意修妆。

（三）胭脂

胭脂本来是一种涂抹腮红的单纯的红色粉末，现代化妆已经很少这样使用了。现代化妆品把红颜料与其他滋养皮肤、滋润皮肤和使用方便的材料混合在一起制成粉块或粉饼。胭脂也可成油膏，与油彩、唇膏类似。

（四）眼影

现代化妆创造出一种新样式，即在眼睑上下部位用蓝、绿、紫等色晕染成眼影。这种材料称为“眼影”。眼影色在不断变化，前几年眼影色含有珠光色，所谓珠光色即是氯氧化铋或云母粉等。眼影和胭脂都有两种构造形式，即粉饼、粉块和油膏。油膏的制作方法与油彩类似。粉饼、粉块的制作是把粉质原料如滑石粉、碳酸镁、颜料、黏合剂等混合加压而成，制成粉饼状的眼影和胭脂。这样携带方便，操作也方便。使用时用软毛刷在粉饼上蘸一蘸、刷一刷，再敷到脸上。

（五）粉

粉又称定妆粉。定妆粉有粉末状也有粉饼状，有透明、半透明和不透明的粉。以纯净的高质量的滑石粉为原料的粉透明度更好。定妆粉也应配成各种不同色调。

（六）唇膏

唇膏又称口红，它与油彩略有不同。一般来说，唇膏要求比油彩更亮些，所以基料油多用蓖麻油。也有一类亮度低的唇膏是用白油做油基的。现代还流行珠光唇膏，即在唇膏里添加氯氧化铋。还有变色唇膏，唇膏的颜色看上去是橙黄，涂在唇上以后，接触皮肤的微酸而变成玫瑰红。唇膏的卫生标准要求比较高，尤其是颜料。唇部容易过敏，同时容易入口，所以更要注意卫生。唇膏的色调要求多样丰富，既要有明调红，又要有暗调红，以至绛紫红、棕紫红；既要有热调红，又要有冷调红。化妆师应根据人物性格、年龄、爱好情趣，以及肤色、服色选择合适的色调。

（七）眉笔、唇笔

眉笔用于画眉，唇笔用于画唇。但眉笔也不仅仅用于画眉，还可用于画眼线、画皱纹等。眉笔也有不同的色调，常见的有黑、棕、绿、灰四色。眉笔的笔芯是用蜡、胶和颜料压制而成的。使用各种红色调压制成笔芯的笔便是唇笔。眉笔在使用时要削扁削尖。也有化妆师嫌麻烦而改用硬质油彩的。必须注意的是，用油彩画眉一定要用很硬的油彩，尽量防止线条混浊流淌而失去真实感。质量不好的眉笔也容易使线条混浊一片。基质太软的眉笔和油彩都不宜用于画眉。

（八）睫毛液（膏）

睫毛液（膏）是用于加长睫毛的黑色膏状或黏稠油状材料。睫毛膏能使睫毛浓密、纤长、卷翘，加深睫毛的颜色。睫毛液是用水溶性树脂加颜料、染料制成的。睫毛液装在塑料管里，用螺旋形刷刷在睫毛上，使睫毛加长。

（九）眼线液

眼线液是画眼线的油状液体。它与睫毛液属同一类材料，只是用在不同部位，配备的工具不同。眼线液装在塑料管里，用细毛笔画在睫毛根部。

三、化妆与卸妆

（一）化妆

1. 面部底妆

底妆是演员化妆的第一步，它可以掩饰面部皮肤瑕疵，令肤色更均匀，还可以修饰、改善面部结构和鼻型，是获得清新、持久妆容的基础步骤。随着种类增多和品质提高，底妆还增加了保护、控油、滋润等多种功效。面部底妆的化妆步骤是：先将粉底液取适量挤在手掌，再用粉扑蘸取在脸部均匀地点出，用粉扑打圈涂抹（见图 5－5、图 5－6、图 5－7），然后用中指按箭头所示路线涂抹，这样可避免粉扑上粉底液过多而造成的涂抹不均匀，注意边缘部分颜色的过渡。

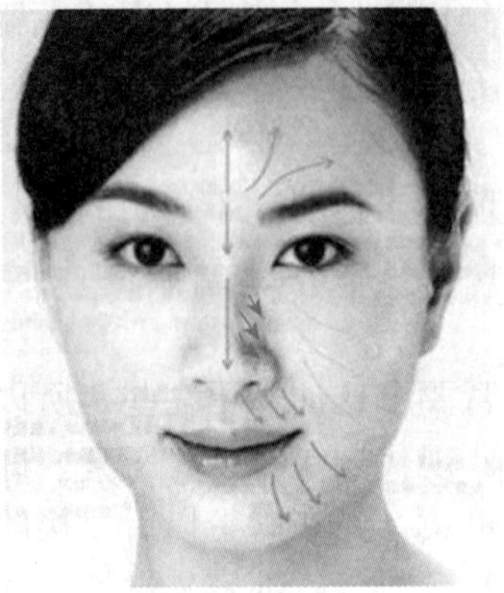

图 5－5　化妆

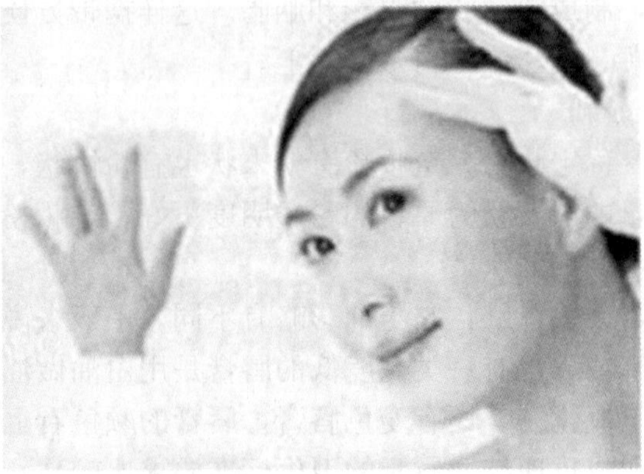

图 5－6　化妆

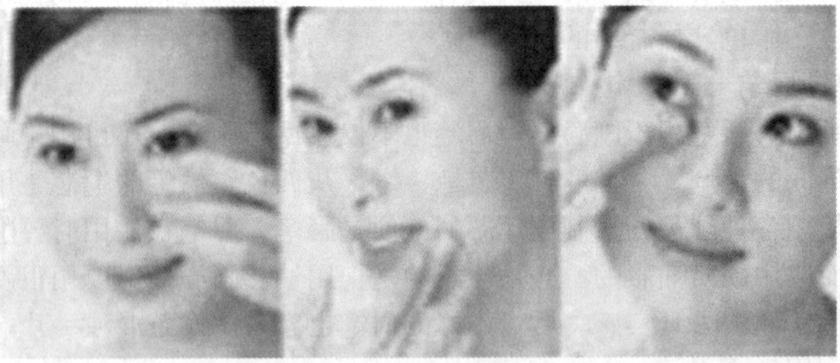

图 5－7　化妆

2. 画眉

作为眼睛的外框，眉在很大程度上勾勒着眼睛，影响着演员的脸部表情。不同风格的眉形可以传递不同的个性。化妆师画眉之前，应先用眉刷将眉毛梳理出眉形。梳理时，由眉头到眉梢，由下往上进行全面的梳理，使眉毛定型。画眉时，动作要轻，力度要一致。要通过描画时笔画的疏密来控制眉色的深浅，而不是通过力度的强弱来控制。画完眉之后，要用眉刷沿眉形将眉毛和描画的颜色充分融合在一起。

3. 涂眼影

眼影色彩能塑造出层次感和立体感，使演员的眼睛看起来生动而富有魅力。晕染是化妆师涂眼影的基本手法，即通过手腕力度的细微调节来获得理想的色彩变化。所以，晕染技巧是决定眼影效果的关键。可将眼影涂抹在睫毛根部，并向上晕染，越向上越淡，色彩由深到浅渐变。也可将眼影由外眼角向眼睛前部晕染，或由内眼角向眼睛后部晕染，颜色逐渐变浅，过渡要自然。眼影绝非色彩的堆砌，它的层次感来源于将适当的颜色涂在适当的位置。化妆师还可以将选好的深浅不同的颜色进行搭配。

4. 画眼线

简单的一条眼线，会给观众睫毛浓密、眼睛轮廓清晰的感觉，为眼部增添神韵。把眼线笔的笔尖或蘸取了眼线液的眼线笔贴近睫毛的根部，来回仔细地横画。画上眼线时，眼睛尽量向下看，下巴微微上抬，然后用拇指将上眼睑处皮肤轻轻向上提，让睫毛根部完全露出来。从眼梢处开始，向内眼角来回描画。画下眼线时，眼睛向上看，从外眼角向内眼角描画眼线。完美的眼线是把睫毛的根部一根一根地连接起来画。不要在外眼角处连接上下眼线，这样会使眼睛看起来较小。使用眼线笔画完眼线后，用海绵擦头把眼线从头到尾涂抹一下，使眼线与皮肤自然地融合在一起，没有明显的界线。如果有黑眼圈，请不要在下睫毛外画眼线，以免过分强调深色部分。

5. 刷睫毛液

睫毛液可以使演员眼睫毛变得长而浓密，让眼睛看起来大而有神。化妆师在颜色的选择上，应与眼部彩妆颜色和谐搭配。如睫毛较短或稀疏，可选用较亮颜色。刷睫毛液的基本步骤是：先从睫毛的中间部位开始刷，然后刷眼梢，最后刷内眼角。如果睫毛较直，刷睫毛液之前，先用睫毛夹将睫毛卷曲，以便充分发挥睫毛液的使用效果。刷上睫毛时，把下巴微微抬起，目光向下，然后用没有拿睫毛刷的那只手轻轻地把上眼皮向上提，使睫毛的根部露出来。用手水平拿着睫毛刷，放在睫毛根部左右轻轻摆动，一根一根从根部到梢部小心地涂抹。刷下睫毛时，要将下巴向里收紧，眼睛从下向上看镜子，垂直拿着睫毛刷，放在睫毛上，左右摆动睫毛刷的尖端。如果睫毛出现粘连，在睫毛液还没有干，可用睫毛梳（双面眉刷）将睫毛梳理一下，使睫毛一根一根分开。为使效果更加明显，可在第一层睫毛液干透后再涂第二层睫毛液。若发现有污点，可将一根干净的棉花棒蘸湿，轻轻把污点擦掉。

6. 面颊彩妆

演员泛着淡淡红晕的双颊，代表着青春和健康。面颊彩妆就是化妆师运用胭脂来给皮肤增添活力，使整张脸看上去自然、富有立体感，同时它还可以掩盖皮肤的瑕疵。先用化妆刷蘸取适量的胭脂粉，以由内向外画圈的手法在脸颊上颧骨突出来的部位向耳处轻轻涂抹。标准胭脂的涂抹位置应该是颧骨，就是笑时面颊能隆起的部位。一般情况下，胭脂向上不可高于外眼角的水平线，向下不得低于嘴角的水平线，向内不超过眼睛的 1/2 垂直线。当然，胭脂的涂抹位置和形状要根据脸型和化妆造型的具体情况来确定。使用胭脂时，切勿蘸取过多的胭脂粉。可将蘸取了胭脂粉的胭脂刷在手背上轻轻拍打，将多余的胭脂粉掸掉。如果胭脂颜色太深，可以在胭脂上面扫些半透明的散粉来消减胭脂的颜色。

7. 唇部彩妆

唇部是面部中最强调美感的部位。唇部彩妆可以令整个妆容更加生动明艳，是化妆中的点睛之笔。唇线笔的颜色与唇膏颜色相近或比唇膏的颜色稍微深些。化妆时，上唇线先画唇峰，然后由嘴角向中间描画；下唇线则先画唇底边，然后由嘴角向中间描画。唇线能够勾勒和修饰唇形使双唇看起来丰满立体，同时有助于防止唇膏化开，使之长久保持。画唇线时，可先在唇周围画点，确定唇峰和对应的下唇边的位置，然后将这些点与嘴角平滑地连起来。在涂唇膏之前，可先涂一层透明润唇膏，这样能令唇部肌肤变得柔软，更易于上色。要想唇膏的效果更加持久和饱满，可在第一次涂完唇膏后，用纸巾轻轻在嘴唇上印一下，把多余的唇膏和油分吸去，提高唇膏与唇部的融合感，然后重新涂上一层唇膏。如果要营造有光泽而又透明的唇部效果，则可以在涂完唇膏后再涂一层透明润唇膏。完妆后要检查唇膏是否沾到了牙齿上。

（二）卸妆

卸妆是化妆师需要特别关注的，因为往往在精心的妆容背后，卸妆的重要性容易为大家所忽视。化妆品残留在演员皮肤上过久，会造成毛孔堵塞，阻碍皮肤正常的新陈代谢，从而导致肤色晦暗、长暗疮等问题。因此，彻底卸妆是保护演员肌肤的第一步。

1. 睫毛卸妆

将化妆棉贴着下眼睑垫在眼下，闭上眼睛，令上睫毛完全接触化妆棉上的卸妆液。稍待片刻，用蘸取了卸妆液的棉棒，从睫毛根部至梢部仔细清除，逐渐溶解睫毛液。换一块干净的化妆棉，以同样方法清除下睫毛间的污垢。

2. 眼线卸妆

用蘸有少许卸妆液的棉棒或化妆棉对折后用细小的折角由内眼角至眼梢，沿睫毛根部轻轻擦拭眼线。

3. 眼影卸妆

闭上眼睛，在眼皮上贴上浸满卸妆液的化妆棉稍待片刻，向眼角轻轻擦拭，干净的一面用完，再换另外干净的一面，反复多次，直至擦净为止。

4. 眉毛卸妆

将化妆棉浸上卸妆液，由眉头向眉尾反复擦拭，直至干净。

5. 唇部卸妆

用浸满卸妆液、干净的化妆棉贴在唇部三秒钟让口红油脂渐渐溶解。由一边嘴角向另一边嘴角擦拭。然后咧开嘴，用浸有卸妆液的棉棒沿唇的纹理把渗到唇纹当中的唇膏彻底清洁干净。

6. 面部卸妆

取适量的轻柔面部卸妆乳，分别点于额头、脸颊、鼻子和下巴。将手润湿，按照洁肤的手法在脸上做螺旋形按摩，使卸妆乳很好地与皮肤表面的化妆品融合，并将其彻底清除。不要忽略鼻翼周围、额头发际处及脸部边缘等细微的部位，一定要认真细致地轻轻按摩。用面巾纸或化妆棉将脸部的卸妆乳轻轻擦拭干净，最后用清水冲洗干净。卸完妆后，再进行日常的皮肤护理步骤。

四、舞台化妆基础训练

（一）骨骼妆与肌肉妆

化妆首先要基于人的头面部来进行，因此对于头面部结构形态的了解和把握是学习化妆的基础，尤其需要对头面部骨骼形态结构做深入的理解和研究。面部骨骼的起伏构成面部形态的变化，人的长相之所以不同，主要取决于骨骼的造型结构。人体的肌肉覆盖于骨之外，大多是两头附着于骨骼。它们都是受意识支使，因此叫随意肌。唯有面部肌肉大多数一头附着在骨骼上，另一头附着于皮肤。它们虽然也可以受意识的支使，但是最主要的是在情绪的影响下专管传达脸部细致而又复杂的感情，故称表情肌。头面部的随意肌和表情肌受人的意志和情绪的控制，牵动五官和皮肤，会产生喜怒哀乐等各种表情。因此，化妆师应首先学习骨骼妆和肌肉妆的化法。

所谓骨骼妆，指的是在熟练掌握头面部骨骼形态的基础上，在人的面部表现骨骼的化妆效果。学习骨骼妆对于其他妆面的学习和掌握有很大的帮助。所谓肌肉妆，指的是化妆师在掌握面部肌肉的形态、走势及变化规律后，在人的面部表现肌肉的化妆效果。要注意的是，面部的肌肉因受到外界因素的影响而不断变化，如饮食变化、表情习惯、年龄增长、受伤等。化妆师只有在生活中留心观察周边的人，把握这些变化，才能塑造出生动的人物形象。

（二）瘦妆与胖妆

根据剧情的需要，演员需要经常去塑造瘦削或肥胖的角色。如果演员自身条件符合要求，那化妆师只需要去强调他的特点就可以了；但如果演员的形象与角色不符，或者需要在胖与瘦之间进行转换，那么，化妆师就必须熟练掌握瘦妆和胖妆的化法。

1. 肤色处理对策

瘦妆的肤色可以比本人略深一些，因为深肤色会有收缩面部轮廓的作用。胖妆的皮肤要白而有光泽，白色有扩张效果，所以底色可以选择比本人肤色略浅的颜色。

2. 眉毛处理对策

瘦妆的眉毛颜色要化得略黑一些，同时要化出一根根的质感，不可杂乱。眉形可向上扬起，略有棱角，显得干练而有精神，可以起到拉长脸部的作用。胖妆的眉毛要画得细长、平直，可略有弧度，但不可有棱角，因为长而平的眉毛有延长拉伸的作用，也可以拉宽眉头的间距，使面部缺少立体感。眉色要淡，不可过于浓密。

3. 眼睛处理对策

瘦妆的眼睛要化得大一些，因为五官变大以后，脸就会显得小，这是因为参照物的比例关系发生了变化，面部和五官的比例关系也会产生变化。眼影以棕色为主，因为棕色与亚洲人的肤色较为服帖，这样眼睛的轮廓看上去才会真的变大。强调和拉长眼线也能起到很好的效果。女性还可以涂刷睫毛膏使得眼睛变大，需要时可以粘贴假睫毛。胖妆不要过多地修饰眼睛，因为细小的眼睛会显得脸颊面积大，如果想让眼睑有肿胀感，可以提亮眼窝部位，或略用带荧光的浅色眼影粉涂抹于上下眼睑处。眼线在眼尾处适当拉长，也可以起到拉伸面宽的作用。

4. 鼻子处理对策

瘦妆要借助鼻侧影和提亮的修饰来强调鼻梁的立体感，因为立体的鼻子有收缩脸部的效果。胖妆只需要适当地将鼻梁加宽一点就可以了。此外，在鼻根处打一点阴影，可以让鼻梁显得更加塌陷。鼻翼要提亮并用红笔画出鼻头的球状感。

5. 腮红处理对策

瘦妆的腮红由耳上发际线边缘开始朝颧骨方向做斜下涂抹，颜色不能太红，可做偏冷的棕红色调。胖妆的腮红要顺着颧骨的半球形结构横向晕染，以使脸型加宽，腮红的颜色应该偏暖一些，如粉红、橙红或者桃红，因为暖色有膨胀的效果。

6. 嘴唇处理对策

瘦妆唇部的化妆要弱化，男性略涂唇油，女性略施唇彩即可。胖妆的唇形宜小而圆，可先用粉底收缩唇形，后用唇线笔勾线，唇色应以暖色为主。

7. 骨骼凹凸处理对策

瘦妆在面部可以表现骨骼的凹凸，即在通常凹陷的部位如额沟、颞窝、眼窝、犬齿窝、颊唇沟等处画出凹陷的结构并加深，而在额丘、眉弓、颧弓、眶上缘、鼻梁、犬齿突、下颏丘等原本凸出的部位提亮。胖妆刚好相反，即在原本凹陷的那些部位用浅亮色填充，使其圆润饱满起来，而原本凸出的部位要使其更加扩大、突出，具有球状体积感。

8. 发型处理对策

瘦妆的发型干净利落，略显蓬松，不可紧贴头部，否则会显得脸大。胖妆的发型最好蓬松一点，可以增加头部的体积感，但也不可以过度蓬松，以免使脸看上去过小。

9. 服装处理对策

瘦妆服装的颜色以深色为主，纯度不可过高，服装的款式和图案要尽量简洁，并且合体，过于肥大或紧绷的服装都会显得身体臃肿。胖妆服装的颜色要鲜艳，纯度和明度都比较高。可以利用夸张的图案或类似横纹的线条扩大形体，服装的款式建议适当复杂一些。

（三）性格妆造型

性格妆造型即赋予人物个性特征的化妆造型。人物的性格、气质、修养、思想感情、社会经历等，都以不同形式不同程度地反映在外貌上。将角色的内心本质特征显示在演员外形上，塑造个性化的典型人物形象，是性格妆造型的主要任务。

由于舞台和观众席之间的距离限制，观众需要在演员一出场时，就能大致清楚角色的身份和性格，因此戏剧舞台的化妆需要夸张。性格妆就是将人物性格中最突出的特点用比较固定的形式表现在脸上。所以，化妆师要对不同的人物性格进行分析，了解性格对容貌的影响，抓住特定的表情符号，在面部用凝练的语言表现出来。

如正直勇敢的人物形象，其主要特征有：体格健壮，面部轮廓清晰，额头饱满，眉宇轩昂，目光炯炯有神，鼻梁坚挺，嘴唇轮廓清晰有棱角，下巴略微向外突出，头发量多且发质偏硬。在化妆技法表现上，这类人物的肤色应该健康自然，可以用比自身肤色略深一点的粉底，偏暖色调为佳；脸部可以修正成国字形，额头饱满宽阔，下颌角明显，颧骨部位适当提亮。眼睛要大而有神，上眼线要画得粗一些，下眼线要画在睫毛线以下，以产生增大眼睛的效果，女性可粘贴假睫毛，但一定要自然，不可做作。眉毛要浓，眉形硬朗，男性以一字眉、刀眉为主；女性眉也要有棱角，但不能太挑。眉色以灰黑、棕黑色为主，眉毛要画出层次，根根须分明。鼻梁宜高挺，可适当强调鼻侧影，过长或过短的鼻子要修正；女性腮红要从鬓角朝颧丘方向涂抹，位置偏高，这种斜向腮红会给人一种成熟坚定感；男子可用棕红色在整个面部轻扫一遍，重点放在发际线和脸颊两侧，使面色健康、轮廓清晰。嘴唇的形状不可过薄或过厚，轮廓要清晰有棱角。女性的嘴唇可以略红润，但不可过艳；男性的唇色要自然健康，可用润唇膏直接涂抹，或用淡棕色唇彩稍加修饰。发型方面，不可过于前卫怪异，无论古今发型都要梳理整齐。服装也宜整齐干净，款式不可过于新潮。

以《人参娃娃》中的亮哥为例，他在父母饿死后跟随哥哥，宁愿自己饿着也要把唯一的土豆分给大家吃。在白蟒王找童男童女做祭品时，他能自告奋勇地为大家解难，被娃娃救活后，和大家一起打败了白蟒王，救出了黑龙仙子。其性格特点是善良、勤快、勇敢、有奉献精神。造型上，应突出他的勇敢刚强。化妆上，脸部轮廓表现要清晰，五官有棱角，鼻梁高挺，浓眉大眼，嘴唇丰满且轮廓清晰，额头饱满。作品中俊妹的奶奶为了不让大家遭难，忍痛把自己的孙女献出供作祭品；当知道是俊妹、亮哥伤害到人参娃娃时，毅然决然要拿弓箭射死他们；最后被白蟒王冻死在山上。其性格特点是勇敢善良，敢于同坏人做斗争。造型上，宜突出老人家的朴实善良。化妆上，应尽量表现脸型和五官的匀称舒展，充分体现老人的善良与庄严。

如果是反面人物，通常都有阴险狡诈的性格。这类性格的人物造型特点主要有：面容瘦削，脸色苍白，颧骨突出，眉眼间距较近，两眼之间的距离也比较近，眼睛小呈三角形或眯缝眼，鼻梁窄长，甚至呈鹰钩状，嘴唇很薄。在化妆技法表现上，肤色可以处理成冷色调，白皙偏冷。脸型可结合化瘦妆的方式来处理脸部的凹凸。化妆师使用绘画化妆的方法，使演员的眼睛呈现小而肿的三角眼，并在眉毛以下眼眶最突出的部位提亮；同时可以适当强调下眼线，并在下眼线内侧描画出白色，这样使眼睛有向上翻的效果，突出狡诈的心理。鼻子的形状宜长、窄、尖，鼻侧影可以由眉头一直延伸到鼻尖处，并逐渐变淡，两边鼻侧影可适当集中，使鼻梁变窄，鼻翼两侧也可以涂抹阴影，鼻梁的提亮可以由两眉间一直提到鼻尖。还可以用肤蜡或乳胶零件黏附在鼻子上重新塑造一个鹰钩鼻。女性的腮红以偏冷的红色为主，男性无须用腮红。嘴唇要尽量画得薄一点，男性唇色可以是苍白或发灰的红色；女性以冷色调为主，可以将两边嘴角画得歪斜不对称，表现一种虚伪阴暗的性格。发型以稀疏或秃顶为佳，光洁且不对称的发型也会起到很好的作用。男性如粘贴八字须往往也能起到奇效。假胡须的粘贴法如下：先刮净演员的胡子，便于粘牢假胡须，一般都是先粘下巴颏。如果是络腮胡套，应把下颏和两颊剪开，粘完下颏再粘两颊，最后粘贴唇须。粘胡子用松香胶水，加入少许山达胶则更好，胶水在盛夏和严寒可能结白痂，影响真实感，因此可在演出前用酒精棉或花露水浸润一下。此外，用华丽的服装包裹演员，也能起到浮夸、虚伪、体面而又整洁的效果。

以《人参娃娃》中的白蟒王为例，他抢占白山归自己所有，让白山永无春天，要抓童男童女做祭品，一心要抓人参娃娃，想吃人参肉、喝人参汤使自己长生不老。拿毒仙丹给亮哥、俊妹吃，使他们的心变得冷酷，并挖掉亮哥的双眼，毁掉俊妹的容颜。又要亮哥、俊妹把银针白线插在娃娃后背，并把奶奶冻死在山上，还要把亮哥、俊妹冻死，逼迫娃娃把自己化成了人参汤。其性格特点是阴险、残暴、狠毒。造型上，应突出其凶暴残忍。化妆上，可以表现他张开的鼻孔，脸部轮廓较硬，额头小而狭窄，眉毛浓密有棱角，胡须和头发又密又硬，外眼角下挂，方下巴中间有明显的三角窝，嘴唇薄而轮廓清晰。作品中的蛇丞相常帮白蟒王出坏主意，如给亮哥、俊妹吃毒仙丹，使他们的心变得冷酷，听白蟒王使唤。蛇丞相的性格特点是阴险、毒辣。造型上，应突出他的阴险、狡猾。化妆上，应表现他瘦长的脸，鼻梁很窄，眼睛凹陷在深深的眼窝里，眼睛小且有点眯缝，双眼之间以及眉毛和眼睛的距离较近，面颊下陷，颧骨突出，嘴唇较薄。

五、模拟化妆造型

神话剧、童话剧、科幻剧等戏剧作品中经常会出现飞禽走兽、鱼鳖虾蟹、害鸟毒虫，以及幻想世界的妖魔鬼怪、魑魅魍魉，模拟化妆造型是通过化妆手段，模拟现实和想象中的人物，从而为演员设计造型，把观众带进一个魔幻的异域。化妆师把想象倾注在这些形象之中，以引起观众的想象和联想。

在童话剧、神话剧和科幻剧中，经常出现模拟形象。比如中国儿童艺术剧院编排的神话剧《西游记》里孙悟空、猪八戒等，童话剧《绿野仙踪》里的稻草人、铁皮人、狮子等，这类角色的化妆称为模拟妆造型。这类化妆可以运用类似脸谱的形式来表现；可以运用塑形化妆法和绘画化妆法来表现，如神话剧《西游记》就曾大量使用塑形化妆法；可以只用饰物佩戴的方式来表现，比如，穿戴模拟某种动物形象的帽子、衣服，而面部仍按人的面貌来化妆。舞台上这种亦人亦兽、亦人亦妖的形象，往往更有艺术魅力，更能吸引小观众。

卢梭说：“现实的世界是有限度的，想象的世界是无涯际的。”可见，想象力是多么重要。模拟化妆造型，通常以神仙、妖怪以及拟人化的动物、植物等为主人公。因为它们是幻想世界的人物形象，对化妆师来说是最大的考验，故容许化妆师在想象的空间里自由驰骋，充分发挥自己的想象才能来创作。

（一）神话世界的幻想形象与模拟现实

神话虽然是虚幻的故事，但与现实紧密相连，往往具有鲜明的民族特点和地区特色。如神话剧《人参娃娃》，是中国人写的中国故事，是纯粹的中国民间神话故事。

优秀的化妆作品要带有浓厚的民族特点和鲜明的地方特色。这个问题不是靠技术就能解决的，无论多么先进的技术都不能代替生活的积累和对生活的感受与理解。化妆师若有机会应该多游历名山大川、名胜古迹、祠堂庙宇，学习当地的民间雕塑、绘画、地方戏曲。这些现实生活中的所见所闻将有助于化妆师的创作。例如，如来佛祖、菩萨、罗汉等，四大天王、四大金刚等天兵天将，都是受民间雕塑的启发而获得的创作灵感。地府的阎王、判官、小鬼等也受民间的壁画中鬼形象的影响和感染。再如《西游记》里的诸多神仙，如玉皇大帝、太上老君、太乙真人、福禄寿星等，是从我国地方戏曲中吸收营养而创作出来的，其仙风道骨的韵味带有明显的中国色彩。由此可见，幻想世界与现实世界是息息相通的。

动物也好，植物也好，无机物也好，自然界存在的原始信息，经过幻想变形，如何通过演员和谐地表达出来？如何使这些幻想的形象，经过复杂的工艺技术手段，真实而生动地表现在舞台上？这些都是化妆师需要缜密思考的现实问题，并要尽量争取做好。

（二）模拟化妆造型与演员形态的和谐统一

模拟化妆造型与演员形象取得和谐关系是很重要的。模拟的形象无论是大象还是老鼠，无论是老虎还是狐狸，导演都应根据这些动物的具体形象选择合适的演员，这样更便于造型。化妆师根据演员的脸型、角色的戏量轻重来决定运用什么手段，即决定是采用整个面具还是采用局部的塑形零件。

如果角色的戏很重，尽可能不用整个面具，因为面具会影响演员的表情。通常可采用局部的零件来造型，如头部用塑形零件，鼻子用塑形零件，用绘画化妆法将零件与其他部位连接起来，取得和谐。采取这种处理方法，其形象比较抽象，象征性比较强。

如果角色的戏不多，比如只是“活道具”式的群众角色，而需要形象具体，便可采用大型面具来造型。大型面具可以塑造得更具象，技术上也比较好处理，只是表情易被遮挡。所以，重要角色最好不用大型面具。

如果必须使用大型面具表现角色特征的话，也应尽量使用比较薄、能与演员面部吻合、使演员活动起来比较方便、不太限制表情的面具。例如，《西游记》中猪八戒的面具就比较薄，也不是很大型的。但是像龙王的面具就影响表情，只能靠眼睛传神了，另外就是靠身体、靠声音来表现人物。

在雕塑过程中，化妆师要多思考、多推敲：是改造额头还是改变脸颊？动物的眼睛在两侧，雕塑时移位多大才能取得和谐的理想效果？总之，既要像模拟的形象，又要与演员结合得很好，还要与服装师密切配合，使化妆造型与服装造型相协调，让小观众获得完整的艺术形象。

化妆师在技术上需要注意保证形象真实完整，不露虚假痕迹，这也是一个很重要的方面。像《西游记》这样的舞台剧，需要大量使用塑形化妆材料，只有投入很大的财力、人力和时间，才能保证人物形象的真实完整，否则，只能大面积露假，造成形象不完整、不统一、不和谐。

在雕塑时，技术方面尽可能避开可能造成露假的因素。比如，把塑形零件的边缘处理在不显眼的部位，如鼻子两侧、脸颊两侧、眉弓下眼窝凹陷部位，或能够用毛发、服装、饰物掩藏的地方。此外，色彩也要统一和谐，这是避免露假的一个重要方面。

（三）模拟造型形象的性格体现

神话、童话这类体裁一旦上了舞台，都要以演员来表演。任何动物都摆脱不了人的基本形象。模拟化妆的造型形象，实际上是拟人化的形象。不论是飞禽走兽、鱼鳖虾蟹，还是妖魔鬼怪、牛鬼蛇神，都脱离不了双腿直立行走的人的特征。这种亦人亦兽、亦人亦妖的形象更具有性格化的魅力。是可亲、可敬、可爱还是可憎、可恶、可怕？是天真活泼还是老成持重？是善良、诚实还是丑恶、奸刁？是穷凶极恶还是至亲至善？是心怀叵测还是心胸坦荡？是胆小鬼还是强硬汉？是伪善真恶还是貌丑心美？……各种各样的性格特征、神情状态都可在模拟造型形象中有所涵盖、有所表现。

比如，在我国家喻户晓的孙悟空，崇善嫉恶，智勇双全，变化无穷，无所不能，是吴承恩笔下的英雄。然而，人间的美好理想、善良愿望、崇高感情，却附着在一个猴子形象上。这只猴子成了天不怕地不怕的“神猴”，并且是个“美猴王”。在雕塑过程中，是偏重猴像还是偏重人像？如果太像猴就不容易有美感，如果太像人就没有猴的特点。这对化妆师来说是个很大的矛盾。通常可以用如下三个方案来塑造：

方案一，采用猴子形状的假发，在脸部画戏曲的脸谱。猴戏的脸谱是现成的，有一定的艺术魅力。但给演员带来一定的表演难度，因为画脸谱就得按戏曲的程式来表演。

方案二，画俊脸，佩戴猴假发。这种方案也易操作，但是画俊脸就得装猴表演，必然要装模作样，不能更好地表现人物性格。

方案三，采用塑形化妆法。先做一个小型的橡胶面具，再佩戴假发，修剪出猴子的形状。这个方案简便易行，但橡胶面具容易影响表情。

化妆师应该努力在人与猴、美与丑之间找到合适的“点”：孙悟空的鼻子像人（猴鼻子太难看），嘴像猴，有点雷公嘴的形状，但不像猴嘴那么大。眼睛像人（猴眼太凹），额头像猴，但不可塑得太厚，不能使眼窝太凹陷。猴脸皱纹很多，既显老又难看。化妆师可按人的纹理结构塑出一定的皮肤质感，显得年轻漂亮。在美与像之间偏重美，不过多强调猴的特点。可根据金丝猴的毛色和密度设计毛发式样，为人物形象增加一定的美感。毛发边际线，参考戏曲脸谱的外轮廓线画定。

猪八戒在《西游记》中是个缺点较多的人物，但却是个很可爱的形象。在塑造这一形象时要能更好地表现猪八戒的憨傻、可爱。化妆师可以把民间儿童玩具作为参照。童趣盎然的猪八戒面具，搬移到演员脸上，并不像儿童戴面具那么简单容易。鼻子的长短、高矮及鼻头大小，面部的起伏，肌肉的高低，笑靥的深浅，要反复雕塑，找到恰到好处的那个点，找到合适的对比关系。

其他如龙王家族，除模拟具体形象外，也须尽力赋予其某些性格情态。龙王可按我国民间流传的龙形象进行塑造。龙是中华民族的图腾，是帝王的化身。化妆师在雕塑时，宜多强调骨骼结构的凹凸起伏，增加力度，使这类形象更有威严的感觉。其他龟相、蟹将、虾兵、鱼卒诸类也都尽可能赋予某种性情意蕴，给观众留下玩味的情趣。

在《西游记》里出现许多精灵，有的是现实中的动物，如狼、豺、虎、豹等；有的是传说中的动物，如貔豸、狴犴等。化妆师在塑造这些形象时，要尽可能找到根据，模拟其形象，并赋予一定的相应性情形态的内涵。

（四）模拟造型形象在神话剧、童话剧和科幻剧等不同戏剧类型中的不同表现

由于童话剧、科幻剧、神话剧的风格、样式不同，还由于各自的观众对象不完全一样，它们在模拟造型的形象塑造上有很大的差异。

童话剧的主要观众对象为儿童，以娱乐儿童为主要任务，在娱乐中给儿童以启发和教育。童话剧的模拟化妆造型应该注意儿童情趣，注意象征性、寓意性，通常有三种处理形式：

第一种如童话剧《猪猪侠之魔幻森林》，里面的猪猪侠、超人强等本就是卡通人物，在人物造型上化妆师试图往“真”“像”“实”方面向动画片靠，全部采用整个面具，企图使人偶再现动画形象，但是因为该剧缺少动画片的节奏，童趣不足，笨重的面具严重影响儿童戏剧演员的表演，他们在小观众眼里永远是同样一副面孔，真实的表情完全看不见，加之剧情松散，小观众在最初的新奇感消失之后，便不再关注舞台，最终造成了该剧的失败。

第二种如童话剧《马兰花》，小白兔是穿兔形衣服，连着带兔耳朵的帽子，露出演员的面孔。其他如老猫、小鸟、小猴等都按这种样式制作，象征性比较强，童趣也比较浓，如果制作精良也挺有意思。

第三种如岳阳甜橙儿童剧团的童话剧《丑小鸭与靴猫侠》（见图 5-8 至图 5-11），剧中有雪花精灵、猎人、猫、稻草人等多个角色，化妆师用油彩描绘动物脸谱，再让演员戴上动物头套。绘画的形象或写实或写意，或象征或寓意，很有舞台效果。因为化妆师注意到了儿童的智力、趣味和心理特点，演出取得了很大的成功。很多孩子在演出结束后都争相上台和演员合影。

图 5-8 《丑小鸭与靴猫侠》雪花精灵的造型

图 5-9 《丑小鸭与靴猫侠》胖、瘦猎人的造型

图 5－10 《丑小鸭与靴猫侠》猫的造型

图 5－11 《丑小鸭与靴猫侠》稻草人的造型

以上三种形式结合运用，或两种形式结合运用，都不失为可行的办法。总之，应根据整个剧作的风格和人物性格的特点，选择合适的表现形式。这种选择也往往受化妆师的爱好、情趣所左右。

科幻剧的观众对象大多为青少年，他们超前意识强烈，富于幻想。这类舞台剧的模拟造型形象，多数是不同类型的机器人，或各种金属铸造的钢铁人，往往是一种力量的象征。这类儿童戏剧在我国出现不多，有名的如改编自热门的儿童科幻特摄电视剧《铠甲勇士》系列的同名科幻舞台剧，演员全部身穿电视剧中的铠甲道具和怪兽服装登场表演，这些铠甲道具均在国外制作，价格不菲，据说一副铠甲的制作费用相当于一台高级房车的价格。因为演员全身笼罩在铠甲或怪兽装中，没有表情参与演出，且打斗虽然激烈，但缺少高明的动作编排，作品的影响力始终有限。中国不少儿童剧的硬伤就在于剧作家的想象力不足，想象匮乏导致剧作家浪漫气质缺失，不少科幻剧往往只能体现局部片段和个别细节上的潇洒。

神话剧多以神话故事或民间传说为题材。神话虽然是虚幻的故事，但与现实紧密相连，往往具有鲜明的民族特点和地区特色，这类舞台剧的模拟化妆造型大多往写实方面靠拢。演员造型上虽然有很大的夸张变形，从造型形象来说写实还是主要方面，虎有虎像，龙有龙形。它不同于童话的象征性、寓意性，也不同于科幻片超越历史、超越现实的超前性，有很强的民族性。如王纪厚的《人参娃娃》因为直接从民间传说、神话故事中汲取养分，作品中的白山精灵“人参娃娃”这一典型人物形象因此深受儿童的喜爱。

模拟化妆造型不是这些类型舞台剧唯一的化妆形式。由于作品风格样式不同，作品提供的人物形象不同，因而可采用不同的化妆形式。即便同属模拟化妆造型，其样式也不完全一样。《封神演义》不同于《镜花缘》，《镜花缘》更不同于《西游记》，也不同于《聊斋志异》。由于作品产生的社会背景、空间环境不同，化妆形式也各异。

第四节 服装服饰设计

舞台服装属于视觉艺术、造型艺术，其特点是直观性和表现性，在面料、款式、结构、颜色、图案、装饰等方面要求较高。戏剧服装服饰是“演员的第二皮肤”，是“穿在演员身上的布景”，是戏剧舞台美术的重要部分。戏剧服装服饰设计是戏剧表演组成中的重要环节。戏曲界有句话，叫“宁穿破，不穿错”。而就真实性而言，儿童戏剧服装设计也是如此。也就是说，戏剧服装首先要源于生活真实，符合时代真实、地域真实、民族真实、身份真实，切忌张冠李戴、穿帮露底。这是戏剧服装设计的基本要求。

一、舞台服装和其他舞台美术设计的关系

舞台服装与布景、灯光、道具、化妆统属舞台美术，它们之间互相依赖、互相补充，共同强化和揭示戏剧时空及角色形象，使舞台形象更加鲜明。舞台布景和舞台灯光的主要任务是在舞台上创造戏剧故事发生的环境，舞台服装和舞台化妆则是塑造戏剧故事中人物的外部形象。舞台布景创造戏剧环境，要揭示时代面貌、地区特点、时间特点和生活斗争特点。同样，服装、化妆要提示戏剧环境中人物形象的时代面貌，表现生活斗争的地区特点。戏剧人物的身份、职业、经历及性格特点都能借助服装来反映，服装服饰对于表现人物性格具有特殊作用。

舞台上演出的是戏剧中活生生的人物，借助服饰突出人物的性格是服装设计师在戏剧中极其重要的任务。舞台服装的设计及制作构思的难点不在于画几张服装设计图纸，而在于根据戏剧形式（京、评、话、歌、儿童剧）、戏剧体裁（正剧、悲剧、喜剧、寓言剧、神话剧及卡通剧）等决定服装的样式，使服装的样式处理与布景样式达到和谐、统一，也就是“量体裁衣”。

古代的戏剧家在舞台美术尤其是服装层面是非常用心的。明代戏曲家汤显祖不仅是戏剧曲词的撰写者，也是宜伶们舞台表演的指导者。他在《作紫襕戏衣二首》诗中写道："试剪轻绡作舞衣，也教烦艳到寒微；当歌正值春残醉，醉后魂随烟月飞。无分更衣金紫罗，伎人穿趁踏朝歌；俳场得似官场好，灯下红香不较多。"诗中"试剪轻绡作舞衣""伎人穿趁踏朝歌"这些纪事的部分，使我们从"俳场"（舞台）的"戏衣"方面知道汤显祖为了演出自己的剧作，添置了一件紫色的襕裙。我们知道，过去的戏箱行头中一般是没有紫色襕裙的，为了演出的完整性，他竟为之特制。可见古代的戏剧家在服装层面对演出的整体形象做过多么细致严谨的构思！这些诗作是他亲身制作舞台服饰的明证。

二、儿童戏剧舞台服装设计的范围

儿童戏剧的舞台服装，就是指儿童戏剧表演活动中，演员在舞台表演时所穿戴的一切。

其范围包括：演员身上的衣服、饰品，头上戴的帽子与装饰、发式、假发，手上拿的拐杖等物件，甚至是脸上的面具、胡子等。很少有一出戏是不需要服装的，即使演员穿的是排练的衣服或一般日常的衣服，但演员站在舞台上，对观众而言，只要是和身体穿戴有关的，都是舞台服装。

三、儿童戏剧服装设计师的素养和要求

一名优秀的儿童戏剧服装设计师，要具备以下素养：

（一）丰富的生活经验

儿童戏剧服装设计师要学会准确把握时代特点、地域特点和民族特点。特定时代有特定的服装特点，服装是时代的标记，是时代精神的折射。一方人群一方衣，服装同时彰显地域特征。如中国北方服装厚重质朴，而南方服装轻柔秀雅。此外，每个民族都有自己特定的服装，儿童服装也是民族特点的显著标志。56 个民族的服饰各具特色，异彩纷呈，如蒙古袍、藏袍、赫哲族的鱼皮服等，世界各国、各民族也有自己的服装，如日本的和服、阿拉伯各国的长袍等，对此设计师要做到娴熟于心。只有将这三个因素综合考虑，儿童戏剧服装设计师才能设计出符合时代真实、地域真实、民族真实、身份真实的作品。

（二）深厚的文化修养

文化修养是儿童戏剧服装设计师创作的根基。因此，设计师要有丰富的历史文化知识、深厚的人类文化学知识和广博的文学艺术修养，服装设计的最终目的是与编剧、导演和演员来共同完成一部戏的最高任务——塑造人物形象，传达主题思想。儿童戏剧服装设计师只有吃透儿童戏剧的历史背景，了解剧中相关的地域文化和民族文化，研读文学剧本，吃透人物性格，把握艺术风格，才能创造出与全剧主题思想和风格样式水乳交融、与人物性格相得益彰的个性化、艺术化的戏剧服装。

（三）丰富的实践经验

儿童戏剧服装设计师对服装的“形”与“色”要有敏锐的感受力，要以生活为源泉，以修养为底蕴，以实践经验为根基，设计出的服装既要符合人物身份，具有时代、地域、民族特点，与舞台布景和灯光和谐统一，又要具有鲜明的个性，让观众眼前一亮。为此，儿童戏剧服装设计师需要时间的沉淀和实践的磨砺，需要付出艰辛的努力，以成就一部好戏。

四、舞台服装设计的整体构思

在儿童戏剧舞台表演活动中，服装、表演者共同成为表达主题的形象及媒介，既能揭示主题思想和内容，又能体现出美感。舞台服装在服装设计门类中具有“综合性”的特征，它包含许多门类服装的成分，其综合性主要体现在与主题、灯光、舞美效果等的协调与统一上。演艺服装在设计视角上，要准确地揭示表演的艺术风格、歌颂的主题及题材。

（一）舞台服装设计要善于借助写实和抽象两种手法来营造舞台气氛和表现人物

舞台服装设计处理中的写实，指服装的样式以史实为依据，客观地反映剧目所表现的时间与空间的生活形象。写实服装一般都出现在正剧中或用于塑造正面人物形象，抽象服装则通过夸张手法来刻画反面角色或丑角。像《孤星泪》里孤儿穿着的那些褴褛的衣服，加深了观众对他们所处的饥寒交迫的悲惨处境的了解；音乐剧《窈窕淑女》中古板的希金斯教授总是一身正装、一脸严肃，一看就知是一位刻板的、不易变通的人。这些都是通过写实服装来突出鲜明个性的。舞台服装风格中的写意，指角色服装没有明确的历史性与民族性，追求服装形象的形式寓意与舞台气氛，设计者通过假定、意指的处理给观众暗示。抽象服装更容易为人所理解。如歌剧《悲惨世界》中那个行径恶劣的店老板和他的老婆，都是穿着肥大的衣服——大大的垫肩、夸张的臀围，这些服装给观众的第一印象就是：他们不是什么好人。可见，好的舞台服装设计，对于准确表达戏剧主题、揭示戏剧时代特点、塑造人物形象、渲染戏剧氛围起着很好的作用。

（二）舞台服装设计与舞台布景的色彩搭配要和谐

营造舞台情境氛围，调和舞台布景与服装的和谐关系，尤其是舞台布景与舞台服装的色彩搭配，对于把握人物心理、诠释人物形象来说至关重要。舞台服装的色彩，是舞台画面上流动着的乐章，它与灯光、布景协调搭配，描绘出一幅幅灵动的画面，直接影响舞台的整体效果，对改善观众视觉效能有积极的意义。把握色彩三要素之间的协调关系，处理好服装色彩与背景色调之间的关系，有助于更完美地利用服装色彩诠释舞台的表现力。在一套舞台服装中，色彩的设计在一定程度上会受到布景色彩的影响和限制，尤其是在场面宏大、布景不断更换的舞台表演中，通常会将服装色彩控制在五种以内，当然印花面料的色彩除外。如舞台背景是红色调，为了使演员显得更加突出，舞台服装的色彩就不能大面积使用红色调，而选用冷色调的设计时人物在舞台上的直观形象会由于与暖色调形成对比显得尤为鲜明突出。如大型儿童舞台剧《雪孩子》中，演员的服装统一为白色。舞台布景采用蓝白相间的冷色调幕布，加上白色雪花的辅助，与“小雪花们”身穿的白色雪花裙、头戴的白色雪花帽相呼应，营造出了美丽的冰雪世界。现代少儿京剧《藏羚羊》（见图 5-12），是2008年由青海省戏剧艺术剧院京剧团和浙江京剧团联合创作、排练的。该剧中藏族姐妹赛珍、赛吾吉吾毛和另一个藏族男孩才让的服装选择蓝、白、红、黄、绿，这五色是与藏民生活联系最紧密的色彩，主要源自当地的宗教信仰背景。这五色是万物本源的象征色，分别代表着地、水、火、风、空五大自然元素。后来佛教也借用了这种色彩崇拜，由这五色的长条织物穿成的印有经文的经幡在藏区的屋顶、山脚和路口等处悬挂，藏民认为在风中飘扬的五色经幡能将祈祷送至西方诸佛菩萨处，可保佑世代安康。因此选用被藏民赋予了深刻宗教文化内涵和情感的五色作为《藏羚羊》剧舞台服装色彩设计的基本色，充分展现了服装设计师藏族文化的深厚底蕴，对于舞台表演起到了重要的辅助作用。

图5-12 《藏羚羊》剧照

（三）舞台服装设计要与演员的表演动作相适应

不同的表演形态，其舞台服装有不同的诉求重点，如歌舞剧服装通常偏重于服装线条与肢体的延展、律动及整体的服装效果。如果服装不能与动作相协调，那就妨碍了表演，影响了演员的发挥，制约了演员技术水平的表现。尤其是舞蹈服装与其他舞台服装有所不同，由于舞蹈演员表演动作幅度非常大，需要跑、跳、翻、舞，因此服装不仅要符合剧情，更要便于舞蹈，竭尽全力帮助演员发挥技术水平。这一点在选择面料上尤为重要。舞蹈服装面料最好是有弹性的，要薄、要轻、垂度要好。裁剪要合体，款式要简洁，要去繁就简、去重就轻，这样才能既表现出舞蹈演员优美的形体线条，又不妨碍演员的舞蹈动作。

戏曲、儿童剧服装与歌舞剧服装设计明显不同。戏曲演员在舞台上动作相对缓慢，台下的观众能清楚地看到演出服装的具体细节。这就要求演出服装精美耐看，经得起观众仔细品味和观赏。因此，戏曲服装多以刺绣图案为显著标志，如龙凤图案等具象型图案、手绘扎染及色彩构成，在戏曲中就蕴含了丰富的象征意义与隐喻性。2009年5月，中国戏曲学院附中中国少年京剧团成立，大型儿童神话剧《九尾玄狐》（见图5-13）是该剧团的首个儿童京剧艺术作品。服装设计师刘小庆在“九尾玄狐”的服装设计上，以玫红面料营造出典雅明快之风，让舞台呈现诗意梦幻的感觉。玫红色透彻明晰，既包含着孕育生命的能量，又流露出含蓄的美感，华丽而不失典雅。梅、菊、牡丹等圆形蓝白刺绣图案，让服装更富水流动感，也让九尾玄狐扮演者张琦的表演锦上添花，令观众久久难忘。

图 5-13 《九尾玄狐》剧照

儿童话剧的设计重点在故事发生的时空背景、戏剧风格的走向及剧中人物性格、年龄、职业及角色特性上。随着剧情的发展，场景的切换要恰当地表现出多层次的人物关系和人物个性。在同一个剧目中，人物的身份不同，其服装的色彩、款式、面料都要有所不同。如主要演员与群众演员的服装，从色彩到款式以及服装装饰都应有明显区别，使观众一眼便能认出谁主谁次，以增强剧情效果，同时要符合人物所处的环境地位。即使是同一部戏中的同一个人物，其服装也要随着人物环境的变化而变化，这样可以帮助观众间接地理解人物现状和剧情发展，强化人物形象的塑造。例如童话剧《丑小鸭与靴猫侠》中的丑小鸭，一开场出生时还是黑色雪纺面料的舞蹈衣裤，手臂、胸前、腿部缀以零星白色羽毛。秋天到来时，她的服装已经变成白色雪纺面料的舞蹈衣裤，边上缀以零星黑色羽毛。到冬天“认亲”一节，丑小鸭经过华丽变身，已经变成穿着丝质白衣白裙、挥着银色大翅膀的白天鹅形象。演员服装从面料、色彩到款式的巨大变化，暗示了丑小鸭在冒险中逐渐由孤独自卑变得勇敢自信的心路历程。

（四）要善于利用灯光赋予服装色彩个性特征

服装与灯光具有交融的互动性，是设计师们必须重点研究的因素，运用合理得当，会起到理想的艺术效果，超越设计要求。舞台服装设计只有借助舞台灯光才能得以完美表现，这其中最重要的问题就是“色变性”，即服装在灯光的照射下会发生“色变”，同一种色彩在不同的灯光下会有不同的反映，如真丝、化纤、丝绒、棉布及金属性面料，在同一种灯光下因对光的反映不同，所产生的色彩变化会有很大差别。彩色灯光照射下的服饰色彩变化比较大，如服饰色彩与灯光色彩相同或相似，受光以后原色更为鲜艳，色相感更为明确；如果服饰色彩与灯光色彩呈补色关系，演出中的服装色彩会显得阴沉、灰暗。彩色灯光对服装色彩的影响规律有：服装色彩与光源色相同时，服装色不会在色纯度上增强；服装色彩与光源色成邻近状态时，服装色彩显出明快；服装色彩与光源色互补时，服装色彩趋向于灰、黑灰的面貌；黑色（反光、绒毛的面料除外）服装在各种色光下基本上不显现光色；白色服装在各种色光下呈光源的颜色。所以服装设计师必须懂得“色变”的规律与特点，绝不能以自然色彩代替舞台服装的色彩，否则就会出问题甚至闹出笑话。在这方面，少儿京剧《藏羚羊》《九尾玄狐》等作品处理得都很出色。

五、戏剧服装的使用和管理

戏剧服装的使用和管理是一项长期的烦琐的工作，同时是一场成功演出的重要保障，值得服装师和管理人员重视。

（一）排练时使用代用服装

在每场演出正式开始之前，演员都需要花费相当长的时间排练。一般条件下，通常不可能很早地做出正式服装，而且在平时排练的时候穿正式演出服装很容易损坏，以至于影响演出的质量和整个舞台效果。为解决这个问题，服装师要利用一些与正式演出服装相似或与情节出入不太大的服装来代替。

（二）演出前多试服装

试装是一台戏剧演出合成前的关键环节。已经做好的服装是否体现了设计师的设计意图、是否合体、是否有利于表演、是否与整个舞台效果相协调、服装更换是否方便迅速等，这些必须在合成时得到验证。在时间宽裕的情况下，应尽量提前让演员试服装，这样既能保证对不合适的服装做进一步的修改，又能尽快地让演员熟悉自己角色的外形，发现问题及时解决，尤其是服装结构复杂的要反复试穿，以确保演出时运用自如。

（三）演出时抢装

有些戏剧的场景和时间转变很快，演员的服装和头饰的更换也要有相应的速度。一些结构复杂、附件较多的服装不应按生活装的制作方法去制作，否则短时间内根本来不及脱换，往往根据经验用一些尼龙搭扣、寸带、拉链、挂钩等代替衣缝将衣服分解为零片，附带品与服装事先联结好以便一次性穿好，或者在制作时将服装的多层次感表现在一个平面上，这样既保证了更换速度，又保持了服装应有的视觉效果。抢装时，要根据时间的长短安排地点。

（四）演出后服装的管理

戏剧服装管理是否得当，直接影响着演出的质量及观众的视觉效果，所以服装管理有着不可忽视的意义。平时的管理一般是以良好的保养和以后方便选用为主要原则。每次演出结束，应立即对使用过的服装分面料、款式进行清洗。因为在演出时演员会出大量的汗，如果就这样整理装箱，那么很有可能对服装造成不同程度的损坏。平时的保养还要懂得服装的成品和原料的特性，掌握分类放置（叠、挂）、虫的防治与防止服装材料过早老化（皮毛、塑料）等的保养知识，尤其是对一些保留剧目的服装保养不当，会直接影响艺术质量。为了方便以后演出选用，需要对所有服装进行分类，对服装箱进行编号。一般按年代、中外、民族分大类，再按性别、年龄、舞蹈风格等分成小类，在不容易察看服装的箱子外面详细标明，便于查找。服装和附带品（鞋、帽、绑腿、护腕、领带、手套等）以及新旧不同的服装也应分类放置，有条件的应再细分；还可以根据服装颜色的深浅、冷暖、花的大小、服装款式等编号分类，并进行详细注册。对一些时间太久或不再适合正式演出的服装及时筛选出来另行保管注册以备拆做他用，不要与正常使用的服装混放。演出期间的服装管理是保证演出顺序正常进行的一个重要因素。演出前后应按角色、场序清点交接（尤其是各种附带品，除即时清点外还应留有备用）。演员对服装在演出时的损坏情况应及时报告管理人员，以便在第一时间做好处理，不影响当前演出的使用。服装管理人员应根据时间、季节的变换对服装进行洗晒、通风。

第五节　舞台灯光艺术

舞台灯光又称舞台照明，是舞台美术造型的重要手段之一。舞台灯光由光区、光影、光色、光比等因素组成。负责调配、设计和操作这些光因素的工作者统称为灯光师。高明的灯光师，应该熟悉光学原理、电工知识，具备戏剧表演、文化素养以及丰富的想象力等素质。灯光师唯有在戏的排演过程中与导演沟通谋划、协调一致，才能根据剧情的需要和剧中人物身份的需要，构思设计出整台戏剧的舞台灯光的整体格局，继而在演出过程中，根据剧情发展和人物造型的需要，运用光的变换实现舞台空间的改变，以光色及其变化显示环境，渲染气氛，创造舞台空间感、时间感和剧作所要求的意境，使剧中的每一个画面和场景都能通过光的运动清晰鲜明地显现给观众，为剧情发展服务，使戏剧舞台更加丰富多彩。

早在明代，戏曲表演中就开始有意识地使用灯光。出生于昆曲鼎盛年代的张岱(1597—1679)，不但深谙戏曲文学、精通表演规律、擅长戏曲音乐，而且是一位灯光设计师，他平生津津乐道的就是舞台灯光的使用。《西施》演出中的宫灯和火炬（金莲宝炬），造成的气氛是“光焰荧煌”。《游月宫》的演出中运用了“暗转”，从“场上一时黑魆地暗”到“霹雳一声，黑幔忽收，露出一月”，在那轮圆月下面装的是染成五色云气的“羊角灯”；还有纱幕内燃起的是十多株“赛月明”烛，“光焰青藜”，造成“初曙”（拂晓）的色光。《舞灯》演出中，十几个演员每人手执一灯，在黑暗的舞台背景中，“忽隐忽现”，造成“怪幻百出”的梦境，甚至“令唐明皇见之，亦必目睁口开”。在没有电灯的时代，要成为一位灯光大师，的确需要巧妙运思、独具匠心。张岱对于灯光确有研究，他把灯彩与烟火相结合，灯的种类繁多，极有讲究，分“烧珠、料丝、羊角、剔纱诸灯”。

张岱的灯光设计实践，提醒今天的导演应该充分运用当代科技成果，发挥灯光、烟火等一切可能达到的舞台效果，尤其是运用灯光的明与暗、光与影以及不同色调来制造舞台气氛，以表现戏中动作的环境和处理舞台空间。

一、灯光的分类

（一）根据光源相对物体的来光方向划分

按照光源相对物体的来光方向，灯光可分为顺光、逆光、侧光、顶光、底光五大类。它们产生的效果大不相同。

1. 顺光

顺光指光线基本上是从前方偏上的位置照射物体。顺光产生的光效较强，如果使用不当，可能出现光照过度的现象。在场景中设置顺光时，最好使用“衰减”功能，造成上亮下暗，以便于营造出黄昏的光照气氛。

2. 逆光

逆光指光线从物体背面方向照射物体。此时物体正面显得较暗，但背景突出，轮廓十分清晰，往往形成一种剪影式的构型。逆光主要用来表现对某种意境的追求，使人物或建筑更富有感情色彩。这种背光效果可以产生比较理想的构图效果。逆光效果很少单独使用。

3. 侧光

侧光指光源从侧面照射物体，容易在物体上产生明暗变化的光感过渡带，此时的物体会显示出较强的立体感和层次感。特别是在室外效果图制作中，侧光应用较多，以突出主体建筑的立体感和层次感。侧光可以较好地强调建筑的体量和结构，给人一种明快向上的感觉。许多现代建筑，如商务高层建筑、酒店、宾馆、商场等建筑结构，多在效果图中使用侧光。在室内应用侧光，可以在被照射人物身上产生比较明显的明暗过渡，以突出人物的质感和立体感。当然，如果侧光过强的话，需要在对应侧面进行光照的补偿，使整个人物显得光感柔和、形象生动。

4. 顶光

顶光指光线由上向下照射，主要用于表现人物或建筑的一种圣洁、崇高的意境。顶光多用于比较肃穆、庄严的纪念性场所，如纪念馆、教堂、庙宇、法庭、展览馆等建筑设计。在舞台场景布局中，如果要出现顶光效果，其主光源应当位于建筑的顶部，使其从上向下照射演员。

5. 底光

底光指光源从下向上照射物体，主要用来产生一种神秘、令人遐想的意境，使人产生一种飘动、悬浮的感觉。这里光源主要用来表现一种神秘莫测的艺术氛围，多用于艺术表现性较强的建筑，如群雕、艺术博物馆、殿堂等。

（二）灯光按其运动状态划分

按照灯光的运动状态，灯光可分为静止灯光与流动灯光。

灯具固定不动，光照静止不变，不出现闪烁的灯光为静止灯光。绝大多数室内照明采用静止灯光，这种照明方式能充分利用光能，并创造出稳定、柔和、和谐的光环境气氛。流动灯光是流动的照明方式，它具有丰富的艺术表现力，是舞台灯光和都市霓虹灯广告设计中常用的手段。如舞台上使用“追光灯”，不断追逐移动的演员；又如用作广告照明的霓虹灯不断地流动闪烁，频频变换颜色，不仅突出了艺术形象，而且渲染了环境艺术气氛。

（三）按照舞台功能和作用划分

按照舞台功能和作用，灯光可分为主光、辅助光、背景光和追光等。

1. 主光

舞台灯光中的主光通称舞台灯光主光源，来源于面光灯、顶光灯和侧光灯。面光灯是指舞台正前上方悬挂的一排斜照舞台的灯，顶光灯是指舞台正上方悬挂的灯，侧光灯是指舞台两侧对照舞台中央的灯。这组灯光在整台戏演出过程中发挥着关键作用。这是因为这组灯光不仅是正常演出时的照明灯光，而且是特殊场景中的调配灯光，因此合理使用至关重要。正常演出中，要做到面光灯、侧光灯、顶光灯齐照舞台中央，确保灯光亮而柔和，舞台上无投影。这样才能使剧中人物及场景让观众看得清楚而不刺眼。特殊场景中，则需要灯光颜色和亮度的调配，根据剧情的需要，该亮则亮，该暗则暗，该红则红，该蓝则蓝。比如童话剧《我不要被吃掉》第一幕“小鸡的游戏”的场景灯光搭配要温而柔；第二幕反面人物狐狸三兄弟出场时，灯光则需要暗而蓝。

2. 辅助光

辅助光又名副光，其主要作用是辅助主光的亮度，以全面消除主光亮度太强而产生的投影，避免舞台上光线明暗的反差。因此要准确选用散射灯光源作为辅助光，而不能选用与主光灯光源同等亮度或超于主光灯亮度的光源。唯有这样，才能保证舞台光照柔和、细腻，从而使舞台场景和剧中人物形象层次鲜明且富有质感和立体感。

3. 背景光

背景光俗称环境光，意为投射在反映戏剧故事背景环境幕布上的亮光。巧妙运用背景光，能使舞台背景布幕环境更加鲜明、更加逼真、更加生动、更加引人注目。

4. 追光

追光顾名思义是追逐物体的光。追光在戏曲舞台上用得不多，只是在特殊场景下特殊人物出场时，才适当使用。往往是在全场灯光暗下来，只有一束亮光罩在人物身上，人物走到哪里，亮光追到哪里，人物或圆场，或演唱，或表演，亮光始终笼罩人物，以凸显人物形象，彰显人物性格，刻画人物内心情感世界。

二、灯光对化妆效果的影响

在不同的光线条件下，物体的形与色都会产生相应的变化，因此灯光对于化妆的效果影响很大。

首先，不同的灯光照射角度会使人物形象有很大的差别。当人物正面受光时，阴影分布在四周，体积感不强，但会使脸部的结构和阴影变淡甚至消失，可使演员显得年轻。当人物头顶受光时，会加强脸上的眼袋、鼻唇沟等部位的阴影，使人物显得苍老。有时为了表现剧中人物的阴险、狡诈、狠毒，灯光会从底部照射，即通常所说的脚光，这样会使面部变得狰狞与恐怖。当人物背面受光时，又会加强人物的外形轮廓，由于背光，面部会显得模糊暗淡，但有时在不同的环境下又能表现出浪漫的感觉。

其次，光线的强弱在很大程度上影响着化妆的效果。如果在光线较弱的环境下化妆后再到光线较强的地方，妆面就会显得很浓。相反，在强光下化妆后到光线较弱的环境中演出，往往又会显得妆面太淡。所以这也是为什么我们在后台化完妆之后，还要看看舞台上灯光下的效果。

另外，光色如果和被照射物体的色相互补或接近互补，那么物体会显得灰暗、浑浊；如果光色和被照射物体的色相接近或一致，那么物体会变得醒目、鲜艳。因此，在冷光源下，妆面可以画得冷一些、白一些；在暖光源下，妆面则要偏暖。

需要强调的是，前期主创间的交流与探讨非常重要。设计者不仅要向团队展示自己的设计理念、设计方案，还应对团队其他设计者的方案提出自己的见解，通过探讨、磨合，在各部门相互协调的基础上形成一个相对理想的方案。

总之，灯光设计的成功与否并不取决于灯具数量的多少、灯光变化的复杂程度、灯光渲染的气氛有无恢宏感，而是取决于灯光能否在紧密配合剧情开展、塑造人物形象的同时创造一种恰到好处的艺术效果。

三、灯光设计的原则

（一）功能性原则

舞台灯光设计必须遵守功能性原则，根据不同的剧情、不同的场合、不同的对象选择不同的照明方式和灯具，并保证恰当的照度和亮度。例如：为了强化演员的立体感、服装的质感以及首饰的光泽度，常使用方向性强的照明灯具和利用色光来提高演员的艺术感染力。

（二）美观性原则

灯光照明是装饰美化环境和创造艺术气氛的重要手段。为了对室内空间进行装饰，增加空间层次，渲染环境气氛，采用装饰照明、使用装饰灯具十分重要。灯具不仅起到保证照明的作用，而且十分讲究造型、材料、色彩、比例、尺度，它已成为舞台空间不可缺少的装饰品。灯光设计师通过灯光的明暗、隐现、抑扬、强弱等的控制，充分发挥灯光的光辉和色彩的作用，采用透射、反射、折射等多种手段，创造温馨柔和、宁静幽雅、怡情浪漫、光辉灿烂、富丽堂皇、欢乐喜庆、节奏明快、神秘莫测、扑朔迷离等艺术情调气氛，为人们的生活环境增添了丰富多彩的情趣。

（三）经济性原则

灯光照明并不一定以多为好、以强取胜，关键是科学合理。在《陶庵梦忆》中，张岱提到“灯不在多，总求一亮”，还谈到放灯与演剧、乐舞相配合，以求相得益彰。灯光照明设计是为了满足人们视觉生理和审美心理的需要，华而不实的灯饰非但不能锦上添花，反而画蛇添足，同时造成能源浪费和经济损失，甚至还会造成光环境污染而有损人体健康。灯光照明亮度的标准，由于用途和分辨的清晰度要求不同，选用的标准也各不相同。

（四）安全性原则

灯光照明设计要求绝对的安全可靠。由于照明来自电源，因此必须采取严格的防触电、防断路等安全措施，以避免意外事故的发生。还要注意正确地操作，切忌在灯泡冷的时候，将灯光瞬间推满，这样可能造成灯泡的破裂或者钨丝的熔断。正确的操作是在打开灯泡时，使灯泡处于压光状态以及预热产生微光，这样可将遗留在灯泡内的水分子蒸发掉，使灯泡壁低温时均匀受热，最后达到最大。切忌在更换灯泡的时候直接接触到灯泡，应该戴工作手套进行安装、更换或者拆卸。切忌在装换色器的时候遗漏防护网罩，否则易让灯泡爆破的碎片飞溅伤人或伤到物品。切忌将光调得过于聚焦，否则容易造成灼烧的情况，操作时要注意对灯光的聚焦情况进行合理的调节，使散光程度大一点。

四、儿童戏剧的舞台灯光设计技巧

戏剧节奏是一台演出的主线。导演对于整台戏的调度需要节奏，演员对于剧中角色的表演需要节奏，音响师对于音乐的控制需要节奏，舞台的景物迁换需要节奏，视频多媒体影像的变换也需要节奏。而舞台灯光应与演出各部门紧密配合，用其独特的“语言”参与演出，完成戏剧节奏的烘托与表达。

（一）依据导演的舞台构思、舞台调度进行灯光设计

一名合格的灯光设计师不仅需要深入解读剧本，还应对导演的风格特点、思维模式、艺术喜好等有一定的了解，理解导演的舞台构思、舞台调度等内容，只有这样才能在创作中与之产生默契。中国儿童艺术剧院组合式儿童剧《特殊作业》的灯光设计具有鲜明特点。该剧讲述五个不同的家庭因为孩子的一次特殊作业——为父母洗脚而激起的不同反应，展现了孩子与家长的情感交流与心灵沟通。因为该剧的舞台景片固定，所以如何利用灯光营造五个不同的家庭环境，展示人物的内心情感变化，揭示人物的性格特征，渲染舞台气氛，并配合天幕和家具陈设的变化完成绝大部分场景变迁，是灯光设计师需要考虑并全力完成的任务。《特殊作业》除首尾两场为白天之外，其他五场均为夜景。灯光设计师方琨皓探索了国外流行的黑光艺术表现形式，将设计重点放在五个不同家庭的典型生活环境的营造和剧末主旨的升华上。五个家庭分别采用不同的灯型，通过调整灯具的位置、间距、投光角度、亮度与色彩等进行着力刻画。此外，还根据每个家庭所使用的不同窗户形状，雕刻出灯光造型片，利用成像灯在舞台面上投射出窗户的光影效果，丰富场景内容。该剧采用 LED 摇头灯对灯光亮度、色彩、投光角度、光区等进行精密控制，营造了独特的视觉效果。我们以作品中“温馨的陈家”（见图 5－14）和“寂寞的吴家”（见图 5－15）的灯光设计为例来看看设计师的创作。

作品中的陈家是单亲家庭，女儿陈静乖巧懂事，学习成绩优秀，但有些自卑。陈母是下岗女工，离婚后打工抚养女儿。陈家的家具摆设比较简单，集中于主演区，景片上选取一扇普通小六格窗户作为开场主形象。在此场景中，设计师用 4 台电脑染色灯集中投射演区，并调配出柔和的橙黄调子；调整灯具的照度、色温，配合夜景，突出演区，营造老旧小区的感觉。女儿陈静看到母亲一双皲裂、长满老茧的脚时，百感交集地说：“妈妈，我

图 5－14 《特殊作业》剧照

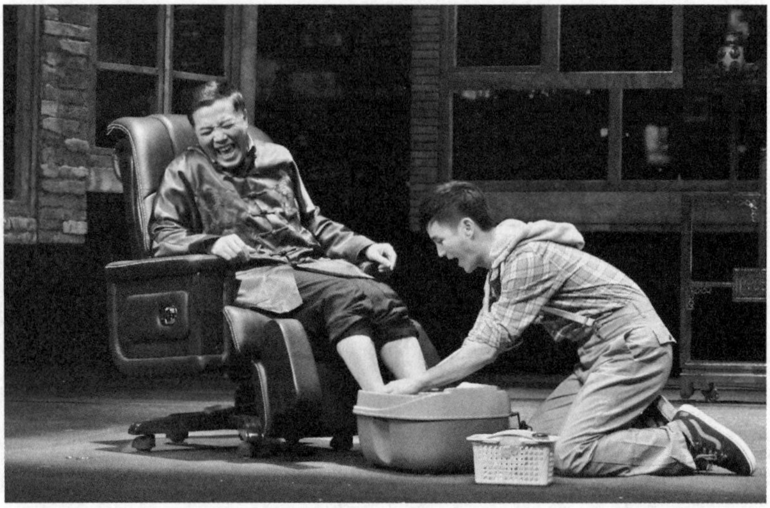

图 5-15 《特殊作业》剧照

给您洗脚!"母亲俯身轻抚女儿的头发。这时，舞台气氛达到高潮。母女俩相依为命，饱尝辛酸却又无比幸福的一幕，深深打动观众。为烘托此刻浓烈的亲情，设计师使用 2 台电脑切割灯围绕两人投射出定点光，光心为黄色、周围为橙色；面光中 1 台电脑切割灯降低色温，补充照明母亲面部，展现其丰富的情感变化；随着母亲泣极掩面，慢慢压光，让母女俩完全沐浴在柔和的橙黄色光束中。灯光与人物浓烈的情感相互交融，赢得观众热烈的掌声。

作品中的吴家富庶，儿子吴子豪很有经济头脑，凡事都要和钱扯上关系，父母分居后随父亲生活；吴父是一家装修公司的老总，金钱至上，很少关注孩子的成长，认为满足物质需求是对孩子最好的照顾。吴家的陈设比较分散，以红木家具为主，选取一扇带有弧度、装饰性强的大对开窗户作为开场主形象，明亮华丽。灯光设计主要使用 36°成像灯，光源柔和，可根据需要调节焦距来产生理想的光束效果。实际吊挂灯具时，以布景中心线为准，分前后两排，2 台 1 组，共 6 组，每组间距 1.4 米，灯与灯的间距 0.5 米，严格按照尺度吊挂。以这种方式组合的光束错落有序，富有装饰性，衬托出家具摆设的高贵典雅，很好地突出了吴家的生活环境。当儿子由胆怯到终于喊出"我要妈妈"时，吴父发现儿子为自己洗脚要的竟然不是钱而是亲情时，竟不知所措、无言以对。看着儿子跑下的背影，他内心十分纠结。为表现此时吴父孤独、失落、懊悔、愧疚等情感，使用 1 台电脑染色灯垂直投射于其身，面光中的 1 台电脑切割灯降低色温、切割光区，补充照明吴父面部，随着吴父从仰面的万千惆怅到无奈地俯身垂头，电脑染色灯也从苍白孤立的白色光柱渐染至深邃寒冷的深蓝色，聚焦定格于吴父。这与从窗外透射进的橙色光线（象征其他温暖和谐的家庭）形成强烈对比，一冰冷一温暖，一孤独一欢乐，折射出财富不等于爱、金钱无法买到亲情的理念。

《特殊作业》演出中，电脑切割灯具有高度的准确性、稳定性以及理想的光区，配合演员表演展现出极大的戏剧张力，升华了人物的内心情感，且具有很强的视觉冲击力，达到了预期的艺术效果。这也证明，在一些戏剧的高潮部分，并不一定是灯光越亮、气氛越恢宏越好，只要运用恰当，微弱的灯光也能产生极佳的舞台效果。

（二）依据演员肢体动作节奏设计舞台灯光

演出中，灯光的变化应与演员的肢体动作紧密相连。光区的大小，取决于演员表演的动作范围；光区的切换，取决于演员表演的行动路线；光的转化速度，取决于演员表演的动作节奏。因此，灯光设计师需通过反复观看排练，结合剧情和导演调度来实现灯光与演员表演的完美结合。解放军艺术学院创作的话剧《我在天堂等你》中有这样一个情节：欧战军的警卫员小冯接白雪梅去前线的路上，需要翻雪山、走山路。演员在表演走山路时，从台后向台前走的"之"字形的路线，目的是表现山路的崎岖。此时，灯光结合演员的表演，用多只成像灯在舞台上投射出"之"字形山路的光斑。为了突出这条路，其余的台面都是暗的。这使观众更加真实形象地体会到剧中所表现的场景。在安徒生童话剧团的《我不要被吃掉》中，小母鸡卡门等一行被狐狸佐拉用绳绑着带进了森林迷宫，为表现森林迷宫的阴暗恐怖，灯光师在昏暗舞台的中间用成像灯投射出一条线形的光斑，演员队伍身处光斑之中进行表演。观众感受到了迷宫的狭窄和那种"伸手不见五指"的漆黑，为佐拉掉进洞穴埋下伏笔。

（三）根据音乐语言节奏设计灯光

正如灯光之父、戏剧大师阿庇亚所说："灯光是舞台的灵魂，灯光是舞台的血液。"灯光的变化，能保证演员的任何部位在舞台上都是突出的，该隐则隐，该现则现，符合戏剧以表演和演员为中心的特点。由于人类的眼睛对光线特别敏感，当舞台有灯光亮起时，观众便会将眼睛的焦点集中在有亮光之处。因而在剧场里，灯光师只给观众看导演想呈现的东西，而把其他的部分留在黑暗中。通过灯光的变化，能有效地带动观众进入剧中情景，使观众身临其境，紧跟演员的步伐。比如人偶剧《葫芦娃》中开场葫芦娃跳舞一段，背景灯光为暗绿色，七个葫芦娃按音乐节奏以 LED 灯点亮，突出了七个葫芦娃灵动欢乐的氛围，极富视觉冲击力。而在该剧"彩虹仙子变身"一幕中，彩虹仙子在舞台中翩翩起舞的同时七彩灯光根据音乐的节奏轮流变换，充满舞台空间，绚烂多姿。这样的灯光设计使既定的舞台幻化出多变的空间，又不以实体占据舞台，这就给演员的舞蹈表演留下了足够的空间。这样的设计既给定了戏剧环境，又保持了舞台的空灵，有利于载歌载舞的表演。中国儿童艺术剧院 2015 年的儿童剧《东海人鱼》（见图 5－16、图 5－17）精心设计的舞台自始至终铺满了细软的海沙，舞台中央的旋转圆盘随剧情发展时而化作一道浪花，时而变为一条山路，唯美的灯光变幻配合舞台的旋转起落，营造出一派绚丽的童话色彩、如梦似幻的海底世界、一望无际的金色沙滩、树影交织的百花山……一幅幅美丽画面，一幕幕动人场景让人眼前一亮，仿佛身临其境，

图 5－16 《东海人鱼》灯光设计

让这个美丽的神话故事披上了极具现代审美的外衣，达到了艺术和技术的完美融合。舞台空间是有限的，而要想在有限的舞台空间上展示出无限的生活范围，就需要灯光设计师巧妙地运用舞台灯光。

图 5－17 《东海人鱼》灯光设计

（四）根据内心情感节奏设计灯光

现代舞台戏剧演出中，灯光已从外部形象的塑造上升到内心世界的表达。灯光将戏剧呈现在观众面前时，灯光是导演和灯光设计师的工具、画笔、颜料。他们用灯光一笔一笔地将舞台画面描绘出来，使之生动丰满。而灯光的语言中，与情感联系最紧密的就是光的色彩。光色的变化，具有抒情性，不仅给出了戏剧的特定环境，创造出特定的戏剧氛围，而且留给观众自我想象的空间。不同的灯光颜色，可以带给观众不同的心理感受。在《葫芦娃》剧中，葫芦喷泉被堵住后，舞台以深黄色的灯为背景灯光，再加上沙漠图案的布景，烘托出花草枯萎、鸟兽灭亡的荒凉景象，展示了葫芦喷泉枯竭后给葫芦王国带来的灾难。另一幕中，当老树喝下一滴泉水后，抽出了新芽，灯光转为翠绿色打在演员扮作枝芽的手臂上，表现出老树的变化过程。同时灯光转亮，让观众心情倍感愉悦。而在话剧《我在天堂等你》中，开场表现的情节为父亲去世之后，灯光用深蓝色和白色烘托了悲凉的气氛，也映衬出家人心中的悲痛之情。随着母亲的回忆，时间推移到父亲去世前的最后一次家庭会议，深蓝的灯光让观众感到气氛的紧张与压抑。为了使两代人之间的矛盾冲突更为鲜明，灯光设计师还用成像灯为父母和孩子们分别设定两个光区，结合演员的表演，观众更能体会出两代人之间明显的代沟。在表现冰河救人的场景时，台口乐池降下，干冰由两侧喷出，并铺以红光，体现出了冰河的险恶与苏队长舍命救人的壮烈。可见，灯光的色彩在表现故事情绪、情感方面，以及角色心理方面起到了重要作用。

综上所述，对于戏剧节奏的表达，灯光要与各部门紧密配合，听从导演的总体调度，关注演员的表演，配合音乐的旋律，做到光随演员动，光随情绪变，既保证画面造型的整体完美，又使情感情绪得到由内而外的展现，使观众的心理节奏与戏剧节奏达成共振，从而达到完美的视听效果。

五、时代对灯光控制技术的新要求

舞台上的每种灯具各有其用意，常规灯具的一些优势和艺术效果需要在数字化灯具上传承发展；数字化灯具的出现，极大地丰富了舞台灯光效果，并产生了新的创作理念和创作方式。近年来，一些广泛采用灯光、音响、机械、视频等舞台技术的剧目或秀，受到了观众的追捧。譬如，充满特技、制作成本达到 7 500 万美元的音乐剧《蜘蛛侠——终结黑暗》，2011 年底一周 9 场演出就收入 294.2 万美元，创造了百老汇演出历史上的最高单周票房。演出中蜘蛛侠伴随着音乐在观众上空快速飞过，一组组灯光能始终紧紧地跟踪照着演员。这些剧目要求对灯光、音响、机械、视频有精确的控制，各种表演手段相互之间密切配合。

由此看来，灯光控制技术已经是演艺技术的重要组成部分，飞速发展的时代对灯光设计师提出了更高的要求。这要求灯光设计师熟悉各种类型的灯具，掌握其表现形式，并勇于开拓创新，合理利用各类灯具为舞台服务。一名优秀的灯光设计者不仅要有好的设计构思，而且要掌握灯光设备的编程技术。技术的发展日新月异，数字化的操控设备已经与传统设备大相径庭，其科技含量高、定位精准、变化丰富，精确的时间控制使艺术效果更加自然、生动、优美，避免了纯人工操作的诸多不足。目前，能较快领悟设计师意图的优秀编程人员太少，编程人员的培养问题应该引起足够的重视。

单元教学与练习

童话剧舞台美术设计训练

阅读剧本《蛇和蜥蜴开店》，请为作品完成以下舞台美术设计：

1. 蛇、蜥蜴等角色的面部妆容设计要符合人物性格。
2. 服装设计要符合演出人物身份和环境要求。
3. 舞台道具设计要符合剧情表演的要求。
4. 舞台灯光设计要符合导演的创作意图。

探究与实践

一、儿童戏剧舞台美术设计有哪些创作要求？

二、儿童戏剧舞台的道具设计与制作要遵循哪些原则？

三、阴险狡诈的反面人物如何化妆才能凸显其性格？

四、儿童戏剧对服装设计师提出了哪些要求？

五、灯光对于化妆的效果和舞台服装的效果有哪些影响？请你联系创作实际谈一谈。

六、请撰写一份童话剧《丑小鸭与靴猫侠》舞台美术整体设计方案（含图样）。

第六章

儿童戏剧教学方法探略

第一节 欧美及中国港台地区儿童戏剧教育的历史与现状

儿童戏剧教育指在小学、幼儿园教育中所采用的带有戏剧与剧场性质的教学方法与教育模式，以戏剧元素和戏剧故事培养孩子的参与性、主动性和创造性，最大程度激发儿童的学习兴趣和探索欲望，并引导孩子健康成长。儿童戏剧教育以教育而非演出为主要目的。在基础教育的课堂中，儿童戏剧教育最简单的形式就是语文与英语课堂中经常采用的戏剧教学法，如角色扮演、情景对话、课本剧排演等。儿童戏剧教育在解放儿童天性、启迪儿童心智、完善儿童人格以及发挥儿童创造性等方面都能起到非常积极的作用，它在我国推进素质教育与新课程改革的进程中也是经常被提及的话题。

在欧美国家，儿童戏剧教育早已发展成一门成熟的教育戏剧学并且拥有自己独立而系统的学科理论与实践方法，其中绝大部分还不为中国的教育者所知，更没能进入课堂，这不得不说是我国基础教育和学前教育的一大缺憾。

一、欧美儿童戏剧教育的历史与现状

最早被记载将戏剧方法系统地应用于学校课堂的是英国一位乡村女教师哈丽雅特·芬利-约翰逊（Harriet Finlay-Johnson，1871—1956），她尝试将不同的教学主题戏剧化，使她的学生（主要是10～13岁的儿童）通过戏剧性活动充满参与热情并获得对教学主题的更深刻的理解。1911年，哈丽雅特写成《教学中的戏剧方法》（*The Dramatic Method of Teaching*），该书被认为是第一本介绍在学校教学中应用戏剧方法的著作。

稍晚于哈丽雅特，另一位英语教师、教育家亨利·考德威尔·库克（Henry Caldwell Cook）则将戏剧教学法发展成了一项具体的教育运动。作为一名英语教师，库克主要强调的是表演和游戏对语言学习的促进作用，并于1917年出版了《游戏方法》，书中所提倡的戏剧教学法很快就在英国的公立小学流行起来。在哈丽雅特和库克开拓性的工作影响之

下，从 20 世纪 20 年代开始，英国的教育戏剧渐渐从小学往中高年级拓展，最后覆盖到包括成人教育和特殊教育在内的整个教育领域。

1954 年，英国著名戏剧教育家彼德·斯莱德（Peter Slade）的《儿童戏剧》一书出版并大受欢迎。斯莱德认为：儿童戏剧是一种属于儿童独有的特殊的剧场与表演艺术形式，教师的工作就是促其自然逐步地展开。20 世纪 60 年代，由斯莱德等戏剧教育专家共同拟定的特别教学法案中表达了以下共识："各年龄层的儿童都必须经历戏剧的活动，以'假如我是'（as if）来实作，并认同除了以戏剧教文学（literature）、讲话（speech）及身体动作（movement）等外，还可以与学校演出及剧场合作。"

戏剧教学法在英国的教育实践与理论中的发展，使英国的教育戏剧形成了与学科教学尤其是英语教学紧密结合的特色。这种英语教学中的戏剧方法得到了英国政府的大力支持，很快成了一种非常普遍的教学模式。1992 年 10 月英国议会通过的教育改革法案，正式将戏剧性活动列为国家英语课程标准中的一部分，为英语课堂中教育戏剧的应用奠定了更加牢固的基础。

在美国，教育戏剧的发展初期主要受杜威（J. Dewey）教育思想的影响。杜威在自己所任教的芝加哥大学的实验学校中，通过各种活动课程改造儿童的学习，强调学生在真实或虚拟的情境中学习，即"做中学"，其中就包括大量戏剧性很强的活动。但是杜威并未明确提出教育戏剧的理念，真正被认为是美国教育戏剧旗手的是一位名叫威妮弗雷德·沃德（Winifred Ward）的小学教师，沃德将教学中的戏剧方法称为"创造性戏剧"（creative dramatics），并于 1930 年出版了一本同名著作，这本书使创造性戏剧方法立刻风靡全美，而沃德也从此成了美国教育戏剧界的领军人物。在她及其学生的影响下，许多大学纷纷将创造性戏剧列入大学课程与相关的儿童教育计划中。到了 1955 年，已经有 92 所大学能提供有关创造性戏剧技术的课程，这些课程培养出的多半是中小学的戏剧教师。

随着 1965 年美国《中小学教育法案》的通过，形成了在中小学以创造性戏剧为主要形式、在高中以开设以专业的剧场和表演方面的知识技能以及百老汇歌舞剧为内容的"戏剧课"为主的戏剧教育蓝图。现在，美国 3 000 多所大学和学院中有 1 000 多所设有戏剧系，这些专业所培养的大多数毕业生并不是专门的戏剧演艺人员，而是中小学的戏剧教师或英语教师。此外，还有相当数量的高校虽然没有戏剧专业却开设有戏剧艺术欣赏与实践方面的课程。

1994 年，美国国会通过的《2000 年目标：美国教育法》首次将单科的戏剧教育课程纳入美国学制之内，同年颁布的《艺术教育国家标准》更是明确将戏剧、音乐、视觉艺术、舞蹈作为艺术教育的四大门类，并且从"内容标准"与"成就标准"两方面对全美从幼儿园到高中的学生在这四门艺术方面所需要达到的程度进行了规定。总而言之，美国当前已形成了一个逐级递进的从幼儿园到小学、中学乃至大学的金字塔形的戏剧教育体系。

苏俄（苏联）也十分重视儿童戏剧。早在 1918 年列宁就认为，儿童是国家未来的主人翁。将来要承担国家的大事业，如果他们的气质与内涵不好，那是不行的。因为意识到学校难以独立完成这一重任，列宁更进一步地提出，在正规教育之外，还需要其他的活动来辅助儿童，以便让他们的气质和内涵更好，而主要活动就是戏剧。就在 1918 年，苏俄成立了由国家栽培的儿童剧团。1927 年，乌克兰也成立了基辅市国家偶剧团。在政府看来，儿童剧团的成立对于儿童来说是相当重要的。基础教育阶段的儿童理解文字的能力有限，他们对于文字的意义都不太懂，如何阅读世界名著？通过儿童戏剧，把世界名著表演给儿童看，是政府推崇的一种重要的语言教育方式。

二、中国香港地区儿童戏剧教育的历史与现状

受英国的影响，中国香港教育戏剧的发端较早。20 世纪 80 年代初，时任香港中英剧团艺术总监的英国导演戈斯（Bernard Goss）举办了多个戏剧工作坊，尝试推广英国的教育戏剧理念，之后中英剧团设立了教育主任和工作坊主任两个职务，主要负责面向青少年的戏剧展演和戏剧工作坊。1990 年以后，一些非主流的戏剧团体也加入了教育剧场的行列，比较有影响力的有"进念二十面体"、"明日剧团"（见图 6－1）、"非常林奕华"等。香港很早就很重视戏剧教育与教育戏剧师资的培养，从 1991 年推动香港学校戏剧节开始，香港教育署平均每年都为数以百计的教师提供 6 次共计 24 小时的戏剧编、导、演方面的基础培训。1994 年，该署又将香港热衷戏剧活动的教师组织起来，成立了香港教师戏剧会，主要承担对教师进行戏剧方面培训的工作，并成为戏剧教师们的重要交流平台。1998 年，香港特区政府"优质教育基金"开始资助一项戏剧教育计划，旨在推广艺术教育框架之外以戏剧教学法为主的教育戏剧在学校一般课程中的应用。1998 年到 2004 年的 6 年中，该基金一共资助了 57 个在香港各中小学及幼儿园推行教育戏剧的计划，并委托明日艺术教育机构和香港浸会大学儿童发展研究中心进行"戏剧教育计划成效研究及推广"，印制了《戏剧教育计划资料册》，为香港的教师准备戏剧教学活动和编写教案提供了完备的参考。2001 年，香港开始在香港中小学推行"戏剧教学法种子计划"，通过培训教师、设计教案、观课评课等方式鼓励不同科目的教师将戏剧应用于教学过程。

图 6－1　香港明日艺术教育机构义工在表演

2002 年，以全人、投入、乐趣与机会为基本理念的香港教育剧场论坛（TEFO）成

立，并成为国际戏剧/剧场与教育联盟（IDEA）的成员。据统计，到2006年8月，香港绝大部分学校都设有戏剧课外活动，逾六成教师应用戏剧于课堂中，数十所学校已开设了戏剧科。2007年，第六届国际戏剧/剧场与教育联盟世界大会在香港召开，吸引了近1 600名来自世界各地的戏剧教育工作者到香港参加。自此，香港已经成为整个亚洲最重要的推广戏剧教育的前沿阵地之一。

三、中国台湾地区儿童戏剧教育的历史与现状

相对于中国香港地区，中国台湾地区在学校范围内的戏剧教育发展得快很多。2000年，戏剧教育课程被纳入一般艺术课程“艺术与人文”的范围之内，这为学校推行戏剧教育活动提供了政策依据和支持。

2001年，台湾公布的中小学九年一贯课程暂行纲要则将“表演艺术”纳入九年一贯制课程中的“艺术与人文”学习领域，使其正式成为台湾学制内的一部分。该暂行纲要提供了戏剧教学的学习内容：“包括观察、想象、模仿、创意等肢体与声音的表达，联想创意（编写剧情，即兴创作，角色扮演，综合表现）、戏剧（话剧、儿童歌舞、皮影戏、乡土戏曲、说故事剧场）、欣赏等。”从这个表述中可以看出，虽然表演艺术包含有戏剧与舞蹈的成分，但还是以戏剧为主。

2001年9月起，戏剧教育课程在各中小学由小学一年级分级施行，初中则从2002学年度起开设这门课。新设立的戏剧教学将在小学三年级至初中三年级的“艺术与人文”课程中实施，而小学一、二年级部分则置于生活课内并合并社会、自然与科技课程后实施，成为义务教育阶段学生的必修课目。2003年颁布的中小学九年一贯课程纲要则更加明确了这一点：表演艺术与视觉艺术、音乐一起构成了艺术与人文学习领域的主要内容，要求有各自的课程设计、教材编选和教学设计。

台湾的儿童戏剧教育活动，得到台湾很多民间团体的响应。其中最有影响力的莫过于有“台湾第一儿童剧品牌”之称的纸风车剧团（见图6－2）。该剧团自1992年11月创立以来，一直致力于为儿童演出。剧团认为，“创意、美学、爱与关怀的能力是唯一不受城乡差距影响的，而这些能力是可以从艺术欣赏中激发培养的，只要给孩子多一点与艺术接触的机会，就有更多启发的可能”。其目标是：以放眼国际的视野，逐步推展亚洲及两岸的儿童戏剧及教育交流，甚至到山之巅、海之湄，直到华人世界的每一个孩子都能欣赏儿童剧为止。2006年，剧团以“如果大人不能改变现状，至少要能为孩子做一些事”为初衷，为协助改善城乡差距、资源分配不均，为走遍台湾319个乡镇进行演出，启动了“纸风车319乡镇儿童艺术工程”计划，为80万观众进行了演出。其代表作有生肖系列、巫婆系列和《纸风车幻想曲》等。

中国台湾的通识戏剧教育与教育戏剧的发展目前走在整个亚洲的前列。台湾艺术大学戏剧与剧场应用学系的张晓华教授认为戏剧课程之所以能进入台湾课堂，一方面是有赖于相关法律的公布，另一方面则是搭上了中小学九年一贯课程的教改顺风车，从而形成了“跨科统整的戏剧教学模式”。

总之，这种课程设置对教师来说有助于在教室里更有效地落实教学。课程以人格教育

图 6-2　台湾纸风车剧团生肖系列之《鸡城故事》剧照

为目标，其目的不在于培养创作人才，也不在于培养专业的剧场艺术家，而在于使全体接受义务教育的学生都能成为戏剧艺术的参与者。这种戏剧教育的教学是指一种即兴、非展示性的演出，虽有欣赏与演出戏剧的实践，但强调的是在人格发展与创意上的表现。

第二节　中国大陆儿童戏剧教育的历史与现状

目前国内很多教育者在宣传和策划儿童戏剧教育的观念和方式时，大多把眼光投向西方国家，却忽视了中国本土早期对这一观念的积极倡导和实践。这种思路早在 20 世纪初我国教育救国思潮背景中就有人进行过认真的探索和实践，有的还把戏剧引入学校的教学育人中。

一、中国大陆儿童戏剧教育的发展脉络

蔡元培在任中华民国教育总长时，主张于普通、专门二司外设立社会教育司，并把戏剧作为普及教育的一种有力有效的方法，纳入行政制度中，即在教育行政上把戏剧列为一种教育方式。之后，艺术教育很快进入了我国普通学校的课堂，然而其内容却长久地局限于音乐和美术。

1947 年，宋庆龄创办了中国福利会儿童艺术剧院（见图 6-3、图 6-4）。她在谈话中讲道：“儿童是国家未来的主人，通过戏剧去培养下一代，提高他们的素质是最有意义的事情。”然而，无论是“文化大革命”前、“文化大革命”中还是改革开放 20 多年后，教育部门始终未把戏剧看成和音乐、美术一样重要而需要在普通学校里开设的课程。

2001 年颁布的《全日制义务教育艺术课程标准（实验稿）》，首次将戏剧列入艺术综合课程的几大门类之中，并指出“基础教育阶段的艺术课程日益走向综合，不仅音乐和美术开始交叉融合，戏剧、舞蹈、影视等也进入艺术课堂”。然而，时至今日，我们在广大的中小

图 6-3 宋庆龄与中国福利会少年宫小伙伴

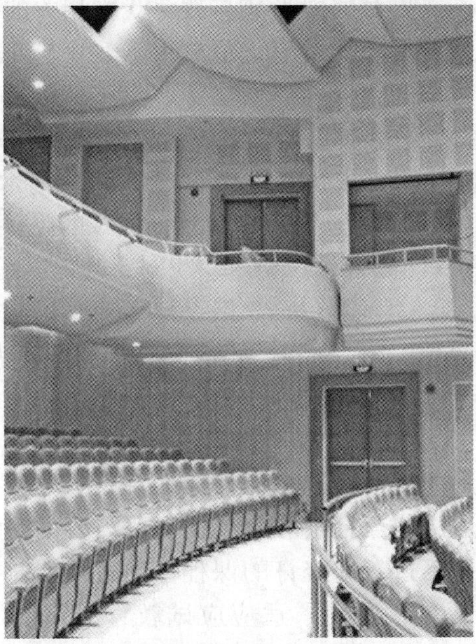

图 6-4 中国福利会儿童艺术剧院内景

学课堂中依然难以见到“戏剧课”的踪影。

尽管很多中小学教师都会在课堂中使用戏剧教学法，如李吉林老师的情境教学法甚至形成了相对完整的体系，但我国的儿童戏剧教育好像一直与国外风风火火的教育戏剧大潮相隔绝，也很少从中汲取有价值的营养。直到 1995 年，李婴宁才作为唯一的一名中国大陆代表参加了第二届国际教育戏剧联盟会议，之后回国开始了推广教育戏剧的努力，这些努力包括在社区、学校中进行小规模教育戏剧的实验以及引进英国、澳大利亚和挪威等地的教育戏剧专家来国内开设讲座与工作坊等。2000 年以后，教育戏剧才逐渐进入人们的视野并且持续升温，近几年甚至有成为热点的趋势。

2002 年开始，上海浦东新区华林小学在中国大陆公立小学中率先开展了戏剧教育和教育戏剧的尝试，摸索出了一套成熟的极具特色的华林“戏剧 3＋3”模式并获得了巨大成功。2004 年开始，杭州师范大学黄爱华教授带领的研究团队以杭州师范大学、杭州市大关小学及杭州市外国语学校为主要对象开展了中小学阶段教育戏剧的实验，并于 2008 年出版了项目成果《探索与实践：新课程改革背景下的戏剧教育》，该书荣获“第五届中国教育学会优秀教育科研成果奖”，揭开了我国基础教育阶段教育戏剧发展的新篇章。在学前教育领域，张金梅的《幼儿园戏剧综合课程研究》对幼儿园中戏剧综合课程的开展进行了比较全面的研究。2008—2010 年，北京师范大学实验小学承担并完成了教育部重点课题“应用戏剧教学法促进教师专业发展与学生心理健康实验研究”。2009 年，由上海市教委主办、上海戏剧学院承办的上海市中小学教师首届教育戏剧培训班在上海戏剧学院开办，来自全市中小学的 30 多位教师参加了这次培训。2010 年 5 月 18 日，广州话剧艺术中心戏剧教育培训部在广州文德路小学对 30 余名语文教师进行了戏剧表演方面的训练。2010 年 9 月，第一本以“教育戏剧”为主题、由上海戏剧学院张生泉主编的《教育戏剧的探索与实践》出版，该文集对国内当前与教育戏剧相关的研究论文、学位论文以及媒体报道进行了整理，为人们更好地了解这朵丛生于教育与戏剧之间的奇葩进一步铺平了道路。

2012 年 1 月，教育部为贯彻落实《国家中长期教育改革和发展规划纲要（2010—2020 年）》，适应全面实施素质教育的要求，颁布了《义务教育艺术课程标准（2011 年版）》，并于 2012 年秋季开始执行。这是中国儿童戏剧教育领域的一件大事。新修订的艺术课程标准明确提出：艺术课程是一门集音乐、美术、戏剧、舞蹈、影视等艺术门类为一体的课程。在九年义务教育阶段，第一学段（1～2 年级）活动建议是观看儿童剧、戏剧小品和动画片后，体会并模仿演员的语言、动作、表情、声音等艺术表现。第二学段（3～6 年级）的活动建议是能根据艺术作品的内容和情绪创编舞蹈动作，尝试制作服装道具或画舞台背景。第三学段（7～9 年级）的活动建议是尝试运用艺术家的表现手法和形式规律进行创编，表现自己熟悉的生活。艺术课程标准旨在引导学生在各门类艺术的联系中形成综合素质，培养学生适应当今社会和终身发展所需要的艺术能力，促进学生艺术能力和人文素养的综合发展。不过，新修订的课程标准对授课时数未做统一规定。在实际工作中，中小学因为师资不足或者为了适应应试教育的需要，仍存在随时增减课时的现象。

二、当前我国儿童戏剧教育存在的问题

在我国过去传统的教师中心、教科书中心、考试分数至上的教育文化环境下，人们很少想到要教儿童演戏，也不会想要利用儿童戏剧教育来培养儿童的健全人格，发展儿童的道德心、公德心、协调性、自立性、团队合作能力等。现在教改时机已经成熟，中国进入课程改革的时代，各地小学和幼儿园应当把儿童戏剧教育正式列入教育课程，这种改革一定备受孩子们的欢迎。但是不懂得儿童有创造的天性、不了解儿童有强烈的“表演欲望”

的老师，对于儿童戏剧教育的实施，难免感到困惑。目前，我国的儿童戏剧教育在小学、幼儿园的普及主要存在以下几方面的问题：

（一）看重表演结果，轻视过程中的儿童能力发展

不少学校排练儿童戏剧只是为了拿奖或者向教育部门汇报教学成绩，轻视了过程中的儿童能力发展。在整个儿童戏剧活动中，从剧本的选择、编排、舞美的设计、海报宣传到最后的演出安排等，基本由成人负责到底，且多从成人的思维角度考虑，儿童参与度低。在接受的过程中，儿童基本上以接受、服从为主，虽然对于表演中的内涵有所回应，但是儿童的表达却几乎是零。

（二）剧本选择范围狭窄，创作能力不足

剧本的选择范围比较狭窄，局限于几个老牌的童话故事，对儿童戏剧创新题材的开发力不从心。小学生和幼儿园的孩子一天中至少有 8 小时是在学校生活和学习，优秀的儿童戏剧的素材往往来自儿童的生活。目前不少教师阅读面狭窄，缺乏剧本改编创作的能力，过分依赖现成的剧本。因而与儿童学习过程有关的儿童戏剧素材，到目前为止很少有人问津，系统性研究更是一片空白。

（三）表演角色有限，多数儿童缺乏参与机会

表演角色的选择仅限于个别能力强的儿童，大多数儿童缺乏参与的机会。小学、幼儿园的戏剧教学并不是要培养戏班人才，不是要培养专门演戏的人，儿童戏剧教育是要通过大规模的戏剧模仿活动来引导学生合作、扮演、表达心意、创作思考等。因而不能为了图排练省心而忽略掉真正需要借助戏剧教育活动来提升的那部分儿童。

（四）忽视儿童戏剧的游戏表演性质

目前不少儿童戏剧的台词表达过于成人化，缺乏童趣，剧情设计较死板僵化，政治色彩过浓。儿童戏剧应体现游戏精神，引导儿童在排练中观察人生、模仿人生，其呈现又可结合儿童喜爱的音乐、美术、舞蹈等其他门类艺术。教师应利用戏剧寓教于乐，在富于游戏感的剧情中让儿童的天性得到释放，以达到戏剧教育的目的。

三、儿童戏剧教育值得探索的方向

目前中国台湾在儿童戏剧教育方面做得较好。戏剧教育的教学目标在于在“探索与创作”“审美与思辨”“文化与理解”三大目标主轴中，让学生掌握人本精神，借由肢体与语言来传达感情与创意，发挥想象力，培养合作的精神，了解戏剧艺术，并通过这种能力来开发个人内在与外在的世界。这一目标符合教育在本质上的需要。

将小学、幼儿园儿童戏剧的排练过程优化成学习、体验过程，是每一个儿童戏剧教育工作者的重要任务。中国台湾戏剧教育多年探索出的新路，为大陆的儿童戏剧教育工作者指明了一些方向。

（一）借助儿童戏剧教育增加儿童的学习形式，注重儿童学习过程体验

我国现行的课程体系，仅依赖有限的儿堂音乐课等来进行艺术教学，远远达不到教育所期待的效果。一方面，儿童对音乐的背景乃至自己的表演意义无法理解。另一方面，教师急功近利，课堂过分强调技能的熟练程度，忽视了对儿童的兴趣培养和审美教育，不利于儿童艺术素质的提高。儿童戏剧可以成为儿童艺术人文教育中的一环，与其他艺术与人文课程一道，共同为提升国内儿童的人文素养而努力。学校应推广儿童戏剧教育，使儿童的学习形式变得多样化，注重儿童对剧情的理解，关注儿童在学习过程中的发展，探寻更丰富的指导策略，使儿童戏剧教育形成一个既新颖又实用的课程体系，为儿童的健康成长服务。

（二）创作出更接近儿童生活、更有助于儿童成长的儿童戏剧

教师要勇于尝试剧本创作，并利用儿童戏剧中有趣的形象及寓教于乐的特点，针对儿童的德育、合作、情感教育等方面做进一步研究；以儿童戏剧表演为活动载体，训练儿童的语言表达能力，使儿童学习人际沟通，学会尊重、关怀与团队合作，以提升儿童独立思考和解决问题的能力；借助戏剧表演模拟儿童所面对的社会，增进儿童对所处自然环境的了解，使儿童认识自己与生存环境之间的关系，促进其人格持续成长。

（三）利用儿童戏剧的课程统整性，尝试教材戏剧化

儿童戏剧具有课程统整性，可作为课程统整的教学工具，将语文、英语、科学、社会、自然、美术等相关课程资源进行整合。把戏剧作为教学的方法，把功课变成游戏，把课室变成娱乐的场地，由儿童自动自发地自由创作。例如，对于历史或文学，儿童可把人、物、故事编成剧本，用表演呈现。对于地理，儿童可就山脉、河流、城市、乡村、道路、桥梁及物产货品制作样品，或绘画布景，布置舞台，实地陈列。这样印象深而趣味浓，儿童也会感到身心愉快。总之，一切让儿童自己去创作、去体验，从创作与工作中学习，从学习中了解、记忆、领悟。可由全班学生公推一人为领袖（班长、主席或导演），负责推动；剧本可由本班学生自编、自导、自演、自观；可以把学生分成两队，轮流做演员、做观众，让他们学习如何表达，也学习如何批评。不用正式布景，不用特制服装，也不用刻意化妆。

（四）儿童戏剧教育的能力指标，可通过创意、演出、欣赏方法来实践

创意包括观察、想象、模仿肢体与声音的表达方式或即兴创作、角色扮演、综合表现等。演出包括话剧、皮影、木偶戏、故事剧等的演出。欣赏包括欣赏实演和欣赏名剧、影片、剧本等。这些丰富多彩的戏剧活动，能使儿童在更开放、更活泼的教学环境中成长，激发儿童的创作力，增强其自信心，使其思想灵活、反应敏捷，而且可训练儿童的语言文字表达能力，发展他们演讲的才能；帮助他们对道德、行为形成正确的判断，陶冶性情，锻炼身体，使儿童的举止仪态日益优美。借助戏剧表演这一集体活动，培养儿童合作、容忍、守时、守约、守规、互相尊重、互相礼让，学习交友与处世之道。

四、儿童戏剧教育师资的培养迫在眉睫

随着时间的推移，儿童戏剧教育在中国大陆已经不是昔日“戏剧人的孤独行走”，越来越多的教育工作者开始投身其中，还获得了国家重点科研课题的立项。然而，由于过去传统教育长期以来的忽视，戏剧教育既未培养相应师资，又因“分数至上”“升学至上”话语背景下考试领导教学所养成的文化习性而面临巨大的考验。如何加强教师与家长对艺

术文化的认识，儿童戏剧教育如何才能从无到有地进入我国中小学课堂，仍是摆在整个教育界面前的难题。

在我国当前的教育体制中，儿童戏剧教育的发展面临着重重阻碍，这些阻碍既有政策上的也有文化心理上的，但是其中一个很重要的现实问题是师资的缺乏。戏剧教育的普及需要大量专职的中小学戏剧教师，这种诉求与中国大陆寥寥几所戏剧学院（其中开设戏剧教育专业的更是凤毛麟角）的现实有着不小的差距。儿童戏剧教育在课堂内的应用则要求一般学科教师掌握教育戏剧的基本方法，这意味着需要增加师范教育的课程设置，同时开展针对在职教师的戏剧培训。两方面相较，似乎后者在当前条件下更有价值，也更有可行性。

首先，虽然在中小学中设置独立的戏剧课是非常美好的愿望，但是在当前国家政策、学科建设都呈相对空白的背景下，这一愿望的实现似乎要经历无比漫长的等待。相比之下，教育戏剧在课堂内的推广对于现有政策和课程的依赖则较小，可以在不改动学校课程表的前提下使儿童尽快体验到戏剧的魅力。

其次，从国内外各地区的经验来看，儿童戏剧教育的发展在初期都要大量依赖现有的戏剧专业人才，而我国现有的几所戏剧院校所培养出的学生大多数都选择进入文艺界发展，剩下的数量难以满足在中小学普遍开设戏剧课的需求。然而，对中小学教师进行戏剧教学法的培训或者为师范专业的高校学生开设教育戏剧课所需要的师资却少得多，而一旦实施起来，往往就能起到以点带面、星火燎原的效果。

最后，考虑到我国缺乏现代戏剧传统的国情，儿童戏剧教育在课堂得到广泛应用，也就意味着戏剧艺术在校园中生根发芽。随着时间的推移，戏剧在学科教学的襁褓中生长丰满乃至渐渐脱离学科教学获得独立形态，最终促成戏剧教育的发展。

我国的基础教育和学前教育工作者应在课堂教学和活动课程中渐渐夯实儿童戏剧教育的基础，待到各方面条件成熟的时候再开设戏剧课。当前的工作可以从两方面切入：一方面，师范院校可与戏剧院校展开广泛的合作，从戏剧院校中遴选优秀的硕士、博士毕业生为师范生开设“儿童戏剧”等公共课或选修课，使越来越多的师范生掌握教育戏剧的基本技能。另一方面，国家及各省市教育部门可以整合本地戏剧资源，为中小学的在职教师提供儿童戏剧创编与表演的相关培训，使戏剧教学法有机会在中小学课堂中发挥出越来越大的作用。只有通过教育部门、师范院校、戏剧院校和中小学四方面的共同努力，儿童戏剧教育才能获得强大的现实推力，在 21 世纪我国推进素质教育的进程中发挥出其应有的作用。

第三节 儿童戏剧解读策略

儿童戏剧的文本解读可以从以下四个层面展开：

一、研读时空背景，把握戏剧主旨

只有把握了主旨，才能真正读懂剧本。优秀的儿童戏剧的主旨传达往往巧妙含蓄。

儿童戏剧自身不必抛头露面地向读者大声说“这个好，那个坏”，只需借助人物的对白和行动来表演给儿童看，使儿童从思想感情上起着爱和憎，就达到了主旨传达的目的。

借助剧本对时空背景的交代，可有效破译剧作主旨。剧本不同于舞台演出的剧目，是静态的文本，我们须在草蛇灰线中寻找到编剧的意图。白居易有言：“文章合为时而著，歌诗合为事而作。”一个时代有一个时代的主旋律。1955 年，任德耀开始《马兰花》的创作。这是新中国成立的第六年，为丢掉一穷二白的帽子，整个社会都在大力倡导勤劳，只有勤劳才能带来幸福。所以，儿童话剧《马兰花》的主旨借助这样一句口诀来呈现：“马兰花，马兰花，风吹雨打都不怕，勤劳的人在说话，请你现在就开花！”通过整部话剧的剧情将“勤劳是因，幸福是果”的主旨阐释得异常清晰。

二、对比原著文本，体察编剧意图

不少优秀的儿童戏剧，往往出自成熟的小说。仔细对比二者在人物、情节与环境等层面的不同表现，更能看出编剧对原著的改编意图，从而帮助读者更好地理解剧本。

如台湾九歌剧团编排的儿童戏剧《东郭、猎人、狼》的故事出自中国明代马中锡的《中山狼传》，原作讲述的是东郭先生救助中山狼，反而几乎为狼所害的故事。故事告诉我们不要怜悯坏人，是对“仁陷于愚”之人的批评，亦是对那些忘恩负义之人的讽刺。故事结尾，丈人协助东郭先生设局将狼诱入袋中杀死，终于惩罚了这只忘恩负义的狼。然而，儿童戏剧《东郭、猎人、狼》改变了剧情：书生东郭某天救了一只被人追赶的野狼，野狼却想吃掉东郭。经过东郭的再三请求，野狼答应找三个老者评理。第一次，遇见老树，老树因为主人要把它砍了当柴烧，于是要野狼把身为人类的东郭吃掉。第二次，他们遇到老牛，老牛也因为主人忘恩负义而同意野狼吃掉东郭。最后幸赖乔装成老人的猎人协助抓到野狼，并将野狼送到动物园去收养。作品揭示了产生这一变化的原因：由于人类不断破坏大自然，野生动物的生存空间越来越小。剧中的野狼就是因为找不到食物才想吃人的。剧中连人种的树、养的牛都没有受到人类的爱护。由此演绎出的主旨为：人类应该尽万物之灵的责任，成为大自然的守护者。

三、辨别戏剧语言，研读人物心理

戏剧文学通过各式人物的台词来塑造戏剧形象、演绎情节、表达主题。如前所述，儿童戏剧的语言形式包括对白、独白、旁白、画外音等。不同的戏剧语言形式，承担着不同的艺术使命。对白、独白、旁白、画外音等形式巧妙结合，能多层次、多侧面呈现戏剧人物的心理和情感，戏剧人物鲜明的个性特点、复杂的思想感情和丰富的精神世界也能得到准确而细腻的刻画。

老舍的《宝船》（见图 6-5）一剧中，王小二向皇上要回宝船时，作者是这样写的：

张不三 万岁，我出个谜语，王小二要是猜对了，给他宝船！猜不对，打八十大板！

图 6-5 《宝船》剧照

皇上 行啊！出个最难猜的！

张不三 王小二，听着！什么花儿热？

大白猫 瞎说八道！花儿没有热的！

王小二 红姐，听着！他难不倒咱们！

张不三 什么花儿热？什么花儿凉？什么花儿是木头？什么花儿噼里啪啦炒得香？

蜂王 什么花儿我都认识，根本没有你说的这些花儿！

王小二 黄弟，别说话，让我好好地想想！

张不三 内侍，预备好大板子，他猜不上来！

王小二 张不三，听着！灯花儿烫手热！

仙鹤等 对呀！对！（鼓掌）

王小二 灯花儿烫手热，雪花儿片片凉！刨花是木头，玉米花儿炒得香！

仙鹤等 好哇！好哇！（欢跳）

王小二 皇上，拿宝船来！

皇上 等等！你再猜猜我的！我有花两种，让你猜不着！你要猜不着，打你后脑勺！猜吧！

王小二 猜对了，给我宝船？

皇上 对！

王小二 一猜就猜对，你的花两种：盐花儿蘸鸡蛋，葱花儿烙大饼！

仙鹤等 对！对！鸡蛋和烙饼，皇上是饭桶！

王小二 怎样？皇上！

皇上 猜是猜对了！可是，他们说我是饭桶，该罚，我没收你的宝船！

在这一幕中，作者以儿童的心理、眼光和语言像做游戏似的将有趣的情节一层一层展示出来。这种对花的形式，揭示了不同人物的性格和心理活动，既具有语言的动作性，又推动矛盾的发展。是戏剧，又是孩子们的游戏，两者不可分割。淡淡几笔，显露出老舍先生的睿智。他特别善于用语言来刻画孩子们心目中又懒、又馋、又贪的皇上形象。皇上依然是孩子的心态和口吻："我一天吃二十四顿还不累得慌呢！"剧本创作于 1960 年，当时正值三年困难时期，中国的孩子们大多在饿肚子。皇上吃的是"盐花儿蘸鸡蛋，葱花儿烙大饼"，若是改成鱼翅燕窝、鲍鱼熊掌，既缺乏形象感，又是孩子们不太理解的。《宝船》的语言真正做到了生动、传神、形象、诙谐以及性格化和儿童化，不仅体现了老舍先生的创作个性和特有风格，更是儿童戏剧发展中难能可贵的重要成就。

四、诵读体味情感，整体排演戏剧

最好的解读儿童戏剧之道，是有技巧地诵读剧本。时机成熟，可通过排演整部剧作来加深体会。学生可在老师的组织领导下，经过剧本分析，产生共同认识，继而通过舞台再创造，创作出真实、鲜明、生动的舞台人物形象，经过初排、细排和合成三个阶段，最终完成整部戏剧作品的演出。

要尝试用有声语言表达人物的思想感情，就必须具备语言表现的基本技术与技巧，如语言速度节奏的快慢、音量的大小、音调的高低、语言力度的强弱等。它们是构成语气语调千变万化的最基本的物质条件。台词的基本技能训练，可以从气、声、字的练习开始。气，指的是运用胸腹式呼吸法、气沉丹田、呼吸通畅等；声，指寻找正确的发声位置，声音圆润动听，并能传远；字，指的是发音标准、吐字清晰等。

以乔羽的《果园姐妹》（见图6－6）的训练为例。

图6－6 《果园姐妹》宣传照

笤帚疙瘩 （惊异地）哎呀，毛烘烘的，那是什么？

老狼 噢，这是我给你娘捎来的一绺麻。没地方放，就把它系在裤腰带上啦！

二门鼻 （唱）姥姥捎来一绺麻，空着手儿她不拿；一系系在裤带上，活像一根狼尾巴！（调皮作态，大笑）

老狼 这有什么好笑的！

二门鼻 我笑姥姥的那绺麻，像根狼尾巴！

大门闩 二门鼻，别胡说八道！

笤帚疙瘩 姥姥，你的手这么大？

老狼 走路甩的。

笤帚疙瘩 姥姥，你的脚这么大？

老狼 泥里踩的。

笤帚疙瘩 姥姥，你脸上怎么长了麻子啦？

老狼 这不是麻子，这是姥姥在绿豆囤里睡觉硌的。

笤帚疙瘩 姥姥，你脸上怎么还有这么多黑斑呀？

老狼 东来的风，西来的风，刮来一把荞麦皮，一贴贴在脸当中。

笤帚疙瘩 姥姥，你说得真好听，再说一个。

老狼 大头大，大头大，大头朝下，小孩出来玩玩，提着腿摔死他！

二门鼻 鼻子！

笤帚疙瘩 姥姥，你再说一个！

儿童歌舞剧是一种载歌载舞的演剧形式，由我国近代音乐家黎锦晖创立，旨在以形象的艺术形式对儿童进行富有成效的教育，在中国教育史上有着开拓性的作用。乔羽的这出儿童歌舞剧《果园姐妹》创作于1952年，曾被中央人民广播电台录制成同名广播剧，深受广大小朋友喜爱。《果园姐妹》最突出的特点是具有浓郁的民间故事色彩。在这部歌舞剧中，无论是角色的设置——名为大门闩、二门鼻、笤帚疙瘩的三姐妹和老狼、桃树、柿树、栗树，还是戏剧情节的安排——母亲以桃、柿等鲜果给姥姥上寿；老狼来了，有尾巴不能坐木凳，只能坐大坛，三姐妹识破老狼，借口拉屎跑出去，老狼用绳的一端拴住她们的手，自己拉住另一端……一望而知，这些都出自土生土长的中国民间故事情节。剧中老狼奸猾无比，能说会道。面对三姐妹对它身份的质疑，一会儿说“走路甩的”，一会儿说“泥里踩的”，一会儿说是“在绿豆囤里睡觉硌的”，编出各种借口企图糊弄过去，还用尽花言巧语取得了三妹笤帚疙瘩的信任。不过它凶残的本性不会变，出个谜语给三姐妹猜，也是“小孩出来玩玩，提着腿摔死他”。作品的对白和唱词，处处闪耀着民间文学的色彩。乔羽对传统儿歌形式的运用，既强化了这出童话剧的民间色彩，也使剧作的幼儿特点更加鲜明。排练作品时，要特别注意人物语言发声上的特点，以此传达人物性格。

第四节 儿童戏剧教学方法探析

儿童戏剧教育的能力指标，可通过欣赏、演出、创意等形式来实践。

一、儿童戏剧欣赏的教学

戏剧在我国儿童教育最早的形态就是戏剧欣赏，也可以称为“剧场”教育。其中，儿童歌舞戏、皮影戏、傀儡戏（木偶戏）的欣赏是三种主要的戏剧欣赏教育形式。这些表演形式虽然以成人为观众，但也能让儿童受到教育，使他们从小深受当地文化、风俗和伦理的熏陶。鲁迅在《社戏》中就详细描写了戏剧对孩子们的吸引力。

欣赏既可以是观摩实演，也可以是剧本欣赏，还可以通过剧本朗读和对比欣赏来提升学生的鉴赏力。

1. 剧本欣赏

剧本欣赏，首先要厘清人物关系、把握矛盾冲突。矛盾冲突是戏剧的一大要素，矛盾是人物构成的。要把握矛盾，就必须厘清人物关系。厘清主要人物和次要人物之间的关系后，进而了解作品的主要矛盾冲突，即如何产生矛盾冲突，产生了何种性质的矛盾冲突，矛盾冲突发展进程如何。厘清了矛盾冲突的线索，就完整地鉴赏了戏剧文学的主要情节。其次要品味人物语言，把握戏剧人物形象。主要品味剧本中能准确表达人物思想感情的个性化的语言；品味剧本中富有动作性的人物语言，即戏剧冲突中人物之间的动作冲突或人物内心活动；品味剧本中人物语言中蕴含的丰富的潜台词，也就是“言外之意”“话外之音”。最后要细读舞台说明，顺着剧情发展的线索，厘清人物性格发展变化的心路历程。只有厘清了人物性格发展变化的心路历程，才称得上比较全面地鉴赏了戏剧人物形象。

2. 剧本朗读

剧本朗读是介于文本和演出之间的一种呈现方式，是戏剧创作过程中一种非常重要的手段。一个剧本在舞台上的最终呈现，很大一部分是导演对剧本的诠释。剧本朗读的一个原则就是尊重戏剧文本原作，不刻意添加导演的理解，而是尽量采用剧作家原来的想法。在戏剧朗读中，没有舞台美术、灯光等辅助手段，传达内容和态度只能凭借朗读者的声音。朗读剧本，学生欣赏到的是戏剧语言本身的魅力。所以朗读者的表演相应也偏中性化一些，不需要加入自己太情绪化的东西。教师指导学生进行剧本朗读，可以在熟悉剧本的基础上进行，不一定要脱稿，但声音的情感要出来。剧本朗读前，教师要做好示范，尤其是逻辑重音要读对，读对了有利于学生理解剧本中的人物。台词逻辑重音不准，表达出来的意思就错了。以前老舍先生写戏，都要亲自为北京人民艺术剧院的演员朗读。因为编剧朗读剧本，解释台词的逻辑重音是最正确的。所以，教师要在朗读前多多揣摩编剧的创作。虽然学生看到和读出的都是文字，但在朗读的过程中，学生依旧能感受到语言的行动性，甚至可能不自觉地会有一些动作，因为那些富于动作感的表达，在他们脑海里是有行动的。戏剧朗读能很好地开发学生的想象力，这个过程能让学生受益匪浅。

3. 观摩实演

带学生到剧场观摩儿童戏剧的现场演出，是提升学生欣赏能力的重要途径。儿童戏剧毕竟是一门舞台艺术，因此要多到剧场看演出，注意体会舞台布景、灯光、音响、美术、表演等多方面的艺术效果。实际上，只有在剧场里才能加深我们对儿童戏剧作品的理解。话剧是舶来品，一部中国话剧史就是一部接受外来戏剧影响的历史，所以要多看西方剧作家的作品，了解戏剧发展的趋向，这对提高学生戏剧欣赏的水平和能力大有裨益。学生对儿童戏剧的鉴赏力，与其个性心理、阅读体验以及人生经历有密切联系。这个过程中，学生的个人体验很重要。简言之，“这个作品到底想表达什么”并不是重点，“我感受到了什么”才是观摩实演的重点。

4. 对比欣赏

对比欣赏，是将原著与改编后的戏剧作品进行对比。改编是戏剧创作的重要来源。经典原著的艺术水准成为观众对改编作品的先天性期待：前者在读者心目中产生的分量和影响的深刻度，后者能否企及？在对比欣赏的过程中，大可不必抱着对原著的忠诚度对改编后的作品吹毛求疵。实际上，市场上的改编类戏剧作品根据改编幅度的不同，可分为三种。第一种是忠实型改编。事实上，忠实于原著的改编，也不可能做到绝对的忠实，因为文本的表述不可能详尽到场景的方方面面，戏剧在改编时不可避免地会有少量的、局部的调整和变动，有学者也称之为微改式改编。第二种是内涵型改编。强调在主旨上、风格上、所传达的精神上与原著保持一致，在具体细节上可放开改编，对原著的改动幅度不是很大，传达原著经典的精神，可以称为小改式改编。第三种是自主式改编。这种改编以原著为素材，自由改动，大胆创新，可称为大改式改编。诸如当下流行的独立创作和后现代戏剧对经典的解构，只是借用了原著的外壳，传达导演的个体新体验和新思考。只有了解了这些，我们才能客观评价一部改编自经典文学名著的戏剧作品。

二、戏剧演出的教学

（1）要精选学生喜欢、能产生情感共鸣的优秀剧本。优秀的儿童戏剧文学，要符合三点要求：其一，学生能大致理解儿童戏剧作品的背景；其二，台词能勾起学生的表演欲；其三，排练时学生能理解自己的表演意义。从这个层面来说，改编自经典童话的儿童戏剧、少年英雄题材的儿童戏剧，以及反映当代学生生活与情感的现实主义题材的儿童戏剧，都可以成为教师的备选。

（2）应注重参与者的学习过程体验。教师不必过分强调技能的熟练程度，而要注重儿童对剧情的理解，重视对儿童的兴趣培养和审美教育，关注儿童在学习过程中的发展，探寻更丰富的指导策略，使儿童戏剧教育形成一个既新颖又实用的课程体系，为儿童的健康成长服务。演出活动中儿童可以自编、自导、自演，教师、家长则在一旁指导。儿童自己扮演角色，可以通过儿童戏剧活动获得成就感、得到自我满足。学习过程中不必要求儿童表演得多么专业，只要他们快乐就好。儿童戏剧活动在意的是学习的过程，而不是表演的结果。

（3）利用儿童戏剧中有趣的形象及寓教于乐的特点，针对儿童的德育、合作、情感教育等方面做进一步研究；以儿童戏剧表演为活动载体，训练儿童的语言表达能力，学习人际沟通，学会尊重、关怀与团队合作，以提升儿童独立思考和解决问题的能力；借助戏剧表演模拟儿童所面对的社会，增进儿童对所处自然环境的了解，促进其人格持续成长。

（4）在教学形式上，可采取分角色朗读剧本、演技大比拼、方言读剧本、现场拍视频、校园公开演出、周末小剧场等形式，进行戏剧排练演出。有条件的学校，还可以尝试皮影戏、木偶戏的表演。

只有这样，儿童戏剧才可以成为儿童艺术与人文教育中的一环，并与其他艺术与人文课程一道，为提升儿童人文素养提供助推力。

三、创意戏剧的教学

（1）要有钻研创新精神，勇于尝试校园生活题材的剧本创作。优秀的儿童戏剧的素材往往来自儿童的生活。小学生一天中有至少 8 小时是在学校生活和学习。长期扎根一线，教师普遍了解儿童喜好，比一般的剧作家更有机会创作出接近儿童生活、有助于儿童成长、易于儿童发展的儿童戏剧。创作过程中，可不断吸取学生意见，集体创作出富有时代特色和生活气息的儿童戏剧。

（2）要尝试将教材做戏剧化改编。

（3）要善于激发学生的创造力，把戏剧活动做成全民运动。

（4）要重视儿童戏剧的游戏表演性质。

第五节　儿童戏剧教学案例分析

在小学的儿童戏剧教学中，儿童戏剧应体现游戏精神，引导儿童在排练中观察人生、模仿人生，其呈现又可结合儿童喜爱的音乐、美术、舞蹈等其他门类艺术。教师应利用戏剧寓教于乐，在富于游戏感的剧情中，让儿童的天性得到释放，以达到戏剧教育的目的。《美丽的公鸡》是科教版二年级下册的一篇课文，上海剧作家孙毅老师将其改编为一个小型歌舞剧《美丽的大公鸡》。该剧可以作为小学课本剧的一个范本来学习。

美丽的大公鸡

人物：公鸡、啄木鸟、蜜蜂、青蛙、老马

【幕启。一只自以为最美丽的大公鸡，整天得意扬扬地走来走去，向别人展示自己的美丽。

公鸡　（唱）我呀我呀最美丽，
大红冠子花外衣，
油亮脖子金黄脚，
要比漂亮我第一。

【吃得饱饱的，挺着胸脯唱着歌，来到一棵大树下，对着啄木鸟唱起歌来。

公鸡　（唱）啄木鸟呀啄木鸟，
长长嘴巴小身体，
你敢和我比一比，
看谁长得最美丽？

【啄木鸟正笃笃地在树干上忙着捉虫，听见大公鸡唱着，便冷冷地看了他一眼。

啄木鸟　（唱）大公鸡呀对不起，
虫子钻进树皮里，
我给大树来治病，
没空和你比美丽。

【大公鸡转了一圈，在果园里看见一只飞舞的小蜜蜂，他又追了过去。

公鸡 （唱）小蜜蜂呀小蜜蜂，
眼睛长得鼓鼓的，
你敢和我比一比，
看谁长得最美丽？

【小蜜蜂正忙着找花采蜜，冷冷地看了大公鸡一眼。

蜜蜂 （唱）大公鸡呀对不起，
花香飘来好消息，
要我赶快去采蜜，
没空和你比美丽。

【大公鸡又来到稻田边，看见呱呱叫着的小青蛙，又去追着他比美丽。

公鸡 （唱）呱呱呱的小青蛙，
大嘴巴呀大肚皮，
你敢和我比一比，
看谁长得最美丽？

【小青蛙正忙着捉虫，也冷冷地看了大公鸡一眼。

青蛙 （唱）大公鸡呀对不起，
害虫躲在稻田里，
我要捉虫保丰收，
没空和你比美丽。

【大公鸡见谁也不与他比美，只好往回走，路上，碰到驮粮食的老马，大公鸡伤心地唱着。

公鸡 （唱）老马伯伯请问你，
我想找人比美丽，
青蛙蜜蜂啄木鸟，
为啥他们都不理？

老马 （唱）到底怎样才美丽？
外表不是主要的，
要看勤劳不勤劳，
做事对人有无利。

【大公鸡听了很惭愧，低头想着。

公鸡 （唱）老马说得有道理。
不拿外表比美丽，
我要催人早早起，
明天一早喔喔啼。

【大公鸡想着就昂起头，试试嗓子，“喔喔喔”地唱起了嘹亮的早起歌。

【啄木鸟、蜜蜂、青蛙、老马都走出来，朝大公鸡鼓掌。

众人 （唱）喔喔啼呀喔喔啼，

大公鸡呀好主意，
催着人们早早起，
读书劳动不误时，
喔喔啼呀喔喔啼，
大公鸡呀真美丽。

【幕闭。

剧本忠实于原著改编，语言上更加音韵化，朗朗上口，类似民歌的风格。我们一起来看看《美丽的大公鸡》这个剧本的教学案例。

一、戏剧文本解读

1. 戏剧化导入，为表演热身

戏剧课堂，应该有别于传统的语文课堂。根据该剧的内容，教师可以五人一组，将全班分为若干戏剧小组。座位的摆放也可以打破传统课堂，在教室前面空出一块表演区。

为了给学生营造一种戏剧氛围，先要让学生以轻松的心态进入新课。教师可携带快板、鸡冠头饰等道具登场，给学生一种新奇感。

【例 1】

师：当里格当，当里格当！打竹板，响连天，各位老师各位同学，听我说段小快板，今天不讲工作与学习，咱专门来讲大公鸡！（停住竹板）

生：公鸡？

师：是的，公鸡！说村东的王老伯，养了一只大公鸡。这只鸡，不爱早起喔喔啼，成天想着和人比美丽！——同学们，大家知道我手里拿的是什么吗？

生：快板！

师：你们想学打快板吗？

生：想！

师：其实你们都有快板——打开你们的文具盒，拿出你们的尺子，和空文具盒互相敲击，一起打出节奏来！（出示剧本，生念）

生：当里格当，当里格当！打竹板，响连天……

例 1 展示的是戏剧教育活动中的一个重要环节——暖身活动。进入主题活动之前，教师要带领学生进行暖身活动，意图是通过玩耍营造活动的气氛，消除师生之间的距离感，建立融洽的关系，帮助学生产生安全感。在本堂课的导入环节，老师借助快板这一曲艺形式，引发了学生的学习兴趣，大家开始了兴致勃勃的练习。这段快板书刚好可以和幕启后的场景（一只自以为最美丽的大公鸡，整天得意扬扬地走来走去，向别人显示自己的美丽）吻合，成为新颖的报幕形式。学生在练习音韵悦耳、节奏明快的快板书过程中，也不知不觉进入歌舞剧的创作表演状态。

2. 创意表达，在仪式中狂欢

【例 2】

师：先请大家齐读——

生：大公鸡呀对不起，害虫躲在稻田里，我要捉虫保丰收，没空和你比美丽。

师：这次我们选用哪首曲子好？

生：可以用《新年好》，新年好呀新年好呀——大公鸡呀对不起呀，害虫躲在稻田里，我要捉虫保丰收，没空和你比美丽。

师：套进去字数刚刚好。但是，《新年好》是一首什么样的歌？

生：是祝福新年的，喜悦，欢快！

师：大公鸡对不起，表达的是？

生：道歉，不好意思。

师：那么，喜悦欢快的旋律用于小青蛙的道歉，怎么样？

生：不是太好。我换一首……

对唱词进行音乐处理时，教师除激发学生的创造力外，还应注重对学生抗挫心理的培养，给学生一定的训练压力和难度。事实证明，一定的压力可以激发更多学生的好胜心和创造力。不少学生就在这样的氛围中完成了让自己和伙伴都引以为傲的高难度任务。

【例 3】

师：其实不一定要拘泥于孙毅爷爷剧本唱词的字数，我们可以通过重复部分歌词或者减掉个别字来改变节奏。

生：我想起一首歌，不记得歌名。

师：你唱一唱！

生：太阳下山明朝依旧爬上来，花儿谢了明年还是一样的开……啦啦啦啦啦啦……

师：王洛宾老师的新疆民歌《青春舞曲》！这是老师曾经最喜欢的一首歌，可是，和这里的歌词字数不一样，你打算怎么套进去？

生：大公鸡呀大公鸡呀对不起，害虫躲在、害虫躲在稻田里，我要我要捉虫保丰收，没空和你没空和你比美丽。

师：别的那样呦，别的那样呦——

生：没空和你没空和你比美丽！

师：太棒了！你们的掌声在哪里？好，建议改动一个地方：我要我要捉虫保丰收，可以改成我要捉虫我要保丰收。我们一起来用这个旋律唱。

生：大公鸡呀大公鸡呀对不起，害虫躲在、害虫躲在稻田里，我要捉虫我要保丰收，没空和你没空和你比美丽。别的那样呦，别的那样呦，没空和你没空和你比美丽！

在例 2 和例 3 中，教师利用儿童戏剧中有趣的形象及寓教于乐的特点，针对儿童的德育、合作、情感等方面做了进一步训练。学生经过紧张思索，终于找到《新年好》这首曲调，“大公鸡呀对不起呀，害虫躲在稻田里，我要捉虫保丰收，没空和你比美丽”四句歌词套进去也刚刚好，但是音乐的基调不合。找准音乐基调使其暗合戏剧的节奏，对于孩子们来说，是比较专业的知识了。而且，基调正确的歌曲，歌词不一定套得进去，教师在这个时候不失时机地提出修改剧本中的歌词，是非常大胆的一步棋。学生终于完成了自我突破，近乎完美地找到了解决之道——以添加字数的《青春舞曲》版本完成了这四句歌词的再创作。教师以儿童戏剧表演为活动载体，旨在不断训练儿童的语言表达能力，使其在小组讨论中学习人际沟通，学会倾听，学会尊重、关怀与团队合作，强化儿童即兴构思的能力，提升儿童独立思考和解决问题的能力。通过密集的训练，不少学生出色地完成了这一训练目标。

二、文学知识串联

1. 统整学科知识，完成主题初探

【例 4】

（出示剧本，生读）

生：我呀我呀真美丽，大红冠子花外衣，油亮脖子金黄脚，要比漂亮我第一！

师：公鸡这么唱，大家听了感觉如何？

生：有点肉麻！

生：公鸡有点骄傲！

师：那么大家觉得公鸡外表漂亮吗？

生：漂亮！

生：我觉得公鸡比母鸡漂亮。我爷爷家养的大公鸡威风凛凛的。

师：是的，老师告诉大家一个秘密：大自然中，很多的雄性动物都比雌性动物要美丽。

生：我知道！比如鸳鸯、孔雀，还有……狮子，也是这样的。

师：这位同学阅读面很宽，大家要向他学习！同学们，你们怎么看待一只公鸡成天想着比美？

生：我觉得只有母鸡才喜欢比美丽！

生：不对，男生也喜欢卖萌，还装酷耍帅！

师：所谓“爱美之心，人皆有之”。作为一只本身就很美丽的大公鸡，想和别人比美丽，好像也没有什么不对。大家认为呢？

生：总觉得公鸡比美，怪怪的。

师：怪在哪里？

生：男生不应该是这样的。

师：那男生应该是怎么样的？

生：不应该这么娘娘腔！

师：男生爱美比美，究竟是不是罪，我们且来看看别的动物怎么说。

例4中，教师先引导学生围绕“公鸡是否美丽”这一个话题展开讨论，引出“大自然中雄性动物比雌性动物美丽”这一知识点。接着围绕“美丽的公鸡是否应该比美丽”展开讨论，得出男生也会产生爱美之心。然而学生明显受了成人世界的影响，完全不能接受一只公鸡的爱美比美的行为（有学生甚至使用了“变态”这个词）。这也恰恰是接下来啄木鸟、蜜蜂和青蛙冷冷地回应公鸡比美的原因。如何引导学生尊重他人的追求？即使这种追求与这个社会的主流价值观不合，也要学着尊重。这是一个难点。不过深入探究会显得与这部戏剧的主题格格不入，造成“过度阐释”。所以教师使出缓兵之计，“男生爱美比美，究竟是不是罪，我们且来看看别的动物怎么说”，巧妙地引入下文。

2. 分析人物形象，揭示作品主题

【例5】

师：戏演完了，公鸡在你们心中留下了什么样的印象？

生：他一开始有点骄傲。

师：从剧本哪里看得出来？

生：他唱了一句——要比漂亮我第一。

师：我第一?! 这是“有一点骄傲”吗？

生：非常骄傲，他在吹牛。

师：你说的一开始，后来还骄傲吗？

生：后来不骄傲了，他认识到错误，开始工作了。

师：什么样的工作？

生：打鸣，叫我们起床。

师：犬守夜，鸡司晨。这位公鸡先生终于在老马的开导下，找到了正事做。其他动物对公鸡的态度改变了吗？

生：改变了，大家都夸奖他。

师：剧本中是怎么夸的？

生：大家为他鼓掌，唱“大公鸡呀真美丽”。

师：怎么大公鸡在动物们眼里突然变美丽了？前面不是不和他比吗？

生：因为大公鸡改正了错误。说明一个人改正了错误，在大家眼里就是美丽的。

生：因为大公鸡每天天没亮就起床打鸣，所以（很勤劳。勤劳的人，）在大家眼里就是美丽的。

师：大家说得真好！

教师要善于引领学生顺着剧情发展的线索，品味富有动作性的人物语言，即戏剧冲突中人物之间的动作冲突或人物内心活动，厘清人物性格发展变化的心路历程。只有厘清了人物性格发展变化的心路历程，才称得上对戏剧人物形象进行了比较全面的鉴赏。戏剧开始部分，公鸡得意扬扬地唱道：“要比漂亮我第一。”学生通过品味这句能准确表达人物的思想感情的个性化的语言，看到了公鸡的骄傲和虚荣心。戏剧结尾部分，大家为他鼓掌，齐声唱“大公鸡呀真美丽”，品味这句蕴含丰富的潜台词，学生在“真美丽”的赞颂声里听出了“言外之意”“话外之音”——这是大公鸡改过自新变得勤劳后，动物们对他的接纳与表扬。通过这个环节的学习，我们发现优秀的戏剧台词往往意蕴丰富、耐人寻味，给人深广的想象空间，能起到多重功效。

三、课堂活动设计

1. 即兴演绎，秀出精彩

【例 6】

师：接下来让我们用掌声请第一组角色亮相。

生 1：大家好！我在剧中扮演爱比美丽的大公鸡，喔喔喔——

师：出现在大家眼前的是一位口技高手！太棒了！好，接下来有请第二位！

生 2：大家好！我在剧中扮演长嘴巴的啄木鸟！（唱）啄木鸟/不要烦恼/休息不代表你不勤劳/去绕一圈/或打个瞌睡/树又不会跑掉……

师：哈哈，树又不会跑掉！歌词太可爱了。是你作的词吗？

生 2：不是，是《亲爱的啄木鸟》这首歌，跟妈妈的手机铃声学的。

师：这首歌很好听，歌词也新颖！来教大家唱一遍好吗？

（生 2 教唱）

师：谢谢！教得太棒了，将来你会是一位优秀的音乐老师！好，接下来有请第三位演员！

生 3：大家好！我在剧中扮演采蜜的小蜜蜂！（唱）嗡嗡嗡，嗡嗡嗡。大家一起来做工，来匆匆，去匆匆，做工趣味浓！

师：我听到不少同学在小声跟着唱，都会吗？好，我们一起来唱一遍！小蜜蜂，你来起头——

生 3：嗡嗡嗡，嗡嗡嗡……

生：大家一起来做工，来匆匆，去匆匆，做工趣味浓！

师：好，有请第四位！

生 4：大家好！我在剧中扮演捉害虫的小青蛙。一只青蛙一张嘴，两只眼睛四条腿，扑通一声跳下水！

师：我们来往下接，两只青蛙——

生：两张嘴！

师：四只眼睛——

生：八条腿！

师生：扑通、扑通跳下水！

师：最后一位，请！

生 4：大家好！我在剧中扮演驮粮食的老马！白龙马，蹄朝西，驮着唐三藏跟着仨徒弟。西天取经上大路，一走就是几万里！

师：护送唐僧取西经的白龙马也来了！这下有戏看了！大家期不期待？

生：期待！

例6展示的环节里，教师和学生打成一片。教师此刻身份变成了一名节目主持人、导演和旁白演员，鼓励着初登舞台的孩子做最佳的个人展示。只有教师入戏，丢掉自己的身份和架子，才可以让孩子们入戏，一块儿疯玩，教学相长，在玩中获得新知，成为彼此的知识传授者。第一位孩子壮着胆子模仿公鸡叫，被教师表扬为“口技高手”，这极大地鼓舞了孩子们的信心。所以，后面几个小演员的展示越来越放松、越来越投入，也越来越成功。第二位演员扮演啄木鸟，使用了一首教师不熟悉的歌，教师趁机让全班跟着练习。为什么要加入这个与剧本内容无关的音乐教唱环节？因为这是一个小歌舞剧，需要音乐来热身。扮演青蛙的演员使用了数字儿歌，教师顺势带领大家复习了数学中的倍数知识。在儿童中实施戏剧教育，只要气氛营造得好，就会出现很多让教师意想不到的精彩，所以，当学生唱着“嗡嗡嗡”或“白龙马”出场时，真的让人喜出望外。因为这些都是孩子们的即兴表达。因此，戏未鸣锣，已经出现了一个小高潮。

2. 主题呈现，引而不发

【例7】

师：大家齐读——

生：老马说得有道理。不拿外表比美丽，我要催人早早起，明天一早喔喔啼。

师：我好像又听到了某个熟悉的词。剧本到这里，应该已经是第十次出现这个词了。

生：美丽！

师：是的。美丽！不过，这次公鸡先生说这个词，好像有些不一样。你们觉得呢？

生：是的，前面公鸡总想和别人比美丽。现在，他不想比美丽了。

师：是真不想，还是假不想？

生：真不想！

师：公鸡想干什么？

生：我要催人早早起，明天一早喔喔啼。

师：是的，公鸡变了。这是全剧最重要的转折，也是作品的主题。所以我们需要一首有力量的曲子。

生：可以用《蜗牛与黄鹂鸟》，阿门阿前一棵葡萄树——老马老马说得有道理，不拿不拿外表比美丽，我要催人早早起，明天一早喔喔啼。

师：歌词完全能套进去。亲切自然，不过，力量感还不够。

生：还可以用《粉刷匠》，我是一个粉刷匠——老马说得有道理，不拿外表比美丽……

师：有点俏皮，力量还是不够。

生：老师，我来！我想用《欢乐颂》，欢乐女神圣洁美丽——老马说得有道理啊，不拿外表比美丽，我要催人早早起，明天一早喔喔啼。

师：贝多芬的《欢乐颂》庄严，有气势！比前面两个方案要好很多！只是，老师已经决定把这个旋律留到最后一段唱词了。大家还能想到新的吗?

生：老师，我们的歌全用完了!

师：不要谦虚，只是你们暂时想不起来，我先放一首旋律大家听，大家猜一猜歌名。(放伴奏《说唱脸谱》)

生：这是京剧!

生：不是京剧，是《说唱脸谱》!

师：我们来套一套!

生：老马说得有道理! 不拿外表比美丽! 我要催人早早起，明天一早喔——喔——啼——

例 7 面对的是戏剧作品最重要的环节——作品的主题阐释和高潮部分的教学。完成这一任务不能走过场，需要更有难度的设计。好在这一点早就写进了之前的教学重点和难点，教师也有一个解决难题的预案。“我们需要一首有力量的曲子。”这是这个教学环节教师放送的一个高难度任务。学生先后找到了《蜗牛与黄鹂鸟》《粉刷匠》的旋律，又绞尽脑汁找到了《欢乐颂》。这些音乐虽然都能把歌词套进去，但基调始终与剧情不合。学生技穷，几乎要放弃，这个时候一味制造难度已经不合适。教师及时提示，又引而不发。学生终于从《说唱脸谱》中找到京剧味儿的表达，思维上挣脱了在儿歌和民歌中寻找答案的惯性轨道，对于“有力量”的基调有了全新的认识。师生协力，终于圆满地完成了任务。

单元教学与练习

哑剧《卖草帽》故事讲述与表演

从前有一个卖草帽的小贩，从乡下挑着一担草帽到城里去卖。

夏天的山道上，顶着太阳走真是又累又热。小贩停下来，拿起草帽扇凉，看看四周，前方有一片树林。小贩高兴地挑起担子，走到树下，放下扁担，脱下草帽，坐下来乘凉休息。凉风徐徐吹来，真是舒服极了。他将身体斜靠着树干，腰酸背痛的，他想睡觉了。于是，小贩将扁担和担子拉到身旁，把草帽盖在头上便睡了起来。树上的猴子看见了，一只只地爬下树来。一个个拿起小贩担子上的草帽把玩。这时，小贩翻了个身，猴子们受惊，戴着草帽爬回了树上。

小贩醒来，伸伸懒腰，戴好草帽，准备出发，赫然发现箩筐里的草帽都不见了! 他惊慌地赶紧找，却遍地寻不着。

这时，小贩听到一阵猴子的尖笑声，举头一望，才发现他的草帽全戴在猴子的头上。小贩气极了，指着猴子要他们把草帽还给他。不料猴子也模仿他的动作指着天空。他指着头上的草帽。猴子也指头上的草帽。他拿起空箩筐要猴子将草帽放回来。猴子也模仿同样的动作。小贩又急又气，忍不住指着猴子骂。猴子也学着他的模样指着骂。小贩跺脚，猴子也跺脚。小贩简直一点办法都没有，忍不住都要哭了。猴子也跟着要哭了。

这时，小贩灵机一动，想到了一个办法。他故意高高地举起头上戴的草帽，用力往地上一甩。猴子也学样跟着将草帽往地上甩。

小贩立刻捡起地上所有的草帽，放回了箩筐里，轻快地挑走了。

阅读这则故事后，完成以下练习：

1. 先将学生分组，各组推选一位同学担任故事叙述者。分组讨论故事，分配角色，安排表演出场顺序，表演时可搭配音效。

2. 各组轮流表演，团体讨论总结后复演提升。

探究与实践

一、儿童戏剧有何特点？

二、以学习小组为单位试排练《猪八戒学本领》或《丑小鸭与靴猫侠》。

三、试用恰切的教学方法完成一堂儿童戏剧课的教学设计。

第七章

儿童戏剧佳作赏析

在中国现代儿童文学的百花园里，盛开着儿童戏剧这朵奇葩。无论是在“五四”那样一个生机盎然的初春，还是在20世纪三四十年代硝烟与苦难弥漫的严冬，无论是在新中国成立后那些清凉的夏日，还是在改革开放万象更新的金秋，它一直傲然绽放，以其馥郁的芬芳给一代代儿童情的震撼、美的熏陶。

中国儿童戏剧的发展至今已有90多年的历史。纵观整个中国现代儿童戏剧发展史，从萌芽、发展到成熟，其艺术演变轨迹清晰可见：题材上由童话剧到现实剧，体裁形式上由歌舞剧转向话剧，结构上由单纯的独幕剧转向复杂的多幕剧，技巧上由简单生硬转向灵活多样，戏剧情境上由粗略化转向精巧化，戏剧冲突上由没有或单一转向二重且细致化、由观念冲突转向性格冲突，人物塑造上由平面化转向立体化、人数逐渐增多且个性各异，创作方法上由浪漫主义转向现实主义，情调上由轻喜剧转向正剧、悲剧，在儿童性和戏剧性的结合上不断开拓。中国现代儿童戏剧的艺术成长，为新中国成立后当代儿童戏剧的继续发展奠定了基础，提供了经验上的借鉴。

让我们来采撷中国儿童戏剧在各个阶段的代表作，与儿童戏剧大师对话，一同来了解中国儿童戏剧的发展史，了解儿童戏剧与大时代的关系。

第一节 《葡萄仙子》：一串“爱”与“美”的甜葡萄

出品时间：1922年

导　　演：王天林

编　　剧：黎锦晖

演　　员：黎明晖、黄衣青等

一场声势浩大的五四运动，使得一些先进的知识分子开始意识到儿童对于民族命运的重要性，他们开始著文编剧，以儿童戏剧的形式教育和影响儿童。这一时期，儿童戏剧取得最高成就的当属黎锦晖（见图7-1）的《葡萄仙子》（见图7-2）。

图 7-1　黎锦晖

图 7-2　《葡萄仙子》剧照

黎锦晖出身湖南湘潭的一个书香门第，是我国 20 世纪二三十年代名声斐然的音乐家，也是我国早期儿童文学、儿童音乐、儿童戏剧的开拓者。中国 20 世纪 20 年代至 30 年代，“黎派歌舞”占据了歌舞剧的主导地位。当时上海几家外资大唱片公司，无不以能约到黎锦晖的作品为荣，每个公司的大堂上都高悬黎锦晖的巨幅画像。在 20 世纪初由“学堂乐歌”时期向专业音乐创作时期转型的中华土地上，黎锦晖高举“平民音乐”的大旗，以本土化的歌舞学校、歌舞剧社、儿童歌舞剧及其麾下的一大批歌舞明星，开拓出黎派歌舞时代，掀起了中国音乐剧史上第一次流行风格的歌舞浪潮。尤其是在 20 世纪 20 年代创作的 12 部儿童歌舞剧作品，成为向少年儿童宣传新文化、普及国语拼音、进行美育教育的生动教材。这样的儿童歌舞剧无论是在情节、音乐、角色上，还是在舞台表演和段落结构上，都是原创华语音乐剧艺术的重要来源之一，它们与中国传统戏曲、早期歌舞电影、新歌剧一样，构成现代原创华语音乐剧中最重要的基础元素。今天儿童广为传唱的《小兔子乖乖》，就出自他创作的儿童歌舞剧《小羊救母》中“老虎叫门”那段歌曲。

黎锦晖一共写过 12 部儿童歌舞剧，主要有《麻雀与小孩》《葡萄仙子》《月明之夜》《三蝴蝶》《钟声》等。1922 年创作的《葡萄仙子》是其代表作。《葡萄仙子》是一部供幼儿观赏的童话歌舞剧，共分八场，描写花园里葡萄仙子在融融春光中生长，由冬经春，由夏到秋，自然界的五位仙人——雪花、春风、雨点、露珠、太阳都来关怀她、哺育她，慷慨地赠予她绵绵不尽的爱，使她得以发芽、长叶、开花、结果。其间，喜鹊、甲虫、山羊、兔子、白头翁来讨枝干、嫩芽、嫩叶、果实吃，但他们最后也都听从了仙子的劝告，萌生怜爱之心，一同保护葡萄。果实成熟，仙子慷慨地把自己的果实分送给小朋友吃。剧中的“葡萄仙子”是葡萄自身和园丁融于一体的象征性形象。

黎锦晖的儿童歌舞剧的戏剧语言动作性强，富于节奏美，且有浓郁的抒情性，如诗如歌。例如，《葡萄仙子》中五位仙人上场时所唱的歌词：

雪花唱 飘飘，飘飘，飘飘，飘飘，雪花飘飘。飞得低，飞得高。飞呀，飞呀，飞呀，飞呀，飞呀，飞呀，飞到葡萄姐姐家中来了。

雨点唱 落落，落落，落落，落落，雨点落落。落得少，落得多。落啊，落啊，落啊，落啊，落啊，落啊，落到葡萄姐姐家中站着。

太阳唱 照照，照照，照照，照照，太阳照照。照得低，照得高。照啊，照啊，照啊，照啊，照啊，照啊，照到葡萄姐姐家中来了。

春风唱 吹吹，吹吹，吹吹，吹吹，春风吹吹。吹一回，停一回。吹啊，吹啊，吹啊，吹啊，吹啊，吹啊，吹到葡萄姐姐家中相会。

露珠唱 滚滚，滚滚，滚滚，滚滚，露珠滚滚。慢慢积，慢慢多。滚啊，滚啊，滚啊，滚啊，滚啊，滚啊，滚到葡萄姐姐家中站着。

作者选取最富表现力的动词：轻轻的雪花“飘”、点点雨水“落”、明亮的太阳“照”、和煦的春风“吹”、圆圆的露珠“滚”，把几种自然物的外形特征、相应动作妥帖、形象地表现出来。

《葡萄仙子》故事情节较长，线索单一，具有浓郁的儿童情趣。剧作为童话题材，善于运用拟人手法，所拟之物往往是孩子们最熟悉的事物，如葡萄、喜鹊、甲虫等花木鸟虫兽，太阳、月亮、风等自然现象，这种稚拙美与纯真美，适合孩子的欣赏趣味，也易使他们产生亲近感。作品唱词优雅，富有诗意，全剧渲染“爱”和“美”的主题。正如仙子所唱：世界虽然大，我不能离你，你不能离他，自然界，动物们，植物们……在世间住着如同一家，“我爱你”，“我爱他”，“大家相爱，愿世间开遍爱的花”。这些唱词洋溢着一种欢快、轻柔、和谐的格调，艺术表现上具有浓郁的抒情味和美感，自始至终弥漫着一种无私的、超功利的爱。

这出戏加进了舞剧，音乐上则用简单的和弦伴奏，在戏剧结构和音乐谱曲方面完成了儿童歌舞剧这一体裁的创造，为中国的新歌剧创作做了最早的尝试。这种戏剧形式立即受到少年儿童的热烈欢迎，在国内各省、市、区及海外华侨小学广泛地表演起来。曾是《小朋友》第四任主编的黄衣青，在回忆小时候演出《葡萄仙子》时说：“记得我披着一块透明的黄纱巾，边舞边唱，广场上童声悠扬，我演着演着，小小的心灵，模糊地感觉，我好像真的走进了仙山楼阁，作为仙女下凡了。我把那奇异的葡萄种子撒满人间，那象征仙子的形象，温柔优雅，配合歌曲和谐的节奏、艺术上的美感，悄悄地印在我心灵深处；它启发我的想象，诱导我热爱童话中的诗情画意，给我留下毕生难忘的印象。”

黎锦晖的创作本意在于从知（科学知识）、美（美感教育）、情（高尚的情操）三方面着手来陶冶孩子们的心灵，培养孩子们“亲爱、仁慈、礼让、快乐的情绪，无丝毫怨恨、悲伤、争斗、欺凌的色彩”。这种鲜明的艺术姿态显示了儿童戏剧审美品位的确立及其现代品格的诞生。赞颂爱和美本是儿童文学不可或缺的永恒的主题，明朗向上、温馨动人也始终是儿童文学的主调，因此，黎锦晖的歌舞剧对我们始终有借鉴的意义。

五四时期生机蓬勃的朝气、初生牛犊般的锐气，影响着儿童戏剧在开创期的风貌，尤其是儿童的发现，带来了对童心童性的大力张扬。像《葡萄仙子》这样着力表现“爱”与“美”的儿童戏剧，蕴含着成人剧作者对儿童的亲切爱怜之心。正是在这样一种普遍的充满温情的喜爱和期待的时代心态下，中国儿童戏剧这一新生儿开始了牙牙学语。

第二节 《小主人》：一部抗战时期儿童剧团的上乘之作

出品时间：1942 年
演出单位：昆明儿童剧团
编　　剧：董林肯
导　　演：刘厚生
演　　员：刘绮等

20 世纪三四十年代，日本侵华战争给中国儿童的生活笼罩了沉重的阴霾，这股野蛮的外力也迫使新生不久的中国现代儿童文学偏离了原本的艺术发展轨道，由轻盈单纯的童心歌唱转向现实的呻吟与呐喊。

抗战的时代催生了中国戏剧史上的一个特异现象，即由少年儿童组成的儿童剧团的活跃：新安旅行团、孩子剧团、重庆育才学校戏剧组、昆明儿童剧团、厦门儿童剧团、中国模范儿童剧团等也应时而生，它们辗转各地演出大量的儿童剧目。这一阶段不少儿童戏剧创作具有整个抗战初期文学的通病——思想传达的急迫压倒艺术表达的追求。大量小型剧为了追求政治主题传达的速效而仓促上阵，未经过艺术的细致打磨，制作粗糙，人物缺乏个性，台词口号化，情节缺乏必要的过渡，推进过快，儿童性和戏剧性不强，尽管本阶段儿童戏剧数量巨大，然而艺术质量上乘者寥寥。

相较而言，昆明儿童剧团董林肯的代表作《小主人》以其人物个性的立体化、艺术结构的复杂化、手法技巧的多样化，在儿童性和戏剧性的结合上堪称典范。

董林肯（1918—1982），一位成绩卓著的剧作家、出版家。他的儿童教育观更多地体现在戏剧活动中。他曾创办专门出版儿童戏剧剧本的立化出版社，认为将教育立体化，便于儿童更好地接受书本知识，也有利于各方面知识的拓展。

昆明儿童剧团是 1939 年在董林肯的倡导下在上海成立的。最初由 30 多位同济大学的学生及个别联大学生组成，团址在省民教馆（文庙）里。后由董林肯带领这班“大朋友”分头到全市各小学物色在歌舞、表演方面有才能的学生，收为团员。八一三事变那天，昆明儿童剧团来到昆明街头，演出了《难童》。1939 年昆明举办第一届戏剧节，昆明儿童剧团公演了董林肯等人编写的《小间谍》。这是昆明有史以来的第一部儿童剧。主角由七岁半的女孩刘绮担任，其他角色除了四个成人配角，也都由小朋友担任。孩子们的聪明才智，轰动了昆明文艺界。各家报刊纷纷发表评论，称赞昆明儿童剧团是“戏剧界的一支生力军”。

昆明儿童剧团很快为社会所公认。孩子们在各种场合宣传抗日，不仅演出董林肯编写的《小主人》、《表》（见图 7－3）等剧本，还演出专业作家编写的《飞花曲》等剧目。儿童演员的人数逐步增加，最多时达到六七十人。董林肯创作的话剧《小主人》，描写几个小孩在日本帝国主义的侵略下，失去了父母，成为孤儿，流落街头。爱国小学生通过义演和义卖玩具的途径，救济难童。演出中，后台配有童声独唱，最后悲愤地呼喊“救救孩子”，情景催人泪下。

图 7-3　董林肯改编的苏联儿童剧《表》剧照

在人物塑造上，《小主人》一剧的儿童形象较之前的剧作更为丰富和全面，使各类小观众都能找到自己的影子；不仅设置不同阶级出身的孩子，而且即使同为穷孩子（七个）或同为富孩子（五个），个性也有不同。设计庞杂的人物体系，可以多方位多层次地表现不同出身、不同性格的孩子面对社会风雨的不同反应。单就某些个体而言，也充分注意到个性的多侧面及其转变的过程性。如弟弟长福这一形象，一开始浓墨重彩地凸显他的率性顽皮，之后苦难的流浪生活磨去了他曾有的活泼，使他由一个在姐姐呵护下的小淘气变成了悉心照顾两个妹妹的懂事的小哥哥，这样一个可怜、可爱、可亲、可敬的男孩形象，使人印象深刻。包括一些反面人物，如邱德少爷，作者塑造时也注意其少爷脾气与孩子脾气的结合，使人物显得真实具体、更有立体感。该剧为中国戏剧人物画廊增添了几个有血有肉、有特色的儿童形象。

在线索上，《小主人》运用了双线结构。剧作以孩子们不同的生活圈子拉开两条线，一条是由当女佣的姐姐秋香牵起的富孩子圈子，一条是由弟弟长福牵起的流浪儿世界。这两条线索时有相交，但往往又一触即离，到剧终才由姐弟相认把两条线绾结在一起。这样的结构安排，可以使二线形成鲜明的对比，同时可借其碰撞发生的反作用力急剧推进情节发展，拓展戏的延伸空间。

情节曲折变化，且安排得张弛有度。四幕剧《小主人》在这方面处理得极为成功。第一幕“稚年不知愁”竭力表现战前孩子充满欢乐的生活，以天真的语言和顽皮的举止来表现孩子的万般活泼。然而灾难突降，第二幕“朱门酒肉臭”、第三幕“路有冻死骨”展开穷、富孩子生活的比较。第四幕“快把孩子救”中情节的安排更注意悲与喜、喜与悲的交叉，如剧终当长福好不容易与姐姐相会且听到窗外小凤的歌声，团聚的喜气逐渐积累时，紧接着就安排了一声刹车声、小凤被汽车轧死的悲剧，这一弛一张在没有任何过渡的骤变中极大地加大了后者的力度，摄人心魄。精心安排高低起伏、张弛有度的情节，适应了孩子爱“动”好“变”的身心特点，接受效果好。

结构上的其他处理如伏笔、照应等比前一时期更为精心细致，即使是台词，也注意到了先伏后应。如《小主人》第一幕，长福唱着京戏中的“我忍饥挨饿”上台，到后面真的“忍饥挨饿”。前面的喜与后面的悲相勾连，加大对比力度，也使结构显得分外严谨。

在戏剧冲突设计上，悬念精雕细琢、层出不穷。《小主人》中的主要情节是姐弟互找，作者精心安排了姐弟在一处却总没能正面相对的四出戏。仅仅是关于“发现弟弟躲在壁橱”这场小戏，就安排了七次可能性，且一次比一次紧张，扣人心弦。悬念的存在形成了文本的召唤结构，与此相配合运用的是巧合、突转、发现等众多手法，从而大大增强了戏剧性。经历了千波万折，姐弟俩终于面对面了，作者不是让两人见面就抱头痛哭，而是鉴于弟弟被作为“小偷”而发现，进行了相反的“冷处理”，写姐姐“见果然是弟弟，急忙低下头来，不敢看，不自主地，眼泪像泉水一样涌出来”，写弟弟“看见真的是姐姐，心慌意乱，迎上一步，但又停住了”，直到听到窗外小凤的《难儿曲》，姐姐才与弟弟“互相对视了一会儿，突然不由自主地奔过去，和弟弟抱头痛哭起来”。这里运用停顿，符合生活情感的发生逻辑，显得真实动人；欲擒故纵的停顿造成的空白形成了“无声胜有声”的艺术效果，让观众参与进去体味其中交织着的复杂感情。这个细节处理得十分细腻，给人留下了深刻的印象。

儿童戏剧《小主人》以鲜明的时代性、现实性、儿童性及其催人泪下的悲剧力量和高超的艺术表现，代表了这一时期现实主义儿童戏剧的最高成就，“是继黎锦晖的《葡萄仙子》之后，中国儿童戏剧发展进程中又一里程碑式的作品”。

在短短的几十年发展中，中国的儿童戏剧已达到了较完善的境地，尤其是《小主人》等几部代表作的矗立，标志着20世纪40年代的儿童戏剧已渐入成熟期。

第三节 《马兰花》：一朵光耀半个世纪的幸福之花

出品时间：1956年

演出单位：中国儿童艺术剧院

编　　剧：任德耀

导　　演：任贤璋、王方中、陈颙

主　　演：郁富南、罗啸华、李莲、赵钱孙、连德枝等

新中国成立以来，儿童戏剧的发展出现了前所未有的繁荣。北京、上海、武汉、乌鲁木齐、西安、石家庄、鞍山等地区相继成立了20多个儿童戏剧院团。1949年至1966年，这17年不仅构成了新中国一个特殊的历史时期，也意味着中国大陆戏剧史从现代进入当代。这一时期，儿童戏剧数量不少，历经岁月的淘洗之后，至今仍能吸引儿童的杰出作品中，任德耀（见图7-4）的《马兰花》（见图7-5）绝对算光彩夺目的一个。

1956年6月1日，中国第一个国营儿童剧团——中国儿童艺术剧院成立。由中国儿童艺术剧院精心创排的《马兰花》以全新面目与北京小观众见面，就此写下新中国儿童戏剧史华彩的第一章。《马兰花》剧本于1955年11月在上海《文艺月报》杂志发表。故事根据熊塞声的长诗《马莲花》改编而来，先后被翻译成英文、坦桑尼亚文。2007年，日文版的《马兰花》在东京出版，获得了世界性的肯定。

原版《马兰花》的剧情前文已述。2007年新版《马兰花》（见图7-6）将传统话剧改为少年儿童喜闻乐见的现代音乐剧，强调了小兰的音乐形象，塑造了全新的为正义而牺牲的小鸟形象。过去的一只老猫如今也增添了乖猫、凶猫和保姆猫。舞台上不仅有天真烂漫

图 7-4　任德耀

图 7-5　《马兰花》剧照

的动物群舞，更有流畅动人的马郎、小兰双人舞以及独具情趣的群猫狂舞……神秘的音乐、闪烁的眼睛、奇特的舞蹈，为全剧增添了浪漫气氛，将一个流传久远的故事演绎得生机盎然。而剧中的流行音乐、服饰，具有鲜明的民族特色、民俗气息，更接近今天孩子的审美情趣。新版《马兰花》变化的是形式，不变的是“马兰花”将永远为勤劳的人们灿烂绽放的情怀。

图 7-6　新版《马兰花》海报

幸福是人类的永恒追求，《马兰花》中那朵神奇的马兰花其实就是幸福的原始象征，是一条贯穿全剧的主线。在任德耀创造的童话世界里，让马兰花实现愿望，要满足两个条件。其一是正确的口诀：“马兰花，马兰花，风吹雨打都不怕，勤劳的人在说话，请你现在就开花!”其二，念口诀者必须是货真价实的勤劳者。剧情这样设计，一方面，是为了教育儿童“勤劳是因，幸福是果”的道理。另一方面，马兰花是马兰山的宝贝，这个宝贝是人们内心所追求的力量的一种物化，和金箍棒、宝葫芦一样，具有神奇的力量。它有自己的意志和选择，能够随心所欲地自由开放、飘浮、变幻，逢水有桥，能让黑路明亮，能让小鸟、小兰死而复生，也能惩治老猫。这样神奇珍贵的宝贝，对儿童来说极具吸引力。“幸福要靠自己去创造，马兰花不会凭空给你什么。”小兰复活后告诉姐姐大兰的那句话，与老猫怂恿大兰“要幸福，就不要怕别人痛苦”形成两种对立的人生观，对比中点出马兰花的内涵——所谓的幸福或美好事物，其实是指人的心灵财富，是勤劳和善良等有价值的美德的物质化。中华民族自古以来都重视勤劳的美德，《马兰花》以小兰这个角色来强调勤劳，小兰成为民族形象的代言人，而以大兰的懒惰来烘托，背后的教育意义不言而喻。

《马兰花》善用对比来深化主题。任德耀认为，儿童剧应当歌颂光明，但又不能粉饰生活，欺骗儿童，应该塑造真实可信的艺术典型，让小观众学会明辨是非。大兰和小兰之间的矛盾冲突设置，使得《马兰花》更具感染力。看到被自私欲望蒙蔽了心的大兰一步步陷害善良的小兰，儿童的心无不被紧紧抓住，这就留给了儿童对生活进行审视和反思的空间。小兰的勤奋，能使儿童受到激励，产生“我也要像她一样”的奋进力量。在大兰身上，儿童看到懒惰、虚假、自私的可怕和可恶时，会愤怒而有所警觉，会自觉产生一种克服缺点的心理需要。这是作品的反面教育作用。可以说，《马兰花》不仅启迪了儿童的心智成长，而且能帮助孩子寻找生活的光明面。

在这一时期特殊的现实环境中，文艺要求为政治服务，许多儿童剧由此落入千篇一律的政治道德说教模式。这种概念直白的空洞议论，故事框架粗糙、缺乏生动细节的作品，都经不住岁月的无情淘洗。《马兰花》的成功，归功于这部儿童剧含有的“游戏精神”，这在这一时期的儿童剧中十分少见。例如在 1956 年《马兰花》的演出中，马郎带领小动物们跑到台下和小观众一起追捕老猫的场面，就给那一代人留下了童年的美好记忆。这种台上台下打成一片的双向互动，让小观众们在打闹中获得彻底的精神解放，宣泄了对恶势力的恨，表达了爱护小兰的情感。此外，每次吟诵马兰花的口诀时，台下都会有孩子参与进来。尤其是结尾部分，为了让小兰复活，台下所有的小观众都主动参与到马兰花的口诀吟诵中来，全场的氛围非常感人。《马兰花》中拟人化的花草动物，例如狗尾巴草、树公公、小猴、小鹿等角色，生动而有趣，都具有符合儿童审美心理的艺术魅力。小鸟死后变成苹果树，而后复生，大兰和小兰外貌神似、性格迥异等引发的曲折情节，也深深吸引了儿童。

大概没有哪一出纯“中国制造”的音乐剧像《马兰花》一样，能演那么多的场次，并影响那么多观众。中国儿童艺术剧院从 1956 年成立至今已有 60 多年的历史，而《马兰花》这部新中国儿童戏剧的代表作也从建院起就常演不衰，已伴随新中国三代观众走过了几十个春秋。“马兰花，马兰花，风吹雨打都不怕，勤劳的人在说话，请你现在就开花！”这首脍炙人口的童谣陪伴着新中国几代少年儿童成长，女孩们脚下的皮筋常常以这首童谣为韵律，哭闹的婴儿也常在这首童谣的轻吟中进入甜美的梦乡。

第四节 《报童》：一只石缝中顽强歌唱的蛐蛐

出品时间：1978 年

演出单位：中国儿童艺术剧院

编　　剧：邵冲飞、朱漪、王正、林克欢

导　　演：耿震、朱漪、邵冲飞

主要演员：王铁成、李若君、覃琨、连德枝、方掬芬、徐天侠、薛白、卢桂兰、韩淑清等

改革开放以来，儿童戏剧更是以前所未有的速度迅猛发展，出现了一大批优秀的剧团，也上演了许多优秀的儿童戏剧作品。1979 年 1 月 5 日至 1980 年 2 月 7 日，文化部举办了庆祝中华人民共和国成立30周年献礼演出。在全部献礼演出的137台剧（节）目中，《报童》（见图7-7）和《童心》这两出儿童戏剧受到了广大观众的欢迎。

图7-7 《报童》海报

《报童》首次在儿童戏剧舞台上塑造了周恩来的光辉形象。剧中，王铁成饰演的周总理出场时，不少观众都站了起来并拼命鼓掌，许多人眼里含着泪花。而蛐蛐、石雷、草莽等小报童的艺术形象，至今使人难忘。

1978年3月，中国儿童艺术剧院《报童》首演，这部话剧获得了第二次全国少年儿童文艺创作一等奖，方掬芬扮演的小报童“蛐蛐”也得到了文艺界的高度评价。《报童》这出话剧，以1941年的皖南事变为背景，描写了重庆《新华日报》的一群小报童在周恩来的关怀、引导下，与国民党当局斗争的故事。李若君扮演的石雷、方掬芬扮演的蛐蛐、覃琨扮演的草莽给观众留下了很深的印象。

这一年，扮演蛐蛐的演员方掬芬已经48岁了。蛐蛐在剧中只是个配角，是个十来岁的孩子。但是，以语言和动作见长的方掬芬却说服了导演，通过使用四川方言完成对白。她那川味特浓的叫卖声“卖的是《中央日报》《扫荡报》”，令观众忍俊不禁。看过这出戏的学生，第二天模仿着四川口音在校园里“叫卖”。方掬芬以舞台上的细腻表演，生动地塑造出20世纪40年代一个重庆街头的流浪孤儿乐观顽强、自由不羁的形象。方掬芬也由此确立了以她为代表的儿童戏剧表演风格。至今，全国许多儿童戏剧演员仍然跟随其后。方掬芬认为：“演戏就是黑格尔讲的一点一点。多一点不行，少一点不行。少一点不够，多一点太多。所以你要真正当成一个一生的事业来追求。”在她心目中，蛐蛐这个角色，如同野外石头缝里冲破压力长大的蛐蛐，生命顽强坚韧。“嘉陵江边，黄果树下，山洞洞里头，大马路上，到处都是我的家哟！”

在《报童》中，有一场蛐蛐和草莽打架的戏。为了将这场打架的戏演绎得更加逼真，方掬芬和草莽的扮演者覃琨真的动起手来。以贩卖反动报刊《中央日报》为生的流浪儿蛐蛐，作为一个反面角色却得到了人们的喜爱，这主要源于方掬芬对人物形象的准确把握与拿捏。而方掬芬能深入一个流浪儿的内心，刻画人物形象，与她少时的生活经历是分不开的。

1929年，方掬芬出身于武汉汉口的一个教师家庭。抗日战争爆发后，10岁的方掬芬因为逃难流落在四川万县难童教养院。苦难的磨砺让她能吃苦、有韧性、讲义气。在这里，她目睹了许多战争孤儿的生存状态，她当年的小伙伴中，有人就当过小报童。而这些经历，为她塑造好《报童》里蛐蛐这个角色提供了很大的帮助，也为她日后塑造在艰苦生活中顽强抗争的角色有着深远的影响。

精湛的演技、火样的工作热情和那不老的童心，就是中国儿童戏剧舞台上一只永远鸣唱的蛐蛐——方掬芬留给这世间的礼物。

第五节 《人参娃娃》：一个冰与火的童话世界

出品时间：1982年
演出单位：辽宁儿童艺术剧院
编　　剧：王纪厚、刘喜庭
导　　演：刘喜庭、崔淮
主要演员：于振波、陈大千、王小燕、俞德元、刘喜瑞、李放、邢邠、李韫慧等

1982年是我国儿童戏剧的丰收年。在这一年的8月至10月，文化部分南北两片举行了全国儿童剧观摩演出。辽宁儿童艺术剧院的童话剧《人参娃娃》在这场演出活动中崭露头角。

《人参娃娃》最早由包蕾创作，1963年曾以动画片形式上演。为了更好地表现这个故事，1982年辽宁儿童艺术剧院把此剧改编为六场神话剧，并将此剧搬上舞台。改编后的剧本增加了很多故事情节，也增添了很多人物，使剧本无论是剧情还是人物都更加丰满好看。该剧自1982年首演以来便风靡全国，当时的演出场次达四五百场之多，可谓红遍了祖国的大江南北，曾获得全国儿童剧调演优秀创作奖与优秀表演奖，还创下了“南有《马兰花》，北有《人参娃娃》”的佳话。

《人参娃娃》是以满族人参神话传说为基础创作的剧目，它讲述的是：白蟒王把黑龙仙子打入天池，占领了白山，并用妖气使白山常年冰封，永无春天。只有找到一颗滚烫的心，才能使它消融，才会有春天。人参娃娃来到人间，发现亮哥有一颗善良而又滚烫的心，看到白蟒王要拿亮哥、俊妹当祭品，便决定要救他们，却不料亮哥、俊妹因为吃了白蟒王的毒仙丹，心变得冷酷，并拿着白蟒王给的银针、白线去捉人参娃娃。亮哥、俊妹打昏闷哥，把娃娃骗到跟前，趁机将银针插到人参娃娃背上。人参娃娃受到伤害后，伤心失望。黑龙仙子告诉娃娃：亮哥、俊妹的心变坏，是白蟒王搞的鬼，只要用自己火热的身躯去温暖亮哥，就能使他的心重新变得滚烫。火石兄弟用身躯撞出最亮的火花，点燃了树根，融化了被冰冻的黑水姐妹，滋润了亮哥的心，亮哥开始觉醒。白蟒王计划暴露，把亮哥、俊妹冻死在山上。人参娃娃为了让他们活过来，把自己化成“人参汤”，用自己滚烫的心救出黑龙仙子，融化了白山。故事中的“冰冷世界”与“火热世界”形成了对照，此剧表现了正义终将战胜邪恶，也歌颂了人参娃娃舍己救人的崇高理想，鼓励并教育那些孩子要做“心里装着别人的人”。剧情用了拟人化的浪漫主义手法，表现了人、妖、神的矛盾冲突。

28年过去了，在2010年9月辽宁省第八届艺术节上，辽宁儿童艺术剧院再次把《人参娃娃》（见图7-8）搬上了舞台，以全新的面貌亮相于小朋友面前，再次赢得了儿童以及家长的喜爱。与之前的《人参娃娃》相比，尽管故事没变，但表现手法却更加丰富多彩，无论是人物造型、舞台美术，还是故事的讲述方式，显然都更适合当代人的审美需求。新版《人参娃娃》增加了大量歌舞场面，并融合了多媒体音效技术，更加凸显了人参娃娃故事的神秘与神奇。

图7-8 《人参娃娃》剧照

注重对儿童观众的精神引导和意志品格培育，是《人参娃娃》最鲜明的追求。戏剧将主题确定在分辨善与恶、比较美与丑上，并在此基础上弘扬惩恶扬善的价值取向和勇于奉献的精神准则。由于不少儿童戏剧其实是大人们用孩子的形象来诉说一个成年人的故事，甚至由此形成了一种硬性“说教”模式。为了摆脱这种“说教”模式，儿童戏剧的创作开始重视儿童趣味的表现和儿童心理的需求表达，儿童戏剧演出走向轻松活泼。但是，在关注了趣味性的同时，一些儿童戏剧创作又忽视了精神品格方面的培育。儿童戏剧创作在新的历史形势下，创作上的压力逐渐加大。经过辽宁儿童艺术剧院多名创作人员的努力，《人参娃娃》用舞台演出的实践印证了儿童戏剧的艺术选择，那就是肩负起用儿童乐于接受的方式塑造儿童心灵的艺术责任。

儿童戏剧最好的评论就是观众的现场反应。《人参娃娃》演出时，台下坐了近三成的儿童观众。当人参娃娃被白蟒王追赶时，儿童观众会喊：“人参娃娃小心小心！”《人参娃娃》通过故事的层层递进，让小观众自己去分辨是非善恶。帮助他们建立起这些最基本的是非准则，是儿童戏剧应有的意识。热闹的儿童戏剧背后，隐藏着儿童教育的大学问。

从《人参娃娃》的舞台呈现可以看到辽宁儿童艺术剧院在这出戏制作上的精心、严谨。《人参娃娃》的舞台美术设计富于现代感，充分考虑了儿童的审美意趣。舞台用色饱满，视觉变换丰富。七巧板式的平台运用，对于场景和空间的转换进行了巧妙的组合和分割。灯光的实境和幻境的转换，对故事情节与心理情绪的表现起到了说明和渲染的作用。将如此巨大的投入和如此精心的制作投放于一部儿童剧作品，可看出辽宁儿童艺术剧院面对儿童观众的艺术良知。

第六节 《宝贝儿》：一群用爱消融代沟的宝贝儿

出品时间：1997 年

演出单位：济南儿童艺术剧院

编　　剧：陈永涓、田牛

导　　演：王筱頔

主要演员：张茹华、祖绮颖、李亚洲、刘旭等

建于 1984 年的济南儿童艺术剧院是我国儿童戏剧园地中最年轻的一支队伍，这是一支“特别能战斗的队伍”。面对儿童戏剧的黄金时代的到来，他们捧出了儿童戏剧《宝贝儿》（见图 7－9）这一 20 世纪 90 年代叫好又叫座的艺术精品。

图 7－9 《宝贝儿》海报

儿童戏剧《宝贝儿》取材于 20 世纪 80 年代初，山东省莱州市农村小学生邱文波和他的小伙伴训练出一只导盲犬，帮助一位盲老汉的故事。1997 年，编剧陈永涓、田牛慧眼识珠，根据邱文波故事创作出此剧。儿童戏剧《宝贝儿》讲述了中学生丁放等人训练一只名叫“宝贝儿”的小狗，帮助一位盲人老爷爷的故事，展现了孩子们在长辈的亲情和关爱下，在挫折和错误中成长的历程，体现了“人人为我、我为人人”的深邃而浅显的道理。

该剧自 1997 年上演以来，不断在演出中感受市场，在市场中发现不足，不断在自我否定中重生。仅剧本就修改了 14 次，舞台推倒重来 5 次。截至 2013 年 3 月，《宝贝儿》已演出 2 048 余场，其中深入乡镇、农村演出 900 余场，足迹遍布山东、北京、上海、江苏、浙江、广东、广西、云南等地，大约有 200 万少年儿童观看了演出。《宝贝儿》先后荣获“曹禺戏剧文学奖”、中宣部“五个一工程奖”、文化部 2005—2006 年度国家舞台艺术精品工程“十大精品剧目”等 20 余项国家级奖励。2012 年 11 月，该剧被评为文化部第二届优秀保留剧目大奖。

在选材上，《宝贝儿》从“校园—课堂—家庭”这个儿童剧舞台常见的狭小地带突围出来。一群开心、腾跃的孩子和一只通灵性的小狗邂逅，引发了一连串出人意料的戏剧事件。“孩子头”丁放路遇即将出国探亲的老奶奶，热心地“接管”了她放心不下的小狗“宝贝儿”。丁放和伙伴们厌烦锁在防盗门里的生活，不经意地走入盲人梁爷爷的小院（见图7－10）。他们弄塌了葡萄架，放飞了画眉鸟，珍贵的鸟食小罐也不见了。剧作者把孩子们看成“宝贝儿”，又不捂着、盖着宝贝儿们身上的缺点和存在的问题。这显然是一群淘气的问题孩子。编导隐在剧作者背后来透视孩子们身上存在的这些问题的同时，检讨质疑时代、社会、成人世界的责任，暗示儿童的问题并不仅在于儿童自身，而与前三者密切相关。孩子们为何对亲情感到冷漠？代沟是怎样形成的？请听孩子们在舞台上的话：我们脖子上挂把钥匙，自己开门，一个人做作业，一个人看电视，我爸、我妈叽叽咕咕地似有说不完的话，把我晾到一边——孩子们是这样孤独，以至于他们最初养狗的初衷只是“解闷”；如果没有小小年纪就不得不承受的学习压力、竞争压力，孩子们也不会喊出“像自由的小鸟，像放纵的闪电，痛痛快快撒个欢，无拘无束疯一天”的心声；如果不是拥挤不堪的城市不能给孩子释放自由生命力提供更多的绿色空间，孩子们也不会把有葡萄架的梁爷爷家当作“新大陆”，不会有那一系列的恶作剧。

图7－10 《宝贝儿》剧照

随着行云流水般故事的演进，以标榜叛逆自鸣得意的丁放及其伙伴们感受着长辈的亲情与关爱，在挫折中明白更多的事理，逐步树立对社会、对家庭、对朋友的责任感。他们长大了，更加可爱了。“宝贝儿”不仅仅是小狗的名字，丁放和他的伙伴们也都是我们的宝贝儿，是会成为国家社会未来栋梁的宝贝儿。

有些儿童剧笔墨侧重于描写孩子，成人角色常常沦为某种观念的符号，或是溺爱典型，或是望子成龙禁锢子女天性，甚至是腐蚀毒害的不良因素，或是构建家庭、环境、学校的色彩点缀，往往苍白无力、面目不清。《宝贝儿》中出现的四位成年人都是体现题旨不可或缺的鲜活形象。幽默是一种睿智的领悟和体验生活的方式。它是一种眼光、一种精神。《宝贝儿》比比皆是的幽默感，使人物性格更加鲜明、更有感染力。其中，尤以丁放父子的两场戏写得精彩。丁峰审问并打了儿子，丁放立即说：“你使用暴力，制造冤、假、错案。你犯法!”甚至高呼口号:“保护妇女儿童!”爸爸问儿子:“万一我老得哼哼不动,又得了治不好的病……”丁放脱口而出:“听说可以安乐死,就是打上一针,你就舒舒服服睡死过去了!”后来,丁放“伟大地”给爸爸送伞,发现爸爸胃病又犯了,他哽咽着说:“爸,我不让你安乐死!我要你快快乐乐地活着……”丁峰说:“行了,看,老天爷都乐了!”丁放望望天,懊丧地说:“倒霉,它又不下了!”丁峰说:“没事,我继续打着。”丁放争着收伞,爸爸高声喊着:“谁管得着,这是我儿子送来的,我儿子懂事了,我儿子懂事了!”这对父子挚爱亲情交流的情景令台下观众感同身受。

济南儿童艺术剧院精益求精的努力,使《宝贝儿》更接近当代少年儿童的审美需求,也历练了这支队伍的艺术品格。导演王筱頔认为:“孤独不仅仅属于老人,更属于孩子。”导演着重营造孩子的心理空间。当玩疯了的孩子们听到回家的信号,立即垂头丧气起来,眼看着让他们放飞心灵的天地将要离去,一幢幢高楼出现在眼前——欢乐的童心即将被锁在一扇扇铁制的防盗门里,他们叹着气,一步步走向楼群。台下的小观众能理解丁放的郁闷与苦恼,盼望他们早些走出防盗铁门,走向心灵自由的天地。

《宝贝儿》全剧采用了明朗单纯的结构,把代沟问题、儿童问题、教育问题等复杂命题高明地包蕴其中,并做了生动深刻的诠释,这得益于作品以戏剧的形式处理了儿童视角与成人视角的关系。宝贝儿的孩子“小小宝贝儿”的出现,使这个行将结束的故事最后又平添了许多意外与惊喜,强化了这部阳光灿烂的戏剧中人与人之间、人与动物之间的和谐相处。

第七节　《红领巾》:一股清新浪漫的红色旋风

演出单位:北京儿童艺术剧院
编　　剧:杨菊英
导　　演:陈薪伊、马景龙、杨菊英
主　　演:张璐、王昭懿、张晓君、仇鲁燕、李玉华、恽桨峥、徐小莉、刘岩

现在的孩子们需要进行革命传统教育,但不能强行灌输,而是需要形象化的引导。早在21世纪初,儿童剧市场就在寻找、酝酿这种激情、怀旧、形象化的红色题材。北京儿童艺术剧院创作的儿童戏剧《红领巾》(见图7-11至图7-14)为此做了积极的探索。《红领巾》首演于2001年9月,是北京儿童艺术剧院的经典原创儿童剧大戏,曾先后获得文化部“文华大奖”和2004—2005年度国家舞台艺术精品工程十大精品剧目殊荣。目前已在全国各地演出了500余场,观众超过70万人次,总收入突破400万元。

“红领巾是红旗的一角,它是用烈士的鲜血染成的……”每个新中国少先队员都熟悉这段话,但未必能体味“红领巾”的真正含义。儿童戏剧《红领巾》讲述的是:假期到了,少先队员郝强、萌萌、壮壮和大家一起来到郊外游玩。他们偷偷地离开队伍要去游泳,但他们都没带泳裤。郝强灵机一动想到用红领巾代替泳裤,遭到大队长小伟的竭力反对。但郝强等人一意孤行,要穿着用红领巾做成的泳裤下水游泳去。奇特的事情发生了——他们掉进了时光隧道,转眼间回到了20世纪30年代。他们遇到了四个同龄的儿童

图 7－11　《红领巾》剧照

图 7－12　《红领巾》剧照

图 7－13　《红领巾》剧照

图 7－14　《红领巾》剧照

团员铁柱、二娃子、马原、八妹子，两代少年之间经历了相探、相认、相知、相通的历程，终于在特定的战争环境中融为了一体。在为新中国奋斗的历程中，铁柱他们先后牺牲。小伟等四名少先队员们经过了血与火、爱与奉献的洗礼，变得成熟懂事。他们将继承烈士的遗志，为新中国美好的明天，昂首走在科教兴国的大路上。

作为一台近年来鲜见的非娱乐性儿童戏剧，《红领巾》不仅题材厚重、主题深邃，而且首次为此类题材附着上了红色浪漫主义的气质，在儿童戏剧创作上可谓独辟蹊径。不同时代的孩子们在与敌人的斗争中，在生与死的考验中，在不同价值观的碰撞中结下了深厚的友谊，真正理解了红领巾的深刻含义。该剧在艺术上的突出成就在于塑造了真实、感人的两代少年儿童的形象，这两代孩子的舞台形象将使今天的少年儿童观众和成年观众共同领会革命精神的价值，受到革命者人格的熏陶和感染。

对抗遗忘也是一场战争。当战争的硝烟散尽，亲历者相继逝去，遗迹正在风化，应该如何让后人留存对战争的记忆？文艺作品无疑是最生动的载体之一。《红领巾》的故事正是发生在现在的孩子所不熟知的革命战争年代，剧中四名儿童团员为了保护四个穿越时光隧道而来到战场的少先队员相继牺牲了。虽然有专家看过戏后称这样的情节设置对于儿童观众来说太残酷了，但殊不知真正的战争远比舞台描述的要残酷得多，反省战争原罪是为了引领中华民族走出百年悲情，因为战争的残酷才更彰显和平的可贵。

《红领巾》一剧舞台色彩鲜亮，让人印象深刻。剧中在表现孩子的游泳场景时，用的是一大片蔚蓝的湖面背景；两组孩子成为朋友后有一场“过河”的舞蹈，用了大幅的鲜绿绸布来表现。时光隧道也采用了特殊的材质，配合灯光的变化，营造出真实的梦幻效果；进入 70 年前的战场后，整个舞台以红色为基色，红领巾、红旗、红五星、红缨枪、用红光勾勒的山体贯穿于整个场景，剧情、音乐、舞蹈、光影和色彩的处理都有极强的情绪感染力。《红领巾》对细节的处理也准确到位。在游泳、掉进时光隧道等几场戏中演员使用了威亚，带来新奇的视觉感受。此外，时光隧道开启时的地动山摇、二娃子家会跑的小狗、激烈的枪炮火拼、遭敌人袭击后轰然倒地的房屋和大树、柴火上舞动的火焰、一拥而出的马蜂、从舞台上空飞过的飞机……技术手段的成功运用使得观众真实地感受这个故事。

自首演初期，该剧便受到了众多戏剧、儿童剧领域专家的关注，获得了专家们的一致首肯，他们认为这是一部以儿童的视角，用童心、童趣、童语在舞台上演绎的儿童戏剧佳作，认为该剧抓住了青少年成长的心理脉络，制造了跨越时空的戏剧奇观，为艺术教育和思想道德教育留下了丰富话题，非常巧妙地将历史、艺术和信仰融为一体，是儿童戏剧中极有底蕴的一部作品。

《红领巾》一剧，有意识地回避了以往儿童戏剧侧重说教的枯燥形式，综合运用木偶、杂技、影视剧等一些处理手段，用故事说话，以情动人，歌颂了儿童团员为理想献身的崇高精神。该剧融思想性、艺术性、观赏性于一体，开创了革命传统教育题材的儿童戏剧进行商业演出的先例。

第八节　《西游记》：一场古典与现代的视觉盛宴

出品时间：2008—2010 年
出品单位：中国儿童艺术剧院
编　　剧：陈传敏
导　　演：张奇虹
主要演员：刘晓明、马彦伟、邓晓光、李盟、唐妍、徐英娜、何吉光、胡敬波等

四大名著中，《西游记》是最适合被改编成儿童戏剧的，但要把这个深入人心的古典名著的精神传达给中国千千万万的孩子，也是不容易的。

2008 年，中国儿童艺术剧院院长周予援决定利用北京承办奥运会的机会，将《西游记》（第一部）搬上舞台。舞台版《西游记》是将古典名著全新演绎的首创之举。为了成功地打造神话舞台连续剧《西游记》（见图 7－15 至图 7－18），中国儿童艺术剧院组织了儿童戏剧界的精兵强将。编剧陈传敏、导演张奇虹、舞台美术设计薛殿杰、作曲家邹野、灯光设计师邢辛等组成了神话舞台连续剧《西游记》的主创团队。中国儿童艺术剧院院长周予援担任艺术总监。

舞台连续剧《西游记》是中国话剧和儿童戏剧舞台上的第一部连续剧。该剧分为三部逐一面世。第一部“唐三藏收徒”，以美猴王横空出世、闯龙宫智斗龙王、孙悟空大闹天宫、如来佛法手收悟空、唐三藏解救悟空、高老庄八戒娶亲为主要情节。第二部“斩妖除魔”，以白骨精琵琶勾魂、孙悟空三打白骨精、百花公主义释唐三藏、宝象国唐僧变老虎

图 7－15 《西游记》剧照

图 7－16 《西游记》剧照

图 7－17 《西游记》剧照

图 7-18 《西游记》剧照

等为主要情节。第三部“取得真经”，包含通天河乡亲祭河神、火焰山师徒受阻、芭蕉洞里计中计、孙悟空智取芭蕉扇、取经归来师徒受封及孙悟空重回花果山等情节。

此次的神话舞台剧《西游记》，是中国儿童艺术剧院52年来首次排演的中国古典四大名著，其纷繁复杂的人物关系、高科技的舞台技术手段、现场音效的逼真效果，都是中国儿童艺术剧院前所未有的。为了营造逼真的效果，中国儿童艺术剧院不仅在主创和演员阵容上投入巨大，更将中国儿童剧场的音响和灯光设备进行全面升级，剧场将首次在半空使用威亚表现美猴王横空出世。此外，闯龙宫智斗龙王、孙悟空大闹天宫、如来佛法手收悟空、唐三藏解救悟空、高老庄八戒娶亲、四圣过河各显神通等经典场景都将展现出声、光、电的高科技手段。

这出舞台连续剧是中国儿童艺术剧院有史以来创作的剧目当中人物最纷繁复杂的一个。其精致的演出和制作令人叹服。这样一个被人熟知的作品，不戏说，不取巧，扎实而不沉闷，拙朴中又有巧思，堪称传承方面的上品。

舞台剧《西游记》中的角色分为四类：人、神、妖、动物。中国儿童艺术剧院的《西游记》创作将所有的角色均赋予人性化的特点。孙悟空不演他的“老孙头”一面，而是将其塑造为传奇的英俊少年；唐僧是一个读万卷书、行万里路的读书人形象；猪八戒则是贪懒馋色、善良、可爱、好玩儿的形象；沙和尚憨厚、忠心耿耿、不乏法术。人物造型色彩亮丽，该剧造型设计师刘民介绍：“《西游记》在尊重原著的基础上加入现代和戏曲的元素。孙悟空以金色和红色为主色调，其铠甲和头上的两根翎子令‘齐天大圣’看起来威风凛凛，非常漂亮。猪八戒和沙和尚的造型设计分别以红黑和蓝色为主色调，唐僧的服装则选用粗布面料。总的来说，可用四个字来概括师徒四人的造型特点，悟空‘精’、唐僧‘高’、八戒‘宽’、沙僧‘憨’，师徒四人形态各异又不失本色，更注重细节上的把握。”

一部好的儿童戏剧会以动人的故事、出色的表演、精湛的艺术呈现让孩子们得到美的享受、美的陶冶。《西游记》将戏剧人物性格塑造作为重心，把歌舞、武打、说唱等作为艺术表现形式，同时运用了带有鲜明猴戏色彩的街舞及RAP节奏辅助刻化孙悟空的个性特点，是古典与现代、民族与时尚、哲理与艺术相结合的统一体。在忠实于原著的基础上创新，寻找不重复别人的“陌生感”，是这部作品可视性强、耐人寻味的主要原因。中国儿童艺术剧院的演员们表演到位，被很多小朋友评为"最喜欢的猪八戒"的中国儿童艺术剧院老演员邓晓光将八戒的这种憨傻和小小的勇敢表现得淋漓尽致。唐僧在"孙悟空三打白骨精"之后误以为徒弟杀生忍痛将悟空赶走，又在由虎变回人之后悔不当初，演员刘晓明将唐僧的这种带点软弱又充满信仰的性格演绎得入木三分。值得称道的是演孙悟空的青年演员马彦伟，其台词和形体功夫非常出色，把美猴王的"神通广大""酷爱自由""个性解放"演得活灵活现，赋予了孙悟空一种天真烂漫、活泼机智、敢想敢为、无拘无束的性格，为这个文学形象增添了新的光彩。剧中孙悟空上天入地，与天庭神佛及妖魔精怪时有激烈冲突，甚至与师父唐僧也有碰撞，但舞台剧没有去强化、政治化这些矛盾冲突，而是对戏剧情景进行精心营造，使这些矛盾演化为性格冲突。戏剧评论家黄维钧盛赞了剧中这种"对矛盾冲突的理解、把握和处理"。

在主题的提炼上，第一部中展现了唐僧对大同世界的向往，第二部则进化到西天取经路上师徒四人的聚散离合，第三部表现了《西游记》世代传唱的自由和人性的精神内涵。以第二部为例，"孙悟空三打白骨精"引发的唐僧与孙悟空之间的矛盾以及他们之间的聚合和分离，生动形象地表现了师徒四人的关系和情感，孙悟空临行前对师傅的三拜，以及唐僧终于意识到悟空是对的之时一拜认错，令人潸然泪下、情不自禁。在形式上，第一部中有观众叫好的"说唱"，第二部中加入踢踏、变脸等歌舞和民间艺术精粹，第三部则有火舞、斗牛舞等有趣好看的形式，令整台《西游记》看起来精彩纷呈。儿童戏剧作家欧阳逸冰观看《西游记》后评价说："《西游记》精致的演出和制作令人叹服。这不仅表现在舞台呈现的精致上，更表现在编导者直接针对儿童观众的审美需求，重新组织戏剧情节，刻意强调了率性而为的孙悟空与社会规范的冲突上，令人咀嚼出对孩子有益的新解读。"

中国儿童艺术剧院版的《西游记》通过三年的集体创作，努力做到了古典与现代的完美融合、哲思与童趣的全新演绎，在弘扬民族文化精髓、展示儿童戏剧魅力方面做了全新的开拓，充分表现出舞台艺术的魔力和张力。

单元教学与练习

儿童戏剧赏析论文的撰写

主要训练内容：

课余看一场儿童戏剧演出，完成儿童戏剧赏析论文的撰写。

探究与实践

一、中国儿童戏剧发展过程中涌现了哪些优秀作品？

二、请结合作品谈谈儿童戏剧创作与时代的关系。

三、儿童戏剧《马兰花》的主旨是什么？这一主旨在剧中是怎样表现的？

四、结合方掬芬等演员的创作演出经历，谈一谈怎样才能成长为一名优秀的儿童戏剧演员。

第八章

儿童戏剧剧本精选

1　骆驼和羊（童话剧）

（根据小学语文《骆驼和羊》改编）

编剧　孙毅

孙毅（1923—　），江苏宿迁人。编撰儿童戏剧《小霸王和皮大王》、中小学课本剧《秘密》《美猴王》以及《娃娃剧场开演啦——孙爷爷教你写儿童剧》等著作，编创儿童戏剧100余部。儿童戏剧《钓鱼》获上海儿童时代剧本奖，木偶剧《一只小黑猫》、童话诗《癞蛤蟆不是想吃天鹅肉》、儿童相声集《嘻嘻哈哈》均获陈伯吹儿童文学奖，木偶剧集《五彩小小鸡》获上海作协幼儿文学奖。荣获上海妇联授予的教育工作25年园丁奖，原国家新闻出版署、中国出版工作者协会授予的"为社会主义出版事业做出积极贡献"荣誉证书。

人物：骆驼、小羊、瞎子、瘸子

【幕启。

【高墙下有一个矮门，骆驼和羊在争论。

骆驼　（对羊说）我说长得高好。

小羊　不对，长得矮才好呢。

骆驼　我可以做一件事情，证明高比矮好。

【旁白　骆驼抬起头就吃到了围墙上的树叶子。

骆驼　你看，这树叶又嫩又甜，你能吃得到吗？这可以证明了吧，高就是比矮好。

【旁白　小羊举起前腿，趴在墙上，脖子伸得老长，还是吃不着，就在高墙下矮门里走来走去。

小羊　骆驼，墙后面有一大片青草，真新鲜，真好吃。你能吃得到吗？

骆驼　（看了看矮门，摇摇头）我吃不到。

小羊　你看，这可以证明了吧，矮就是比高好。

骆驼　不对，高比矮好！

小羊　你才不对呢，矮比高好。

骆驼　高比矮好！

小羊　矮比高好！

骆驼　你不对！

小羊　你不对！

【旁白　骆驼和小羊正在争论不休，有一个瘸腿的人急匆匆一瘸一拐地走来。他走得非常艰难。

骆驼　我看见一个瘸子朝我们这边走来了。

小羊　在哪儿？在哪儿？（拼命抬起头看）没有，没有！

骆驼　有的，有的！

【骆驼和小羊争论的时候，瘸腿的人擦着头上的汗，一瘸一拐地走来了。

骆驼　瞧，他来了，我说高比矮好吧！

小羊　高好还是矮好，我们就请他来评评理吧。

骆驼　好哇！

小羊　请他吧！

骆驼　我高，跟他说话不方便。

小羊　我跟他一样矮，当然我跟他说话方便，还是矮的好吧。

骆驼　哼，要是来一个高个子，你和高个子说话也不方便，我就方便了，还是高的好。

小羊　哼，那你去请瘸子吧！

骆驼　你不请便罢，我还是认为高比矮好！

小羊　（急忙拦住瘸腿的人）请您评评理，是高比矮好，还是矮比高好。

瘸子　我有急事，我妈妈得了重病，我要赶到镇上去请医生，你看我走得这么慢，都急死了，哪儿有工夫为你们评高论矮呢？

骆驼　就一会儿工夫，给我们评评吧。

【旁白　这时，有一个瞎子手拿竹竿，点着地，一步一步，慢慢走来，不知不觉撞在瘸子和小羊身上。

小羊　唉，谁呀？

瘸子　你怎么撞人啊？

瞎子　对不起！对不起！眼睛看不见，心里又急，就撞着你们了。

瘸子　你也有急事？

瞎子　唉，我哥哥今天要动手术，家里人都去医院了，就不让我去。我急死了，我一定要去，可是，我又摸不着路，怎么办呢？呜……（伤心地哭了）

瘸子　别难过，别难过！我妈妈病重，我也要到医院里去求医生。可是我一瘸一瘸地走得太慢了，我也急死啦！

瞎子　（突然地）哎，这么办吧！

瘸子　怎么办？

瞎子　我眼睛认不了路，可是我腿跑得快呀。你腿瘸跑不快，可是你能认路呀！

瘸子　这都不管用呀。

瞎子　管用管用，各有所短，但也各有所长呀。我背着你快步走，你在我背上指路，我们不是很快就能到镇上的医院了吗？

瘸子　哈……就这么办吧。

瞎子　（做背人的姿势）兄弟嗳，来吧！

瘸子　好嘞。（扔了瞎子的竹竿，趴在瞎子的背上）朝前走吧！

瞎子　对！这真叫各有所长啊，哈……

骆驼　（高高地远望）他们走得好快呀！

【瞎子背着瘸子下。

小羊　你刚才听他们说什么？

骆驼　没什么？

小羊　你真是个傻大个儿。他们说各有所短、各有所长呀。

骆驼　高有高的好，我就采甜树叶给你吃吧！

小羊　矮有矮的好，我也给你拔嫩青草吃吧！

骆驼　（愉快地）那，我们就取长补短吧！哈……

【幕闭。

2　蛇和蜥蜴开店（儿童话剧）

（根据新西兰作家乔伊·科蕾的童话《蛇和蜥蜴》改编）

编剧　方先义

方先义，男，湖南岳阳人，湖南民族职业学院副教授，湖南省职业教育名师空间课堂“儿童戏剧创编与表演”负责人，儿童文学作家，湖南省作协会员，中国儿童戏剧研究会会员。十年来致力于培养小学教师和幼师的儿童戏剧素养，曾被评为岳阳市劳动模范、教学名师。著有《儿童戏剧创编与表演》《山神的赌约》《土地神的盟约》等，作品《梵天城的服装师》收入《2015 中国年度童话》；先后荣获岳阳市文学艺术奖、“周庄杯”全国儿童文学短篇小说大赛一等奖、“大白鲸”原创幻想儿童文学金鲸奖、“读友杯”全国短篇儿童文学创作大赛优秀奖、湖南青年文化艺术节文学类金奖等。在湖南岳阳创立安徒生童话剧团、甜橙儿童剧团，编导《丑小鸭与靴猫侠》《猫王子的心愿》等十余部儿童剧。

人物：蛇、蜥蜴、兔、农妇、乌龟、鹌鹑

【旁白　蛇和蜥蜴是一对好朋友，每天早晨，他们总会在一起散步、谈心。

蛇　蜥蜴哥哥，你能不能告诉我，为什么人类总是讨厌我们蛇家族？

蜥蜴　小蛇蛇，你怎么知道人类讨厌你呢？

蛇　因为我每次抬起身子向人类问好，他们总是尖叫一声啊，然后跑掉。

蜥蜴　那可能是因为你的动作过快，你要尽量温柔一点。就像我这样，动作温柔。你要尽量亲切一点，就像我这样，点头微笑。

蛇　温柔一点，点头微笑——蜥蜴哥哥，是不是这样？

蜥蜴　这样子就对了！你看，那边过来一个人，你去试一试？

蛇　蜥蜴哥哥，我这样做，人类是不是就会喜欢我？

蜥蜴　小蛇蛇，相信我，不会错！

蛇　那我就去了？

蜥蜴　记住，温柔一点，亲切一点！

蛇　我记住了！

【蛇轻轻来到农妇的脚边，温柔地用尾巴碰了碰农妇，然后用舌头去添她的手臂。

农妇　啊，蛇，救命呀！

蜥蜴　（拦住）对不起，他只是想对你表示友好！

农妇　啊，四条腿的蛇，妖怪！救命啊！

【农妇逃下。

蛇　唉，做一条人见人爱的蛇就那么难吗？

蜥蜴　唉，人类为什么这么奇怪？有脚的不喜欢，没有脚的也不喜欢？

蛇、蜥蜴　唉，真没面子！

蜥蜴　小蛇蛇，你能不能告诉我，你一生最大的心愿是什么？

蛇　蜥蜴哥哥，我不想被别人讨厌，我想做一条能帮助别人的蛇，我喜欢给人家帮忙。

蜥蜴　我也是，我也想做一只能帮助别人的蜥蜴。我们两个想做一样的事情，这不是很奇妙吗？

蛇　你是我最要好的朋友，蜥蜴哥哥，如果你以后有什么事情需要我帮忙的话，我决不推辞！

蜥蜴　小蛇蛇，你真好！但是你别忘了，我也是一只乐于助人的蜥蜴。助人者，总是帮助别人，而不是让人帮助。

蛇　蜥蜴哥哥，你说得对！助人者，是不需要别人帮助的。我一定牢牢记住。

蜥蜴　小蛇蛇，你知不知道，我们现在到了哪里？

蛇　不知道，我想我们已经离家很远了。

蜥蜴　天呐，我们好像迷路了。

蛇　那可怎么办？蜥蜴哥哥，森林里，找不到回家的路，是很危险的！

【一只长耳兔跳出来。

兔　嘿，你俩迷路了吗？要不要我勇敢的长耳兔来帮忙？

蛇　要！

蜥蜴　不，谢谢你！小蛇蛇，你忘了吗？我们是助人者。

兔　助人者？什么是助人者？

蛇　额，对啊，我们是助人者，助人者总是给别人提供帮助，他们不需要别人的帮助。

兔　那好吧。我先种萝卜去了！

蛇　蜥蜴哥哥，我们真的不需要帮助吗？

蜥蜴　唉，我们是助人者，要是还没开始帮人，就被别人帮助，那多没面子！

蛇　是啊，没面子。

蜥蜴　嗯，没面子。

蛇　嗯，非常没面子！

蜥蜴　小蛇蛇，你看这里风景很美，要不，我们就在这里开一家店，就叫蛇和蜥蜴助人中心怎么样？

蛇　太好了，蜥蜴哥哥，你真有办法！

【旁白　蛇和蜥蜴开业做起了生意。

蜥蜴　我要在助人中心的牌子旁边挂一块牌子，上面写：困难不论大小，绝对专业指导！

蛇　我觉得还可以挂上一块，上面写：小忙收费：一只苍蝇或甲虫；大忙收费：一枚鹌鹑蛋。

蜥蜴　是吗？小蛇蛇，我对这个收费标准有疑问，我喜欢吃苍蝇和甲虫，你喜欢吃鹌鹑蛋，对吗？

蛇　有什么问题吗？

蜥蜴　所以，我只能帮小忙，而你才能帮大忙？

蛇　不，不，不，不是这个意思，蜥蜴哥哥，不是这么一回事。是这样，我得了苍蝇和甲虫归你，你得了鹌鹑蛋归我。

蜥蜴　噢，是这样，我明白了。

【旁白　他们终于迎来了第一位顾客，是先前遇到的那只兔子，他一刻不停地蹦蹦跳跳，好像脚下的地烫了他的脚似的。

【兔左上。

兔　嗨，伙计！我需要你们帮忙、救助、支持，伸出友谊的爪子。

蛇　（笑）爪子嘛，我没有。不过，忙，倒是可以帮。我们能为你做点什么？

兔子　是乌龟乌龟乌龟，他趁我出门的时候，占了我的窝我的窝我的窝，赖着不走不走不走。我想请你们帮我赶走他。

蜥蜴　赶走他？

兔　是的。就是说想办法把他弄走、扔走、打走、驱走或者踢走。

蛇　抱歉，兔子，我们不能提供你所需要的帮助，我们只提供咨询。

兔　（问，脚下仍在不停地蹦）什么意思？

蜥蜴　我们不做事，我们说事。我们只是给你提出建议，好让你能更好地解决自己的问题。

兔　哦，明白了，你的意思是你们只出主意、意见、点子？

蛇　完全正确，你们刚才说的那只乌龟，你窝里新来的那位朋友——

兔　（往后蹦了蹦）他不是我的朋友！他是敌人，是坏蛋，是入侵者，是讨厌鬼！

蛇　难道你们不能试着做朋友吗？

兔　（毛茸茸的脸气得通红）不能！你根本不想帮我！

蜥蜴　冷静点儿，冷静点儿，兔子。你试没试过劝劝乌龟，让他离开你的窝？

兔　让他离开、跑路、滚蛋?！我当然劝过。可他把脑袋往壳里一缩，就是不动窝。你去推推他试试，要知道那是个山坡！

蜥蜴　那就只有一个法子了，你去告诉他，就说你已经把窝租给一条大响尾蛇了。

兔　（跳起来）什么?！你是疯了还是怎么的?

蜥蜴　当然你用不着真的把窝租给响尾蛇。

兔　不用?

蛇　只是假装租给他。

兔　（咧开嘴笑）啊哈，你是说让我扯个谎?

蛇、蜥蜴　对了，就是这个意思。

兔　（大笑）嘿，这主意也许能行！谢谢你，伙计，你帮了我一个大忙。

蜥蜴　大忙要收一只鹌鹑蛋。

兔　好吧！

【兔左下。

【乌龟右上。

乌龟　（暴躁地在洞前跺着脚）谁出来帮个忙！

蛇　有事吗?

乌龟　你们不是会提供帮助吗？那就去管管那只兔子，他占了我的窝，把它租给了响尾蛇！

蛇　请你详细说说事情的经过。

蜥蜴　你说那是谁的洞?

乌龟　（生气地）我的！我找到它时，里面是空的。

蜥蜴　那么，洞又是谁挖的呢?

乌龟　我干吗要管洞是谁挖的？问题是他要带一条响尾蛇进来，他疯了！

蜥蜴　（叹息）哎呀，真是个坏消息。响尾蛇可不是好惹的，他们吃爬虫——带壳的也吃。

蛇　（点了点头）我们给你的建议是，乌龟，你最好另外找地方住。

蜥蜴　离这儿越远越好，越远越好。

乌龟　（生气地吼）哪有你们这样帮忙的！

蛇　小忙只要一只甲虫。

【旁白　那天早上，来了好多寻求帮助的动物，蜥蜴和蛇忙得不亦乐乎。他们身后，苍蝇、甲虫和鹌鹑蛋越堆越高。

蜥蜴　（跳起来指着那堆苍蝇和甲虫）你饿不饿，蛇?

蛇　（开心地吐着舌信子）都快饿死了。

【旁白　他们刚要吃，就见远处走来了一群羽毛不整的鹌鹑。蛇赶紧用身子把鹌鹑蛋盘住，假装在睡觉。

【鹌鹑右上。

鹌鹑　请问，你们是蛇先生、蜥蜴先生吗?

蛇、蜥蜴　（合）我们是！

鹌鹑　你们是在帮人解决问题吗?

蛇　小忙收费：一只苍蝇或甲虫；大忙收费：一枚鹌……一枚蛋！

鹌鹑　（焦急状）我们需要帮助！我们的蛋被抢了！你们能帮我们找回来吗?

蜥蜴　咳！咳！哎呀，真……真抱歉，真是很抱歉！我们要下班了，下次吧！

蛇　（附和）是的，下次吧！下次吧！

鹌鹑　呜呜呜，我的蛋，呜呜呜，我的蛋……（边哭边左下）

蛇　蜥蜴哥哥，我们这样做对吗？

蜥蜴　有什么不对，所有鹌鹑蛋都是我们的劳动所得，一没偷，二没抢，光明正大！

蛇　可是，我觉得鹌鹑们有点可怜。

蜥蜴　可是我们不吃也会饿死，鹌鹑们还可以继续生蛋，这次他们一定学会了怎么保护自己的蛋不被偷。这世界上有很多事情，大家都要学会面对。

兔子、鹌鹑、龟、农妇　（旁白，合）是的，你要学会面对！

【幕落。

3　克丽桑丝美美菊花（儿童话剧）

（根据同名绘本改编）

编剧　方先义　袁心怡 等

人物：克丽桑丝美美菊花、爸爸、妈妈、楚德老师、廷柯老师、维多利亚、吉儿、丽塔

【爸妈台前挥舞拖把，跳起街舞。

妈妈　我家有个宝贝疙瘩，
　　　聪明善良貌美如花。

爸爸　为给她取个好名字，
　　　我翻烂字典白了头发。

妈妈　欸！欸！欸！

爸爸　你怎么了？

妈妈　我想到了！
　　　这个名字绝对完美，
　　　独一无二它顶呱呱！

爸爸　究竟叫啥？

妈妈　就叫她——克丽桑丝美美菊花！

爸妈　（合）嘿！克丽桑丝美美菊花！（造型，定格）

【克丽桑丝美美菊花上。

克丽桑丝美美菊花　我的名字叫克丽桑丝美美菊花，小朋友们，你们是不是也觉得我的名字很特别呢？我今年五岁了，我呀，要去上幼儿园啦！

爸妈　（合）宝贝！

克丽桑丝美美菊花　爸爸，妈妈，我去上学了！

爸爸　克丽桑丝美美菊花，要跟同学好好相处哦！

妈妈　克丽桑丝美美菊花，路上要注意安全哦！

爸妈 （合）上学要开心一点哦！

克丽桑丝美美菊花 我知道了，爸爸妈妈，你们就不要担心我啦，我都已经长大了。我可以一个人上学了。

爸爸 你要记住，你的名字——

三人 （合）绝对完美！

克丽桑丝美美菊花 爸爸妈妈，拜拜！（飞吻）

【爸爸妈妈下。

【克丽桑丝美美菊花来到学校，看见同学们在一起玩，克丽桑丝美美菊花跑过去。

克丽桑丝美美菊花 （伸手）大家好，我是克丽桑丝美美菊花，我们一起玩吧。

众 哈哈哈！这个名字真好笑！

【同学窃笑，走到一边悄悄议论。

【上课铃响。

【楚德老师手持点名簿上。

楚德老师 孩子们，安静，安静！我是你们的楚德老师！

众 楚德老师好！

楚德老师 老师要来点名了，念到谁的名字，谁就举起手来告诉老师，好吗？

学生齐声 好的，老师。

楚德老师 吉儿？

吉儿 我在这，老师。

楚德老师 丽塔？

丽塔 老师，是我。

楚德老师 维多利亚？

维多利亚 老师我就是维多利亚。

楚德老师 克丽……桑丝……美美……克丽桑丝美美菊花对吗？

克丽桑丝美美菊花 老师，我在这儿，我就是克丽桑丝美美菊花，老师你喜欢这个名字吗？

同学们 克丽……桑斯……美美……菊花！哈哈哈！

楚德老师 咳咳！

【同学们七嘴八舌，作鄙视状。

吉儿 老师，她的名字真长！

丽塔 老师，她的名字恐怕都写不进名牌！

维多利亚 老师，我的名字是照着我祖母的名字取的。

吉儿 老师，她的名字是我听过的最长的名字了。

丽塔 老师，我知道，她的名字是照着一朵花取的！

维多利亚 老师，克丽桑丝美美菊花的名字，是用十三个字母拼起来的，恰好是所有英文字母的一半。

楚德老师 谢谢你们告诉我这些，老师知道了。现在来上课，老师问大家，你们知道花园里都有些什么花吗？

学生　（指向克丽桑丝美美菊花，齐声）花？噢——克丽桑丝美美菊花，就是花园里的雏菊！

丽塔　我家花园里也有雏菊，这种花是跟虫子还有其他脏东西一起住在花园里的。

吉儿　要是我的名字像你那样，我就要改掉它！

维多利亚　（傲慢状）对对对，我的名字维多利亚，就是照着我祖母的名字取的，我可是有四分之一的皇家血统。

丽塔　我的名字是丽塔，跟好莱坞的大明星丽塔同名。

吉儿　我的名字吉儿，可是一个美丽精灵的名字！哪像她——名字居然是照着一朵花取的，这是我听过最好笑的名字了！

众　是啊，一朵花！哈哈哈！

楚德老师　好了，同学们，今天的课就上到这里，下课休息一下。

【铃声，楚德老师左下，同学们右下。

【克看一眼他们的背影，伤心地趴桌上。

【爸爸妈妈上。

爸爸　宝贝第一天去上学，不知道情况会咋样？

妈妈　不想做饭不洗衣裳，我待在家里心发慌。

爸爸　反正闲着也是闲着，要不咱们去逛逛？

妈妈　唉唉唉！

爸妈（合）反正闲着也是闲着，要不咱们去逛逛？

爸爸　克丽桑丝美美菊花。（爸妈一同招手）

【克丽桑丝美美菊花出教室。

妈妈　克丽桑丝美美菊花，你怎么了？

爸爸　我看你怎么趴在桌上，怎么不跟小朋友们一起玩？

克丽桑丝美美菊花　爸爸妈妈，我不想上学了。

爸妈　不想上学？

爸爸　谁欺负你了，我的宝贝？

妈妈　怎么了，我的宝贝？

克丽桑丝美美菊花　同学们都不喜欢我，他们说我的名字太长！说名牌都写不下！说我的名字是照着一朵花取的！说我的名字是由十三个字母组成的！我觉得我的名字糟透了。我想改掉它。

妈妈　他们只是嫉妒你。而且羡慕，而且小气，而且不满，而且有偏见。

爸爸　有你这样的名字谁不妒忌呢！

妈妈　你的名字独一无二。

爸爸　而且很珍奇，而且很贵重，而且很迷人，而且很有魔力。

爸爸　总之在我们心中，你的名字，完美无缺！

妈妈　你的名字绝对完美！宝贝，来尝尝我做的魔法点心，你的心情就会变好！

【上课铃响。

克丽桑丝美美菊花　谢谢你们，爸爸妈妈，我回教室上课了！

爸妈　快去吧，要开心噢！

【爸爸妈妈下。

【克回到座位上。

【维多利亚冲上。

维多利亚　告诉你们一个好消息！

丽塔、吉儿　（合）什么好消息，什么好消息？

维多利亚　刚才我看到我们的音乐老师了。

吉儿　噢，我也看到她啦，她长得跟个仙女一样。

丽塔　我还听到她唱歌了，歌声美得像黄鹂鸟！

维多利亚　她是我见过最完美的人。

丽塔、吉儿　（合）是呀是呀，最完美的人！

众　嘘，她来了，她来了！

【廷柯老师上场。

廷柯老师　同学们好！

同学们　老师好！

廷柯老师　同学们，你们知道我是谁吗？

同学们　知道知道！你是廷柯老师！你是我们的音乐老师！

廷柯老师　你们真棒！同学们，这节课，我想给大家排一个音乐剧，维多利亚扮演美丽的仙后。（维多利亚出）丽塔扮演一个蝴蝶公主。（丽塔出）吉儿扮演一个最重要的精灵使者。（吉儿出）克丽桑丝美美菊花你来扮演一朵雏菊。（克丽桑丝美美菊花出）

同学们　（齐声大笑）克丽桑丝美美菊花是一朵雏菊，克丽桑丝美美菊花是一朵雏菊！

廷柯老师　什么事情这么好笑？

吉儿　她的名字太长。

丽塔　她的名字连名牌都写不下。

维多利亚　我的名字是照着我祖母的名字取的，而她的名字是照着一朵花取的！

廷柯老师　是这样啊，同学们知道吗？我的名字也很长。

同学们　（齐）是吗？

廷柯老师　我的名字也很难写进名牌。

同学们　（齐）会吗？

廷柯老师　而且，我的名字也是照着花取的！

同学们　（齐）你呀？

廷柯老师　对呀，我姓廷柯，名字叫德尔芬尼尔梅，是一种叫飞燕草的花。如果我生女儿，我考虑要选克丽桑丝美美菊花做她的名字。我认为这个名字完美无缺！

克丽桑丝美美菊花　（唱）老师的话，像清风拂过琴键；
老师的话，像山泉浇灌心田；
老师的话，像彩虹映在水面；
老师的话，像太阳融化雪山！
不用想啦，不用换啦！

不用想啦，不用换啦！

克丽桑丝美美菊花　我的名字完美无瑕！

【同学们羡慕地看着克。克丽桑丝美美菊花不敢置信。

维多利亚　其实她的名字也不是那么糟。

同学们　（齐）是呀，名字真好！

维多利亚　我想改个名字，叫我金盏花吧。

吉儿　我也想改个名字，叫我康乃馨吧。

丽塔　我的名字是山谷百合！

克丽桑丝美美菊花　那现在，你们喜欢我的名字了吗？

同学们　（齐伸手）克丽桑丝美美菊花，我们一起玩吧！

克丽桑丝美美菊花　真的可以吗？

同学们　（齐）来吧！克丽桑丝美美菊花，加入我们吧！让我们来演音乐剧！

【丽塔一把抓起克丽桑丝美美菊花的手，大家转起了圈。

【幕落。

4　我想去看海（儿童话剧）

（根据同名绘本改编）

编剧　方先义　王诗淇

人物：卡梅拉、鸡妈妈、鸡爸爸、哥伦布、胖水手、瘦水手、皮迪克、小鸡甲、小鸡乙

【舞台说明　一个大森林里，远处有稻草堆、鸡棚。

【旁白　下蛋时间到了，下蛋时间到了！这可是小鸡们第一次下蛋。看，有的疼得哇哇大哭，有的不小心弄碎了自己的蛋，伤心得哇哇大哭，只有卡梅拉悠闲地站在一旁。

鸡妈妈　卡梅拉，你在干吗？赶紧去下蛋，看！多可爱的蛋蛋呀！

卡梅拉　下蛋，下蛋，总是下蛋！生活中应该还有更好玩的事可做，我拒绝下蛋，我——要——去——看——海。

鸡妈妈　看海？这简直是个笑话！大海是你该去的地方吗？鸡棚才是我们的住所，既然你是只小母鸡，就只能接受下蛋的命运。

鸡爸爸　卡梅拉，你先弄明白自己是谁！大海是那么遥远，那么可怕，你想都不该去想！

卡梅拉　可是鸬鹚佩罗说，大海里有贝壳，有美人鱼，还有海盗的宝藏！我一定要去看看大海！

鸡妈妈　佩罗那只怪鸟，尽把我的孩子教坏。你不要听他瞎说。

鸡爸爸　况且他只是一只鸟，不是我们鸡族的同类，你不去下蛋的话就去睡觉，别整天想着那些不可能的事情。

卡梅拉　哼！总有那么一天我会看到大海的。

【卡梅拉回到房间，却怎么也睡不着，她偷偷地收拾包裹，准备离家出走，却被两只小鸡发现了。

小鸡甲　卡梅拉，你要去哪里？

卡梅拉　朋友们，我要离开家，去实现我的梦想。

小鸡乙　你的梦想？

卡梅拉　是的，我要去看看大海！

小鸡甲、乙　哇，大海！

小鸡甲　可是，外面有狐狸、黄鼠狼，还有各种坏蛋。

小鸡乙　你随时都有生命危险。

【音乐起。

卡梅拉　朋友们，要实现梦想，就一定要有冒险的精神！我不知道一只小母鸡的寿命有多长，但能为自己的梦想活一天，生命就有一天的价值！

小鸡甲、乙　卡梅拉，你说得对！我们衷心地祝愿你能实现自己的梦想，并且平安归来！

卡梅拉　再见，我的朋友们！

小鸡甲、乙　再见，卡梅拉！路上注意安全！

【卡梅拉看了鸡窝最后一眼，朝着梦想中的大海走去。音乐起。

卡梅拉　（唱）跟我走吧，天亮就出发！梦想在前方，心不要害怕！美丽的大海，那是梦想的家！它近在心灵却远在天涯。我所有的一切都只为找到它，哪怕付出忧伤代价，也许再穿过一条烦恼的河流，明天就能够到达！我生命的一切都只为拥有它！让我们来真心对待吧！等每一颗漂流的心都不再牵挂，大海是梦想的家！

【风雨声。音乐起，舞蹈。

【旁白　卡梅拉在黑夜勇敢前行，翻山越岭，与狂风暴雨搏斗，那双可怜的小脚已经快没有了知觉。她又饿又累，昏了过去。早上，眼前的一切让她又震惊又兴奋。

卡梅拉　这是什么声音？哦，大海！是大海，我不是做梦吧！啊，多么奇妙的景色！（冲向下中区，喊）我看到大海啦！我看到大海啦！

【旁白　正当卡梅拉沉浸在兴奋之中时，圣母玛利亚号的船长哥伦布出现了。

【哥伦布、胖瘦水手上。

哥伦布　啊，一只鸡，我的晚餐！你们，去，把小鸡给我抓过来。

胖瘦水手　是，船长！

【胖水手和瘦水手你推我我推你，去抓小鸡。

胖水手　不许动，举起手来！

卡梅拉　不许动？啊，先生，你是在和我玩木头人的游戏吗？！

瘦水手　（敲胖子一记）笨蛋，她是只小母鸡，只有翅膀，哪来的手？

胖水手　（摸摸头）哦，那我命令你，小母鸡，举起你的翅膀来！

瘦水手　（又敲胖子一记）笨蛋，她要是举起翅膀，就会飞走的！

胖水手　（摸摸头）那你说，让她举起什么来？

瘦水手　（推开胖子）哼，看我的，我以圣母玛利亚号超级无敌水手长的名义命令你——举起你的鸡腿来！

卡梅拉　（笑倒，鸡腿踢腾）先生们，你们真逗！

瘦水手　你看，还是我最聪明，你看她的腿，不就举起来了！

卡梅拉　先生们，你们是谁，从哪里来？

【RAP 节奏的音乐起。

哥伦布　（唱，舞蹈）我是大冒险家哥伦布，生性爱冒险爱装酷，
西班牙女王将我雇，漂洋过海寻找新大陆！

胖水手　（唱，舞蹈）海上飘荡六十三天，洋葱和烂土豆吃个没完！
可怜我肚子饿得扁扁，抓到母鸡我吃个新鲜！

瘦水手　你这个笨蛋就知道吃，大海茫茫望不到边，依我看，养它做宠物打发时间，每天听她歌唱那才好玩！

哥伦布　（走向卡梅拉）哎，母鸡唱歌能有多好玩，不是叫哥哥大，就是哥大哥！听得你头皮直发麻，听得你头上添白发！（音乐停，命令）去，把这只笨鸡的毛拔干净，今晚煮来吃！

胖瘦水手　Yes，sir！

哥伦布　哈哈，笨鸡，恭喜你成功地成了我的猎物！

卡梅拉　不，不，我只是只小母鸡，只是想来看看大海。……要是我被吃掉了就再也见不到爸爸和妈妈了……

哥伦布　（发火）够了，我不想听你废话！

卡梅拉　啊！鸡蛋！为了丰富您的早餐，我保证每天早上下一个鸡蛋，这可是专门为您下的呀！

胖瘦水手　每天一个蛋！好主意！船长——

哥伦布　恩准！

胖瘦水手　船长万岁！船长万岁！

【三人下。

【旁白　卡梅拉说完就后悔了，她可从来没下过蛋，鸡妈妈又不在身边，她蹦啊，跳啊，凡是能想到的办法都用尽了，一次次的失败让这只可怜的小母鸡突然怀疑自己是只小公鸡……

【音乐起。

卡梅拉　我是一只小母鸡，我从不会下蛋。
有一天我怀疑自己，是只小公鸡。
也许我是小公鸡，我顽皮又可爱。
啦啦啦啦啦啦啦啦，我不想去下蛋。

【音乐起。

卡梅拉　呜呜，下蛋真的好难啊！莫非，莫非我是一只小公鸡？

卡梅拉　（又急又怕地哭喊）我不要大海了，我想回家，爸爸！妈妈！我的家在哪里呀？

哥伦布　小的们，开始操练！

胖瘦水手　一二，一二……

【旁白　看到哥伦布和水手们做健身操，卡梅拉突然得到了启发！

卡梅拉　我怎么没想到呢？下蛋操！下蛋操！对，我要收起眼泪，让想念它给我力量！妈妈曾经告诉过我，很多小母鸡做了下蛋操都成功地下了蛋！可是做下蛋操需要很多人的帮助，小朋友们，你们愿意跟我一起做下蛋操，帮助我下蛋吗？

（这里通过互动方式，交给小朋友回答）

【音乐起

众（唱）左三圈，右三圈，脖子扭扭屁股扭扭，

早睡早起，咱们来下鸡蛋，

抖抖手啊，抖抖脚啊，

勤做深呼吸，学小鸡唱唱跳跳，你才会下蛋。

卡梅拉　哈哈，我成功了，谢谢你们帮助我，乐于助人都是好孩子，为了表达我的谢意，我将把我离家时带的糖果与你们分享！（哥伦布带着卡梅拉航行）

【旁白　卡梅拉在小朋友的帮助下终于下了第一个蛋。一转眼，他们已经在海上航行了几个星期了。一天早上，刚下完第三十一个蛋的卡梅拉发现了美洲新大陆！

卡梅拉　快！快靠岸！我终于见到陆地了！（蹦跳）

哥伦布　啊，陆地，还真是一片新大陆！想不到我哥伦布冒险了一辈子，居然被一只小母鸡抢先发现了美洲新大陆。好吧！小母鸡，我允许你上岸休息一上午。

卡梅拉　谢谢你哥伦布船长，那我先到陆地上去瞧瞧。

【旁白　卡梅拉终于到达了陆地，却看见一群奇怪的鸡，她决定先躲起来观察观察……

【皮迪克等人左上，跳印第安鸡群舞。

皮迪克　我好像听见了什么声音？

卡梅拉　你好，我叫卡梅拉……（卡梅拉走向皮迪克）

皮迪克　（带着防备的眼神试探）你是谁？你是哪儿来的奸细？来我们领地有何企图？

卡梅拉　不，不，不是你想的那样……

皮迪克　不是？那你是……

卡梅拉　其实，我来自一个很遥远的地方，在那一边，大海的另一边，我是偷偷从家里跑出来的，爸爸妈妈现在一定很担心我，我只是想来看看我梦想中的大海，却迷路了。（伤心地哭）

皮迪克　大海的另一边，真的吗？你真是从那么远的地方来？卡梅拉，你真勇敢！

卡梅拉　谢谢你的夸奖，皮迪克，我发现你的羽毛可真红，跟我们的不一样耶！

皮迪克　你也很漂亮呀，我会跆拳道，还是黑带呢，我可以保护你哟！你看！（秀跆拳道）

卡梅拉　哇！

皮迪克　哼！这有什么？还有更厉害的呢！（将棍子折断）

卡梅拉　哇！皮迪克，你真厉害！真厉害！皮迪克，我……怎么听到印第安人的鼓声？

皮迪克　别害怕，是我的心跳太快了，因为有你在我身边……

胖瘦水手　喂！小鸡！你还回不回去？我们要返航啦！

卡梅拉　皮迪克，我该回家了。

皮迪克　卡梅拉你又勇敢，又可爱，我真是舍不得你。

卡梅拉　要不，我邀请你和我一起去看看我的家乡，我的家乡也很美丽。

皮迪克　好啊！我正想看看大海的另一边是什么样呢！

【旁白　几个星期后，他们回到了家，这时，两只小母鸡看见了卡梅拉……

小鸡们　嗨！朋友们，快出来，看谁回来啦！

小鸡甲　咦？她怎么还带回来一个红毛的怪物？

小鸡乙　是啊！可是那个红毛的怪物，长得很帅气。

鸡妈妈　是卡梅拉，卡梅拉回来啦！

【音乐起。

卡梅拉　（哭，扑进鸡妈妈的怀里）妈妈，我想你，真的好想你！

鸡妈妈　妈妈也想你，你都让妈妈担心死了，快让妈妈看看！哟！都变成大姑娘了，下次可不能离家出走了！

卡梅拉　妈妈，对不起，以前我很固执不听你们的话，总爱乱跑，完成梦想固然重要，但也要明白爸爸妈妈的用心良苦。这一次冒险让我知道，家，才是小母鸡最好的避风港！

鸡妈妈　好孩子，你长大了！

鸡爸爸　这位帅气的小伙子是谁？

皮迪克　先生，我叫皮迪克。

鸡妈妈　欢迎回家，我的孩子们！

【旁白　这天晚上卡梅拉向朋友们分享了一路上所有有趣的事情，同时鸡棚也举行了盛大的舞会……

【《洋娃娃和小熊跳舞》音乐起。

【幕落。

5　三个问题的答案（小歌舞剧）

编剧　林焕彰（台湾）

林焕彰（1939—　），中国台湾宜兰县人。小学毕业后，当过牧童和学徒。20世纪60年代初开始发表作品。与同辈诗友发起成立过“龙族诗社”。出版有《牧云初集》《斑鸠与陷阱》《童年的梦》《小河有一首诗》《妹妹的红雨鞋》等40余部新诗集、儿童诗集和诗论集。曾获台湾中山文艺创作奖、中兴文艺奖和大陆陈伯吹儿童文学奖、冰心儿童图书新作奖等。

人物：

小木偶

小嘟嘟（胖胖的小男生，或胖胖的小男生扮成的小胖猪）

小天使

一群小朋友（白人、黑人、黄种人、男生、女生都有，人数越多越好）

地点：

蓝天下的大草原

时间：

很久很久以前，也许是现在

第一幕

【小木偶，走了几天几夜，累得几乎站不住了，他无力地抬着头，望着蓝色的天空……

小木偶唱：

谁能告诉我，

什么是世界上

最温暖、

最温暖的地方？

【在一棵大树下，小嘟嘟被小木偶的歌声吵醒，双手揉着刚睁开的惺忪的睡眼……

小嘟嘟朗诵：

是太阳底下吗？

是火炉旁边吗？

还是被窝里面？

小天使朗诵：

不是的！

不是的！

【一群小朋友，手牵着手，蹦蹦跳跳地从大草原的地平线那边，一边唱一边走向小木偶……

小朋友跟着小天使合唱：

不论是多么豪华的宫殿，

还是多么破旧的小茅屋，

真正的家，

有慈爱的爸爸妈妈，

有友爱的兄弟姐妹，

就是世界上最温暖、

最温暖的地方。

【小木偶、小嘟嘟、小天使和所有的小朋友在大草原上大合唱——重复三次，第三次的声音越来越远，逐渐消失，天色也逐渐暗下来……

大合唱：

真正的家，

就是世界上最温暖、

最温暖的地方。

第二幕

【小木偶又走了好几天好几夜，他走到一座小山丘上，振作了一下精神，抬起头来，望着蓝蓝的天空……

小木偶唱：

谁能告诉我，

什么是世界上最珍贵、

最珍贵的东西？

【小嘟嘟从一个小土堆的后面爬出来，看到亮闪闪的太阳……

小嘟嘟朗诵：

是太阳吗？

是黄金吗？

还是钻石？

【小天使从白白的走马云堆里探出头来，对着小木偶，用清脆的声音……

小天使朗诵：

不是的！

不是的！

【一群小朋友，手牵着手，蹦蹦跳跳地从大草原的地平线那边，一边唱一边走向小木偶……

小朋友跟着小天使唱：

不论是大官，

还是普通的老百姓，

也不论是百万富翁，

还是卖东西的小贩，

真诚的友谊，

就是世界上最珍贵、

最珍贵的东西。

【小木偶、小嘟嘟、小天使和所有的小朋友在大草原上大合唱——重复三次，第三次的声音越来越远，逐渐消失，天色也逐渐暗下来……

大合唱：

真诚的友谊，

就是世界上最珍贵、

最珍贵的东西。

第三幕

【小木偶又走了好几天好几夜，走了一座山又一座山，走到一座山顶上，面对着已经升得高高的太阳……

小木偶唱：

谁能告诉我，

什么是世界上

最强的力量？

【小嘟嘟从一堆草堆里冒出来，他听到小木偶的歌声，赶紧接腔……

小嘟嘟朗诵：

是台风吗？

还是海浪？

【小天使从蓝蓝的天空上飞下来，站在小木偶和小嘟嘟面前，对着他们两个，用坚定又清脆的声音……

小天使朗诵：

不是的！

不是的！

【一群小朋友，手牵着手，蹦蹦跳跳地从大草原的地平线那边，一边唱一边走向小木偶、小嘟嘟和小天使，然后把他们围成一个大圆圈……

小朋友跟着小天使唱：

台风？台风算什么！

有房屋就可以抵挡；

海浪？海浪又算得了什么！

有船就可以破航。

只有爱，爱是

世界上最强、

最强的力量。

【小木偶、小嘟嘟、小天使和所有的小朋友，在大草原的一块大石头上大合唱——重复三次，然后大家一字排开……

大合唱：

只有爱，

爱是世界上最强、

最强的力量。

第四幕

全体朗诵：

什么是世界上最温暖的地方？

什么是世界上最珍贵的东西？

什么是世界上最强的力量？

大合唱：

谁能告诉你？

谁也不能告诉你！

只有你自己去追寻，

只有你自己去体验，

只有你自己去付出，

只有你自己去实现……

【幕落。

6　少年英雄王二小（儿童历史剧，节选）

编剧　王子　军凯

人物：

王二小——十三岁，放牛娃，后成为儿童团团长

四少爷——十三岁，财主家的少爷

三锁子——十二岁，放牛娃

铁蛋——十二岁，放牛娃

张大山——十四岁，放牛娃

虎子——十二岁，放牛娃

喜鹊——女，十五岁

山桃——女，十二岁

肖团长——四十余岁，八路军某团团长

喜鹊奶奶——近七十岁，盲人

二小娘——三十余岁

二小爹——三十余岁

刘连长——十七岁，八路军某部连长

日军中队长——四十余岁

货郎——四十余岁，日军奸细

女教师——三十余岁

八路军战士、放牛娃、乡亲、日本兵若干

第九场

【舞台一角，王二小等男孩子在巨石后隐蔽观察着敌情。

虎子　鬼子怎么停下了？

铁蛋　进左沟还是进右沟，他们拿不定主意了吧？

王二小　（紧张思索）不能让他们抢走一头牛、一粒粮！你们几个留在左沟，帮着乡亲继续后撤。

众　你呢？

王二小　我想办法，把他们引到右沟去，让他们钻进肖团长的埋伏圈。

众　太危险了！

王二小　你们快走。（摘下头上八路军军帽，交给张大山）快走！

众　我陪你去！我陪你去！

王二小　服从命令！

众　（不情愿地）是！（一步一回头地欲下）

【三锁子突然大哭着返回。

三锁子　二小哥！你，你会死的呀……

【其他男孩也大哭着返回。

众　王二小……

王二小　（也要流泪，强忍着）我不会死，不会！你们都别哭。三锁子，你总这么哭哭啼啼的，能找到好媳妇吗？好了好了，来不及了，你们快走！（用力地推搡着伙伴们）走哇！

【众男孩挥泪走下。王二小手里摇晃着放牛鞭，从巨石后走出。日军中队长率众日兵茫然四顾。王二小故意甩出一个响鞭。日军中队长发现王二小，立即示意士兵去抓。

日兵们　小孩！你的站住！

【王二小佯装害怕，回身欲跑。

日兵们　（纷纷拉枪栓）再不站住，死啦死啦的！

【王二小停住。日兵们上前把他揪扯到中队长跟前。

王二小　（故作害怕地）你们抓我干什么呀？你们抓我干什么呀？

中队长　小孩，你的说，这是什么地方？

王二小　卧虎沟哇。

中队长　卧虎沟我的知道，哪个是左沟，哪个是右沟，你的讲。

王二小　这是左沟，那边是右沟。

中队长　老百姓和粮食，是左沟的藏着，还是右沟的藏着？你的讲。

王二小　（故作为难地）这……

日兵们　（刺刀相逼）你的讲！

王二小　我不敢讲，我怕他们埋怨我……

中队长　你的讲，我这里金票大大地给。

王二小　给什么我也不敢讲……你们找别人问去吧！（推开刺刀，佯装欲走）

中队长　八格牙路！（抽出指挥刀，架在王二小脖子上）实话的讲！

日兵们　讲！

王二小　（故作惊怕）我讲，我讲！粮食和老百姓，都在右沟那边……

中队长　（眼珠转了几转，逼近王二小）你的撒谎！

王二小　我没撒谎，没撒谎！

中队长　（有些怀疑，想了想）你的带路！

王二小　（故作不愿意）我可不敢给你们带路！求求你们放了我吧……

中队长　（举起指挥刀）不带路，死啦死啦的！

日兵们　带路！

王二小　（叹口气）你们真熊人……走吧！

【王二小与日军中队长等定格不动。

【女教师出现在舞台一角，手中仍拿着翻开的语文课本。

女教师　（念课文）再有一会儿，就进入八路军的埋伏圈了。那时候，随着枪炮声四起，王二小生还的可能性几乎等于零！与敌人同归于尽的时刻，正在一步步地逼近，逼近……（合上课本）同学们，我们现在是不是可以设想一下：在这生命的最后时刻，王二小都想到了什么？

【女教师隐去。

【肖团长出现在一侧。

肖团长　王二小！

【王二小“动”了起来。日军皆不动。

王二小　肖叔叔！

肖团长　你知道你正在做的事情，会给你自己带来什么后果吗？

王二小　知道，一开始就知道。

肖团长　这么说，你不怕死？

王二小　不怕，一点儿都不怕。

肖团长　告诉我，为什么不怕？

王二小　因为，你讲的那么多英雄故事，都在我心里头热乎乎地装着！

肖团长　好，好孩子……

【肖团长隐去。二小娘出现在另一侧。

二小娘　儿子！

王二小　娘！

二小娘　儿子，记住你爹是怎么死的吗？

王二小　永远也忘不了。他被锯掉双腿之后，畜生们又把他扔进狼狗圈里……连尸首也没留下。

二小娘　全村的乡亲不论老幼，披麻戴孝地为他修了一座坟，里面埋着的是你爹戴过的一顶八路军军帽。乡亲们说了，一定让卧虎沟村的子孙后代，永远记住他……

王二小　娘，相信我吧，我一定像爹那样，不给卧虎沟村的乡亲们丢人，不给堂堂的中国人丢脸！

二小娘　娘相信，相信……

【二小娘隐去。王二小定格到原造型中。

【女教师复出。

女教师　也许，王二小什么都没想。他什么都来不及想，他什么都无须想，该想的，要想的，早就想过了……现在，他只需向面临灭顶之灾的敌人，做个说明就行了。（隐去）

【王二小引日军兜起圈子。看准机会，突然跳到日军前头。

王二小　鬼子们！你们上了小爷爷的当了！

【日军大惊。

中队长　你的胡说什么？

王二小　我把你们带到八路军的埋伏圈里来啦！（哈哈大笑）

【日军惊慌失措。

王二小　（大喊）肖叔叔！刘连长！开枪开炮吧——（指中队长）这小子是个大官儿，先打死他！打呀——

【日军中队长向王二小举起战刀……突然枪炮声大作。日军中队长应声倒地。日兵们疯狂地追杀王二小，几个回合，王二小被敌人众多刺刀挑杀于石头上。刘连长抱着机关枪冲上。数名八路军战士随上。他们大叫着“王八蛋——”向日本兵猛烈扫射。日本兵一个个惨叫着死去。刘连长等掷枪于地，向牺牲在石头上的王二小伸臂呼唤。

众　王二小——

【舞台上一下子静了下来。传来一个男孩子撕心裂肺的歌声《歌唱二小放牛郎》（无伴奏）：牛儿还在山坡吃草，放牛的却不知哪儿去了。不是他贪玩耍丢了牛，那放牛的孩子王二小。……

【王二小身下的石头动了起来，固定于舞台前部。剧中出现过的军民们无声地聚拢于王二小的周围。竹竿点地声笃笃作响，喜鹊奶奶摸索着上前，扑向王二小。

奶奶　二小，二小！他们杀了你爹，杀了你娘，又杀了你！日本鬼子，你们丧尽天良，你们不得好死！二小，你才十三岁呀，怎么就不叫我瞎老婆子替你去死呀……（大哭）

【人们搀扶喜鹊奶奶退至一旁。四少爷扑上前。

四少爷　王二小，王二小！我对不起你！我把你本来满分的作业故意说成倒数第一……我不是个东西呀！（抓起王二小的手，啪啪地朝自己脸上打起来）你打我吧，打我吧……

【四少爷被人们劝至一旁。喜鹊缓缓走近王二小。

喜鹊　那天你命令我唱《小白菜》，我没唱。你没了娘，我怕你伤心……可我没好好说。后来，你就不理我了……我好后悔，好后悔呀！现在，我给你好好唱。（唱起来）“小白菜呀，地里黄啊，长到三岁，没有娘啊……”（已是泣不成声）

【肖团长由两名八路军战士陪上。他从张大山手中接过王二小戴过的那顶军帽，上前给王二小细心地戴上。立正，向王二小郑重地敬了一个军礼。然后，俯身将王二小轻轻抱起，走向观众。

肖团长　从今天——公元 1942 年 9 月 16 日起，我们中华民族长长的英雄谱中，又增添了一个光辉的名字——王二小！让那些发动了侵略战争、不以为耻反以为荣的人看看吧，在中国，一个十三岁的放牛娃娃，可以成为战士，可以成为英雄！中国共产党领导下的中国人民，是不可战胜的，永远不可战胜的！

女教师　同学们，让我们把极其生动的这堂课永远记住吧。下课。

【幕落。

7　果园姐妹（儿童歌舞剧，节选）

编剧　乔羽

乔羽（1927—　），著名的歌词作家，儿童戏剧作家。20 世纪 50 年代，乔羽为孩子们写下了《果园姐妹》《森林里的宴会》《湖》《割草》《宇宙的骏马》和《鲤鱼妈妈》六部儿童歌舞剧本。这出儿童歌舞剧创作于 1952 年，曾被中央人民广播电台录制成同名广播剧，深受广大小朋友喜爱。剧中的对白或唱词处处闪耀着民间文学的色彩。

人物：娘、大门闩、二门鼻、笤帚疙瘩、老狼

第二场

【果园中一间茅屋里。

【姐妹正在玩耍。

歌声：太阳下山去了，太阳下山去了。门儿关好，闩儿插好，笤帚疙瘩你不要闹，园中的树儿都睡着了。

大门闩　妹妹，不要玩啦，该睡觉了。

笤帚疙瘩　我不睡觉，我等着娘！

大门闩　娘明天才回来哪！

笤帚疙瘩　不，娘就不明天回来！娘今天就回来啦！——你听，娘回来啦！我给娘开门去！（跳起来就去开门）

二门鼻　（一把拉住笤帚疙瘩）你听见风就是雨，谁叫你开门去，忘了咱娘说的话啦？

笤帚疙瘩　我偏开门！我偏开门！

大门闩　妹妹，听见咱娘打门你再去开！哎，我忘了，那个《月老娘》怎么唱来？

笤帚疙瘩　（数板）月老娘，亮堂堂，开开后门洗衣裳。洗得白，浆得光，姐姐姐姐你穿上！

二门鼻　还有一个哪，笤帚疙瘩你听着！（数板）筛箩箩，打箩箩，谁给笤帚说婆婆？说了个婆婆三条腿，气得笤帚噘着嘴。

笤帚疙瘩　（打二门鼻）你才噘着嘴哪！你坏！

二门鼻　我坏，我会变兔子！你看！（挽起手，灯影里映出一个大兔子，在墙上摇晃）（数板）短尾巴，长耳朵，蹦三蹦，跳三跳，（瞅着高了兴的笤帚疙瘩）疙瘩疙瘩你别笑！

笤帚疙瘩　二门鼻，你教给我！

二门鼻　喊个姐姐！

笤帚疙瘩　姐姐！

大门闩　（趁着两个妹妹玩得入神，自己走到门边探望）哎呀，是谁推门？（唱）门儿关得紧，闩儿插得稳。黑夜起大风，不是有人来推门。俺娘不在家，剩下姊妹仨，哄下小妹妹，面上不怕心里怕。

笤帚疙瘩　（突然看见大门闩在门口）姐姐，咱娘回来啦？

【老狼潜上。

大门闩　不是。

二门鼻　是，我听见咱娘的脚步声啦！

大门闩　二门鼻，你也不懂事！

笤帚疙瘩　是，你听，是咱娘走路！

【老狼谛听。

大门闩　咱娘黑天半夜里还能回来呀？

【老狼叩门三声。

笤帚疙瘩、二门鼻　（连跳带蹦）是，是！

大门闩　（摇手示意，止住她们，让她们悄悄地听一听）

老狼　（唱）大门闩儿，二门鼻儿，笤帚疙瘩来开门儿。再把门环叩三下（叩门），单等着里边开门的人儿！

二门鼻　真是咱娘来啦！（欲开门）

大门闩 （摆手拦住）不像咱娘说话的声音！

笤帚疙瘩 （不耐烦了）像，像！

大门闩 （摆手让笤帚疙瘩不要作声）你是谁呀？

老狼 我是我！

大门闩 你不是俺娘！

老狼 你说我是谁呀？

大门闩 你是你！

老狼 不是！

二门鼻 你不是你是谁呀？

老狼 我是你姥姥！

笤帚疙瘩、大门闩、二门鼻 （各不相同地）姥姥？！

老狼 对啦，我是姥姥！

大门闩 （示意阻止要开门的笤帚疙瘩）姥姥，你怎么黑天半夜里来啦？

老狼 天短，路远，我紧赶慢赶，还是赶了个大黑天！

大门闩 你没有碰上俺娘呀？

老狼 没有呵！

二门鼻、笤帚疙瘩 （抢着说）俺娘给姥姥拜寿去啦！

老狼 拜寿拜寿，我从这条路上来，她从那条路上走，娘俩没碰头！

二门鼻 （望着大门闩）快给姥姥开开门吧！

老狼 哎呀，外边风大，把姥姥冻坏啦！

笤帚疙瘩 姥姥，我给你开门！（开门）

老狼 哎呀，孩子们都长大喽！

笤帚疙瘩 姥姥，你快进来吧！

二门鼻 外边风大着哪！

【老狼领上二门鼻和笤帚疙瘩往里走。

大门闩 （唱）我娘临走定暗号，神不知来鬼不觉。姥姥没见娘的面，为什么句句言语都知道？

老狼 大门闩关上门吧！

大门闩 这就关上啦！（唱）三年没见姥姥的面，为什么见面在今天？口问心来心问口，这道门儿关不关？

老狼 怎么还不关门呀？

大门闩 有个小石头把门绊住啦！（关门）二门鼻搬个凳子，快让姥姥坐下！

二门鼻 （搬来个木凳）姥姥，你坐下。

老狼 （坐，如针刺，急起）哎哟！

笤帚疙瘩 姥姥，你怎么啦？

老狼 姥姥坐了个坐板疮，不能坐板凳，给我搬个坛来吧！

【二门鼻搬坛，老狼坐下。

大门闩 （唱）姥姥不能坐板凳，生来只能坐大坛。有一天烧坛的都死了，不知道姥姥疼不疼？

笤帚疙瘩　（指着坛）姥姥，你听！

二门鼻　沙——沙——沙——沙……

笤帚疙瘩　姥姥快起来，坛里有老鼠！

【老狼欠身，露出尾巴。

笤帚疙瘩　（惊异地）哎呀，毛烘烘的，那是什么？

老狼　噢，这是我给你娘捎来的一绺麻。没地方放，就把它系在裤腰带上啦！

二门鼻　（唱）姥姥捎来一绺麻，空着手儿她不拿；一系系在裤带上，活像一根狼尾巴！（调皮作态，大笑）

老狼　这有什么好笑的！

二门鼻　我笑姥姥的那绺麻，像根狼尾巴！

大门闩　二门鼻，别胡说八道！

笤帚疙瘩　姥姥，你的手这么大？

老狼　走路甩的。

笤帚疙瘩　姥姥，你的脚这么大？

老狼　泥里踩的。

笤帚疙瘩　姥姥，你脸上怎么长了麻子啦？

老狼　这不是麻子，这是姥姥在绿豆囤里睡觉硌的。

笤帚疙瘩　姥姥，你脸上怎么还有这么多黑斑呀？

老狼　东来的风，西来的风，刮来一把荞麦皮，一贴贴在脸当中。

笤帚疙瘩　姥姥，你说得真好听，再说一个。

老狼　大头大，大头大，大头朝下，小孩出来玩玩，提着腿摔死他！

二门鼻　鼻子！

笤帚疙瘩　姥姥，你再说一个！

老狼　（打了一个呵欠）呵——嘘！困神来啦！哎呀，跑了一天，该睡觉啦，来，都睡吧！

笤帚疙瘩　姥姥困啦，姐姐，你快给姥姥盖上被子，我跟姥姥睡！

二门鼻　我也跟姥姥睡！

老狼　好孩子，都跟姥姥睡！

大门闩　姥姥，我给你收拾床铺，你就在俺娘床上睡。妹妹，你俩跟着姐姐睡！

笤帚疙瘩　不，我跟姥姥睡！

二门鼻　我也跟姥姥睡！

大门闩　你这两个小孩子呀，什么事也不懂！

老狼　就是你懂！

大门闩　姥姥走了一天路，又累又乏，不让姥姥睡个安生觉，你上头扑面地叫个什么劲儿！（瞪了二门鼻一眼）二门鼻，过来跟我睡！

【二门鼻不高兴地走过来了。

笤帚疙瘩　姥姥，我跟你睡，我偏不跟姐姐睡！

老狼　好孩子！

大门闩　（上前抱笤帚疙瘩）好妹妹，跟姐姐睡，姐姐给你桃吃，还给你说个好听的笑话。

笤帚疙瘩　我不吃桃，我跟着姥姥，姥姥会说笑话！

大门闩　（急了）傻孩子，你过来！

老狼　（沉下脸）大门闩，姐妹里头数你大，你娘不在家，你就称王啦！——来，笤帚疙瘩！（领着笤帚疙瘩向床边走去）

笤帚疙瘩　（转过脸来，顽皮地对着大门闩）我跟姥姥，不跟你，不跟你！

大门闩　（抢前）笤帚疙瘩！笤帚疙瘩！

老狼　去，去，去！（推开大门闩）

二门鼻　（拉着焦急万分的大门闩）姐姐，今天你是怎么啦？

大门闩　（把二门鼻扯过一旁，悄悄地）一根长尾巴，满面大黑斑，长长的脚丫，尖尖的嘴巴……（作狼吃人状）

二门鼻　（豁然明白了）呵！（急转身操起一根木棒，作打状）

大门闩　（急忙阻止）……

二门鼻　（着急地喊出）那？……笤帚疙瘩……（嘴被大门闩堵住）

老狼　你们干什么？

大门闩　哎呀，笤帚疙瘩天天临睡以前都拉屎，今天没拉就上床啦，快，快别拉到姥姥身上！（急到床边拉过笤帚疙瘩）哎呀，拉了这一床，都粘到姥姥身上啦！

老狼　快到床底下拉去！

大门闩　床底下有床神！

老狼　到门后头拉去！

大门闩　门后头有门神！

老狼　到灶火里拉去！

大门闩　灶火里有灶君！

老狼　那就到门外头拉去吧！（大门闩急去开门）回来，拿根绳来！（大门闩拿过绳去，老狼拴住她的手，自己抓住一端）去吧！

【大门闩拉上笤帚疙瘩，跑出门去，一面示意二门鼻一面把绳解开，重新拴在一个木桩上，飞快跑下。

二门鼻　姥姥，我的肚子痛！

老狼　肚子痛，找老能。

二门鼻　老能没在家。

老狼　去找癞蛤蟆！

二门鼻　蛤蟆入了水。

老狼　去找飞毛腿！

二门鼻　飞毛腿，满天飞，飞到火里烧成灰！

老狼　（不耐烦）别黏牙斗嘴的，到门外头拉泡屎就好啦！

二门鼻　外头黑，我害怕！

老狼　拿根绳来拴上手，就不怕啦！

二门鼻　（取绳来，手被拴住，跑向门外，边把绳拴在木桩上，边说）姥姥，满天星星多好看呀！

老狼　什么星星月亮，快拉吧！

【二门鼻向屋内啐了一口跑下。

老狼　（扯扯绳子，绳子紧紧的）哈哈，这一回你们可跑不了啦！

【场终。

8　猪八戒学本领（儿童神话剧，节选）

编剧　包蕾　孙毅

包蕾（1918—1989），原名倪庆秩，笔名叶超，现代剧作家、童话作家、儿童文学家，浙江镇海（今宁波）人。著有《包蕾童话选》、美术片剧本《金色的海螺》、剧本《三人行》等。

人物：猪八戒、孙悟空、沙僧、唐僧、汪汪大仙、小花妖、虎头猪尾、老者、童儿、松鼠、大狗熊、癞皮狗、小花狗、蜜蜂

第一幕　第一场

【夏尽秋来时节。平林木落，远山含烟，金风萧瑟，四野无人。

【孙悟空自天而降，四处打探，唐僧策马扬鞭，沙僧马后挑担护送。

唐僧　（唱）千里迢迢求真经，山高水深路难行；更有妖魔与鬼怪，处处叫人胆战惊。

孙悟空　（唱）师徒一心求真经，心坚哪怕路难行；学得一身好本领，杀尽鬼怪与妖精。

唐僧　悟空，我们来到什么地方？

孙悟空　师父，前面已是青松林，方圆百里，无有村店，就请师父在那里暂息，明日再走吧！

唐僧　既然如此，就在青松林暂宿一夜也罢。

孙悟空　咦，怎么不见八戒前来？（招手呼唤）八戒，八戒。这呆子又不知到何处躲懒去了。待我引他出来。八戒，吃饭啰！

猪八戒　（内白）来啦，来啦……（急忙奔上，挥汗如雨）（唱）吃饭啰，吃饭啰，我老猪一听要吃饭，两条腿跑呀跑呀跑得欢。别人一天吃三餐，十餐八餐也喂不饱我这个大肚汉。（白）咦，饭在哪儿？

孙悟空　你倒想吃现成饭呀？

猪八戒　这么说，还是没吃的？（唱）可恼可恼真可恼，那猴子拿我耍着玩，一看这儿没有饭哪，我的两腿发了软，发了软。（耍赖坐下）老猪可实在走不动啦！

唐僧　师父腹中也有些饿了，谁去化些斋饭来充饥？

猪八戒　（忽然立起）化斋饭，徒儿在行，待我去来。

沙僧　二师兄今天倒是勤快。

孙悟空　哦！凡是巡山探路，擒妖捉怪，他都推三阻四，要是打斋化缘，哪一回落在后头？哈……

猪八戒　师兄这么说，老猪就不去了。（坐下）好歹你们化得斋饭来，老猪就吃现成的。

唐僧　不要争吵，八戒早去早回，我们在前面青松林等候。

猪八戒　谢师父！师父吩咐，不得不去。要是赶上个大善人，先请我吃一顿，这也是老猪造化，二位师兄见怪呀！哈……

唐僧　八戒，一路上须要小心！

猪八戒　师父，您放心吧！就是遇上什么妖魔鬼怪，凭我猪八戒这个本领，他们哪是我的对手！

孙悟空　去吧，去吧！只要你记得给师父带些剩冷饭回来，也记你这一功。

猪八戒　去就去，这也是为公为私，老猪去也！（八戒拖着耙，兴冲冲去了）

唐僧　前往青松林。

【悟空带路，沙僧在后面保护唐僧，动身往青松林。

——**暗转**

第一幕　第二场

【南山脚下，松林后面，苍松翠柏，草径幽深。

【汪汪大仙和小花妖从空而下。

汪汪大仙　（唱）唐僧西天去取经，

小花妖　（接唱）师徒四人向西行。

汪汪大仙　（接唱）但等他们从此过，

小花妖　（接唱）吃了唐僧得永生。

汪汪大仙　唐僧师徒从此经过，你我二人，变成人形，上前捉拿便了。

小花妖　此计甚妙！

汪汪大仙　让我变来。变！

【汪汪大仙变成了个老汉，头戴乌凌巾，身穿葱白衫，足登糙皮靴，腰系墨丝绦。巍巍颤颤，老态龙钟。

汪汪大仙　（唱）我头戴乌凌巾，身穿葱白衫，手拿着拐杖，一拐一拐……我走呀走得慢。

小花妖　变得好！让我变来！变！

【小花妖变成个童儿，身穿花布衫，头梳牛角小辫，手拿摇鼓咚。

小花妖　（唱）我头上梳小辫，身穿花布衫，手拿着摇鼓咚，咕咚咕咚……我跳呀跳得欢。

汪汪大仙、小花妖（互看）啊！哈！……

【远处传来八戒歌声，小花妖探望后来报。

小花妖　来了，来了！

汪汪大仙　来的是哪个？

小花妖　是那呆头呆脑的……

小花妖、汪汪大仙　（同声）猪八戒，哈……

汪汪大仙　他来得正好！想那猪八戒是个无用之辈，你我将他拿住，蒸了！

小花妖　煮了！

汪汪大仙　烧了！

小花妖　吃了！

汪汪大仙　长点力气也好对付那孙悟空。

小花妖　（探望）来了！

汪汪大仙　你我暂且躲避。

【汪汪大仙与小花妖躲在一旁偷看。八戒唱着上。

猪八戒　（唱）一路上，肚子叫，它怪我猪没吃饱。肚子肚子你别闹，我正在化斋到处跑。等我化到了，素品水果豆沙糕，米面馒头油菜包，一口一个，一个一口，一股脑儿都往嘴里撂，将你填得满满，塞得饱饱，你看好不好？肚乖乖，肚宝宝，别叫，别叫……你吃话噢，噢噢噢……

【八戒拍着肚子，摇着肚子，像是在哄肚子睡觉。

汪汪大仙　（上前）哪里来的和尚，在此吵闹？

猪八戒　（打量，行礼）原来是位大善人，失礼，失礼！

汪汪大仙　你是何人？

猪八戒　我是前往西天取经的和尚，肚子饿了，想化顿斋饭充饥。你有那米面馒头、素菜粉汤，只管拿来，给我老猪受用受用。

汪汪大仙　（大笑）哈……原来是个馋嘴的和尚。我老汉只给那有本领的头陀，不给那饭桶的法师，你有何本领，说来听听。

猪八戒　原来你不知道老猪的本领！你且听了：（唱）我乃天蓬大元帅，八万水兵归我带；掌管天河威名在，龙王见我也下拜。我本天神下凡界，保护师父取经来；九齿钉耙除妖怪，老头可知我厉害？

汪汪大仙　好大的口气！既然如此，你就与我那孙儿比试比试，要能胜过他，我就将斋饭双手捧上。

猪八戒　哈哈——要比本领，我老猪可不含糊。

【小花妖手拿着摇鼓咚，悄悄跳在八戒面前。

猪八戒　（对老者喝道）快将你那孙子叫出来。

汪汪大仙　远在天边！

猪八戒　（向远瞭望）没有呀！

汪汪大仙　近在眼前！

【八戒低头，弯腰，眯眼藐视。

猪八戒　哈……你这老头，没睡醒是怎么的？像这个小子，连老猪半个指头也经不起，吹口气也能把他刮跑了。

小花妖　（挺身上前，双手叉腰，尖声尖气）猪八戒，休要吹大气，剥了你这老猪皮，还嫌你有猪臊气呢！

猪八戒　这孩子没爹娘教管，竟敢出口伤人！

【小花妖还没等猪八戒说完，就对准他的肚子一头撞去。

猪八戒　喔唷……（不曾提防，被撞得仰面朝天，手扒脚划，半天未曾翻过身来）

小花妖　哈……

汪汪大仙　哈……八戒，八戒，称什么天蓬元帅，倒像个酒囊饭袋！

猪八戒　（十分气恼，挣扎爬起）不算，不算，趁人不在意，算不得什么稀奇！（说着举起钉耙，对着小孩当头击去）

【小花妖十分灵巧，转身一闪，窜到八戒身后。八戒用力过猛，那钉耙陷入泥里，拔不出来。小花妖在八戒拔钉耙之际，纵身跳在八戒背上，将八戒脖子猛地往后一扳。八戒没提防，竟被小花妖扳倒，跌了个背心着地，八戒急忙想翻过身来。小花妖还没等八戒爬起，一个虎跳，跨在八戒背上骑着。八戒拼命想甩开小花妖。也怪，小花妖就像座泰山似的压着他，休想翻过身来。小花妖使起一双小拳，擂着八戒的后脑勺。

小花妖　哈……（唱）八戒，八戒，老猪变马，驮我上天，快爬快爬！

【汪汪大仙赶上前来，绑住八戒。

猪八戒　放了我，放了我，我不吃你的斋饭也就是了。

汪汪大仙　（大笑）哈……说得容易，你不吃斋饭，我们倒还要吃猪肉呢。

猪八戒　（惊讶）啊？你们到底是什么人？

汪汪大仙　我乃汪汪大仙是也。

小花妖　我乃小花仙是也。

猪八戒　是仙人？呸，我老猪出娘胎，还没有听说过有吃肉的神仙呢！你们一定是妖怪，妖怪！

汪汪大仙　哈……岂敢，岂敢！只怪你猪八戒生得糊涂，也不看清楚。

【老者与孩子变作妖形。

猪八戒　（见妖怪）啊？晦气，晦气！斋饭没化到，我倒成了个猪头三鲜了。老妖怪，你要把我怎样？

汪汪大仙　少不得用清水洗了，切成块块，把那油肉肋条，清炖红烧，猪肝心肺，煎煎炒炒！……

小花妖　一块一块，加上作料，香葱大蒜，油盐花椒。

猪八戒　（旁白）啊呀！这一块块零割细切，我可受不了哇！唉，干脆一起烧了，倒也少受千刀万剐之苦。嗳，（对老妖）我说妖怪，你可不在行了。

汪汪大仙　我怎的不在行？

猪八戒　我老猪不比那细皮嫩肉的小猪，我是皮老肉粗，不先放在蒸笼里蒸它三天三夜是不会烂的！

汪汪大仙　（大笑）哈……猪八戒倒是老实，既然如此，就把他蒸了吧！

小花妖　好，蒸了吧！

汪汪大仙　（手一指）变！（突然平地冒出大炉灶，上置大蒸笼）

猪八戒　啊，（伤心地）啊呀！猴哥嗳猴哥！我老猪要跟你永别了……只怪我平时不听你的劝诫，到如今，只落得，变成妖怪碗里的好菜！你快来救救老猪吧！啊……

【二妖剥下八戒直裰，只见八戒浑身油肥，胸前兜着个大红兜肚，煞是好笑，不由分说，二妖将八戒抬上蒸笼，放好，盖严。猪八戒在蒸笼内叫嚷："好冷啊！好冷啊！……"

汪汪大仙 别嚷，别嚷，这就给你加火。

【小花妖生火。猪八戒在蒸笼内叫道："多加些柴火，也好让你猪爷爷暖和暖和！"

小花妖 （加柴）你放心吧！

【小花妖不断扇火，炉火熊熊，蒸气腾腾。猪八戒在蒸笼内叫道："太烫了……唷，啊唷，太烫了！太烫了！烫煞我也！……"

汪汪大仙、小花妖 （大笑）哈哈……

【悟空突然跳出。

孙悟空 妖魔！住手！（对着炉火用手一点）灭！（手指冒出一股水将炉火扑灭，转身打二妖）招打！

【汪汪大仙不到三五个回合，被悟空打死。悟空又一棒打去，小花妖举刀迎战，只见棒花飞舞，刀光闪耀，小花妖斗不了几个回合，便用他那铜锤似的头，向悟空肚子上撞去。悟空却纹丝不动。小花妖反被撞得踉跄后跌，抚摸着脑袋。悟空仍站着不动，小花妖又跳到悟空背后，猛扳悟空后颈，悟空有意后跌，将小花妖压在背下，小花妖挣扎不了，少顷，就不动了。

孙悟空 （拾起身远看）不动了？（拎起一只）哈……原来这是一条小花狗！（又拾起另一只）这是一条癞皮狗！哈……

【蒸笼内传出八戒的鼾声。

孙悟空 （喊）八戒，八戒！（旁白）这个瘟猪好没出息，他倒睡着了。让我将他送给师父看看，也好教训教训他！（手指蒸笼）走！

【蒸笼腾空而起。

孙悟空 待我前去化斋，给师父充饥。（正要走，发现八戒的直裰，捡起）八戒被妖怪剥了猪皮了，哈……（带着）正是：八戒夸大口，险些喂了狗。

【悟空翻筋斗云而去。

——**暗转**

第二幕 第一场

【山麓下，松林一片；大路旁，茅亭一座。

【唐僧在茅亭中坐禅。沙僧一旁保护。突然，一只大蒸笼从空而降，飞落亭外，唐僧、沙僧吃了一惊。

唐僧 （惊呼）啊呀！不好！……

沙僧 师父不必惊慌，待徒儿前去看来！（沙僧一看，原来是蒸笼）

沙僧 师父，不知何处飞来一只大蒸笼？

唐僧 啊呀，莫不是天上的菩萨，大发慈悲，给我们送下一笼馒头来了。待我拜谢。（跪下礼拜）

沙僧 我看不是什么神仙菩萨送来的。让我打开看看！

【笼内突然传出嗷嗷的叫声。唐僧和沙僧都又吃了一惊。

唐僧 咦，笼里怎么有人哪？

沙僧 师父！莫非有妖怪在内？

唐僧　啊，有妖怪？

沙僧　师父，快请到亭内躲避，待徒儿去收拾这妖怪！

唐僧　也好！（走入茅亭，探头望着）

沙僧　（用宝杖击蒸笼）妖怪！

【八戒在蒸笼内大嚷："哎唷，哎唷！……"

沙僧　妖怪，你别装腔作势！（用宝杖猛地将蒸笼掀开，举起宝杖要打）招打！

猪八戒　（突然在蒸笼内露出头来，还被反绑着）嗳……师弟别打，我是你二师兄呀！

沙僧　大胆的妖怪！你竟想变成八戒的模样来哄骗我等，招打！

猪八戒　嗳……别打，别打！……我是真猪八戒呀！瞧，这耳朵（扇了扇耳朵）！瞧，这嘴巴（张了张嘴巴）！

唐僧　（走来）沙僧，他是八戒呀！

沙僧　（急忙将师父拉过一边）嗳……师父，您可千万不能走近，这妖怪会伤害你……

猪八戒　（哭笑不得）咦……嘻……我猪八戒怎么会伤害师父呢？师父，你别听他的！

唐僧　他……他是猪八戒呀！

沙僧　师父，（避开八戒）想那八戒前去化斋，后有大师兄跟去，为何他一个人在蒸笼里面呢？

猪八戒　（偷听到最后一句，便解释着）哦！那是因为我老猪化斋跑累了，半路上找到这个大蒸笼，秋凉天气，睡在里面不会伤风！（说得得意忘形，竟将半裸的身子露了出来）

【唐僧与沙僧见八戒一身肥肉，大红兜肚，掩口而笑。

沙僧　咦——既然怕冷，为何又将衣裳脱了个精光呢？

猪八戒　（连忙将身子缩回，只露出个头，支吾地）呃……那是……因为蒸笼里太热了！……

沙僧　衣裳呢？

猪八戒　呃……放在哪儿？我……也记不起了！

沙僧　（举起宝杖）既是自己睡在里面，为何又被反绑了起来？真是一派胡言！招打！（要打）

唐僧　（拉沙僧）嗳……不可，不可……

猪八戒　嗳……不能打，不能打！这一杖打下来，我老猪不成肉饼了吗？

唐僧　（对八戒）你快快从实讲来呀！

沙僧　（举杖）从实招来！

猪八戒　我说，我说！（旁白）看样子不说实话是不行了！（掩饰地）师父，八戒是老实人，我就向您说老实话吧！（数板）化斋遇二妖，将我捉住了，剥去我的袍，要拿我开刀。一个说油炒，一个要红烧，吓得我心惊，急得我肉跳；一刀一刀割，痛苦实难熬。不如蒸了好，免受千万刀。我说"大小妖，俺皮粗肉老，不蒸上三天，休想动口嚼！如不听忠告，狗牙要崩掉！"命令这一下，妖怪照办了。我在蒸笼里，睡了一大觉。（眉飞色舞起来）哈……要照他们办，这个苦难熬，老猪计谋好，叫他不要吵；红烧和油炒，吃来味不好，不如上蒸笼，味道呱呱叫。

沙僧　原来你是怕零切碎刮，才叫他们把你清蒸的。

唐僧　妖怪可曾依你？

猪八戒　老猪的话，妖怪哪敢不听！

沙僧　好厚的皮！

唐僧　以后怎样？

猪八戒　以后我就不知道了。

唐僧　怎的不知道了？

猪八戒　我睡着了。

沙僧　好舒服！

猪八戒　也还不错。

唐僧　（又好气又好笑）八戒，你好不丢人也！

猪八戒　（有所感地）嗳！……（也羞得缩进了蒸笼）

唐僧　妖怪现在何处？

猪八戒　（伸出头来）妖怪呀！不……不知道！

唐僧　这蒸笼怎么又飞到这里来了？

猪八戒　这……这个，我……我也不知道呀！

唐僧　这就怪了！

沙僧　师父，我想大师兄回来一定会知分晓！

唐僧　（点头）嗯！

猪八戒　师父嗳，瞧徒儿还被绑着呢！

唐僧　（好气又好笑）唉，真是蠢材！只怪你生性懒惰不肯上进，空有一身力气，却常受那妖怪欺侮，这回又险遭那妖怪的毒手。

猪八戒　师父，从今以后，我要争一口气，勤学苦练了。

唐僧　沙僧，快将八戒松绑！

沙僧　是，师父！（走去替八戒松绑）

唐僧　八戒，等悟空回来，你可向他诚心讨教，跟他学点本领。一则，可为那取经大事多立功劳；二则，对你自己也有好处！

猪八戒　是，师父！我非学点本领，把这面子争回来！

唐僧　八戒，为何不走出蒸笼啊？

猪八戒　师父，（不好意思地）这……光着身子成何体统呢？（抬头一望突然将头缩进蒸笼）

【唐僧和沙僧正在奇怪，悟空一手拿着八戒的直裰，一手捧着大钵斋饭上。

孙悟空　（将斋饭捧给唐僧）师父请用。

【悟空又将斋饭分给沙僧。然后将大钵放在地上。

孙悟空　（故意地）咦？八戒呢？

沙僧　（用宝杖指蒸笼）喏！

孙悟空　（亮一亮手中八戒的直裰，点头表示早已知道，又故意地）啊！好香的饭哪！

可惜八戒不在，待我替他受用了吧！

猪八戒　（急得冒出半个身子来）嗳——猴哥，口下留情！

孙悟空　咦——八戒，你好不凉快呀！

猪八戒　（又缩了回去，尴尬地伸出个头来）嘿嘿，猴哥嗳，你救人就救到底吧！

孙悟空　（将衣服丢进蒸笼）呆子，拿去！

猪八戒　谢猴哥，谢猴哥！（突然鼻子里痒痒地，张开大口，连打了几个喷嚏）啊——切！……（钻进蒸笼穿衣）

唐僧、沙僧　（好笑地）哈……

唐僧　悟空，妖怪如何处置了？

孙悟空　二狗妖，已被徒儿打死！

猪八戒　（突然伸出头来）妖怪被打死啦？

唐僧　这就好了！

【猪八戒穿好直裰跳出蒸笼。

猪八戒　（心急慌忙地找寻着）饭呢？……哈……在这儿……（趴在地上，大嘴伸进大钵三口两口将饭吞食而尽。吃罢用衣袖抹了抹嘴，捧了捧肚子，站在一旁）

唐僧　八戒！

猪八戒　（上前）师父，有何吩咐？

唐僧　（示意八戒向悟空学本领）快去！

猪八戒　（恍然大悟地）哦……哦——这事儿我倒忘了！嗳，猴哥，我老猪少学无才，因此常受妖怪欺侮，如今想跟师兄您学点儿本领，一则可为……可为……（回头看师父）

唐僧　（悄悄地）可为取经大事……

猪八戒　哦，可为取经大事多立功劳！（流利地）二则对老猪也有好处，望师兄看在兄弟情分，多多指点！

孙悟空　八戒今天说话怎么变得文绉绉起来了？

沙僧　（笑）这原是师父教他的。

孙悟空　这就难怪了。既是师父教的，那就非八戒自愿，这样也难以学好本领。常言道，按着牛头喝水，勉强不得。何况这样大的猪头，我还按他不动呢！

猪八戒　（斜瞪着沙僧，转脸赔笑）猴哥，休听那沙鳅的话，虽是师父说过，可也是老猪自己要学，我若有半句谎话，就叫我嘴上生疮！……

唐僧　（劝）悟空，既是八戒想学了，你就不要难为他吧！

孙悟空　师父，我怕这呆子学那小和尚念经，有口无心啊！

猪八戒　有心，有心，我有心！

孙悟空　有心，你有几颗心？

猪八戒　（指着自己胸膛）我还没有打开数过，看起来，这里边十七八颗心也放得下。

孙悟空　也不要太多心了，我只要你存下三颗心也就是了。

猪八戒　三颗心？放得下，放得下。不知是哪三颗心？

孙悟空　（正经地，数板）本领要学好，虚心第一条。多问多听多求教，千万别骄傲！

猪八戒　（敷衍地）这个老猪理会，虚心是十分要紧的。（悄悄地伸手向空中一抓）虚心，来！（似乎虚心已抓在手中，又顺手向嘴里一撂，咽下，并用手示意，那虚心已从喉咙口滑下肚去）嘿嘿，老猪虚心存下了。请给我这第二颗心吧！

孙悟空　（数板）本领要学好，巧心也重要。多思多想心儿巧，千变万化能办到。

猪八戒　嘿嘿，对，巧心也不可少！（悄悄地伸手向空中抓取）巧心，来！（似乎巧心也抓住了，双顺手向嘴里一撂，咽了下去，并用手示意，那巧心也从喉咙口滑下肚去）嘿嘿，这巧心老猪也存下了。请给我这第三颗心！

孙悟空　就算你存下两颗心，只怕这第三颗心难存了！

猪八戒　瞧师兄说的，我老猪岂是怕难之人，你尽管拿来，我包你存下！

孙悟空　（数板）恒心第三条，勤学苦练不可少。纵然是多求教，心儿巧，可是，畏难怕苦就学不好！

猪八戒　（又悄悄地向空中抓取）恒心，来！（一把抓住，迅速往嘴里撂，恒心似乎也被咽下肚去）猴哥，虚心、巧心、恒心，我都存下了！

孙悟空　你当真存下了？

猪八戒　（指着肚子）三颗心全在里面，你瞧虚心在这儿，巧心在这儿，恒心……（在肚上找）喏喏，……在这儿！

孙悟空　果然存下了？

猪八戒　不信你打开看好啦！

孙悟空　好，不知你要学我哪些本领？

猪八戒　猴哥你听着，（唱）我要学你那拔毛变猴儿，个个本领大呀！

孙悟空　哦？要学我拔毛变猴儿？

猪八戒　（唱）我要学你那筋斗云、筋斗云，十万八千里只要眼一眨呀！

孙悟空　（笑）看来你这呆子倒也不呆，把老孙我这点看家本领都要去了。也罢，难得你诚心相求，我都教给你吧！

猪八戒　谢谢，谢猴哥！不知如何学法？

【悟空在那系着虎皮裙的腰间，摸出一部书来，捧在八戒面前。

猪八戒　啊？！还要读书啊？

孙悟空　怎么，你怕难了吗？

猪八戒　我……

孙悟空　既然怕读书，那就是不诚心，不学也罢。

猪八戒　（急）嗳……猴哥，猴哥，我读，我读书！……

孙悟空　（慎重叮咛）八戒，这部天书……（高举金光闪烁的天书）

猪八戒　（惊喜）啊?！是天书啊！

【八戒忙着接书，悟空缩回手去。

孙悟空　（继续叮咛）这部天书，是老孙历尽千辛万苦，求仙访道得来，你可要勤学苦练啊！

猪八戒　嘿嘿，猴哥，老猪我眼小无光，这书小字小，我实在看不清楚，能不能换部大的，也好让我少费点儿力气？

孙悟空　既然是天书，就能大能小，你只消念道“读书，读书!”它就变大，再念“记

住，记住！”它自然变小。（天书交给八戒）

猪八戒 （小心接过天书）谢猴哥，谢猴哥！哈……

唐僧 天色不早，八戒在此读书，你我到松林内安息去吧！

【唐僧起身，悟空、沙僧陪同进入松林。八戒躬身相送。

9 宝船（儿童话剧，节选）

编剧 老舍

第三幕

时间：前场后片刻

地点：皇宫

人物：皇上、内侍甲和乙、卫兵、王小二、仙鹤、蜂王、大蚂蚁、大白猫、张不三、公主、宫娥数人、李八十

【幕启：金殿内，皇上坐当中，二内侍两旁侍立。龙案上摆着一大堆葱花烙饼，一大盘子煮鸡蛋。他正在摆弄宝船。装宝船的小盒在案上放着。

皇上 快长快长，乘风破浪！（船变大）好玩！好玩！哈哈哈！（拿起一个鸡蛋，在脑门上碰，蛋碰破了，即蘸点盐花，吃着）水落收船，快快还原！（船变小）好玩！好玩！哈哈哈！（又在脑门上碰一蛋，吃着）什么宝贝也没有这个好玩！（卫兵上）

卫兵 启万岁，有个王小二求见！

皇上 没工夫！我这儿正玩得怪高兴！

卫兵 他说，他会治公主的病。

皇上 会治病啊？进来吧！（忙将宝船藏入怀里）

卫兵 领旨！（喊）王小二上殿！（下）

王小二 （应声）来喽！（领仙鹤等同上，一齐说）皇上，皇上，你好啊？

皇上 废话！我是皇上，有什么不好？来呀，把他们推出午门斩首！

仙鹤 你斩不了我，我会飞！

蜂王 我也会飞！

大蚂蚁 我会地遁！

大白猫 我会上房！

王小二 你瞎扯！凭什么要斩我们呢？

皇上 见了皇上，不下跪磕头，还不该斩首吗？

王小二 你派人去请大夫，大夫来了，谁该给谁磕头啊？

皇上 这个……（问内侍）该怎么办？

二内侍 一点办法没有！

皇上 请宰相，商议大事！

二内侍 宰相上殿哪！（蚂蚁等要动手迎击张不三，王小二阻止）（张不三上）

张不三 （念）宰相上金殿，没事瞎捣乱。臣张不三见驾，吾皇万岁！（连连磕头）

王小二　（对鹤等）就是这样的人才爱磕头！

皇上　（对小二）你看，宰相多么有礼貌！

王小二　这会儿有礼貌，待会儿会把你害死！

大白猫　他还会偷吃的！皇上，留神你的烙饼！

张不三　（立，看见小二，惊异）啊？是你？

王小二　是我！还活着呢，没叫你给打死！

张不三　（旁白）哎呀，怪呀！他怎么还活着呢？（向皇上）万岁，这是一群野孩子，把他们打出去！

皇上　对！打出去！

王小二　打出我去，谁给公主治病呢？

皇上　是呀！别打出去！

张不三　（旁白）他要是当了驸马，我这个宰相可就不好做了！（向皇上）万岁，他是打柴的，不会治病！

王小二　我不会治病，你会吗？

张不三　那……

皇上　得！又问住了一个！来呀，请公主！

内侍甲　公主上殿！

张不三　万岁，干吗请公主？

皇上　废什么话，治病嘛！（二宫娥引公主上）

公主　参见皇父！

皇上　罢啦！叫王小二看看你的病！

张不三　公主！公主！这个穷小子冒充大夫！

公主　我都快死啦，你怎么还拦着我治病呢？你多么坏呀！

仙鹤等　他坏透了！

王小二　公主，你得的是什么病啊？

公主　累的！累坏啦！

大家　累坏了？累坏了？

王小二　你一天干多少活儿，累成这个样呀？

皇上　别听公主的！我叫她一天吃十五顿饭，什么也不干！

公主　是呀，吃十五顿饭还不累得慌吗？我浑身都疼！

皇上　小女孩子，没出息！我一天吃二十四顿还不累得慌呢！

王小二　公主，我能治你的病！白哥，拿灵芝草来！

张不三　公主，灵芝草不是葱，不是蒜，没地方找去！他瞎扯呢！

仙鹤　（掏出仙草）灵芝草在这里！（递给小二）

王小二　（用仙草抚擦她）怎么样？怎么样？

公主　真灵啊！身上都不疼了！

王小二　跳跳！跳高高的！

公主　（跳）咦！怪舒服！

王小二　再跑个圈儿！

大家　我们陪你跑一圈！（同公主跑）

公主　真痛快！真好！头上有点汗啦！

王小二　公主，你的病就算好啦！从今以后，你要是一天只吃两顿饭，常跑跑跳跳的，多干点活儿，就不会再闹病了！

公主　好！我听你的话！谁不愿意结结实实的呢！

王小二　你歇会儿去吧！

公主　谢谢你！谢谢你！（向皇上）皇父，我看你也少吃点吧！（领宫娥下）

张不三　万岁，你看，王小二刚来这么一会儿，就把公主教坏啦！还不轰出他去？

皇上　对！王小二呀，把灵芝草留下，你走吧！

王小二　给我宝船，我马上走！

皇上　宝船？那是宰相给我的！

王小二　他从我家里骗了走的！

张不三　万岁，没有这个事！快把他打出去！

王小二　好！张不三，刚才你仗着人多，打了我一顿，现在咱们单对单，（脱衣）看看谁成谁不成！接衣服！（扔衣，蚁接住）张不三，来吧！

皇上　这好玩，好玩！宰相，跟他打！

张不三　宰相是文官，不动武！

王小二　你没骨头！

张不三　我没骨头，有脑子，咱们斗斗智！万岁，我出个谜语，王小二要是猜对了，给他宝船！猜不对，打八十大板！

皇上　行啊！出个最难猜的！

张不三　王小二，听着！什么花儿热？

大白猫　瞎说八道！花儿没有热的！

王小二　红姐，听着！他难不倒咱们！

张不三　什么花儿热？什么花儿凉？什么花儿是木头？什么花儿噼里啪啦炒得香？

蜂王　什么花儿我都认识，根本没有你说的这些花儿！

王小二　黄弟，别说话，让我好好地想想！

张不三　内侍，预备好大板子，他猜不上来！

王小二　张不三，听着！灯花儿烫手热！

仙鹤等　对呀！对！（鼓掌）

王小二　灯花儿烫手热，雪花儿片片凉！刨花是木头，玉米花儿炒得香！

仙鹤等　好哇！好哇！（欢跳）

王小二　皇上，拿宝船来！

皇上　等等！你再猜猜我的！我有花两种，让你猜不着！你要猜不着，打你后脑勺！猜吧！

王小二　猜对了，给我宝船？

皇上　对！

王小二　一猜就猜对，你的花两种：盐花儿蘸鸡蛋，葱花儿烙大饼！

仙鹤等　对！对！鸡蛋和烙饼，皇上是饭桶！

王小二　怎样？皇上！

皇上　猜是猜对了！可是，他们说我是饭桶，该罚，我没收你的宝船！

王小二　皇上，你不是饭桶，是什么呢？

皇上　我，我，我是什么呢？宰相，再出好主意，快！

张不三　万岁，叫公主同七个宫女都一样打扮，蒙上头，遮上脸，叫王小二认。一认就认对，算他赢了；认不对，不叫他做驸马，也不给他宝船！

仙鹤等　这不公道，不公道！

皇上　不公道？干吗要公道呢！来呀，去叫公主预备！

内侍甲　领旨！（下）

皇上　哎呀，我要上厕所！宰相，带路！

张不三　领旨！（同皇上、内侍乙下）

大白猫　这怎么办呢？怎么认出公主来呢？

大蚂蚁　咱们痛痛快快地打吧！

仙鹤　先想想办法，文的不行再动武的！

蜂王　对！小二哥，我看出来了，不知你看出来没有？

王小二　我也看出来了，（指头）这个！

蜂王　对！

大白猫　什么呀？快说吧！

王小二　公主头上戴的是鲜花。

蜂王　宫女戴的是纸花！

仙鹤　对呀！鲜花有香味儿！

王小二　公主来到，蜂王放出些个蜜蜂去。

大蚂蚁　（跳起来）对！哪个头上有蜜蜂儿围着，哪个就是公主！

大白猫　对！你们这么一说，我也想明白了！（皇上、张不三、内侍乙回来）

皇上　公主还没来吗？快着点！（内侍甲上）

内侍甲　公主到！

皇上　快进来！（七个宫女与公主结队而来，头与脸都遮得严严的，缓行轻舞。蜂王放出蜜蜂。仙鹤等亦舞）

皇上　有趣，有趣！八个姑娘，都一边儿高，一样的打扮，怎能认出来呢？

王小二　（看了看，过去拉）一二三四五，驸马拉公主！

公主　（揭开自己的头纱）哈哈！……一点也不假，公主爱驸马！王小二，我跟你去，咱们走吧！

王小二　听我说：一年之内，你要是天天种菜，浇花，洗衣裳，织布，把身体练得棒棒的、壮壮的，我就来接你。

公主　一年？

王小二　一年！

公主　你准来？

王小二　准来！见了面，我一看，你的脸蛋红扑扑的，眼睛亮堂堂的，腰板儿直溜溜的，胳臂硬邦邦的，我就拉着你走！好不好？

公主　好，我从明天就干起活儿来！

王小二　干吗等到明天呢？现在就去干点什么吧！

公主　（对宫娥们）走！我们去找点活儿干！（宫娥们都露出头脸，舞蹈着下）王小二，再见！

王小二　（同大家）再见！（向皇上）皇上，你全输了，拿来吧！

皇上　做驸马就行了吧？别要宝船啦！

王小二　不行，我要宝船！

皇上　咱俩谁拿着它不一样吗？

王小二　不一样！你拿它当玩意儿，我用它救人！

皇上　这怎么办呢？好吧，我给你一斗金子！

王小二　我不要金子！

皇上　我给你一所大房子！

王小二　我不要大房子！

皇上　宰相，出主意呀！别站在那儿看热闹！

张不三　万岁，我有主意！王小二，你说宝船是你的，有什么证据？

王小二　你有什么证据，说它是你的？

张不三　那是我的传家之宝！

王小二　好！我找个证人，看他怎么说！（与大家同喊）八十加九十一百七！八十加九十一百七！（李八十忽然出现）

李八十　孩子们，我来了！

皇上　哟，哪儿来的白胡子老头呀！

李八十　我叫李八十。宝船哪，是我给王小二的！

张不三　你给他的？谁看见啦？

李八十　你这个坏人！我老头子一辈子没说过一句假话！

张不三　你现在说的就是假话！

李八十　孩子们，你们说呢？

大家　他敢骂老爷爷说假话，打他，打他！（围上张不三）

张不三　（害怕）亲爱的小二哥，亲爱的朋友们，放我回家吧，我还没吃饭呢！

王小二　我们不再听你的甜言蜜语！

仙鹤　这个家伙，一会儿软，一会儿硬，真会变！咱们就叫他变吧！

大家　对！对！

王小二　叫他变个大灰狼吧！老爷爷，人变走兽该怎么说？

李八十　说八十减九十，不大好减！

大家　（扯住张不三，喊）八十减九十，不大好减！（扯他入幕旁。一声狼嚎，张不三已变了，大家牵他出来。狼又摇头，又摆尾，口中还乱七八糟地出声）

大家　（围狼欢跳）张不三，大宰相，不仁不义变了狼！

王小二　皇上，拿宝船来！

皇上　（拿起桌上的小盒，递）拿去吧！（收拾鸡蛋、烙饼等，要逃走）

李八十　小二，打开看看！

王小二　（打开小盒）啊哈，空的！白哥，黄弟，红姐，绿妹，杀上前去！（大家七手八脚，齐攻皇上。他的头被蜂螫肿，身上被蚂蚁叮坏，连哭带嚷，不住求饶）

皇上　饶了我吧！别打啦！给你！（掏出宝船）给你！

王小二　（接船）收兵！收兵！（但蚁与蜂犹有余勇，各自表演武技）行啦！行啦！（他们停下来）

李八十　小二，看看是真的，还是假的！

王小二　快长快长，乘风破浪！（船变大）老爷爷，是真的！我们走吧！

仙鹤　这不是个好皇上，叫他也变变吧？

蜂王　叫他变个大肥野猪！

大家　好！八十减九十，不大好减！（一声猪叫，皇上变成了野猪）臭皇上，又坏又糊涂，叫他变个大野猪！

李八十　孩子们，唱吧，跳吧，庆祝宝船又回到咱们手里啦！（领头从容地起舞。孩子们围着老人且歌且舞）

合唱　好欢喜，好欢喜，打败了皇上，得回宝船！得回宝船，好欢喜，打败了坏人张不三！欢欢喜喜回家转，叫妈妈收好宝贝船！喜欢，欢喜，喜欢，欢喜！我们得回救人的宝贝船！（大家往外走，猪与狼哀叫不已）

【幕·全剧终。

10　丑小鸭与靴猫侠（儿童话剧，节选）

（根据丹麦作家安徒生童话《丑小鸭》改编，全剧八幕，节选前五幕）

编剧　方先义

人物：

鸡家族　鸡妈妈、丑小鸭、鸡哥哥、小鸡甲、小鸡乙、小鸡丙

猫家族　靴猫侠、调皮猫、笨笨猫、小萌猫

猎人家族　胖猎人、瘦猎人

天鹅家族　天鹅首领、大天鹅4只、小天鹅4～8只

稻草人

舞台说明：

舞台布景是一片森林的入口，森林小径开满小花，远处，树林，阳光，雾霭。

舞台右，一彩色管道横置，延伸到幕后，管道后，是一片芦苇布景。

舞台左偏后，设一帐篷，帐篷边，稻草人背对观众静立。

舞台中间，鸡妈妈前倾，右手抚摸蛋形道具。道具内，丑小鸭藏匿其间。

第一幕

【时间　春天，晴朗的一天。

【地点　鸡棚。

【清脆的鸟鸣后，一声牛哞。远处有鸡鸭的喧哗。

【旁白　春天到了！小麦金黄，燕麦绿油油。干草在绿色的牧场堆成垛，太阳照在鸡棚上，鸡妈妈在孵最后一个蛋。

【小鸡们上。《春天在哪里》音乐起。音乐清新欢快。小鸡们跳起欢快的舞蹈。

【音乐止。

鸡哥哥　（得意地）我说小鸡们，论羽毛，（拍胸脯，竖大拇指）我最漂亮！

小鸡甲　（争吵状）不对，我的羽毛才是最漂亮的！

小鸡乙　你们都错了，只有我这只不怎么吭声的鸡才是最最漂亮的！

小鸡丙　我说伙伴们，你们觉得奇怪吗，这个蛋怎么还没有孵出来？

小鸡甲　我猜，蛋里面一定睡着一个大懒虫！

小鸡乙　我猜，里面一定睡着一个小妖怪！

鸡哥哥　我猜呀，里面一定是个丑八怪，哈哈哈！

小鸡丙　真是奇怪，都过去15天了，怎么还不出来？

小鸡乙　你错啦，是16天！

小鸡丙　我记得是15天！

小鸡乙　明明是16天！

小鸡丙　15天！

小鸡乙　16天！

【旁白　就在这时，蛋里面突然传来“噼噼”的声响。丑小鸭从蛋壳里探出了头！

丑小鸭　嘎！嘎！

鸡哥哥　呀，出来了！出来了！

众小鸡　去看看，去看看！

【音乐起。丑小鸭破壳而出。丑小鸭跳起欢快的舞蹈，表达出世的喜悦。

丑小鸭　（唱跳）刚出壳的鸭子哟乐悠悠。

刚出壳的鸭子哟乐悠悠！
口哨轻吹田间走，蜻蜓点破水中天，
小小翅膀想要喃飞上天，
小小翅膀想要喃飞上天！
啊里啰里啰里，
啊里啰里啰里，
童年的时光在鸡棚里悄悄地流！

鸡妈妈　孩子，快来见过你的哥哥姐姐。

丑小鸭　哥哥好，姐姐好！

鸡哥哥　天啊，她真丑！

众小鸡　是啊，真丑！

鸡哥哥　你看她的嘴，扁扁的，怎么啄虫子吃呀？

众小鸡　是呀，扁扁的，怎么啄虫子呀？

丑小鸭　是呀，我的嘴怎么和他们的不一样！

小鸡甲　你看她，个头这么大，怎么钻过篱笆缝，去偷菜叶吃啊？

众小鸡　是呀，怎么钻篱笆缝呀？

小鸡乙　你看她的羽毛，稀稀拉拉的，怎么飞过小水沟呀？

众小鸡　是呀，怎么飞过小水沟呀？

丑小鸭　是啊，我的小翅膀怎么也和他们的不一样！

小鸡丙　你看她的脚丫子，也是扁扁的，怎么在沙地里刨虫子吃呀？

众小鸡　是呀，怎么刨虫子吃呀？

丑小鸭　天啊，我的脚也和他们的不一样！

小鸡甲　我看她不是鸡，倒像鸭。

鸡哥哥　是鸭子，而且是一只——

众小鸡　丑——小——鸭——哈哈哈！

【丑小鸭惊恐地捂住脸，躲进鸡妈妈的怀抱。

【音乐起。

众小鸡　（唱）她是一只，她是一只，丑小鸭，丑小鸭！
扁扁的嘴巴，没有门牙，太丑了，太丑啦！
她是一只，她是一只，丑小鸭，丑小鸭！
黑黑的羽毛，稀稀拉拉，太丑了，太丑啦！
她是一只，她是一只，丑小鸭，丑小鸭！
肥肥的个头，跳不过水沟，太丑了，太丑啦！
从头到脚，全身上下，都很丑，都很丑！
抓不到虫子，偷不到菜叶，丑小鸭，丑小鸭！

鸡妈妈　孩子们，陪你们新出生的妹妹一块儿玩吧。

众小鸡　不，妈妈，我们才不和一只丑小鸭玩儿！她是一只，她是一只，丑小鸭，丑小鸭……

【音乐止。众小鸡左下。

【音乐起。

丑小鸭　（唱，跳）在大家眼里我只是一只丑小鸭，
想要飞却怎么也飞不高。
也许有一天我栖上了枝头却成为嘲笑的目标。
我跳出了蛋壳才发现自己从此无依无靠。
每一次被伙伴嘲笑的时候我总是很伤心。
我怀疑是不是只有我明天没有变得更好。
未来会怎样究竟有谁会知道？
幸福是否只是一种传说我永远都找不到。
我是一只丑丑丑小鸭，想要飞呀却飞也飞不高。

我寻寻觅觅寻寻觅觅一个温暖的怀抱，
这样的要求算不算太高？
我是一只丑丑丑小鸭，想要飞呀却飞也飞不高。
我寻寻觅觅寻寻觅觅一个温暖的怀抱，
这样的要求算不算太高？这样的要求算不算太高？

鸡妈妈　孩子，看来我不得不告诉你真相：一个月前，两只天鹅被两个猎人追赶，天鹅爸爸受伤死了，天鹅妈妈留下了一个天鹅蛋，希望我能帮忙照看。

丑小鸭　天鹅蛋在哪儿？

鸡妈妈　孩子，那枚蛋就是你。不过，我想天鹅妈妈是不是弄错了，她们是那么美丽，怎么蛋孵出来，却是你这样？

丑小鸭　妈妈，你也觉得我很丑吗？

鸡妈妈　不，孩子，在天下每一个妈妈眼里，她们的孩子都是最漂亮的。只要你愿意，我会把你当自己的孩子一样看待。

丑小鸭　不了，好心的妈妈，我要离开，去寻找我真正的妈妈。去寻找能接受我的部落。尽管这样，我还是会把您当作我的亲妈妈。

鸡妈妈　是的，孩子，如果你真是一只天鹅，一辈子待在鸡棚是不会有什么出息的。你去寻找你的妈妈，去找你的部落，去找属于你的未来吧！

丑小鸭　我都记住了，好的，妈妈，再见！

鸡妈妈　再见，孩子！

丑小鸭　（走到右台侧，转身）再见了，妈妈！

鸡妈妈　再见！我的孩子！

丑小鸭　（走出）再见了，妈妈！

鸡妈妈　再见，祝你好运！

【音乐渐弱，鸡妈妈左下，丑小鸭右下。

第二幕

【旁白：丑小鸭走出了鸡棚，游过小河，来到一处美丽的田园，她看到一个稻草人被绑在竹竿上。突然，稻草人唱起歌来。

稻草人　（唱）太阳下山明朝依旧爬上来，月亮落下明晚还是一样升起，自由小鸟飞去又飞来，剩下我还留在这里不能离开，剩下我还留在这里不能离开。别的那样呦，别的那样呦，剩下我还留在这里，不能离开！

丑小鸭　稻草人，你好！

稻草人　我不好。

丑小鸭　为什么不好？

稻草人　因为我觉得痛苦。

丑小鸭　稻草人也会觉得痛苦吗？

稻草人　要是你也像我一样，整天整夜吊在这里，吓走乌鸦，吓麻雀，吓走麻雀，吓斑鸠，不能跳舞，不能奔跑，你会觉得怎么样？

丑小鸭　稻草人，我能感到你的痛苦。请问，我能为你做点什么？

稻草人 有根竹竿儿插在我的背上。让我动弹不得，如果你愿意替我拿掉它，放我自由，我愿意为你做任何事。

【丑小鸭拔出竹竿，稻草人获得自由，跳起了欢快的舞蹈。音乐起。

稻草人 （唱跳）太阳下山明朝依旧爬上来，月亮落下明晚还是一样升起，自由小鸟飞去又飞来，从此我也可以跳舞自由自在。别的那样呦，别的那样呦，从此我也可以跳舞自由自在！

丑小鸭 （和稻草人齐唱）太阳下山明朝依旧爬上来，月亮落下明晚还是一样升起，自由小鸟飞去又飞来，如今我也可以跳舞自由自在，如今我也可以跳舞自由自在，别的那样呦，别的那样呦，如今我也可以跳舞自由自在！

【音乐止。

稻草人 像一个刚出生的孩子，获得自由的感觉真是棒极了！谢谢你，漂亮的鸭子！

丑小鸭 漂亮？——啊不，我不漂亮，伙伴们都说，我只是一只丑小鸭。

稻草人 啊哈，我的原则是，人要做回自己，别人爱怎么说，就让他们说去！在我的眼里，你就是一只漂亮鸭！

丑小鸭 漂亮?！我真的有你说的那么漂亮吗？

稻草人 漂亮！当然漂亮！我听到农夫们常说，如果一个人心地善良，那他就不会是丑的。告诉我，漂亮鸭，你要上哪儿去？

丑小鸭 我要上天鹅湖去，去寻找我的妈妈。

稻草人 天鹅湖在哪里？妈妈又是什么？

丑小鸭 （吃惊地）怎么，你连妈妈都不知道吗？

稻草人 （悲伤地）是的，我什么都不知道。因为我是农夫用稻草做的，手是稻草，腿是稻草，我的脑袋也是稻草，我什么都记不住。

丑小鸭 稻草人，别伤心，没有脑子，其实也是有好处的。

稻草人 没有脑子，那能有什么好处？

丑小鸭 没有脑子，你可以忘掉别人给你的伤害，忘掉所有不愉快的事情。这一点，倒是有很多人会羡慕你。

稻草人 你这么说，我就好受一点了。

丑小鸭 （白）我从前一直以为我是世界上最可怜的，但我至少还有妈妈，可是稻草人却连妈妈也没有。

稻草人 虽然我没有妈妈，但我并不伤心，因为这个世界所有的稻草人都没有妈妈，不一样活得好好的！而且，我比全世界的稻草人都要幸运，因为，我遇到了你这么个好朋友！

丑小鸭 啊，朋友，我第一次听到这个词，虽然我不知道它是什么，但听上去那么温暖！

稻草人 我听说黑森林里有一首古老的《朋友之歌》，是这首歌让我明白了朋友的含义！

丑小鸭 《朋友之歌》？稻草人，唱一个，唱一个！

【音乐起。

稻草人 （唱）朋友它是小萤火虫，黑暗中最明亮。

朋友它是常青的树，经得住风和霜。

朋友它是一杯烈酒，越久远越醇香。

朋友它是一朵鲜花，阳光下多芬芳。

朋友是冬日暖暖光，让人感到温暖；

朋友是沙漠清清泉，让人看到希望；

朋友是天涯的思念，是黎明的曙光，

朋友是星空美美歌，让我珍惜今天！

朋友是星空美美歌，让我珍惜今天！

【音乐止。

丑小鸭 原来有了朋友，生活会变得这样美好！太好了，稻草人！你真的愿意做我的朋友吗？

稻草人 当然愿意！

丑小鸭 （兴奋地）太好了！我有朋友啦！我有朋友啦！

稻草人 （兴奋地）我也有朋友了！

丑小鸭 稻草人，如果你愿意，我们可以一块儿去天鹅湖。我要让我的妈妈，也做你的妈妈好不好！

稻草人 谢谢你！漂亮鸭，我们走吧！一起去天鹅湖，找妈妈！

丑小鸭 好啊，找妈妈啰，找妈妈啰！

第三幕

【旁白 当他们来到黑森林时，突然，三只穿靴子的小猫跳了出来。

调皮猫 你们给我站住！

两猫 （合）站住！

调皮猫 此山是我开，喵——

笨笨猫 此树是我栽，嗯——我栽，喵——

小萌猫 要打此处过，喵——

三猫 （合）留下小鱼来！喵——

丑小鸭 小鱼？啊，我们没有？

稻草人 不要怕，让我来——小家伙，你们是谁？

调皮猫 （得意地）啊哈，我们是黑森林恶名远扬、人见人怕的——

三猫 （造型）靴猫三剑客！

调皮猫 （跳出来）我是他们的老大调皮猫——（假装阴森状笑）啊哈哈哈……我是森林所有小动物的噩梦传说！喵——

小萌猫 （萌萌地跳出来，作可爱状）我是可爱的小萌猫，我的梦想是：抢走全世界的沙丁鱼罐头！喵——

笨笨猫 （笨笨地出场，抓脑袋）我是笨笨猫，嗯——笨猫——我要是生气（作回忆状）……嗯，生气，就会让森林变成，（作回忆状）嗯，变成……

调皮猫、小萌猫　（不耐烦地，合）沙——漠！——笨蛋！

笨笨猫　（恍然大悟）是的，就会让森林变成——笨蛋！喵——

调皮猫、小萌猫　（掩面，合）噢，my god！

稻草人　你们好，掉皮猫、小鱼猫和笨蛋猫！

调皮猫　（生气地）什么，他竟敢嘲笑我们！不要拦住我，我要把他砍成三截！不，三千截！

笨笨猫、小萌猫　老大，别生气！

丑小鸭　不要生气，靴猫三剑客，他是稻草做的，不容易记住这么多名字。

调皮猫　（指挥小萌猫）去问问，她是谁？

小萌猫　（指挥笨笨猫）去问问，她是谁？

笨笨猫　去问问，她是谁——哦，你是谁？

稻草人　我呀，我是稻草人。

调皮猫　不是问你！

笨笨猫　不是问你！嗯，问你！

丑小鸭　我是来自这条河上游鸡棚的丑小鸭。

稻草人　不对，不对，你不是丑小鸭，你是漂亮鸭！

调皮猫　你们说话很让人怀疑。他明明是稻草，却说自己是人。你呢，明明来自鸡棚，就应该是鸡，为什么又是鸭，不要以为我没见过鸭子，天上飞的鸭，水里游的鸭，树上长的鸭，我哪只没见过！

笨笨猫　老大，树上也长，长鸭子吗？

小萌猫　笨蛋，老大说的是鸭梨！

笨笨猫　哦，原来是鸭子也可以变梨，嗯，变梨，吃起来有鸭子的味道，还有梨的味道！

调皮猫、小萌猫　噢，my god！

调皮猫　我不会相信你们的花言巧语，你们一定是混入黑森林的间谍。

稻草人　（白）间谍，间谍是什么？

调皮猫　少废话，押他们去见老大！

丑小鸭　你不就是老大吗？

小萌猫　是见我们老大的老大——黑森林真正的猫王，猫族的骄傲，无敌靴猫侠——卡斯普斯公爵。

稻草人　卡死一只公鸡？难道他也是从鸡棚里逃出来的吗？

丑小鸭　好像是卡不死公爵吧？

调皮猫　不许胡说，快走！

笨笨猫、小萌猫　走！

第四幕

【靴猫侠上。音乐起。

靴猫侠　（唱）黑森林大树下的大树洞，

住着一只神秘的猫。

我喜欢在神秘地图上寻找目标，
除了冒险就是睡觉。
黑夜是我们的舞台，
我是舞台的主角。
森林是我们的地盘，
我的世界谁也管不着。
我们是猫，快乐的猫；
独来独往，没有虚伪，不会讨好。
我们是猫，顽皮的猫；
只是有时我们喜欢开开玩笑。
我们是猫，聪明的猫；
我有人类的外表，聪明的头脑，
迷人的微笑。
我们是猫，神秘的猫；
我爱在每一个夜晚对着月亮喵喵喵叫。
喵——

【音乐止。

靴猫侠　小的们！

三猫　（合）老大，我们在！

靴猫侠　我闻到了陌生人的气味，好像是稻草混合着鹅的气味。

调皮猫　老大，您真是无愧于黑森林真正的猫王。

小萌猫　猫族的骄傲，嗯，骄傲。

笨笨猫　无敌靴猫侠的称号。

调皮猫　我们在森林边境抓到了两个奸细，特地押回来给您审问。

丑小鸭　我们不是奸细，我们只是路过森林。

稻草人　是的，路过森林，卡不死公爵。

靴猫侠　卡不死，你在说我吗？哈哈哈?!

调皮猫　不好，老大在笑！

笨笨猫　老大一笑，大事不妙！嗯，不妙！

小萌猫　我得找个地躲猫猫！

靴猫侠　你竟敢嘲笑我！你竟敢嘲笑一只穿靴子的猫王？你知道嘲笑黑森林的无敌靴猫侠会落个什么下场吗？我只听说猫有九条命，难道你这几根稻草拼凑的草包也有九条命？

稻草人　你——你怎么敢叫我草包！

靴猫侠　你不就是草——包起来的吗？

稻草人　我平时最讨厌别人叫我草包。虽然你是猫王，别人怕你，我却不怕你！

靴猫侠　那我就用这把剑，在你身上刺三个透明窟窿！

稻草人　来吧，我倒要看看你究竟敢不敢动手！

靴猫侠　我这些年，已经很少开杀戒，你可别逼我！

稻草人　逼你又怎么样？

丑小鸭　（拦在两人中间）尊敬的猫王，请听我解释，稻草人只是脑子不好使，并不是有意冒犯。你要是伤害稻草人，就先伤害我吧！

靴猫侠　你难道也不怕死吗？

丑小鸭　我虽然害怕，但是稻草人是我的朋友，我不能让你伤害他。

靴猫侠　朋友——哈哈哈！你知道什么是朋友？

丑小鸭　我听稻草人唱过：（音乐起）朋友它是小萤火虫，黑暗中最明亮。朋友它是……

靴猫侠　朋友它是常青的树，经得住风和霜。

稻草人　朋友它是一杯烈酒，越久远越醇香。

丑小鸭、稻草人　朋友它是一朵鲜花，阳光下多芬芳。

靴猫侠、三猫　朋友是冬日暖暖光，让人感到温暖；

稻草人　朋友是沙漠清清泉，让人看到希望；

靴、稻、丑　（合）朋友是天涯的思念，是黎明的曙光，

众人　朋友是星空美美歌，让我珍惜今天！

朋友是星空美美歌，让我珍惜今天！

【音乐止。

靴猫侠　哈哈哈！好！好！你们既然会唱《朋友之歌》，那就是我们黑森林的朋友！因为你这份珍贵的友情，我就宽恕你朋友的冒犯。小家伙，你叫什么名字？

丑小鸭　我是来自这条河上游鸡棚的丑小鸭。

稻草人　不对，不对，你不是丑小鸭，你是漂亮鸭！

靴猫侠　你们说话很让人怀疑。他明明是稻草，却说自己是人。

调皮猫　我也是这么说，喵——

靴猫侠　你呢，明明来自鸡棚，就应该是鸡，为什么又是鸭。

调皮猫　我也是这么说！喵——

靴猫侠　不要以为我没见过鸭子，天上飞的鸭，水里游的鸭，树上长的鸭，我哪只没见过！

调皮猫　我也是这么说！喵——

靴猫侠　不对，你不是鸭，而是一只鹅，一只血统纯正、如假包换的白天鹅！

三猫　（合）老大，你没有感冒发烧吧！

调皮猫　她真有那么厉害吗？

笨笨猫　她真是天鹅吗？嗯，鹅吗？

靴猫侠　她的身份，一个简单的方法就可以证明。

三猫　（合）什么方法？

靴猫侠　叫——声！

三猫、稻草人　叫声？

靴猫侠　对，叫声！鸭子怎么叫？

众　嘎嘎！

靴猫侠　天鹅怎么叫？

众　不知道。

靴猫侠　好，你，叫给他们听！

丑小鸭　我？

众　（鼓励地）是啊，叫出来！

丑小鸭　你们真想听吗？

众　是啊，勇敢地叫出来！

丑小鸭　嘎——

众　（失望）啊……我倒！

靴猫侠　你不要模仿鸭子叫，要叫出你原始的声音——最欢畅最开心最嘹亮的声音！大自然赋予你的天籁之声！

丑小鸭　最欢畅最开心最嘹亮的？大自然赋予我的天籁之声？嘎鲁——嘎鲁！

众　（欢呼）好啊，好啊！

丑小鸭　嘎鲁——嘎鲁！我好快乐，嘎鲁——嘎鲁！我好快乐！

靴猫侠　听，这才是天鹅真正的声音！这声音，让我开始怀念天鹅湖的芦苇荡，天鹅湖的鲱鱼群！啊，还有我最爱的普鲁旺斯鱼汤，我多少年没有再品尝！

小萌猫　普鲁旺斯鱼汤！喵，老大，我也要！

笨笨猫　听起来很好吃额！喵——

调皮猫　喵！老大，我们也去天鹅湖！

靴猫侠　你们为什么要去天鹅湖？

笨笨猫　当然是为了那个……什么鱼汤。

靴猫侠　不对。

小萌猫　抢走全世界的小鱼罐头！

靴猫侠　不对！

调皮猫　帮这只小天鹅找妈妈！

靴猫侠　对，帮善良的小天鹅找妈妈！

丑小鸭、稻草人　（握手）太好了！很快就可以找到妈妈了！

靴猫侠　小的们！

三猫　有！

靴猫侠　听我号令！

三猫　是！

靴猫侠　目标——正前方，天鹅湖——进军！

【号角声。

第五幕

【旁白　天鹅湖边，走来了一胖一瘦两个猎人。这两个坏蛋，一直在追杀美丽的白天鹅。

【胖猎人、瘦猎人上。

瘦猎人　（催促）胖子，快点！（拖胖猎人，害他摔跤）别磨磨蹭蹭的，快点走！马上就能追上那群天鹅了！

胖猎人　（从地上爬起，生气状）我说过，别毛手毛脚的，别毛手毛脚的！还有，我最讨厌别人叫我胖子，（摆酷）请叫我——“天下无双超级猎人王！”

瘦猎人　（嘲笑）哈哈哈！我说胖子，你真逗，还“猎人王”！还“超级”！（笑得上气不接下气）还……还……还“天下无双”！我看叫“天下无双超级吹牛王”还差不多！

胖猎人　（严肃状）请你不要侮辱一个伟大的猎人！（挑衅）你敢和我玩“威廉·退尔”的游戏吗？

瘦猎人　（鄙视）哈哈，当年我玩“威廉·退尔”的游戏时，你还在乡下养猪呢！

胖猎人　（挑衅）那你敢不敢和我比？

瘦猎人　（不服气）比就比！拿出你的苹果来！

胖猎人　咱们各后退10步，（退10步，头上放一个苹果）我数123，然后同时开枪。

瘦猎人　好！谁能打落对方头上的红苹果，又不伤害对方，就算谁赢！（退10步，头上放一个苹果）

【两人后退，举枪，突然又害怕起来。

胖猎人　（颤抖地举枪，又放下，独白）我的老天！我的脑袋发烧了吧——我怎么会答应这么个愚蠢的比武，这不是拿我的小命开玩笑吗？

瘦猎人　（颤抖地举枪，又放下，独白）我的上帝，我的脑袋烧坏了吧——我怎么会答应这么个愚蠢的比武，这不是拿我的小命开玩笑吗？

胖猎人　（喊）哎——我说对面的，你把枪拿稳点好不好？别苹果没打着，倒把我打成一面筛子！

瘦猎人　（喊）哎——我也正要说你呢，你的手抽鸡爪疯了吗？别苹果没打中，我的脑袋多个洞！

胖、瘦猎人　（举起右手作发抖状，旁白）哎哟！我的手怎么了！好像抽鸡爪疯了！（同时走向台中）哈哈，对不起，今天不能比赛了！

胖猎人　（试探）我说，我们改天再比怎么样？

瘦猎人　（附和）好嘞！那就改天再比！

胖猎人　我们还是先去打天鹅吧！

瘦猎人　胖子，要是你打到了那只天鹅首领，我就承认你是“天下无双超级猎人王”。

胖猎人　这个很容易，我只要布下陷阱保证可以抓到这些天鹅！过来帮忙！

瘦猎人　嘿，胖子！想不出你还会这么一手，好嘞！

【音乐起。两人布好了陷阱，得意地唱。

瘦猎人　我们轻轻前进，踮起脚尖，
为了把天鹅抓住卖钱。
我们忙着打猎，忘记去吃饭，
为了把天鹅羽毛做项链。
当夜幕下垂，所有的人，
暖暖的鸭绒被里睡得打鼾，
我们背着口袋，踮起脚尖，

乒乒乒、乓乓乓、乒乒乓！

胖猎人 新出炉的面包和柠檬汁，

小蛋糕和可口的甜食。

姜糖面包我最爱吃。

其他的东西只要能看见，

哪怕只是一个臭鸡蛋，

我也要拿它来当午饭，

吃饱肚皮我精神饱满，

乒乒乒、乓乓乓、乒乒乓！

瘦猎人 到了下雪天我们没衣穿，

我们这个样子并不温暖。

貂皮大衣是件必需品，

有顶狗帽子也很好看。

冷得发抖时想起一点，

那里衣服多，也很漂亮。

所以我得到那里去转转，

顺手牵羊，动作不能慢，

乒乒乒、乓乓乓、乒乒乓！

胖猎人 我们把陷阱悄悄地装好，

上面盖上枯树叶和稻草。

这些陷阱它藏得巧妙，

天鹅掉进去就没得地方逃！

胖、瘦猎人 （合）最后是一项必需的工作，

抓到天鹅，我们去赶集。

赚到金子银子堆了成山，

想起未来我们得意扬扬，

乒乒乒、乓乓乓、乒乒乓！

【音乐止。

胖、瘦猎人 （合）陷阱做好了，我们走！

【两人右下。

11 我不要被吃掉（童话剧，节选）

（根据法国作家克里斯提昂·约里波瓦同名童话绘本改编）

编剧 方先义

人物：

卡梅利多——母鸡卡梅拉的儿子

小刺头——与卡梅利多不和的小公鸡

小赖皮——小公鸡，小刺头的死党

小胖墩——小公鸡，小刺头的死党

小六子——小公鸡，卡梅利多的好友

鼻涕虫——小公鸡，卡梅利多的好友

卡　门——母鸡卡梅拉的女儿，卡梅利多的妹妹

小磨叽——一只较胆小、有点自私的小母鸡

大嘴巴——一只心直口快的小母鸡

小糊涂——一只笨笨的小母鸡

狐狸三兄弟之多拉——狐狸老大

狐狸三兄弟之米拉——狐狸老二

狐狸三兄弟之索拉——狐狸老三

狐狸妹妹佐拉——骑着小木马卡罗的可爱小狐狸，善良，好胜

老狐狸——小狐狸的爸爸，喜爱拳击，着迷于观赏斗鸡决斗

绵羊贝里奥——胆小，但珍视友情

牛头人科尼——被海神波塞冬诅咒的王子，牛头人身，力大无穷，被父母遗弃在森林迷宫，后来成为卡门的朋友

第一幕　小鸡的游戏

【舞台说明　开阔的草地场景，远处有废弃帐篷、稻草堆。电子屏显示更远处的森林场景，隐隐有三棵牛头怪造型的古树。

【旁白　一个夏天的傍晚，母鸡卡梅拉的两个孩子——卡梅利多和卡门各带领着一群小公鸡和小母鸡，正在举行一年一度的赛歌会。

【小鸡卡梅利多和公鸡们左上。卡门和母鸡们右上。

众小鸡　双扇门，单扇开，母鸡提问公鸡猜。

母鸡　（合）嘿，对面的鸡哥哥，我们要提问啦！

卡梅利多　嘿，我说小母鸡们，你们就不要唧唧歪歪了，有问题就尽管问吧！

公鸡　（合）我们的肚子里早就装满答案啦！

母鸡　（合）切！爱吹牛！

母鸡　（轮流）个大个大个个大，个大个个大！
什么鸡上山吱扭扭？什么鸡下山乱点头？
什么鸡有头没有尾？什么鸡有尾没有头？

母鸡　（得意，起哄）哦——

公鸡　（轮流）谷歌谷歌谷歌格，谷歌谷歌格！
电动鸡上山吱扭扭，瘸腿鸡下山乱点头。
田鸡有头没有尾，鸡毛掸子有尾没有头！

公鸡　（得意，起哄）喔——

母鸡　（轮流）个大个大个个大，个大个个大，
什么鸡有腿家中坐？什么鸡没腿游九州？

什么鸡白？什么鸡黑？什么鸡胡子一大堆？

母鸡 （得意，起哄）哦——

公鸡 （轮流）谷歌谷歌谷歌格，谷歌谷歌格！

抱窝鸡有腿家中坐，叫花鸡没腿游九州。

江山鸡白，乌骨鸡黑，北京油鸡胡子一大堆！

公鸡 （得意，起哄）喔——

母鸡 （轮流）个大个大个个大，个大个个大，

什么圆圆在天边？什么圆圆在眼前？

什么圆圆长街卖？什么圆圆在两边？

母鸡 （得意，起哄）哦——

公鸡 （轮流）谷歌谷歌谷歌格，谷歌谷歌格！

月亮圆圆在天边，黑眼圈圆圆在眼前。鸡蛋圆圆长街卖……嗯？嗯——

母鸡 （合）什么圆圆在两边？答不上来了吧！

【公鸡互相瞧着，卡梅利多推出小胖墩。

小胖墩 鸡……鸡……鸡腿圆圆在两边。

母鸡 （合）啊？鸡腿怎么会是圆圆的呢？

卡门 原来呀，小公鸡们不会下蛋，连睡觉的地方什么样也忘记了。哈哈哈！

公鸡 （合）睡觉的地方？

小糊涂 应该是——鸡窝圆圆在两边。

卡梅利多 （要面子，装）这些问题太简单了，我们是故意逗你们玩的。

公鸡 （合）是的是的，逗你们玩！

卡梅利多 我看我们还是玩牧羊人数绵羊的游戏吧！

众小鸡 好呀，咯咯，好呀，咯咯！

卡梅利多 这一次轮到你们小母鸡来找我们了。

小母鸡们 怎么又是我们？

卡梅利多 我是负责鸡棚报晓的公鸡，连太阳也得听我的命令，乖乖地升起，你们这些成天吃了睡睡了吃的小母鸡，当然也得听我的！

大胖墩等 （合）是的，是母鸡，就得听话！

小糊涂 他们公鸡又欺负我们，呜……

卡门 谁说我们只会吃了睡，睡了吃？你们这是污蔑！

母鸡 （合）哼！污蔑！

大嘴巴、小磨叽 我们母鸡会下蛋，你们会吗？

大胖墩、小刺头、小赖皮 （合）我们公鸡会打鸣，你们会吗？

卡梅利多 好了，不要吵了，这个游戏还玩不玩？

母鸡 （合）如果不尊重母鸡，我们就拒绝游戏！

卡梅利多 好吧，母鸡们，我承认你们会下蛋，快快快，开始游戏！

卡门 哥哥，你用这种命令的语气我们还是不能接受，除非……

卡梅利多 除非什么？

卡门　除非你用你那报晓的大嗓门喊：母鸡会下蛋，真是了不起！就这样喊三遍！

卡梅利多　你说什么？要我喊这个——简直太过分了！

母鸡　（合）你不喊，我们就不参加，让你们自个儿去数绵羊！

小刺头、小胖墩、小赖皮　（合）算了，卡梅利多，你就喊三遍吧！谁让你说她们的坏话呢？

卡梅利多　你们这些叛徒，就会风吹两边倒！唉，好吧！谁让我是鸡棚人见人爱的大公鸡呢，连太阳也得听我的命令乖乖地升起……

卡门　好了，哥哥，你就别啰唆了，喊两嗓子，也让我们听听你的歌喉！

卡梅利多　母鸡会下蛋，真是了不起！母鸡会下蛋，真是了不起！母鸡会下蛋，真是了不起！满意了吧！

众小鸡　噢，开始游戏啰！

【公鸡们右下。

卡门　公鸡们，快躲好，母鸡们，跟我一起念！

母鸡　（边念边击掌）一二三四五六七，七六五四三二一，六五四，三二一，五四三二一，四三二一三二一，二一一，一个一，绵羊绵羊在哪里？牧羊人马上来找你！

【小母鸡们冲向小公鸡躲藏的方向。

卡门　（拉住性急的小母鸡们）哎，你们真的去找他们啊？

母鸡　（合）卡门，你又有什么主意？

卡门　我们回鸡棚去，让这些骄傲的家伙躲呀躲呀，躲到天黑，躲到天亮！

母鸡　（合）好玩！个大个大个个大！回家啰！个大个大个……

卡门　嘘！

母鸡　（会意，合）嘘！

【母鸡们左下。

第二幕　打猎的狐狸

【舞台说明　阴森的森林场景。三棵牛头怪造型的古树、稀疏草地。右设计为迷宫入口。

【旁白　就在小鸡们热热闹闹玩游戏的时候，森林的另一边，狐狸多拉、米拉、索拉三兄弟偷偷摸摸地离开森林，前往卡梅拉所住的鸡棚。原来呀，今天是狐狸爸爸的生日，狐狸三兄弟准备抓几只公鸡给狐狸爸爸做生日礼物。

【狐狸兄弟上。

多拉　（念）一只狐狸坐在沙丘上，
坐在沙丘上晒太阳。
叮叮叮，当当当，
原来不是在晒太阳，
为抓公鸡我走四方！

多拉、米拉　（合）两只狐狸坐在沙丘上，
坐在沙丘上瞧月亮，
叮叮叮，当当当，

原来不是在瞧月亮，
是在等母鸡睡了偷鸡蛋！

多拉、米拉、索拉　（合）三只狐狸坐在沙丘上，
坐在沙丘上缝衣裳，
叮叮叮，当当当，
原来不是在缝衣裳，
是在等狐狸老太煲鸡汤！
狐狸老太本领强，
煲得一手好鸡汤，
十里百里喷喷香！
叮叮叮，当当当，
狐狸喝了变猛虎，
猛虎喝了变大象，
变——大——象——哈哈哈！

多拉　我说兄弟们，今天是爸爸的生日，咱们给他准备一份惊喜怎么样？

米拉、索拉　大哥，什么才算惊喜？

多拉　要不，去抓一只公鸡吧，这绝对会是爸爸收到过的最好的礼物！

米拉、索拉　抓公鸡，哇呜，我喜欢！

【旁白　*就在这时，小狐狸佐拉骑着她心爱的小木马卡罗出现了。*

佐拉　（唱）小木马真是好真是好，不喝水不吃草不吃草，得儿驾得儿驾快快跑，得儿驾得儿驾快快跑，得儿驾得儿驾得儿驾得儿驾快快跑。得儿驾！

多拉　唉，佐拉什么时候才能长大呀！咱们的计划可不能让这个小麻烦知道了。

米拉、索拉　是的，保密！

佐拉　三位哥哥，你们的话我都听见了，抓公鸡，抓公鸡！好玩好玩，带我一块儿去吧！

多拉　佐拉，你起什么哄！

佐拉　哥哥们，我……我也想抓只公鸡送给爸爸。

多拉　佐拉，你在说什么笑话呢？哈哈哈……

米拉　哈哈哈……佐拉，你是个女孩子，女孩子是不会捕猎的，应该老老实实地待在家里做饭！

索拉　是的。待在家里煲鸡汤！

三人　（合）狐狸老太本领强，煲得一手好鸡汤！哈哈哈！

佐拉　哼，你们不要瞧不起人……我一定会抓到一只公鸡的！

多拉　依我看，她恐怕公鸡和母鸡都分不清呢！

米拉　依我看，她恐怕连一只小鸡仔儿也抓不到。

索拉　依我看，她最擅长的本领是抓乌龟吧！

三人　（合，扮演）抓乌龟呀，抓乌龟！抓乌龟呀，抓乌龟！哈哈哈！

佐拉　（跺脚，作生气状）哼，你们欺负人……我告诉爸爸去！

三人　（吐舌头，做鬼脸）罗！罗！罗！

佐拉　（吐舌头，做鬼脸）罗！罗！罗！

【狐狸三兄弟左下，佐拉右下。

第三幕　小公鸡被抓

【舞台说明　左为一半的草地场景，有废弃帐篷、稻草堆。右为一半森林场景，三棵牛头怪造型的古树。

【旁白　卡梅利多找到了一个藏身之处，那是一个小帐篷。

卡梅利多　（白）还是我卡梅利多聪明，这样的藏身之地，那些吃了睡睡了吃的母鸡，绝对找不到！

【小六子左上，找到稻草堆。

小六子　（白）这个稻草堆真是太好了，躲在这里，绝对找不到。

【鼻涕虫左上，找到大树底下。

鼻涕虫　（白）这棵树背后真是太好了，躲在这里，绝对找不到。

【小刺头、小胖墩和小赖皮上，左看看，右看看。

小刺头　切！这帮机灵鬼，好地方全占了。我们没地方躲！怎么办？

小胖墩、小赖皮　（合）那就抢回来！

【旁白　小刺头、小胖墩和小赖皮决定抢走别人的藏身之地。卡梅利多躲在小帐篷里，屁股露在外面。小刺头抬脚往卡梅利多屁股上踹。

小刺头　出来！卡梅利多！这个地方是我的！

卡梅利多　嘿，轻点好吗！这个地方是我先找到的！

【两只鸡怒目而视，摆好架势。

小刺头　你想打架吗？

卡梅利多　吓唬谁呢，你这个臭鸡蛋！

小刺头　我能打得过你！

卡梅利多　我倒想见识见识。

小刺头　那好，我就打给你看。

卡梅利多　得了，你不行。

小刺头　我行。

卡梅利多　你就是不行。

小刺头　我就是行。

卡梅利多　不行！

小刺头　行！

卡梅利多　不行！

【两只鸡停，怒目而视。

【旁白　另一边，公鸡小六子和小胖墩也杠上了。

小六子　你以为你个头大就很拽吗？

小胖墩　这你也许管不着！

小六子　哼，我就管得着！

小胖墩　好，那你就管管看。

小六子　要是你再啰唆，我就管给你看。

小胖墩　啰唆——啰唆——偏要啰唆，看你能怎么样？

小六子　哎，你认为你自己很了不起，是不是？如果我想打倒你的话，一只翅膀背在后面都能打过你。

小胖墩　好啊，你说你能打过我，那你为什么不动手啊？

小六子　如果你老是这么嘴硬的话，我就打给你看。

小胖墩　嘿——你这种鸡我见得多了，尽吹大话下不了台！

小六子　你！……

小胖墩　你什么你！没见过帅哥啊！

小六子　你从这儿滚吧！

小胖墩　你自己滚吧！

小六子　我不滚。

小胖墩　那我也不滚。

【两只鸡停，怒目而视。

【旁白　在大树下，公鸡小赖皮和鼻涕虫为了争夺藏身之地也争吵起来。

小赖皮　哈！你自以为是鸡王呢！瞧，你那鸡冠！

鼻涕虫　你要是看不顺眼你就把它啄下来呀，如果你敢啄，我就揍扁你！

小赖皮　你吹牛。

鼻涕虫　你也是吹牛。

小赖皮　你光是讲大话，不敢动手。

鼻涕虫　噢，滚你的蛋吧！

小赖皮　告诉你——要是你再骂我的话，我就用石头砸碎你的脑袋。

鼻涕虫　那好，你就来砸啊！

小赖皮　我肯定会的。

鼻涕虫　那你为什么不来试试？你老是吹牛不敢动手，哦，我知道你害怕了。

小赖皮　我才不怕呢！

鼻涕虫　你怕！

小赖皮　我不怕！

鼻涕虫　你就是怕！

【两只鸡暂停了一会儿，又眼对眼，侧身子兜着圈子走了几步。两只鸡肩抵着肩，僵持。

小刺头　你是个胆小鬼，是个狗崽子。我要向我大哥哥告你的状，他只要动动小指头就能把你捏碎，我会让他揍你的。

卡梅利多　我可不怕你什么大哥哥，我有一个比你大哥还大的大哥哥——而且我大哥哥能把你的大哥哥从那堵篱笆围墙扔过去。

小刺头　你撒谎。

卡梅利多　你讲的也不是真的。

小刺头　（回头喊）小胖墩、小赖皮，你们过来帮我揍他！

卡梅利多　（喊）小六子、鼻涕虫，你们也过来！谁怕谁呀！

【小六子、鼻涕虫加入卡梅利多一组，小胖墩、小赖皮加入小刺头一组。

【小刺头用脚爪在地上划了一道线。

小刺头 你们要是敢跨过这道线，我就把你们打趴在地上，站不起来。谁敢，谁就吃不了兜着走！

【卡梅利多一组毫不犹豫地跨过那道线。

卡梅利多 你说你敢打我们，现在来看看你怎么打法。

小刺头 你不要逼我！你最好还是当心点。要知道，被我的铁爪抓伤了的那几只小鸡仔儿，至今还躺在医院里！

卡梅利多组 （合）哎，真啰唆，你不是说要打我们吗？我们都跨过来了，你为什么不动手啊？

小刺头 得了，你们要是给两块钱，请我们揍你，我们就动手。

【旁白 卡梅利多他们果真掏出两块硬币，嘲弄地摊开手掌。小刺头、小胖墩和小赖皮受不了这种羞辱，一把将钱打翻在地。六只小公鸡你啄我的鸡冠，我扯你的羽毛，开始了激烈的争斗。最后，卡梅利多一组终于占了上风。

卡梅利多 怎么样？还是求饶吧！

小刺头 不，你这个臭鸡蛋！

卡梅利多 求饶吧！你只要说好汉饶命！我就放了你！

小刺头 不，偏不！

【旁白 就在这时，远处，传来了狐狸的笑声。紧接着，狐狸三兄弟跳了出来。

小刺头 狐……狐……

卡梅利多 呼，呼，现在气呼呼有什么用？

小刺头 是狐狸！狐狸来了，快跑！

另四只鸡 （合）啊，不好了，狐狸来了！

【小鸡们赶快从地上爬起，慌作一团。

卡梅利多 狐狸来了，你们快跑，我来掩护！

狐狸 （合）哈哈，既然遇上了我们狐狸兄弟，谁也别想逃出我们的手掌心。

【旁白 六只小公鸡左冲右突，最终还是被狐狸堵住包围，一个个都做了俘虏。

鸡 （合）放开我们，你们这些坏蛋!!

狐狸 别做梦了，今天是我们老爸的生日，他还在等着你们下锅，做一锅美味的鸡汤呢！

【音乐起，狐狸舞蹈。

狐狸 （合唱）洗刷刷，洗刷刷，
小公鸡，装啊装，好忧伤，多好吃，哦！
香又香，尝啊尝，棒又棒，
请你抓了公鸡给我送回来，
吃了公鸡给我吐出来，
闪闪火光里面的记载，
变成此时对白。

欠了公鸡给我补回来，
偷了公鸡给我交出来，
你们好像白痴般吵嘴，
每次嘴气歪……唉！
洗刷刷，洗刷刷，洗刷刷……

【狐狸押着公鸡右下。

12　上屋抽梯（儿童历史剧）

改编自《三十六计》
编剧　方先义

人物：

说书人——故事讲述人

刘　琦——荆州牧刘表长子，少年将军

赵副将——刘琦亲信

钱副将——刘琦亲信

孙副将——刘琦亲信

李副将——刘琦亲信

刘备——三国枭雄

诸葛亮——刘备军师

书童——诸葛亮的书童

关羽——字云长，刘备义弟

张飞——字翼德，刘备义弟

赵云——字子龙，刘备爱将

骊姬——本是春秋时期骊戎首领的女儿，被晋献公虏入晋国成为献公的妃子，她使计离间了献公与申生、重耳、夷吾父子兄弟之间的感情，并设计杀死了太子申生，制造了“骊姬倾晋”“骊姬乱晋”

优施——春秋时晋献公宠爱的戏子

【舞台说明　舞台中央摆一个几案，几上置一惊堂木。

说书人　（拍惊堂木，抖开折扇）金玉檀公策，借以擒劫贼。
鱼蛇海间笑，羊虎桃桑隔。
树暗走痴故，釜空苦远客。
屋梁有美尸，击魏连伐虢。

这四句诗，说的是三十六计，也就是中国古代三十六个兵法策略。这些是我国古代兵家计谋的总结和军事谋略学的宝贵遗产。上屋抽梯，本是并战计中的第四计，说的是《三国演义》中的一段故事：话说东汉末年，荆州刺史刘表有两个儿子，大儿子刘琦是前妻陈夫人所生，小儿子刘琮是后妻蔡夫人所生。蔡夫人害怕刘琦继承刘表的财产和权位，千方百计要陷害他，好让自己的儿子刘琮能独占家业。刘琦处境十分凶险。怎样才能逃出蔡夫人的阴谋暗害呢？请看第一回：《蔡夫人篡权害骨肉　众将官献计救刘琦》。（说书人下）

第一幕

【龙套演员举“第一回”牌子台前经过。

【赵、钱、孙、李四位将官上，立于台中。

【音乐起。

众　长淮望断，关塞莽然平。征尘暗，霜风劲，悄边声，黯销凝。

【刘琦上。

刘琦　追想当年事，殆天数，非人力，洙泗上，弦歌地，亦膻腥。

众　隔水毡乡，落日牛羊下，区脱纵横。看名王宵猎，骑火一川明，笳鼓悲鸣，遣人惊。

刘琦　念腰间箭，匣中剑，空埃蠹，竟何成！

众　时易失，心徒壮，岁将零，渺神京。干羽方怀远，静烽燧，且休兵。冠盖使，纷驰骛，若为情。

刘琦　闻道中原遗老，常南望、翠葆霓旌。使行人到此，忠愤气填膺，有泪如倾！

众　（列队）属下见过刘将军！

刘琦　众将官平身！

众　谢将军！

赵副将　（出列）将军，前天厨房下毒的厨师已被处死，昨晚行刺将军的刺客也已经自杀。这些天来，蔡夫人为了让少公子继位，处处设计陷害将军。将军在明，蔡夫人在暗，俗话说：明枪易躲，暗箭难防。长此以往，只怕防不胜防！

钱副将　（出列）也不是我等说少公子的坏话，而今天下纷争，群雄逐鹿中原，是男儿就应当闻鸡起舞，为国分忧，可少公子他，自幼受蔡夫人溺爱，成天只知道寻欢作乐，仗势欺人，将来如何能执掌荆州！

孙副将　（出列）荆州自古是兵家必争之地，曹丞相百万大军已经平定北方，挥师南下，侵犯荆州，是迟早的事。

李副将　（出列）还有江东的孙权兵强马壮，上下齐心，水师操练纯熟，虎视眈眈，战火随时会烧到荆州城下。内忧外患，两相煎熬，将军要早做决断！

众　将军要早做决断！

刘琦　众位将官的心意，刘琦何尝不知！只是蔡夫人虽不是我的亲生母亲，但对刘琦有养育之恩。刘琦自幼熟读圣人书，圣人有言：父母教，须敬听。父母责，须顺承。亲爱我，孝何难？亲恶我，孝方贤。亲有过，谏使更。谏不入，悦复谏。号泣随，挞无怨。做母亲的可以对不住自己的孩子，但孩子断不能做出对不起母亲的事。

众　将军仁义孝顺，是荆州百姓之福，属下等自愧不如！

赵副将　只是属下觉得，自古忠孝难两全，将军若是太在意父母的感觉，不爱惜自己的性命，势必会让荆州万千百姓陷入奸人之手。

钱副将　一月之间，蔡夫人已两次加害将军。将军性命，危在旦夕，如果继续坐以待毙，未免辜负了荆州百姓对将军的期待！

孙副将　天下形势，风云变幻。少公子年幼顽劣，委实难以担当坐镇荆州的重任！

李副将　蔡夫人阴谋若是得逞，荆州九郡早晚会沦为曹丞相之属地，将军父亲一十八年的努力岂不付诸东流！还望将军三思！

众　还望将军三思！

刘琦　各位将官，俗话说：蝼蚁尚且偷生。不是刘琦不爱惜自己，而今之计，须得有个两全之法，既不伤害继母蔡夫人，又能保全自己。各位将官，可有高见？

众　这个……唉！

刘琦　这也不怪大家，各位擅长的是攻城拔地，沙场鏖战，说到出谋划策，运筹帷幄之中，决胜千里之外，就不及谋士们了。

赵副将　说到谋士，属下想起一个人来。

刘琦　赵将军请讲！

赵副将　听说刘皇叔最近三顾茅庐，得到了一个妙计天下无双的军师——

众　是诸葛先生！

刘琦　我也听闻先生之名，他真有那么厉害吗？

孙副将　是啊，我们听到街上童谣在唱：功盖三分国，名成八阵图……

【音乐起。

众　功盖三分国，名成八阵图。南阳诸葛亮，腹内雄兵多。刘备思求贤，三次顾茅庐。隆中分天下，新野败夏侯。水淹曹兵五十万，大展经纶补天手；纵横舌上鼓风雷，谈笑胸中换星斗；挥袖定乾坤，千秋名不朽！

刘琦　原来世间果真有此奇人，我这就去找诸葛先生！

【刘琦和众人下。

【说书人上。

说书人　（手摇折扇）这群忠心耿耿的将官，为了拯救危难中的刘琦，也为了荆州九郡百姓的未来，献计献策，终于说到了一个重要人物——人称卧龙先生的诸葛亮！问题是，刘备一行依附于刘表，寄人篱下，且屡次受到蔡夫人的猜忌、暗害，自身都难保！诸葛孔明会不会仗义出手呢？且听下回分解！（下）

第二幕

【龙套演员举“第二回”牌子台前经过。

【说书人上。

说书人（拍惊堂木，手摇折扇）咱们上回说到，继母蔡夫人屡次加害刘琦，使得一向孝顺的刘琦也不得不寻找救星。另一边，刘备自打得到诸葛孔明，待孔明有如恩师，食则同桌，寝则同榻，终日共论天下之事。这样一来，刘备的两个结义兄弟关羽和张飞不乐意了。他们决定和部将赵云联手，找机会为难诸葛亮。诸葛亮能同时应付三员大将的刁难吗？接下来，请看第二回《赵张关三难诸葛亮　刘公子初会智多星》。（说书人下）

【舞台说明　舞台上置一桌，两椅。桌上设文房四宝。中堂悬一副对联，上书：淡泊以明志，宁静而致远。

【诸葛亮立在堂中。

诸葛　（吟哦）滚滚长江东逝水，浪花淘尽英雄。是非成败转头空，青山依旧在，几度夕阳红。白发渔樵江渚上，惯看秋月春风。一壶浊酒喜相逢。古今多少事，都付笑谈中。

书童　先生，刘皇叔率三位将军前来探访。

诸葛　快快有请！

【刘备、关羽、张飞、赵云上。

刘备　（跪拜）先生在上，请受刘备一拜。

诸葛　主公请起，为何行此大礼？

张飞　大哥，诸葛亮不过是个山野村夫，如何能受此大礼！

关羽　是啊，大哥，你本是汉左将军宜城亭侯，还是当今天子的皇叔，岂可纡尊降贵，行此大礼？

赵云　俗话说：男儿膝下有黄金，只跪天地与娘亲。军师虽是高人，但也无须跪拜呀！

刘备　汝等不知，刘备自从遇见先生，有如拨云雾而睹青天。新野一战，军师仅以三千人击败夏侯惇十万精兵，真乃神人也！曹军本是虎狼之师，而今败退，新野百姓免于战祸，人人感激先生。刘备这一拜，乃是替新野百姓致谢！

诸葛　主公时时心系百姓，真乃仁厚之主！新野得主公坐镇，实乃百姓之福！

刘备　再者，先生有经天纬地之才，出鬼入神之计，乃当今之奇才，我真心侍奉先生如老师，如尊长，礼数自然要周到！圣人有言曰：称尊长，勿呼名。对尊长，勿见能。路遇长，疾趋揖。长无言，退恭立。骑下马，乘下车。过犹待，百步余。古人可以做到的，刘备也要做到。

张飞、关羽、赵云　大哥（主公）说话未免太过夸张！

张飞　大哥把诸葛村夫夸到天上去，某家听在耳里，实不服气，想出题考考军师！

刘备　翼德休得胡闹！

诸葛　哈哈，张将军真是快人快语！自古燕人多豪杰，孔明愿意随时候教！

刘备　只怕贤弟粗鲁，冒犯先生……

诸葛　闲居无事，权作游戏，输赢无妨。张将军请出题！

张飞　都说军师料事如神，某家想考考军师——某家脚跨在这门槛之上，是要进来呢，还是要出去？哈哈哈！

刘备　都说三弟粗豪，却原来粗中有细——军师如果猜进来，他就出去；军师如果猜出去，他就进来。哈哈哈，且看军师如何应付！

诸葛　张将军出题高明，孔明忍不住都要鼓掌称赞！只是鼓掌就代表我要认输——请问张将军，我这手举起，是要鼓掌呢，还是要放下？

张飞　这个……这个……

刘备　军师此番应对，极为高明。贤弟，你输了！

张飞　唉，某家服了！

诸葛　我这里也有一题考考张将军，输了要罚酒三杯，赢了赏酒一坛！

张飞　哈哈哈，喝酒嘛，这个某家不怕，军师尽管出题。

诸葛　我出的是一道绕口令，听好了：

张飞骑在黑马背上说黑马黑，

黑马说张飞比黑马还要黑，

张飞说他脸比黑马黑嘴不黑，

黑马听罢直笑得嘿嘿嘿——张将军，请！

张飞　张飞骑马嘿嘿嘿……嗨！军师这个某家比不过你，认输啦！

诸葛　来人呀，罚酒三杯！

【书童上，托盘盛酒具三，张飞接过，一饮而尽。

张飞　哈哈哈，某家生平和人打赌无数，只有这次输得最为痛快！痛快啊，哈哈哈！

关羽　恭喜军师赢了首场比赛！

诸葛　首场？这么说关将军也要出题？

关羽　关某无知，岂敢班门弄斧，来人，把关某给军师的礼物献上来。

【书童端一盘乱麻上。

刘备　贤弟，这是何意？

诸葛　关将军用心良苦，是在暗示孔明：当今天下形势有如乱麻，孔明若不能解开麻绳，不如知难而退！

关羽　军师果然是个明白人！

诸葛　孔明想借关将军的青龙偃月刀一用。

关羽　关某的刀，长九尺五寸，重八十二斤，军师若拿得动，只管借去！

诸葛　（挥刀斩麻）果然是好刀！关将军，天下形势，既然已成乱麻，蛮力解绳，徒增其乱。唯有用青龙偃月斩之，其乱必正！

刘备　军师教导的是！二弟，你也输了！

关羽　军师高明，属下叹服！

诸葛　关将军熟读春秋，本是文武全才，哪能这么轻易输给我！倒是我这里有一关于刀的上联，想求关将军下联！

关羽　军师请说！

诸葛　将军请听：青灯观青史，仗青龙偃月，隐微处不愧青天。

刘备　先生的上联，藏了四个“青”字，说的是二弟在曹营夜读《春秋》的往事。二弟可有下联？

关羽　军师此联极为高妙，关某才疏学浅，自愧不如！还请军师赐我下联！

诸葛　人说关将军有三宝：青龙刀、赤兔马和对我汉家的赤胆忠心！所以孔明的下联是：赤面秉赤心，骑赤兔追风，驰驱时无忘赤帝。见笑见笑！

关羽　军师出口成章，褒奖勉励，语重心长，关某感激莫名！今后军师如有驱遣，关某万死不辞！

刘备　哈哈哈，这才是我的好贤弟！

赵云　军师连胜两场，令人钦服。子龙止不住也想试试，请军师不要推辞！

刘备　哦！子龙将军也有此雅兴？我倒想看看，你能不能难倒先生！

诸葛　请赐教！

赵云　来人，呈上我的考题！

【书童端一盘沙子上。

刘备　沙子？子龙将军是何用意啊？

诸葛　（颔首）不是沙子，是一盘散沙！

刘备　一盘散沙？

【诸葛亮不答，从桌上取笔，在沙上书：德。

刘备　（拈须沉思）德？

诸葛　不知子龙将军可曾满意？

赵云　子龙愚钝，还请军师明言！

诸葛　你看那苍茫沙漠一望无际，其间该有多少沙粒？沙子只爱散乱堆积，覆盖他人突出自己，不懂如何联系紧密，才被狂风随意飘移！只有水才能凝聚沙粒，如坚冰抗击风袭。道德乃是救世之水。有了德之存在，再散乱沙亦能团结如一！你看主公字玄德，曹操字孟德，一南一北，都成为这世间的希望！只不过，曹操之德，是伪善。主公之德，乃是在亲民之中积小善，积小善成大德，德被四海，止于至善——这才是让天下归心的力量！

关羽、张飞、赵云　（跪下拜倒）先生一席话，胜读十年书！属下等愿意追随先生和主公，鞍前马后，在所不辞！

【《这一拜》音乐起。

刘备　（唱）这一拜，

春风得意遇知音，

桃花也含笑映祭台。

这一拜，

保国安邦志慷慨，

建国立业展雄才，

展雄才。

这一拜，

忠肝义胆，

患难相随誓不分开。

这一拜，

生死不改，

天地日月壮我情怀。

诸葛　三位将军，快快请起！

关羽、张飞、赵云　请军师治我等不敬之罪！

诸葛　孔明有言在先，不过是闲居无事的游戏，何罪之有？

关羽、张飞、赵云　（起）谢军师！

刘备　哈哈哈，军师谈笑之间，收服了我座下三员虎将，真是旷古少有的奇才啊！

诸葛　蒙主公夸赞，孔明愧不敢当。

刘备　唉，不打仗不知道，一打仗吓一跳。刘备往日身不离鞍，精神健旺。新野一战，方知髀肉复生，两腿酸痛。叹年光过尽，功名未立，书生老去，机会方来。向使李广将军，能遇高祖皇帝，万户侯何足道哉！而今岁月蹉跎老之将至，天下百姓仍深陷水火，有时深感力不从心啊！

诸葛　主公四十有余、五十不足，正是年富力强大展宏图之时！想当年，曹操青梅煮酒，说天下英雄，使君与操，余子谁堪共酒杯！曹公今年五十有二，正在完成北伐乌桓、根除袁绍、一统中原的伟业。主公不可服老啊！

【书童报　刘琦将军到！

诸葛　有请！

刘琦　参见叔父和诸位将军！

刘备　贤侄免礼！

刘琦　刚才在门外听到诸葛先生之言，只觉得气贯长虹，义高云汉！圣人有云：行高者，名自高。才大者，望自大。刘琦自认德学与才艺，不如人者甚多，而今特来请诸葛先生来府上做客，好仔细讨教。

刘关张赵　既是刘公子找先生有事，我等告辞！

诸葛　主公等慢走，恕不远送！

【众人下，说书人上。

说书人　诸葛亮凭借出众的才学和人品，化解了一场误会，取得了赵、张、关三将的信任，为赤壁之战的胜利埋下了伏笔。另一边，刘琦在门外听到诸葛亮的一番话，不亚如一个溺水的人找到了一根救命稻草！诸葛亮会帮助他吗？请看第三回《临危求救刘琦上屋抽梯　急人之难孔明说古喻今》。（说书人下）

第三幕

【舞台说明　台后设一高桌（阁楼），桌旁架一梯。台中设一椅。

【龙套演员举“第三回”牌子台前经过。

【说书人上。

说书人　（拍惊堂木，摇折扇）咱们上回说到，刘备手下张飞、关羽、赵云三员大将因为不服诸葛亮，出题相难，却被诸葛亮出色的口才和智慧所折服，从此开始了精诚团结与合作。另一边，刘琦为继母所逼，也亲自登门拜访诸葛亮。诸葛亮得知真相后，会不会拯救刘琦呢？请看第三回《临危求救刘琦上屋抽梯　急人之难孔明说古喻今》！（下）

【刘琦坐在厅中，赵钱孙李四将侍立左右。

刘琦　众位将官，今天刘琦特邀诸葛先生来府上做客，准备在席间求教于先生。而今万事俱备，怕只怕先生谨慎推辞，不肯出手相助。各位将官，可有办法？

赵副将　我等且先好言相求，那诸葛亮若是出手相助，我等自然感激不尽，若是不愿相助，属下就拔出剑来，以死相逼！

钱副将　唉——赵将军，使不得，使不得！想那诸葛孔明，虽是南阳布衣，现在却是刘皇叔礼贤下士的军师。我等若是对他无礼，便是对皇叔无礼，政治上又树了一个强敌！因此对待诸葛先生，万万不可失礼。

孙将军　是啊，圣人有云：事虽小，勿擅为。苟擅为，子道亏。诸葛先生在隆中之时，每自比于管仲、乐毅。此人不唯有超世之才，亦必有坚忍不拔之志。武力胁迫这样的手段，只怕会被他笑话！

李将军　属下听说，刘皇叔前番多次被蔡夫人设计陷害，幸亏吉人天相，遇难呈祥。所以属下觉得，我等与刘皇叔私下结为同盟，共渡难关，不是不可能的事情！

刘琦　李将军言之有理，我这里有个上屋抽梯之计，请大家附耳过来！

【赵钱孙李凑近刘琦。

刘琦　如此这般，请大家依计而行！

赵钱孙李　属下遵命！

【画外音　诸葛先生到！

【诸葛亮持羽扇出现在门口。

刘琦　晚辈拜见诸葛先生！

赵钱孙李　先生驾临，蓬荜生辉！

诸葛　诸位将军，孔明不过是一介布衣，不必多礼！

赵钱孙李　我家刘公子久慕先生之名，一直无缘得见，今日先生光临，实乃大幸！

刘琦　各位将军，近日听闻孙权攻打江夏，军情紧急。刘琦有事求教先生，尔等且先回营操练！

赵钱孙李　属下告退！

【赵钱孙李下。

诸葛　将军有意屏退众将，必定有要事相商。何不道来？

刘琦　（泣拜）启禀先生，刘琦自幼恪守孝道，奈何继母不能相容，屡次加害，刘琦性命只在旦夕之间，望先生怜而救之。

诸葛　俗语云：清官难断家务事。此将军家事耳，奈何问我？

刘琦　刘琦本不想说家丑于外人，而今形势，危如累卵，还请先生出一言相救。

诸葛　孔明客寄于此，岂敢妄谈他人骨肉之事？倘有露泄，连累我主公，孔明便是天大的罪人。请将军见谅，孔明这就告辞！

刘琦　先生不言则已，也不必急着离开。请上坐！

【孔明坐。

刘琦　闻说先生上知天文，下知地理，刘琦近日得到一本蝌蚪文的古书，文字甚是奇怪，想请先生一观。不知先生可有雅兴？

诸葛　古书现在何处？

刘琦　乃藏于阁楼之上，烦请先生上去观看。

诸葛　劳烦刘公子前面带路！

刘琦　先生请随我来！

【诸葛、刘琦上梯。孙李二将悄悄上台，将梯撤去。

诸葛　书在何处？

刘琦　（递书）书在这里。

诸葛　（接书）哎呀，怎么是无字天书？将军这是何意？

刘琦　（泣拜）继母不能相容，刘琦性命，早晚必丧于他人之手。素闻先生妙计天下无双，求先生仗义出手，搭救刘琦！

诸葛　孔明有言在先，公子何必旧话重提！告辞！——耶？谁把这楼梯撤走了？哎呀，不好！孔明我聪明一世，糊涂一时，没想到上了这小子的当！

刘琦　先生担心泄露机密，不肯出言相助；但今日上不至天，下不着地，出先生之口，入刘琦之耳，所谓神不知鬼不觉，还请先生赐教！

诸葛　将军此言差矣，想此刻天知地知你知我知，何谓不知？况圣人有云：见未真，勿轻言。知未的，勿轻传。事非宜，勿轻诺。孔明岂能为公子谋？

刘琦　刘琦信赖先生，仰慕先生，奈何先生不愿相救。刘琦这条命反正保不住，不如死在先生面前！

【刘琦拔剑作自刎状。

诸葛　公子切莫动手，孔明已有良策！

刘琦　先生此话当真？

诸葛　当真！

刘琦　不假？

诸葛　不假！

刘琦　先生请说，刘琦洗耳恭听！

诸葛　公子可听过申生、重耳的故事？

刘琦　刘琦不知，先生请讲！

诸葛　相传春秋时代，晋献公的妃子骊姬为了让自己的儿子奚齐继位，与下臣优施设下毒计，谋害太子申生和公子重耳……（两人定格）

【音乐起。

【骊姬、优施上。

骊姬　骊姬我本是骊戎部落的公主，怨只怨晋国无故兴兵，灭掉了我的部落，我也成为国君的俘虏。国君现已立我为夫人，生下儿子奚齐。为报骊戎部落之仇，我一定要害死太子申生和公子重耳，好让我小儿奚齐能登国君之位——优施何在？

优施　夫人，微臣在。

骊姬　优施，你既追随本宫，自然知道本宫的心思。

优施　夫人莫非想要让小公子奚齐取代申生太子？

骊姬　说来容易做来难啊！

优施　夫人无须焦虑，微臣有一计谋，可令申生太子死无葬身之地！

骊姬　是何妙计，只管说与本宫。

优施　夫人先遣人召来申生太子。申生若来，夫人便谎称主公想吃鹿肉。申生为人孝顺，必定会献鹿肉于主公。夫人可置毒药于肉内，献与主公。主公知道鹿肉有毒，必怒太子而杀之。此乃借刀杀人之计，夫人若依计而行，申生太子必死无疑！

骊姬　此计妙极！

优施　申生既死，重耳必然会迁怒于夫人，夫人可趁势向主公告上一状，说公子重耳也参与了申生的阴谋，眼下正日夜练兵，图谋不轨。主公生性多疑，必然相信夫人。如此一来，公子重耳必也难逃生天！

骊姬　好！优施，你这就去命令申生太子，安排鹿肉，进献主公。我去准备毒药，事成之后，本宫必定重重有赏！

优施　谢夫人！微臣告退！

【优施下。

骊姬　申生、重耳一亡，晋国迟早是我母子二人的天下，权当是报了当年的灭族之恨！哈哈哈！

【骊姬下。

诸葛　太子申生在内而亡，公子重耳出逃国外得以生存。十九年后，公子重耳率兵回国，做了国君，成为有名的春秋霸主。

刘琦　先生的意思，难道是要刘琦离开荆州？

诸葛　蔡夫人的势力止于荆州，近日江东孙权攻打江夏，黄祖被杀，江夏缺人守御，正是公子离开荆州的良机。公子何不上言，乞求屯兵镇守江夏？

刘琦　听先生一说，刘琦茅塞顿开！先生救命之恩，刘琦没齿难忘，今后但有差遣，刘琦万死不辞！来人呀，将梯子搬回！

【赵钱二将取梯置阁楼边，刘琦送。

诸葛　孔明告辞！

刘琦　我且送先生一程，先生，请！

【众人下。

【说书人上。

说书人　以上就是三十六计中的上屋抽梯之计。故事中，刘琦引诱诸葛亮“上屋”，是为了求他指点；“抽梯”，是断其后路，也就是打消诸葛亮的顾虑。这种诱敌之计，极为高明。连聪明绝顶的诸葛亮都上当受骗，在无梯下楼的困境中，只好答应刘琦的请求。上屋抽梯，如果和别的计策连用，如抽梯之后，再破釜沉舟，关门捉贼，更是威力无穷！咱们下回再说！（定格）

【全剧终。

13　板凳上的钉子（儿童哑剧）

编剧　［日］永井鳞太郎

翻译　陈文藻

人物：菊子（女）、小民、百合子（女）、明明

时间：早晨

【教室里没有一个人。

一

菊子走进教室。

1. 走到自己的位置，把书包往桌上一放，在凳子上坐下。

2. 忽然跳起来，皱眉，抚摸屁股。凳子上有个钉子露出来。

3. 用手指去摸凳子，弄清楚冒出钉子的地方。

4. 提起凳子，一直走向邻桌，把那里的凳子换过来。那是小民的凳子。

5. 听到谁的脚步声。听到那个走进来的脚步声后，慌慌张张地回到自己的位置，坐下。

6. 想收拾书包，由于慌张得厉害，课本掉到地上了。

二

菊子拾课本。小民进教室。

1. 小民对菊子扬手打招呼，问候早安。菊子故作不知，埋头看书。
2. 小民粗鲁地把书包抛在桌子上，猛地坐下去。

菊子在小民进教室起，一直到小民被钉子刺痛时为止，不停地偷看小民。

3. 小民疼得跳起来。坐下，又疼得跳起来，摸着屁股。

看到小民这个窘状，菊子呆笑。

4. 小民正想哭，看到了菊子，与菊子的视线相遇。菊子迅速移开视线。
5. 小民举起凳子，像用眼睛去磨蹭似的查看着。小民是个近视眼。
6. 好不容易看到钉子，于是生气地抛掉凳子。
7. 摔了，用脚踩，又去拾起来。
8. 提起凳子，向近处的桌子走去，把那里的凳子换过来。那是百合子的凳子。
9. 忽然看了菊子一眼。菊子像没有发现似的。小民安心地回到自己的位置上。
10. 不慌不忙地收拾书包，听到谁的脚步声。

三

百合子进来。

1. 对菊子和小民鞠躬，向自己的位置走去。

小民想等着看百合子被钉子刺痛的窘态，紧盯着百合子的动作。

2. 百合子满脸诧异的神情，好像在想："怎么回事？他那样盯着我看……"百合子一边看着小民，一边背着书包坐下。
3. 百合子被钉子扎了，跳起来，哭得很厉害。

小民吃惊地张着嘴看着。菊子走到百合子身边安慰她。

4. 菊子指着凳子上的钉子给她看。百合子轻轻地点点头。
5. 菊子唆使她把凳子和随便哪个人换一下。

小民站起来用手比画着，好像在说："哎呀呀，快点换吧。"

6. 百合子轻轻地点着头，一边抽泣着，一边把书包放下来，拿着凳子，在离她不远的地方，换了一个凳子。那是明明的凳子。
7. 听到谁的脚步声。三人急忙回到自己的位置坐下，装作若无其事的样子。

四

明明走来了。

1. 举手打招呼。走向自己的位置，放下书包。

三人偷偷地互相看看，窃笑。现在，他要尝到厉害了。

2. 明明坐下以前，把窗帘拉开，打开窗子。
3. 明明回到自己的位置，坐下。
4. 被钉子刺得跳起来。这一跳，使他被邻座的凳子绊倒了。

三个人觉得实在太滑稽了，忍不住笑起来。

5. 明明站起来，仔细查看凳子。一会儿就发现了钉子。

6. 于是，把书包放下，跑出教室。

三人感到奇怪：他要干什么呢？都到窗口张望。

7. 一会儿，三人听到脚步声，慌张地回到自己的位置，装作若无其事，拿出书来看。

五

明明回来了，手里拿着石块。

1. 走向自己的位置，用石块在冒出的钉子上“哐！哐!”地敲打着。

三个人不由得把书放在胸前，站起来看着明明的行动。

2. 钉子敲平了。

三人觉得自己做的事太不应该，惭愧得低下头来。书本从手里掉下。

3. 明明用手指着钉子给他们看，说明已经弄好，没问题了。自己慢慢地坐下整理书包。

4. 百合子走到明明的身边，低头认错。

5. 于是，小民奔到百合子身边，把头低下。

6. 菊子奔到小民的身边，把头低下。

7. 这次，三个人站在一起，向明明低头认错后，一齐向教室外跑去。

明明弄不清是怎么回事儿，奇怪地目送他们。

8. 不一会儿，三个人都拿着石块奔进来。

9. 三个人分散地干起来，把教室里所有的桌子、凳子、地板等一一检查一遍。

明明渐渐理解了，快乐地笑。

10. 敲打钉子的声音……

【幕落。

14　豆蔻镇的居民和强盗（儿童音乐剧，节选）

编剧　[挪] 托比扬·埃格纳

翻译　叶君健

托比扬·埃格纳（1912—1990），挪威著名儿童文学作家，与斯堪的纳维亚儿童文学的始创性作家阿斯彪仑森和约·莫齐名。第一本书为《为孩子写的书——1940》，后写下一系列低幼文学读物。1948 年在电台播出成名作《龋齿与细菌》，后出版诗歌集《儿歌十三首》《新儿歌》，动物故事《“枞树”林中历险记》以及《豆蔻镇的居民和强盗》《城里来了一帮吹鼓手》等。

节选部分剧中人物：

巴士贤——镇上警察

老杜比雅

苏菲姑姑

小莱莫——九岁

镇上的理发师

镇上的面包师

香肠店主

强盗：贾斯佩——年纪最大，哈士贝——最漂亮，乐纳丹——最贪馋，狮子

玩赏动物店主

豆蔻镇的其他人物和动物

场景：见文中具体表述

音乐：作者作曲、作词（曲谱因篇幅未能刊载，省）

第二幕

第一场　在强盗的屋子里

【强盗们住在镇外一块平地上的一座高大的老房子里。舞台布景要显示出房子里的两个房间和楼梯，其中一个房间类似一个厨房。墙角边有一个灶。另外一个房间是睡房，有一张又大又宽的床。这两间房在转动的舞台上应略为抬高一点，在它们前面是一个普通舞台的布景，左边有一个凳子和桌子及椅子等物，处处是又脏又乱的景象。在人物讲话的开始，那头狮子优哉游哉迈几个步子，然后就跑到那张床上躺下了。贾斯佩从那个小窗一边往后望，一边唱着歌。另外两个人则在这两间房子里走来走去，寻找东西。他们都穿着衣服。

强盗们　（音乐第十四号）哈士贝的帽子飞向何方？什么东西都不知去向。那只破口琴也不见，它还可以吹响。我的红裤衩也无踪影，装衬衫的抽斗也变得精光。那根别不住东西的别针谁人拿走，昨天我还把它带在身上。

到哪里去找我的啤酒瓶盖？到哪里去找我磨剃刀的皮带？我袜子上的那个大洞也失踪，真怪！我们的那把旧扫帚也销声匿迹。我那根缝扣眼的针，又光又快，现在我要用它补我背心上的大洞，但它也不知去向，虽然昨天还在。

乐纳丹　那一大块火腿，飞向何方？还有那一瓶苹果酱？还有那留作吃茶用的鱼罐头？

哈士贝　还有那一团线？为什么一切东西都看不见？

贾斯佩　还有那些补养我身体的药片？它们昨天都还在我手边。

乐纳丹和哈士贝　猪油和板鸭跑到哪里去了？哎呀，一切真够糟糕！

贾斯佩　（从窗子里伸出头来）我们从老姑奶奶那儿偷来的那笔钱，现在为什么也忽然不见？

强盗们　还有我们的那把摇椅？瞧，它不知去向，早无消息。你能不能发现一点痕迹？我是毫无办法，虽然一切东西昨天还在这里。我的草帽也无踪无影，啊，今后我的日子该怎样混？如果我能找到我的吊带，我就把裤子勒紧。哪里可以找到我的榔头和钉子？难道它们钻进桶里不成？

乐纳丹　（朝桶窥看，脑袋撞到桶上）贾斯佩在哪里？哈士贝在哪里？

贾斯佩　乐纳丹在哪里？

强盗们　我相信昨天我们全都在这里。

贾斯佩　（生气地——从后景里讲）在这个屋子里一件东西也找不着。我的那双袜子，我找遍了每一个角落，但是不知怎的，就是找不到。它们就这样失踪了！

乐纳丹 我想，狮子把它们吃掉了。它就是喜欢袜子。它喜欢袜子，你有什么办法?

贾斯佩 你老是把事情推到狮子身上，只要出了什么问题，总是狮子倒霉。

哈士贝 嗯，不管怎么说，它那次不该啃我的脚拇指。失掉一个脚拇指，总归不是幸运的事吧。

乐纳丹 不要为这事揪心，哈士贝。只要你穿上靴子，谁也就看不见。

哈士贝 不管怎样，什么事情你都护着狮子。

贾斯佩 我得指出来，这头狮子是我们一个最有用的家庭玩赏动物。你得明白，只要它待在我们的屋子里，谁就不敢来抓我们。

哈士贝 是的，这一点我明白。但是被它吃掉也不是痛快的事——虽然每次它只啃一点!

乐纳丹 不幸的是，那天碰巧狮子特别饿——它挨饿也不是痛快的事，对吗?想想看——我们为什么没有东西吃?现在已经是夜晚了，我们连晚饭都没得吃!

贾斯佩 你知道为什么吗?谁都不愿意做饭。

哈士贝 嗯，我想这次应该轮到乐纳丹了。他从来什么事也不干。

乐纳丹 我是一名强盗，对吗?如果我像平常人那样天天为生活流汗，那么当强盗还有什么意义?事实上，我昨天就做过饭。

贾斯佩 好吧，哈士贝得做饭。

哈士贝 这不公平!我比你们两人加在一起还吃得少。（虽然如此，他还是站起来扳弄一下锅和罐，然后就把这些东西扔向一边，用一个坚决的声音说）我决不做今天的晚饭。

贾斯佩 嗯，嗯!那么我们就没晚饭吃了。

乐纳丹 那可够坑人的了。

贾斯佩 老是这一套无聊的事。谁也不愿意收拾屋子，因此谁也就不干。谁也不愿意做饭，因此就没有饭吃。我可告诉你们，我们最需要的——是一个管家的女人。

哈士贝 （急切地）不错，一个真正的管家婆。

乐纳丹 （急切地）那么我们谁也就不需要干这种活了!

贾斯佩 这种活正是我们大家能够干的一点活。

哈士贝 （悲观地）可就是谁也不愿意干。

贾斯佩 （低下头）就是不愿意干。

乐纳丹 （忽然想出了一个妙点子）也许我们可以偷一个人来代我们干。

【他们都变得兴奋和热情起来。甚至狮子也从它睡的床上抬起头来。

哈士贝 偷一个人来——对!

贾斯佩 这个人一定得会收拾屋子，同时也能照看狮子。

乐纳丹 这个人一定得会做饭。

贾斯佩 我想我知道谁最合适。

哈士贝 谁?

乐纳丹 快点呀，告诉我们!

贾斯佩 我们将把——把苏菲大姐偷来!大家都说她做饭，管家，一概都内行得很。

哈士贝 完全正确!

乐纳丹　不过她的脾气坏得可怕！

贾斯佩　脾气坏！难道我们三个强盗连一个女人都对付不了！

哈士贝　我可想起了一个问题——我们怎么样才能把她偷来？

乐纳丹　倒不是一件容易的事。

贾斯佩　再也没有比这更容易的事了。我们立刻去把她偷来——就在今天晚上。我们到镇上去，偷偷钻进她的屋子，当她正在睡觉的时候我们就把她偷来。

乐纳丹　假如她忽然醒来了！

贾斯佩　她醒不了。

【他们急迫地准备出去作案。

贾斯佩　哈士贝——把门锁好。

哈士贝　好。

乐纳丹　我们要不要把狮子也一起带走？

贾斯佩　不要带狮子。它会捣蛋。把它关在房里——关紧。

乐纳丹　（溜开偷偷地拿了一块抹了黄油的面包）好。

贾斯佩　钥匙呢？

哈士贝　（拿出大把钥匙）钥匙在这里！

贾斯佩　一切都准备好了吗？（从钩子上取下一个灯笼）

哈士贝和乐纳丹　一切都准备妥当。

【当他们走上台阶的时候，他们唱起歌来。他们穿过门，穿过厨房，贾斯佩提着灯笼，走在前面，哈士贝拿着一串钥匙跟着，乐纳丹走在最后，偷吃抹了黄油的面包。

强盗们　（音乐第五号）我们轻轻前进，踮着脚尖，为的是出去作案——啊，去偷一个妇女来把家管。

贾斯佩　啊，我们就是要把这桩事干！

哈士贝　因为这个妇女将要管好我们的家。

乐纳丹　而且还给我们每人做饭。

强盗们　从此我们的生活将过得圆满！我们——老好的贾斯佩、哈士贝和乐纳丹。

哈士贝　（在这当儿把门带上）从此我们的生活将来一个大转变！

【在昏暗中换景。乐队奏出的曲调与强盗们哼的调子合拍。不一会儿强盗们一边穿过门走进房间里，一边合唱第二场歌曲。

第二场　苏菲姑姑的房子外面

【路灯洒下微弱的灯光。一只黑猫走过舞台。这三个强盗穿过剧场正厅，爬上横跨在乐池上的桥，走进舞台。他们踮着脚尖接近苏菲姑姑的房子，在这同时他们哼着下面的歌曲。

强盗们　（音乐第十五号）（继续）她得为我们洗和擦，擦和洗，还得叫我们的狮子感到满意。

乐纳丹　她得给我们烧牛肉和做布丁，还得给我们烤蜜甜的姜饼。

哈士贝　她得擦我们的皮鞋，我们只需把脚一伸。

贾斯佩　她还得劈木头，当作烧饭的柴薪。

强盗们　啊，我们尽是什么事情也不干，老好的贾斯佩、哈士贝和乐纳丹。

乐纳丹　是的，一切就这样办。

【三个人小心地向周围瞥了一眼。

贾斯佩　那就是她的屋子——那儿。

哈士贝　（从他的那串钥匙中取出各种钥匙开门）这个门锁相当复杂。

贾斯佩　（低语）我们得小心，不要把她弄醒了。

乐纳丹　尽量不要弄出声音来。

哈士贝　行了！这把钥匙对得上。

贾斯佩　（倾听）听，那是什么声音？

【大家都倾听。哈士贝踮着脚尖跨进门，向前面望。

哈士贝　是苏菲大姐的鼾声呀。

【在屋里不见了。

贾斯佩　这太好了。一切按计划进行。

乐纳丹　（高兴地）一切百分之百地按计划进行。

贾斯佩　（掉过头，对大家）苏菲大姐睡……睡着了……在厨房……在一个吊床上。

贾斯佩　好！

【乐纳丹单独一人站在广场上。他聚精会神地向四周观望，又窥探窗子里的动静。他很高兴带来了一个灯笼。不一会儿贾斯佩和哈士贝从屋子里出来，抬着一个吊床——苏菲姑姑就睡在那上面。她睡得很熟，而且在打鼾。接着他们从原路把她抬回到他们的屋子里去，乐纳丹打着灯笼走在他们的前面。当强盗们跨过乐池上的横桥往回家的路上走的时候，灯光集中地照在他们身上。其余的地方都比较黑暗。这时舞台转动，强盗们的家出现在台上。

【音乐低沉，营造一种神秘的气氛。三十秒钟，绝对的沉寂。

第三场　强盗们的住屋

【当强盗们从侧面入场的时候，舞台几乎是阴暗的。乐纳丹提着那个灯笼使光线变得明亮起来。在第一间房里，即厨房，他们把吊床挂在那原来就有的钩子上，然后他们就踮着脚尖走进隔壁的房间。他们找出了几条破烂的毛毯子，准备过夜。睡在床上的狮子伸了一下懒腰，滚到地上来，要求出去。

【音乐第十五号。

贾斯佩　哈士贝，把院子门打开，狮子要出去。

哈士贝　这个好办！（开门）出去吧！

贾斯佩　（利用这机会立刻躺到床上）晚安！

哈士贝　（躺在条凳子上）晚安！

乐纳丹　（走到灯笼那儿，把它吹灭）这位大姐睡醒后她可要大吃一惊！（吹灯。接着他在左边的一条长凳子上躺下了）

【舞台一片漆黑，只有墙上的挂钟还有一点亮光。时针在不停地很快走动，直到它们指在七点钟上。这时舞台渐渐发亮，已经到了早晨。我们可以听到轻微的鼾声——苏菲姑姑和强盗们发出来的，贾斯佩和哈士贝醒来的时候，发现他们脚叉着脚躺在床上，不太容易把腿抽出来。乐纳丹扑通一声，从凳子滚到地板上，贾斯佩和哈士贝完全醒过来了。三个强盗都爬起来。贾斯佩活动了一下身体，伸了伸懒腰，倾听隔壁的房间是否有什么声音传出来。哈士贝站起来，走到墙那边去倾听。很明显，他们有点神经质。当他们听到隔壁房间里有动静的时候，他们都惊慌起来。苏菲姑姑醒了。她坐在吊床上，脚伸到地上，向四周观察。她从吊床里取出一双鞋来穿上，又向周围观察了一下。她发出一个愤怒的声音，把强盗们吓得跳了起来。

苏菲　这个地方脏得出奇，臭得出奇！（她走了几步，捡起躺在地上的一两件东西。她发现有一个门通向隔壁房间。她把门拉开，走了进去。她看见三个强盗站在离墙尽量远的地方，有些害怕）住在这个脏得出奇的地方的是些什么人？

贾斯佩　（鼓起勇气来）亲爱的——亲爱的大姐——是我们住在这里呀。

苏菲　好意思说出来！原来是你们，对吗？我想大概不会是别人。走过来，做出一点有礼貌的样子，拉拉手。

贾斯佩　（犹疑地望着其余的两个强盗，他们都低下了头）我想我们得这样做。（走上前几步，用一种粗猛的男子的声音说话）我的名字叫贾斯佩。

苏菲　把声音放低一点。这样粗声粗气地讲话是没有礼貌的。

贾斯佩　（生气地）我喜欢怎样讲就怎样讲！

苏菲　对一个妇女这样讲话是不可以的。

贾斯佩　我生来就是这样……哼……

苏菲　下一位。

哈士贝　（走上前几步，鞠躬）我的名字叫哈士贝。

苏菲　这还像个样子。

乐纳丹　（主动地走上前几步）我的名字叫乐纳丹。

苏菲　知道了！你的名字叫乐纳丹，嗯，走过来，让我瞧瞧你的耳朵。

乐纳丹　（犹疑地，但是鼓起勇气来）这耳朵是属于我自己的。

苏菲　我知道。你应该为你这对耳朵感到羞耻！它们黑得像煤烟灰一样。你大概许多年没有洗过它们吧。

贾斯佩　（感到情况正在失去控制）乐纳丹什么时候想洗耳朵就洗耳朵。

苏菲　我想你们大概也就是这种货色。

【乐纳丹望着地下。

苏菲　（用一种严厉的语气）请问，我是为什么来到这个屋子的。

贾斯佩　（打算解释，但是把许多话咽下去了）噢，苏菲大姐，你知道——我们——是我们把你绑架来的。

苏菲　说得一点也不错！毫无疑问，你们大概会以为这是你们干的一桩漂亮事吧。

贾斯佩　（鼓起勇气）不管漂亮不漂亮，打开窗子说亮话，我们需要有一个人给我们料理家务。

哈士贝　也就是说，需要有一个人为我们洗刷东西，把屋子弄干净。

乐纳丹　（表示好感）还给我们做些可口的饭菜。

苏菲　那么你们三个人干什么呢？

贾斯佩　（决断地、勇敢地）我们喜欢干什么就干什么。

苏菲　你们真是这样想吗？

乐纳丹　（也勇敢地）是的——是这样想。

苏菲　（在这两间房里巡视了一下）这简直是一个猪圈。

贾斯佩　不——猪圈是在屋子的另一头。

苏菲　你们养了几头猪？

乐纳丹　（发出一个友善的声音）只养了一头猪。

苏菲　另外还有三头，加起来是四头猪。

贾斯佩　（怀疑起来）她在讲些什么？

哈士贝　（低声地）她是指我们！

乐纳丹　（对其他两人）我不是告诉过你们，她是一个不折不扣的泼妇！

贾斯佩　（打起精神，鼓起勇气）我们是这里当家作主的人。

哈士贝　（也做出很坚强的样子）对，我们是这里当家作主的人。

苏菲　（冷漠地望了他一眼）你，哈士贝，请过来。

【哈士贝犹疑不决地望着其他两个人。他不愿意过去，但他还是走过去了。

苏菲　这整个屋子是一片乱七八糟，你瞧见了吗？

哈士贝　我愿意瞧什么就瞧什么！

苏菲　好，那么请你把这些乱七八糟的东西整理一下。这里是贾斯佩的东西，那里是乐纳丹的东西，还有这边你自己的东西。

哈士贝　收拾屋子我可不会。

苏菲　你可以学习。

哈士贝　为什么乐纳丹不能收拾？

苏菲　我还有别的事要叫他去干。

【乐纳丹想通过开向院子的门溜出去，但是苏菲姑姑看见了他。

苏菲　乐纳丹，过来！

乐纳丹　我只是出去一会儿呀。

苏菲　留在这里不要动。把这些杯子和盘子、刀子、叉子和茶匙收起来，洗干净。

乐纳丹　贾斯佩不能做吗？

苏菲　我还有别的事要叫贾斯佩去做。

贾斯佩　我只做我愿意做的事。

苏菲　哦，我相信你会做。你去劈点木柴，把炉子生好，烧点热水，好叫乐纳丹洗洗他的耳朵。

【乐纳丹无可奈何地把周围一些乱七八糟的东西收拾起来。

贾斯佩　他干那件事不需要水。

苏菲　他需要。烧了热水后，你还得烧点开水。你会用得着它。

【哈士贝和乐纳丹不敢再争辩下去。他们开始虽然动作很慢，有好一阵子贾斯佩什么也不干，但是在下面这支歌唱完以后，他也不得不捡些木柴，装进炉子里，同时把烧水用的水壶灌满水。

【音乐第十七号。与音乐第二号相同。在此期间苏菲姑姑在这两间房里来回巡视，遇见什么东西就踢一下。

苏菲　我的天，我的天，这里一切都稀巴烂！椅子上放着脏的平底锅，炉子上撒满稀饭。哈士贝，穿上你的袜子，样儿整齐一点，然后到外面去，帮一下那个乐纳丹。

哈士贝　我不干！

苏菲　得干！贾斯佩，去劈点柴，把火烧旺。我们得用些滚水，你做个榜样！洗刷是乐纳丹的份儿，不要相让，洗碗池一空，你得结结实实地干一场。

三人一起　我们不干！

苏菲　你们得干！哈士贝脖子上的脏东西可以刮下几两，马铃薯可以在乐纳丹的耳朵上生长——今天，你们这批无赖得乖乖地大洗一场，不然我就擦掉你俩的皮，用我的一切力量。

哈士贝　我们不干！

苏菲　你们得干！我将教你们怎样把房子收拾干净——不到九点钟，不准你们将工作停顿。不准你们争辩或者反问，当心我给你们耳光，我是这里的主人。

三人　我们不干！

苏菲　你们得干！

贾斯佩　（把一个锅盖扔到炉子旁边）我想象不出，要这些热水有什么用！

苏菲　洗你们自己，过来！你的脸盆就在这里。

贾斯佩　我不要洗！

苏菲　好吧！今天没有饭给你吃。我不准你这副尊容在餐桌上出现！

【哈士贝无可奈何地把热水倒在脸盆里，但还是不愿意洗。

哈士贝　谢天谢地，我还不脏。

苏菲　说得好听！让我瞧瞧你的手。你应该感到脸红！让我瞧瞧你的脖子！跟我所想的差不多！洗，快去洗你自己！

【她使劲地推了哈士贝一下，使他撞到贾斯佩身上。贾斯佩正在把小壶里的水倒进脸盆里。哈士贝顺手把水壶抢过来，继续把水倒在脸盆里。他无可奈何地开始洗自己。这时贾斯佩走到床边坐下来。

苏菲　乐纳丹！你不打算洗吗！

乐纳丹　（手伸进水里）一定洗，我正在洗呀！

苏菲　你，贾斯佩……

贾斯佩　（生气地）我们不能同时洗！

【苏菲走到另一个房间去检查。这时这三个强盗洗了一下自己，他们开始聊天，并且相互埋怨起来。

苏菲　（又回到这个房间里来，瞧着他们把自己擦干）像样儿一点。让我瞧瞧你们是什么真正货色。现在请你们把靴子和袜子脱下来……（强盗们瞪着她，相当惊恐。当她跨过门走向厨房的时候，她继续说）……我去做饭，请你们把腿和脚洗干净。（带上门）

贾斯佩　（当门关上的时候，生气地大叫起来）我们决不能为了坐在餐桌旁吃饭就非洗脚不可呀。

乐纳丹　（对贾斯佩）不要叫她听见！

贾斯佩　她也不愿意听见！

【他们坐在一条长凳上，勉强地脱下他们的袜子和靴子。他们惴惴不安地、一个接着一个地把脚伸进水里去。当他们的脚拇指一接触水的时候，他们都惊跳了一下。

哈士贝　（把一只靴子扔到地上）我们这次偷这件东西，算是干了桩天大的蠢事！

乐纳丹　当时我就这样说过呀！我告诉过你们，她是一个泼妇！

哈士贝　那只能怪贾斯佩，他要弄一个女人到这个屋子里来呀！

贾斯佩　是的，不错，不过把她绑架过来，倒是乐纳丹的主意。

乐纳丹　（几乎要哭出来）我并没有想到苏菲大姐呀。

哈士贝　是的，你没有，是贾斯佩想到的。

贾斯佩　（愤怒地）好吧，好吧，是我的过错！

【当他们正在洗自己的时候。

乐纳丹　（叹气）我希望，我们还是回到原来的那个样子！

哈士贝　我也这样希望，没有这个女人，我们的日子过得好多了！

贾斯佩　也许我们可以请求她，请求她厚道一点，自动回家去。

哈士贝　（迫切地）是的，我们完全可以这样做。

乐纳丹　那么就请你们两人中随便哪一位去做这件事吧。我是不敢干的。

贾斯佩　我来管这件事！哼！哼！

【他穿上靴子袜子，敲了敲厨房的门——苏菲姑姑正在那里做饭。

苏菲　（走向他）嗯……你们还需要水吗？

贾斯佩　（谨慎地）不，不需要，谢谢你，我们的水很多，我只是想和你说几句话。

苏菲　（等待）噢？

贾斯佩　（用一种友好但是犹疑的语气）亲爱的苏菲大姐，请求你可否对我们厚道一点，自动回家去？

苏菲　不行！既来之，则安之。

贾斯　懂得了——（眼睛朝下）

乐纳丹　（在门边）你——你的意思是——

苏菲　对……我就是那个意思。

哈士贝　（也在门口出现）啊，我们真可怜！

【他们又回到房间里去，灰溜溜的。苏菲姑姑继续做饭。

乐纳丹　（向窗外望，他的头低着，忽然他直起腰来）呀，瞧，有人来了。有三个人来了——他们拿着棒子和棍子。

贾斯佩　（走向窗子，显出惊恐的脸色）是警察来了。还有另外两个人。

哈士贝　他们是来抓我们的。

乐纳丹　（露出希望的神色）也许——也许他们是来接苏菲大姐的！

贾斯佩　他们是来抓我们的呀！哈士贝，赶快把狮子放出来——保障我们的安全！

哈士贝　把狮子放出来。

【音乐从远处飘过来，主题是《巴士贤之歌》；在最后几个小节演奏的时候，巴士贤和其他两个人从后景右边入场。他们走上台阶，在最后几节音乐演奏时，巴士贤有节奏地挥动他的警棍。民警巴士贤、香肠店主和面包师已经走到门口来了，他们都拿着长棍子。

巴士贤 （用他的警棍重重地敲门）我以法律的名义，请你们开门！

苏菲 （对自己说）这是怎么一回事？

【她走过去开了门。强盗们龟缩在一个角落里，狮子在屋中间走过去。苏菲开了门。

巴士贤 （友善和愉快的语气）我很高兴，总算找到你了，苏菲大姐。

苏菲 嗯，什么事？

香肠店主 我们到这里，为的是要把你从强盗手里救出来！

苏菲 为什么？

巴士贤 因为强盗们把你绑架走了。（用更友善的语气）不过现在我们可以把你送回家了。

苏菲 感谢你们，但我不领你们的情。我愿意留在这里。这里对我很合适。我喜欢对某些人——那些应该尝尝被别人命令的味道的人——发号施令！

【这几个人莫名其妙地呆望着她，又彼此呆望着。

巴士贤 你这话是心里话吗？

苏菲 一点也不错，这就是我的心里话。

面包师 那头凶猛的狮子，你怎么对付，苏菲大姐？

苏菲 它并不凶猛。

香肠店主 （迷惑地）奇怪！

巴士贤 （坚决地，但有点神经质）不管怎样，我们得把这些强盗抓起来，把他们带到警察局去！

【强盗们彼此呆望，害怕起来。

苏菲 什么人也不要抓！（强盗们高兴地相互点头，不过当苏菲姑姑继续说下去的时候，他们忽然又变得更害怕起来）我来对付他们。你们等着瞧吧！我将叫他们扒土，我将叫他们结结实实地干活，一个也不例外。我将叫他们种菜，收豆蔻子，我将要把他们改变成为有用的人！

巴士贤 （望着那另外两个人，略微感到轻松一点）嗯，嗯，嗯，我们在这里就没有什么可干的了。

香肠店主 没有，事实上，没有什么可干的了。

巴士贤 那么我们走吧。再见！

苏菲 再见！（关上门，走进去）

【音乐第十九号。与音乐第一号相同。乐队奏完《巴士贤之歌》。强盗们彼此呆望着，害怕起来。

贾斯佩 不回家了。

乐纳丹 这真可怕！

哈士贝 你听到这位大姐说些什么吗？“我将叫他们扒土！”你听到了吗？

贾斯佩 还有：“我将叫他们种菜，收豆蔻子！”

哈士贝 我告诉过你，此人——此人——

乐纳丹　（轻松了一点）但是此人却叫我们避免了一场被抓走的灾难。

哈士贝　我宁愿被抓走．也不愿意和此人住在一个屋子里。

贾斯佩　（若有所思地在房子中间走过去）得想个办法。

乐纳丹　我倒有个想法！

哈士贝　（向贾斯佩招手）乐纳丹有个想法。

贾斯佩　（走近来）什么想法？

乐纳丹　请过来。（向周围瞟了一眼，怕苏菲姑姑在旁边听见）今天夜里——当苏菲大姐睡着了的时候，我们偷偷地把她抬起来，抬回到她自己的家里去。

贾斯佩　（热情地）这个想法太好了。

哈士贝　（高兴地）乐纳丹，你可是个绝顶聪明的人，对吗？

乐纳丹　啊，对，对！

【音乐第二十号。乐队随着尾白又奏起乐来。三个强盗跳起快乐的强盗舞。

【暗转。乐队继续演奏。从某处飘来的钟声敲了十二下，打断了音乐。乐队停奏，直到钟敲了八下。于是在钟敲最后一下的时候，乐队又缓慢地、神秘地奏起《踮着脚尖，我们轻轻地走》。

【音乐第二十一号。同音乐第十五号。乐曲的调子是下一场的前奏。景慢慢转动，掠过苏菲姑姑的屋子，现出广场来。当舞台转动的时候，所有屋子的灯笼都亮起来了。

第四场　豆蔻镇的市集广场

【只有镶在铁框里的玻璃路灯在散发出微弱的光，舞台的其他地方是安静和黑暗的。那三个强盗踮着脚尖走进来，乐纳丹提着灯笼带路，其他两人则抬着那个吊床，苏菲姑姑就睡在里面。贾斯佩做了一个手势，叫乐纳丹留下放哨。其余两人则走上台阶，钻进苏菲姑姑的屋子里不见了。在这期间乐纳丹提着灯笼等待。他蹑手蹑脚地后退了几步，撞到一棵棕榈树，于是他便掉过头来，脸上现出恐怖的神色。过了一会儿，其余两人又出来了，脸色很愉快。贾斯佩搓着手，很得意的样子。

乐纳丹　一切都按照计划完成了吗？

贾斯佩　（心情舒畅）按计划完成了。苏菲大姐回到她原来的地方去了。

哈士贝　（高兴地）没有把她弄醒吧。

乐纳丹　（很得意的样子）我们太聪明了！我们万岁！

三人一起　对，我们太聪明了！我们万岁！

【他们蹑手蹑脚走过横跨在乐池上的桥，一边愉快地唱歌，一边向左边转去。

强盗们　（音乐第二十一号。与音乐第十五号相同）万岁，我们现在向自己的家走去，我们留下苏菲大姐独自打她的鼾。真是一桩天大的幸事，摆脱了她，她的咆哮、跋扈和给我们的难堪。啊，洗脸、洗脖子、洗脚不是我们的事，我们素来就非常讨厌刷牙齿。我们很抱歉，居然一度照她的话办，老好的贾斯佩、哈士贝和乐纳丹。

乐纳丹　我们自己管理自己，是再好也不过的事！

三人一起　我们再也不需要去洗碗，这也就是我们人生的信念。井里储藏那么多清水，只不过是叫我们的嘴不发干。我们尽量少洗，少收拾房间，再也不需要什么扫帚、簸箕、肥皂，我们这些强人的生活与这些东西无关，老好的贾斯佩、哈士贝和乐纳丹。

乐纳丹　洗脸洗脚的事我们再也不要干了！

三人一起　我们再也不要把柴来砍，我们再也不生火做饭——更不要一个女人来当我们的老板。我们已经请这位大姐退休，我们今后的一切都将按照我们的方式办。我们每人从此将会愉快幸福，老好的贾斯佩、哈士贝和乐纳丹。

乐纳丹　对，我们今后就这样办！

【强盗们通过观众席的门退场。

参考文献

[1] 张金梅. 幼儿园戏剧综合课程研究 [M]. 南京：江苏教育出版社，2005.
[2] 郑蕙苡，等. 儿童戏剧与学前教育 [M]. 杭州：浙江工商大学出版社，2012.
[3] 方卫平，王昆建. 儿童文学教程 [M]. 2 版. 北京：高等教育出版社，2009.
[4] 拉约什·埃格里. 编剧的艺术 [M]. 北京：北京联合出版公司，2013.
[5] 孙毅. 娃娃剧场开演啦——孙爷爷教你写儿童剧 [M]. 上海：上海教育出版社，2004.
[6] 张骏祥. 导演术基础 [M]. 北京：中国戏剧出版社，1983.
[7] 郭亮. 戏曲导演学概论 [M]. 长沙：湖南人民出版社，1982.
[8] 库里肖夫. 电影导演基础 [M]. 北京：中国电影出版社，1961.
[9] 高宇. 古典戏曲导演学论集 [C]. 北京：中国戏剧出版社，1985.
[10] 梁伯龙，李月. 戏剧表演基础 [M]. 北京：文化艺术出版社，2002.
[11] 刘宁. 话剧语言训练教程 [M]. 北京：文化艺术出版社，2011.
[12] 吴娴. 影视舞台化妆 [M]. 上海：上海人民美术出版社，2013.
[13] 李涵. 中国儿童戏剧史 [M]. 北京：中国戏剧出版社，2003.

后　记

从事儿童戏剧教学多年，感受到这门学问无穷魅力的同时，也感到学习儿童戏剧是永无止境的过程。

走上这条路，要感谢90多岁的孙毅先生，他虽然远在上海，却一直关注着我的成长与成功。永远记得在先生的院子里，听着他爽朗的笑声，感受着那颗不老的童心，以及老骥伏枥的壮心，听到先生亲热地称呼我为小师弟（我们一同师从蒋风先生），顿时让我生出一种艺术传承者的使命感。

感谢远在浙江金华的导师蒋风先生，在我迷惘时给了我很多鼓励。至今记得在电话那头响起的先生温暖坚定的声音，他对我的期许与鼓励让我意识到，儿童戏剧教育这条道虽然荒凉，前景却无限美好——因为这是儿童生命中需要的一种风景！“把自己的生命定义在儿童需要的事业里是幸福的。”这是蒋风老师2005年在全国师范院校儿童文学研究会年会上的讲话。我的童话剧在郴州首演时，现场3 000余名师生的笑声和掌声让我含泪又一次回味了先生的话。

感谢台湾的张晓华、李其昌两位老师，感谢厦门的陈世明老师，2015年在福建省举办的儿童创作性戏剧教育师资高级培训班，终于让我有机会全面接触创作性戏剧教育的体系，让我在大学教学时充满快乐，在指导儿童戏剧教育活动时更是如虎添翼。感谢郑伟师兄，闻知我在寻觅早已绝版的《中国儿童戏剧史》一书，悄悄为我影印。高级班的11位学友，友情比海深！

感谢中国儿童戏剧研究会的董蕾老师，她通过一些渠道了解我在岳阳的事迹后，破例将我引进研究会的大门。我入会后，在官网上看到一个个曾经印在演出海报上的鲜活名字，才知道自己的闯入是多么幸运！

感谢岳阳甜橙儿童剧团的一帮年轻人，他们居然在这座小城将童话剧事业做得如火如荼，给了我从理论到实践全面研究儿童戏剧的机会。从剧本创作、演员海选、排练演出、后期制作再到全国巡演，这个艺术化和市场化的实践过程，留给我多少珍贵的第一手资料！

我对儿童戏剧的痴迷源于儿时对戏剧的温暖记忆，而真正促使我拿起笔来、投身于儿童戏剧创作与理论研究的，是宋庆龄先生对儿童戏剧的期许：希望中国有个专为儿童演戏的剧团，希望通过戏剧培育下一代。先生的话，如金声玉振，将一直响在我的未来。

2014年写作初稿时，我对很多需要清晰阐释的专业问题依然心存疑窦，书中仍不免有隔靴搔痒之嫌。经过两年的艺术创作实践和一线教学实践，有些问题有了新的思路和建设性的突破，剧本阅读选择也有了较宽的面。尤其是对绘本的改编，有了较丰富的经验。

而今，“儿童戏剧创编与表演”这门课不仅成为我们学院学前教育专业学生的必修课，也成为湖南职业教育的名师空间课程。随着全国高校和培训机构对“儿童戏剧”教材需求的增多，其出版一天天提上日程。希望本书的出版，能对中小学和幼儿园的儿童戏剧教育产生一定的影响，也希望有兴趣的老师能与我继续分享交流。

书中有些图片资料从网络渠道获得，请原作者及时与编者联系稿酬事宜。

由于编写时间仓促，书中的缺点和错误在所难免，恳请有关专家学者、广大师范院校及培训机构的教师和同学们批评指正！

方先义

2017 年 7 月于岳阳

图书在版编目（CIP）数据

儿童戏剧/方先义编著．—北京：中国人民大学出版社，2018.1
21世纪学前教师教育系列教材/朱家雄总主编
ISBN 978-7-300-25068-7

Ⅰ.①儿… Ⅱ.①方… Ⅲ.①学前教育－戏剧教育－师范学校－教材 Ⅳ.①G613.5

中国版本图书馆CIP数据核字（2017）第249699号

21世纪学前教师教育系列教材
总主编 朱家雄
儿童戏剧
方先义 编著
Ertong Xiju

出版发行	中国人民大学出版社		
社　址	北京中关村大街31号	**邮政编码**	100080
电　话	010－62511242（总编室）		010－62511770（质管部）
	010－82501766（邮购部）		010－62514148（门市部）
	010－62515195（发行公司）		010－62515275（盗版举报）
网　址	http://www.crup.com.cn		
经　销	新华书店		
印　刷	中煤（北京）印务有限公司		
开　本	787 mm×1092 mm　1/16	**版　次**	2018年1月第1版
印　张	17.5	**印　次**	2023年7月第4次印刷
字　数	408 000	**定　价**	34.00元